民國論叢 │ 總序

呂芳上
民國歷史文化學社社長

1902 年，梁啟超「新史學」的提出，揭開了中國現代史學發展的序幕。

以近現代史研究而言，迄今百多年來學界關注幾個問題：首先，近代史能否列入史學主流研究的範疇？後朝人修前朝史固無疑義，但當代人修當代史，便成爭議。不過，近半世紀以來，「近代史」已被學界公認是史學研究的一個分支，民國史研究自然包含其中。與此相關的是官修史學的適當性，排除意識形態之爭，《清史稿》出版爭議、「新清史工程」的進行，不免引發諸多討論，但無論官修、私修均有助於歷史的呈現，只要不偏不倚。史家陳寅恪在《金明館叢書二編》的〈順宗實錄與續玄怪錄〉中說，私家撰者易誣妄，官修之書多諱飾，「考史事之本末者，苟能於官書及私著等量齊觀，詳辨而慎取之，則庶幾得其真相，而無誣諱之失矣」。可見官、私修史均有互稽作用。

其次，西方史學理論的引入，大大影響近代歷史的書寫與詮釋。德國蘭克史學較早影響中國學者，後來政治學、社會學、經濟學等社會科學應用於歷史學，於1950年後，海峽兩岸尤為顯著。臺灣受美國影響，現代化理論大行其道；中國大陸則奉馬列主義唯物史觀為圭臬。直到1980年代意識形態退燒之後，接著而來的西方思潮——新文化史、全球史研究，風靡兩岸，近代史也不能例外。這些流行研究當然有助於新議題的開發，如何以中國或以臺灣為主體的近代史研究，則成為學者當今苦心思考的議題。

1912年，民國建立之後，走過1920年代中西、新舊、革命與反革命之爭，1930年代經濟大蕭條、1940年代戰爭歲月，1950年代大變局之後冷戰，繼之以白色恐怖、黨國體制、爭民權運動諸歷程，到了1980年代之後，走到物資豐饒、科技進步而心靈空虛的時代。百多年來的民國歷史發展，實接續十九世紀末葉以來求變、求新、挫折、突破與創新的過程，涉及傳統與現代、境內與域外方方面面的交涉、混融，有斷裂、有移植，也有更多的延續，在「變局」中，你中有我，我中有你，為史家提供極多可資商榷的議題。1949年，獲得諾貝爾文學獎美國作家福克納（William Faulkner）說：「過去並未死亡，甚至沒有過去。」（The past is never dead. It's not even past.）更具體的說，今天海峽兩岸的現況、流行文化，甚至政治核心議題，仍有諸多「民國元素」，歷史學家對民國歷史的回眸、凝視、觀察、細究、具機鋒的看法，均會增加人們對現狀的理

解、認識和判斷力。這正是民國史家重大任務、大有可為之處。

　　民國史與我們最是親近，有人仍生活在民國中，也有人追逐著「民國熱」。無庸諱言，民國歷史有資料閎富、角度多元、思潮新穎之利，但也有官方資料不願公開、人物忌諱多、品評史事不易之弊。但，訓練有素的史家，一定懂得歷史的詮釋、剪裁與呈現，要力求公允；一定知道歷史的傳承有如父母子女，父母給子女生命，子女要回饋的是生命的意義。

　　1950 年代後帶著法統來到臺灣的民國，的確有過一段受戰爭威脅、政治「失去左眼的歲月」，也有一段絕地求生、奮力圖強，使經濟成為亞洲四小龍之一的醒目時日。如今雙目俱全、體質還算健康、前行道路不無崎嶇的環境下，史學界對超越地域、黨派成見又客觀的民國史研究，實寄予樂觀和厚望。

　　基於此，「民國歷史文化學社」將積極支持、鼓勵民國史有創意的研究和論作。對於研究成果，我們開闢論著系列叢書，我們秉持這樣的出版原則：對民國史不是多餘的書、不是可有可無的書，而是擲地有聲的新書、好書。

凡例

1. 本書為學術研究，目的是澄清歷史事實的真相，為保持學術面的嚴謹，對歷史固有名詞未加翻譯改動。如「北支那方面軍」、「北支」、「南部山東剿滅作戰」有需要時加註，或使用引號，如「滿洲國」、「皇軍」、「偽軍」。

2. 固有名詞的表述方法，以敘述者，或引用的史料原文內容為主語判斷。比如同一戰鬥，使用日軍史料時，稱「南部山東剿滅作戰」，使用國內史料時稱「魯南會戰」、「台兒莊戰役」、「台兒莊大戰」。對敵、我（友軍）的稱呼方法，死傷的表述法亦同。如日軍稱：「戰死」、「遺屍」，國軍稱：「陣亡」、「斃敵」、「殲敵」。

3. （）內為對文章內容的說明。引用文中的（）內容為原文說明，〔〕內容為筆者加註。引用史料中重點標記，一律為筆者加註。

4. 戰鬥敘述的時刻表示，部分採用了軍用表記，如：1330，即 13 時 30 分。

5. 為了查詢，核對方便，對腳註中的引用文獻名不加以翻譯，均使用原文表示。

6. 對多次出現的重要文獻，為了避免大量重複，採用部分省略方式呈現。

7. 本書使用的主要簡稱如下：

簡稱	表示	備註
湯軍團	（國軍）第二十軍團	
孫集團軍	（國軍）第二集團軍	
關軍	（國軍）關麟徵軍	
川軍	（國軍）第二十二集團軍	
JACAR	アジア歴史資料センター	
A	軍	
D	師、師團	
B	旅、旅團	加上 s，則表示獨立單位
R	團	加上 s，則表示獨立單位

8. 日軍地圖主要標記說明如下：

標記	表示
TK	戰車
LPW	輕裝甲車
SA	野戰重炮兵
MG	重機槍
LG	輕機槍
TiA	聯隊速射炮
RiA	聯隊山炮
biA	大隊步兵炮
A	野炮兵
BA	山炮兵
i	步兵
K	騎兵
P	工兵
T	輜重兵
TL	通信隊
S	衛生隊
SL	野戰病院

目錄

前言

　　本書是有關 1938 年 3 月至 4 月，發生在山東省南部大運河北岸台兒莊的中日兩軍間攻防戰的實證研究。此役，在中國大陸被稱為「台兒莊大戰」，也被公認為抗戰中最有名的戰役之一，與中共宣傳中的平型關大捷（1937 年 9 月 25 日）同樣被導入學校教育內容，成為弘揚民族精神，進行愛國主義教育的典範，並設有專門的國家級大戰紀念館（棗莊市台兒莊區）。這樣一個被 14 億人所熟知的戰役，在作戰對手的日本國內，幾乎無人知曉，也不見一般大眾的關心。此落差來自於何處？筆者認為，一部分來自人為宣傳的有無所，導致大眾關心程度的不同，另一部分則來自「對外侵略」和「抗戰」這一中日兩國戰爭認知的歷史背景。

圖 A-1　1993 年落成的台兒莊大戰紀念館（2015 年，
　　　　筆者攝影）

　　敗戰的日本，經過對侵略戰爭的反省和戰後的和平教育，近代的戰爭（主要指 15 年戰爭）對大多數人來說，只不過是一種負面的遺產以及罪惡的象徵。近代史、戰爭史研究者的關心，集中於調查戰爭受害狀況，揭露戰爭犯罪的事實，分析戰前國家、軍隊的構造與本質，或對重要歷史事件（包括加害和被害兩面）的考證還原面，很少有人對具體的戰鬥情節感興趣，不管結果是勝還是負。戰前學校教育中存在的種種戰爭神話和英雄人物（日本稱軍神），敗戰之後也統一被棄入歷史的塵埃。

　　與此相反，在戰勝的中國，抗戰則是一種國家的榮光、民族的驕傲。各個勝利的戰役，戰鬥的具體過程，殲敵數字等，都有廣泛的大眾關心，其產生的英雄人物、抗戰事蹟等也是國家紀念、宣傳和大眾緬懷的對象。可見不同的歷史背景和戰爭的性質與勝負，導致了普通人對同一歷史過程的兩種認知。一種是勝者的驕傲自矜，一種是敗者的反省、創傷的隱痛。此兩種傾向的極端化發展，產生出兩種走向，並擴散到中日兩國的戰爭紀錄和戰爭教育層面。

　　勝者方面是大捷，勝利的宣傳化、教育化現象。結果妨礙了戰史研究的科學性，導致了對部分歷史事實的掩蓋與曲解。敗者方面則是戰後以不完全的戰爭反省，和自國民的被害體驗為中心，所構築的和平主義和不戰誓言。此種「戰爭絕對惡」的認識，模糊了戰爭性質，導致對自國戰爭責任意識的稀薄化，和國民受害者意識的膨脹。

在戰後已接近 80 年的今日，此歷史的鴻溝到底應如何掩埋，過去的戰爭史到底應如何記錄與研究？筆者認為，最基本、最重要的一點就是要腳踏實地，以科學的方法研究，還原歷史事實真相，而不需強調立場觀點。立場觀點可以有不同，但事實真相絕不會有兩種。在事實與科學的面前，不管戰爭的勝負，國家、民族、價值觀的異同，所有人、所有國家是平等的。即正確地記錄獨一無二的歷史事實，才可以越過 80 年歷史對立所造成的鴻溝，達到民族和解之目的。本書的問題意識，即是通過對台兒莊戰役實際的考證研究，還原此段已被傳奇化戰鬥的真相，促進建立在統一認識基礎上的相互理解。

今日的「台兒莊大戰」形象，可以說是一個事實與宣傳內容的混合體。其中有國軍第五戰區在戰略上將日軍包圍，迫使其撤出戰場，取得階段性戰役勝利的真實面，亦含有為了鼓舞士氣、宣傳大捷，人為加工、創作出的國軍全面反攻、大量殲敵的不實之處。之後形成的「大捷史觀」（台兒莊大戰史觀），也妨礙了研究的科學性發展，產生出種種歷史還原與戰略解釋面錯誤。利用中日兩國第一級檔案史料的比較考證，釐清事實真相和宣傳內容的界線，還原台兒莊之役的原來面目，是本書的唯一目的。

為此，書中導入了學術上各種角度的大量枯燥乏味的檔案史料及索引，繁瑣且重複的檢證程序。相反，避開了迄今戰史論著中常見的以宣傳民族精神，描寫英雄事蹟為主的手法。筆者並不認為這是「立場觀點」的錯

誤，希望世人能了解此類教育、宣傳在學問研究、還原事實真相的場合並不能佔據首位，應該被置於學問與事實之後，否則會導致歷史紀錄的錯誤。

　　作為一個歷史研究者，在本書中，筆者還希望從研究方法啟發每一位讀者，應怎樣去研究戰史、記錄戰史，使戰史研究更具有科學性，成為具有普遍價值的文化遺產。

第一章　台兒莊會戰研究的幾個課題

作為抗戰史研究的第一步，本章是對抗戰史研究方法面的探討。指出國內已成為流派的「台兒莊大戰史觀」，在詞語涵義、歷史區分、記錄方法、研究內容面存在的問題。對此，筆者陳述了本書的研究目的及基本方法，介紹了台兒莊戰役曾在日本國內引起的風波，以及幾個重要的日軍檔案史料。

第一節　從「台兒莊大戰」的用語談起

1938 年 2 月下旬至 4 月 7 日的台兒莊大捷（臺灣稱為台兒莊會戰），今日在中國大陸被稱為「台兒莊大戰」。實際上產生於戰後的 1980 年代後半，正式定調於 1993 年 4 月 8 日紀念台兒莊大戰 55 周年國際學術研討會。[1]

據筆者調查，台兒莊之戰前後，不僅不存在「台兒

1　按筆者調查，最初使用此語的是 1988 年 1 月山東省政協文史資料委員會編《台兒莊大戰親歷記》（山東人民出版社）一書。頻繁出現於 1993 年，台兒莊戰役 55 紀念活動前後。定下此基調的是 1993 年 4 月 8 日舉辦的「紀念台兒莊大戰 55 周年國際學術研討會」和同時舉行的「台兒莊大戰紀念館」的命名及落成典禮。

莊大戰」說法,「台兒莊戰役」的稱呼也十分少見。[2]
台兒莊戰鬥取勝後,最先出現的是「台兒莊大捷」、
「台兒莊大勝」、「台兒莊血戰」的稱呼,指的也僅僅
是台兒莊局部戰鬥。戰略面的詞義近似於今日「台兒莊
大戰」的用語,當時為「魯南會戰」(日軍稱南部山東
剿滅作戰)。台兒莊的勝利,即「魯南會戰中台兒莊之
戰」的勝利。

　　之後在國軍大勝的宣傳攻勢中,「台兒莊」的名稱
持續發酵,政治、軍事地位不斷提高,地理(地域)範
圍的定義也不斷擴大,最終取代了魯南會戰,成為記錄
此段歷史的代詞。抗戰勝利後的戰史紀錄中,更出現了
以台兒莊勝利為中心的歷史區分法。此種編寫戰史的方
法,本書中筆者稱為「台兒莊大戰史觀」。

　　今日的「台兒莊大戰」一詞,從多數使用者的區分
方法來看,指發生在 1938 年 1 月下旬至 4 月 7 日,包
括池淮(安徽省)、臨沂、滕縣、台兒莊等地域戰鬥在
內,國軍善戰或取勝的戰鬥群體。[3] 開始時間被規定為
「挫敗日軍北上徐州企圖」的 1938 年 1 月底至 2 月中旬
池淮阻擊戰。終點,則被設定在 4 月 7 日,國軍台兒莊
反攻的大捷,意圖系統地描繪出國軍自始至終奮勇抗
戰,並取得最終勝利的抗戰詩篇。

2　當時使用過「台兒莊大戰」表現的僅發現一例(管見),出現在
　《華美》週刊,論評選輯欄的小標題中,並沒有任何影響力,屬
　於媒體界的民間用語,1938 年 4 月 23 日,頁 18。

3　參考「台兒莊大戰紀事」,曹勝強、徐玲主編,《台兒莊大戰
　資料選輯》(北京:中國社會科學出版社,2010),上卷,頁
　1-22。

　　但若從戰爭史學的角度看，在時期區分、地理區分、戰鬥區分，都存在缺乏軍事、戰略層面思考的弱點。在歷史記錄方法和學術研究方面，則忽視了戰史中最重要的客觀戰略分析，人為製造出許多歷史解釋的錯誤。

一、「台兒莊大戰史觀」

（1）不能在戰略上全面地解釋這一期間的戰史

　　在兩岸，台兒莊大戰普遍也被認為是徐州會戰的一節。台兒莊大戰的歷史意義，被解釋為「形成了保衛徐州的屏障」。例如歷史學者韓信夫在其〈台兒莊戰役及其在抗戰中的歷史地位〉的論文中指出：

> 侵華日軍佔領南京後，沒有立即溯江西上，進窺武漢，而是企圖打通津浦線，從南北夾攻徐州⋯⋯。第一階段為津浦南段主攻，北段助攻；第二階段為津浦北段主攻，南段助攻。津浦北段日軍磯谷廉介第十師團與板垣征四郎第五師團以台兒莊為會師目標，津浦南段日軍北上支援⋯⋯。
>
> 台兒莊戰役打了四個月，日軍既未能打通津浦線，也沒有佔領徐州，妄圖通過徐州沿隴海線取道鄭州直下武漢的計畫便無法實現。台兒莊的勝利，保住了徐州。[4]

4　韓信夫，〈台兒莊戰役及其在抗戰中的歷史地位〉，《近代史研究》，1994 年 2 期，頁 67、78。

可是，從戰略面看，台兒莊的大捷是否真「保住了
徐州」？台兒莊大戰（魯南會戰）和徐州會戰之間又有
什麼內在關聯？為何徐州會戰中，曾取得大捷的國軍一
下子轉為全軍潰敗？為何將台兒莊大戰終點劃分在國軍
大捷的 4 月 7 日？大捷、大勝之後在台兒莊一帶又發生
了何種變化？與今日並不在宣傳內容中的第二期台兒莊
戰役（日軍稱第二期南部山東剿滅作戰），又有何種內
在關聯？很少有研究者願意解釋這些問題。台兒莊大戰
的勝利，描繪出的僅僅是一個從戰略整體中被人為分割
的歷史斷章。

（2）導致了戰略分析面的錯誤

從現在日軍公佈的多種檔案可以得知，第一期南部
山東剿滅作戰期間，北支那方面軍並沒有南下徐州，打
通津浦鐵路的軍事企圖。從時期區分來看，中支那方面
軍（2 月 14 日以後改稱中支那派遣軍）的池淮渡河作
戰，與北支那方面軍的南部山東剿滅作戰（第一期台兒
莊戰役）前後相差兩個月餘，又不存在統一的戰略面指
揮系統，無理由稱其目的為「貫通津浦線」的南北夾擊
作戰。

台兒莊大捷史觀所稱的日軍中支那方面軍「北上」
部隊的作戰，為 1938 年初，日軍第十三師團（荻洲兵
團）的明光、池河渡河作戰。按日軍戰史記載，作戰目
的僅僅是為了擴大津浦鐵路的警備區域。[5] 1 月下旬，
中支那方面軍雖批准了對淮河北岸「鳳陽、蚌埠附近

5　「第十三師団命令」，JACAR: C11112200800，頁 419。

之敵的擊滅作戰」，同時命令中又規定「作戰後須返回現駐地」。[6] 即返回原警備地域，制止其部隊繼續北上。可見在明光、池河附近的日軍津浦線警備隊（第十三師團），雖實施過對淮河、池河一帶的渡河掃蕩作戰，但並沒有攻佔徐州的目的，更沒有攻佔徐州的指揮權限。[7]

　　北支那方面軍也同樣。第二軍（山東北部）的南下作戰企圖，從當初即屢次遭到大本營參謀本部的否決。3 月 14 日開始的第二軍的南下作戰，也是在「清除眼下之敵」、「不可深入南下」的前提下被最終認可的。戰略計畫中該軍的作戰範圍被限定在「南部山東」，明確規定「第十師團在肅清大運河以北之敵（即佔領韓莊、台兒莊）後，須返回滕縣及其南方地區，確保地方治安」。[8] 所以，若進展順利，位置於大運河北岸的台兒莊的攻略作戰，即是完結此戰略計畫的最後一次戰鬥。

　　所以不管從時期面、地理面、指揮系統面來看，池淮之戰都與台兒莊戰役沒有直接關聯。戰前國軍方面（包括軍事委員會）持有的，日軍企圖南北夾擊打通津

6　防衛庁防衛研修所戰史室編，《支那事變陸軍作戰 2（昭和十四年九月まで）》（東京：朝雲新聞社，1976），頁 18。實際上 2 月 10 日，進出淮河北岸後，在現地與國軍對峙，並未按計畫退回。

7　3 月 8 日，中支那派遣軍參謀長曾對大本營提議，策應北支那方面軍的南下行動，遭到大本營的否定，稱當前並沒有改變「不擴大方針」的企圖。防衛庁防衛研修所戰史室編，《支那事變陸軍作戰 2（昭和十四年九月まで）》，頁 29。

8　「北支方面作戰記録　第 1 卷　2（2）」，JACAR: C11111708200，頁 818。

浦線的解釋，現在分析，只不過是一種不準確的敵情推測，在當時情報資源不足背景下的錯誤敵情判斷。問題在 21 世紀的今天，日軍早已公開了戰史檔案資料，此類歷史解釋的錯誤不僅未能得到絲毫糾正，反而被人為地固定化，成為國內戰史紀錄中的正統戰略見解。

（3）掩蓋了部分事實真相

為了突出大捷、大勝，如今的戰史紀錄使用大量當時的對外宣傳、報導材料作為歷史證據。部分後出的國軍戰史檔案（如補做的戰鬥詳報），也為了迎合大捷的政治宣傳，在戰鬥過程的內容中，不同程度地進行過對事實的修改掩蓋。戰後，戰史研究者也沒有認真地研究分析，批判過此類的戰史檔案。特別是對比研究日方所公佈的戰史檔案。由於缺乏史料批判，和國際比較研究的必要程序，許多錯誤也至今未能被發覺。如本書所澄清的，4 月 6 日台兒莊大捷的戰鬥中，國軍的反攻，殲敵的事實到底是否存在？日軍是自主撤退，還是被國軍的反攻擊敗，潰退出台兒莊？李宗仁各次反擊命令的時刻，國軍各部是否進入了反擊指定位置？迄今宣傳的大捷殲敵的戰果，是否能得到日軍戰損紀錄的佐證？

二、既成研究存在的方法面問題

以下再看另一層面的戰史研究方法與技術面問題。

（1）宣傳材料的價值問題

戰史，一般是按戰史檔案來編寫。檔案內容包括當時的電報、戰鬥報告、軍內統計、軍事關係文件（公文書）等。此類文件中，也摻雜一些對外宣傳的公開材

料。戰爭不僅是軍事的對抗，也是一種政治間的博弈，大量的宣傳即屬於政治對抗的手段。一般公開在媒體、報刊、雜誌中的，大多屬於這種宣傳的範疇，目的是鼓舞國民的抗戰士氣，內容有部分事實，也包含大量的宣傳（如規模和戰果）。所以戰史研究中，必須區分各種資料對內對外的性質，儘量避免使用對外宣傳資料。

現在有關台兒莊大戰的戰史研究，有很多人使用軍事宣傳的公開數字，或以民間報刊報導作為歷史證據，有的甚至將民間的抗戰故事演義內容也寫入史書，以迎合一般讀者的獵奇心理，影響了學問的嚴謹性和科學性。

（2）口傳的價值問題

如今的戰史書籍，研究有一種傾向，即大量使用口傳資料。如回憶錄、傳記、政協文史資料、口述歷史等。此類資料數量龐大，流傳也很廣，有的也富有引人的情節。筆者並不是徹底否定此類口傳資料的價值，但認為在嚴謹正規的戰史書籍中，應儘量排除此類內容不確實的口述。另外，有日記、私人保留的文件、備忘錄等文字佐證的傳記或回憶錄等，的確有很高價值。但價值並不在口述、回憶錄本身，而在於其引用參考的文獻資料。

筆者在本書中的多種考證結果都證明，此類口傳資料若和檔案內容對比，可發現大量的不實或錯誤。

（3）國際間比較研究的必要性

迄今的戰史，可以說特徵多為閉門造車式的單方向研究，即材料基本來自於己方的各種史料。有的也按自

己國家的政治需要來收集材料、撰寫歷史、編寫資料集。因為戰爭的背景是國家之間的政治對立，所以近代的戰史中此種閉門寫史、論史的傾向也十分明顯。另外，戰爭不管性質如何，都是雙方間的行為，不可能僅一方存在。所以真正的，有普遍性的戰史，也應以事實為準，突破政治對立的壁壘，擺脫閉門造車的舊弊病，公平地記載描寫雙方間的行為，即對方或第三者認可的普遍性內容。

此時最需要的情報，並不是知己，而是知彼。在實際的戰爭中，可以說是知己容易知彼難。因為彼方的情報（敵情）都屬於機密，戰爭期間是絕不可能對外洩露的內容。所謂的敵情（知彼內容），多來自於一方的推測判斷，或間諜情報的收集，絕不會完全的準確，如前述台兒莊之役中日軍有攻打徐州企圖等誤判。

中日戰爭在戰後很長一段時間內，由於冷戰而持續的敵對關係，寫戰史也只能閉門造車，僅利用自己所掌握的史料，按自己的觀點、立場寫自己的戰史。戰後出現中日戰爭的第一批戰史，實際上都是在此種政治對立背景下的產物。避免不了「知彼」，即「敵情」判斷上的錯誤。除了政治立場的對立之外，知己不知彼，可以說是 20 世紀後半期第一批戰史研究的最大不足點。台兒莊之役的研究中也存在此種問題，有許多是戰略面重大的敵情判斷錯誤。

在 21 世紀的今天，由於各國間戰爭和解的進行，研究的國際化發展和交戰國間的戰史檔案解密，在迄今

困難的「知彼」方面，出現了新突破的可能。此背景之下，若求戰史研究的客觀性、公平性及普遍性，必須採取開門寫史的新方法。即一切以事實為準，客觀地記錄歷史。此方法的重要目的，就是在「敵情」方面，相互虛心參考，吸收對方戰史檔案的內容，達到真正的「知彼」，最近經常提起的國際接軌研究的目的，事實上也在此處。

關於台兒莊的戰鬥，日軍方面已公開大量豐富的作戰檔案，若稍經研究，不難掌握日軍的全部戰略企圖、作戰過程和損失消耗等詳細內容。另外，同樣是檔案，也會存在不少人為的歷史操作，特別在對己方的失敗與責任的掩飾。在研究中筆者發現，此類問題若僅信賴自己的檔案資料，不對比敵方檔案紀錄，會很難判斷出事實真偽和史料加工的痕跡。

筆者認為，在比較研究中，瞭解舊敵方檔案裡的戰略企圖、戰鬥部署、軍隊區分、作戰過程和損失、消耗等數據，是最重要的「知彼」內容。一個是敵情情報，一個是戰損紀錄，都是之前不可得知，也不能準確掌握的敵方舊軍事機密。

另外，雖然各國已經公開了戰史檔案，研究環境發生了巨大變化，21 世紀以後的台兒莊大戰研究中，仍存在循規蹈矩，沿襲舊方法閉門造車的傾向。通史多在抄襲舊版，偶然觸及到敵方戰史資料，也經常可見按自己的立場意圖，斷章取義與牽強附會的解釋法，這些都是極需克服的問題。

三、本書的方法和課題

　　鑒於以上所述既成研究面的缺陷，本書的台兒莊之戰系列研究中，筆者在方法運用上，著重注意如下幾點。

　　（1）為了追求超越國境的普遍歷史價值，本研究僅以還原事實真相為研究目的，將事實看作唯一的價值判斷基準。為了學術方面的嚴謹，便於查詢核對，研究中不隨意翻譯固有名詞（如北支那方面軍、南部山東剿滅作戰），記述中不使用不必要的形容詞語和定義不明確的宣傳性詞彙（如消滅、殲滅敵人）。對戰鬥及戰役的稱呼等，按照敘述對象區分，尊重原來的固有稱呼，如日軍的南部山東剿滅作戰，國軍方面使用的魯南會戰等等。研究中注重還原歷史基本情報，不描寫戰鬥場景、人物事蹟和戰鬥情節。

　　（2）以考證原始檔案資料為主要方法，不輕易引用或相信既有戰史書籍的內容紀錄。注重第一級史料，從電報、命令書中掌握最基本情報，考證戰鬥過程時以戰鬥詳報為主，部隊戰史、聯隊史類紀錄為輔，之後是個人的日記、手記及筆記。儘量排除文史資料、回憶錄或口述歷史。對有爭議的重要事件或數據等，考證中不依靠單方面個別史料，在可能的條件下儘量進行多方面史料的交叉檢證，以確保研究結果的科學性。

　　（3）避開成見，積極採用第一手檔案史料的國際比較研究方法，對相同事件進行兩國檔案的對比考證。通過分析紀錄內容的差異，尋找錯誤原因，澄清事實真相。

　　（4）對於戰爭中「知彼」部分的內容，遵循「敵情，戰損自報」原則。即不相信，也不研究己方報告的戰果，或己方對敵方的戰略企圖、戰鬥部署面的分析。此類敵情情報和戰果內容，一切從舊敵方的戰史檔案中尋找答案。將敵方記錄的戰損，看作己方取得的戰果，反之亦然。戰損研究中，也儘量避開死傷、負傷的記載，注重採用確實性高的戰死（日軍）、陣亡（國軍）數據，以此作為戰損研究的基礎。

　　（5）堅守史料批判的方法。使用各方面史料時，首先要掌握史料的性質，特徵、缺陷，做成時間與背景，避開宣傳材料。對有爭議的事件，則追溯到最原始的檔案紀錄，分析其演變過程。避免偏重信賴某一國家的某一種史料，通過多種史料的比較分析，力求達到去偽存真的效果。

　　另一方面，本書針對既有研究的諸問題，將重點集中於如下幾個方面。

　　（1）為了克服台兒莊大戰史觀的影響，本書注重軍事戰略面，戰爭技術面的分析。力圖從戰略整體的層面分析，指出既有研究在歷史評價方法、地理區分、時期區分上的錯誤。確認台兒莊之役在魯南會戰中的地位，並分析第一次台兒莊戰役（台兒莊大捷）和第二次台兒莊戰役之間，及「台兒莊大戰」勝利與徐州會戰敗北間的關聯。

　　（2）追求研究的系統性與全面性。按中日兩軍的戰史檔案，考證還原台兒莊戰役的全過程。範圍設定以3月19日的韓莊之役為起點，至4月7日日軍撤出台

兒莊，共 20 日之間。其中不僅包括台兒莊之役全體，也包括有關聯，但迄今鮮少有人研究的，以湯恩伯軍團（第二十軍團）為中心的韓莊、嶧縣之戰、棗嶧反擊戰（郭里集附近的戰鬥）、向城、蘭陵鎮附近的戰鬥，以及台兒莊東戰場的戰鬥等。全面逐日分析日中兩軍的戰略企圖、戰鬥用兵部署、各戰鬥過程和損失情況，力圖客觀地還原台兒莊戰役的全體面貌，填補既有研究的空白，並糾正其中的錯誤。

（3）填補對湯恩伯軍團行動研究的不足。既有研究的缺陷之一，是焦點被聚集在台兒莊正面戰場，而對在外圍（外線）運動的國軍主力——湯恩伯軍團的行動研究不足。戰略上對湯軍團的行動研究，是解密所謂台兒莊大捷真相的最重要環節。

（4）對重大歷史爭議的辨偽。為了解決有關台兒莊大戰的諸歷史爭議，本研究還對以下幾個課題進行詳盡的重點考證：

1. 日軍從台兒莊撤退的經緯，實態的考證，分析其撤退到底是自主撤出行為，還是在國軍反攻之下的潰退？撤退是否有計畫、命令，撤退過程中是否有秩序？是否出現過重大損失？

2. 對國軍 4 月 6 日的反攻，和大量殲敵記載的分析辨偽。孫連仲集團軍和湯恩伯軍團是否按李宗仁的反擊命令進行出擊行動？是否進入了指定攻擊地點？反擊的實情和戰果是否存在？

3. 對湯軍團在台兒莊之戰中的地位評價，解明其部在整個台兒莊戰役中，到底是如何運兵行動，為何在最關

鍵時刻未能救援孫連仲集團軍？為何在最終的反擊戰
中也未出現在台兒莊正面戰場？

4. 詳細還原考證如今爭議最大的台兒莊之戰中，日軍
（瀨谷支隊）的全部戰損狀況。包括每日、每次戰鬥
中日軍的死亡人數，並提供部分戰死者個人情報，及
在各次戰鬥中的武器損失及消耗彈藥數據等。同時提
供國軍方面的戰損統計，以作比較。此類資料，無
疑是解密台兒莊大捷的最重要歷史證據。

第二節　日本國內的台兒莊敗北論爭

一、軍事委員會政治部第三廳的「擴大宣傳週」運動

　　日軍第十師團瀨谷支隊於 1938 年 4 月 6 日夜撤出
台兒莊前，有關台兒莊大捷的宣傳報導已提前出現。最
初的大捷消息可見「徐州七日上午一時中央社電」：

> 台兒莊正東東北及正北一帶村落敵之主力，被我圍
> 攻，至六日晚，計內線各軍殲敵逾千，外線各軍，
> 殲敵達三千，兩晝一夜，共殲敵四千餘眾，俘獲無
> 算，開抗戰以來未有之勝利。

　　報導內容是否為 6 日夜國軍的反攻大捷？答案為
否。從午前 1 時的發稿時間和「兩晝一夜」戰鬥內容來
看，此稿應完成於 6 日晚間，即得知瀨谷支隊已從台兒
莊撤退的消息之前。記錄了 2 天之間，截止於「六日晚

五時」、「第二次總攻」的戰果。宣傳大捷的根據,是
李宗仁 4 月 5 日晨 8 時下達的第二次反攻命令。而預定
在 6 日晚間 8 時開始的「第三次總攻」(即台兒莊大捷
之戰,李宗仁 4 月 6 日 15 時下達命令)戰果,此時(7
日上午 2 時)還在「預料」階段。即瀨谷支隊還未開始
撤退之前,「殲敵四千餘眾」的戰果一部分已經由軍委
會宣傳而出,並「預料七日晨當有更好捷音」。[9]

中央社 7 日午後 5 時的配電,始報導了 6 日夜第三
次總攻的戰果,稱:

> 我台兒莊大勝情形如下:六日晚我軍向敵開始第三
> 次總攻後,激戰徹夜,又殲敵二千餘,獲坦克車八
> 輛,其他軍用品無算。殘敵約三千餘人,七日沿臨
> 棗台支線兩側潰退。[10]

可見大捷殲敵消息,宣傳機關每每有報,多屬於不
能確定實情的軍委會宣傳提供的假消息。而 7 日以後,
由於日軍的確撤出了台兒莊,新一輪台兒莊大捷的報
導,在政治部第三廳廳長郭沫若主持的「擴大宣傳週」
(4 月 1 日至 7 日)攻勢推動下,進入了一個有實質大
捷內容的嶄新階段。

若看當時主管宣傳的政治部第三廳廳長郭沫若〈洪
波曲〉中的內容,即可知曉:

---

9 《申報》漢口,1938 年 4 月 7 日。

10 《申報》漢口,1938 年 4 月 8 日。

想來怕也只好說是運氣吧？宣傳週開始的第三天便遇著台兒莊的大勝利，當時的軍事消息是作著這樣的報導的：「台兒莊當面之敵，經我軍於六日夜開始總攻，內外夾擊，敵尚據險頑抗，肉搏相持，戰況之烈，空前未有。迄今晨三時，敵彈盡援絕，全線動搖。我軍士氣益振，乘勝進擊，將敵一舉聚殲，遂造成空前未有之大捷。是役敵死傷二萬餘人，我繳獲步槍萬餘支，輕重機關槍九百三十一挺，步兵砲七十七門，戰車四十輛，大砲五十餘門，俘虜無數。敵坂垣及磯谷兩師團主力業已被我殲滅。」對於渴望著勝利的老百姓，即使小敗已經就是好消息了，何況還是「大捷」，更何況還是「空前未有之大捷」！俘獲那麼多，而所殲滅的又是「敵坂垣及磯谷兩師團主力」，這戰爭不是打贏了嗎？

在今天看來，這消息是有點令人發噱的。事實是敵人從台兒莊一帶作了戰略撤退，以便作全面性的進攻，而我們的「軍師」們卻把它誇大起來，真真正正地作了「擴大宣傳」。這本來也是「軍師」們慣用的老套，然而在當時竟使一般人都被捲進勝利的陶醉裡去了。……

台兒莊勝利的誇大報導幫了很大的忙，我們也不好否認。但誰也沒有預料到那效果竟來得這麼大。[11]

11　郭沫若，〈洪波曲〉，《郭沫若全集（文學編）》（北京：人民文學出版社，1992），第 14 卷，頁 66-68。

擴大宣傳中出現的台兒莊大捷,不僅振奮了國內輿論,透過國外媒體的報導更使台兒莊的勝利揚名海外。被稱之為「亞洲之滑鐵盧」(《明星晚報》)、「世界重要決戰之一」(《華盛頓日報》)。[12] 其影響甚至波及到敵對的日本國內,引起了輿論譁然。

二、日本「台兒莊敗北見解」的形成

台兒莊之役中「皇軍大敗」的事實是否存在,真相如何?國軍的國際化宣傳效果也迫使日本軍部不能袖手旁觀,被迫出面向國內輿論解釋這次作戰。日軍內部並不認為這是一場敗戰,但台兒莊的撤退又是一個不可否認的事實。如何來為這次撤退行為辯解,一時成為世人關心的焦點。1939 年,在東京千代田區九段軍人會館的一次內部作戰指導研究彙報中,台兒莊作戰時擔任第二軍參謀的岡本清福大佐,發言涉及到這個眾所關心的熱門話題。稱當時第二軍的見解是:「無法解釋有關瀨谷、坂本兩支隊從台兒莊撤退的理由」、「撤退內幕是一個不可解的疑團」。瀨谷支隊長對作戰連續失利的坂本支隊存有不信任感,一聽坂本奉命先撤,就坐立不安,疑心暗鬼,生怕自己被孤立,所以兩支隊互相觀望,最終先後撤出。岡本參謀還稱:「軍方在作戰指導中並沒有下達過撤退指令,且軍需物資、彈藥補充等也十足,敵我又非短兵相接,不可開脫,所以瀨谷支隊的

---

12 《香港華宇日報》,1938 年 4 月 14 日。

撤退行為反而使敵軍感到了震驚難解」。[13]

　　報告會舉行於台兒莊戰鬥一年後，此時「皇軍不敗」信仰還很濃厚，岡本的發言顯然有維護第二軍指導部顏面的意圖。即將退卻（文中稱「向後方機動」）責任推諉給現地指揮官（瀨谷啟少將），不僅否認敗北，而且認為撤退本身也是不應該發生的奇怪現象。

　　戰後，在敗戰國日本實現了初步復興建設，有機會喘口氣的 1950 年代後半，國內又開始出現了戰史研究熱潮。1958 年，軍事評論家伊藤正德（1889-1962）在著作《軍閥興亡史 3》中，談到台兒莊之戰瀨谷支隊長下令撤退的理由時寫道：

> 軍司令部從來沒下達過以佔領台兒莊為目標的作戰命令，當然也不會要求其死守，……並且見到來助戰的第五師團坂本支隊失利後不戰而退，覺得僅靠第十師團的一部分更沒有必要在這偶然佔領的地上拋顱灑血，此為瀨谷支隊撤出戰鬥的理由。可是，在沒有接到命令前的私自撤離，卻使瀨谷之後成了被追究責任的代罪羔羊。……被編入預備役，之後從戰場中永遠銷聲匿跡。[14]

　　伊藤雖是有名的戰史評論者，但從寫作內容看，根

13　小林竜夫編，《現代史資料 12》（東京：みすず書房，1965），頁 520-521。

14　伊藤正德，《軍閥興亡史 3》（東京：文藝春秋新社，1958），頁 78。

本不瞭解台兒莊之役的實情。如此時並沒有攻擊台兒莊
的軍命之說，日軍的撤退是放棄台兒莊堅守後的撤退之
說等，顯然都是錯誤。即此時伊藤對台兒莊之戰的知
識，僅僅得知是日軍撤退。伊藤的目的，不在論及日軍
此戰鬥的敗北與否，意圖指責的是日軍內部擅自行動，
作戰不協調，意見、行動不統一的弊害。台兒莊之役日
軍是否大敗？瀨谷啟支隊長是否充當了代罪羔羊？這兩
個問題，在 1960 年代撰述近代通史與專門史的熱潮中
再次被提起，並成為一時論爭的熱點。

　　先是 1962 年秦郁彥在其著作《日中戰爭史》中的
描述。

　　瀨谷支隊在 3 月 27 日佔領了台兒莊市街一角後被
優勢敵軍包圍，奉命來增援的坂本支隊也在台兒莊東方
被敵軍阻攔，在中國軍拼死的抗擊下陷入苦戰狀態。

　　　可是不瞭解現地情況的第五師團，卻認為台兒莊戰
　　鬥已成功結束，遂命令坂本支隊回援沂州，5 日，
　　在坂本少將將回援沂州的計畫通報給瀨谷啟時，瀨
　　谷支隊長認為此後若獨力作戰不可能維持現狀，於
　　是決定於 6 日夜晚向嶧縣方面撤退。……陸軍認為
　　瀨谷支隊的擅自撤退破壞了日軍的光榮傳統，不久
　　後將瀨谷少將編入預備役。[15]

15　秦郁彥，《日中戰爭史》（東京：河出書房新社，1961），頁
　　290。

　　相比之下，以嚴謹考證著稱的秦郁彥，寫得比伊藤
正德要客觀得多，比如第五師團方面的戰局狀況誤解
等。只是瀨谷少將被問責處分之說並不真實，可以說是
受了伊藤正德文章錯誤的影響。

　　1967 年 2 月，中央公論社出版了兩個觸及台兒莊戰
鬥的書籍。一是東京大學教授林茂著《太平洋戰爭》。
在有關台兒莊戰鬥的記載中稱：

> 瀨谷支隊一時佔領了台兒莊，由於抵擋不住中國軍
> 包圍的壓力，於 4 月 6 日開始退卻。此次戰鬥被中
> 國軍方稱為「大捷」，廣泛宣傳於中外媒體，而瀨
> 谷少將為此被追咎責任，編入預備役。[16]

　　因為是通俗歷史讀物中的一段，所以描繪簡略，並
未觸及戰鬥細節，但承認了日軍的敗北（撤退），和追
究瀨谷啟的責任。其中瀨谷因此被革職處分的內容，應
也沿用了伊藤正德與秦郁彥之說。

　　同年 5 月，中央公論社出版的臼井勝美著《日中戰
爭》一書中，也在「台兒莊的戰鬥和徐州作戰」的標題
下提到台兒莊的戰鬥：

> 攻入台兒莊的第十師團瀨谷支隊和前來救援的第五
> 師團坂本支隊，在優勢國軍包圍下受到重大損害，

16　林茂，《日本の歷史：太平洋戰爭》（東京：中央公論社，1967），
　　第 25 卷，頁 67。

出現不得不被迫退卻的事態。對於在抗戰初期共軍平型關大捷之後節節敗北的國軍來說，此包圍殲滅作戰的成功無疑是一個被期待已久的重大勝利。[17]

臼井是一位批判侵略戰爭的研究者，也是親中派學者，可見其論述內容受到了中國大陸方面台兒莊大捷宣傳的影響。

在戰後的戰史研究中，對軍部的批判和軍內部體制缺陷的指責是研究主流，台兒莊之戰日軍敗北的認識，也不同程度藉助了中國方面的台兒莊大捷宣傳之力。1960 年代初，已滲透到學界的台兒莊之戰日軍敗北見解，不久便引起了戰史研究者與舊軍人之間論爭的軒然大波。

三、赤柴八重藏的反駁與兩個戰鬥詳報

首次對台兒莊敗北論的歷史記載進行抗議的人，是台兒莊之役時任瀨谷支隊下屬步兵第十聯隊長的赤柴八重藏大佐。1945 年軍旅最高任職為第五十三軍中將軍長，論爭時年 75 歲，任職於丸一鋼材株式會社。透過中央公論社的介紹和《日本の歷史：太平洋戰爭》執筆人東大教授林茂直接見面辯論，並出示了步兵第十聯隊和第六十三聯隊的戰鬥詳報據理力爭，最終迫使林茂和臼井勝美兩位教授部分訂正了文章並聲明道歉。

17　臼井勝美，《日中戰爭：和平か戰線拡大か》（東京：中央公論社，1967），頁 67-68。

圖 1-1 聯隊長時代的赤柴八重藏大佐

《赤柴八重藏追悼錄》（追悼錄編纂委員會，1977），頁 116。

　　經由多次爭論和提出證據，臼井勝美參考赤柴提供
的各種材料後，在《日中戰爭》增補版，對瀨谷、坂本
兩支隊於台兒莊戰鬥敗北，被迫撤退的描寫改寫如下：

　　佔領了臨城後，瀨谷支隊（赤柴、福榮兩部隊）雖
　　然擊敗了前來增援的湯恩伯精銳部隊，但在防守堅
　　固的台兒莊攻擊中，受到中國軍的頑強抵抗。福榮
　　部隊連日奮戰，第二大隊在 3 月 19 日至 4 月 6 日
　　的戰鬥中，全員 1,125 名中死傷者多達 514 名。坂
　　本支隊奉命前往救援，卻被優勢敵軍包圍，陷入
　　「苦戰」困境。為此瀨谷支隊長不得不整理戰線，
　　命令部隊於 4 月 6 日退離台兒莊戰場向北方轉進，
　　以便攻擊威脅坂本支隊右側之敵（步兵第六十三聯
　　隊戰鬥詳報）。對日戰爭後，一退再退、節節敗北
　　的中國方面，因為在此戰中成功地阻止了日軍的

進擊，所以將台兒莊的戰鬥稱為「大捷」並大肆宣傳，4月7日的夜晚，在武漢進行了慶祝勝利的火炬遊行。[18]

即臼井否定了從前的國軍取得「重大勝利」說。而林茂也在1967年9月發行的《日本の歷史》別卷5的附錄月報中，進行了訂正和道歉聲明：

對貴方〔赤柴、出版社方面〕的指責，我進行了進一步核對。瀨谷少將的確在台兒莊戰鬥後又參加了武漢作戰，於1939年10月晉昇為中將。對此點錯誤我誠懇道歉並訂正。另外關於「敗戰、退卻」之件，我與貴社介紹的當時任瀨谷支隊步兵第十聯隊長的赤柴八重藏氏進行了多次討論交談，再三詢問了戰鬥進行狀況，也參閱了赤柴氏提供的《戰鬥詳報》。赤柴氏為此件又專門調來同屬於瀨谷支隊，在台兒莊攻擊中擔任主攻的步兵第六十三聯隊原副官安田亨介氏保管的同部隊戰鬥詳報的複印件。綜合資料所述得到的新見解為：戰場「退卻」有種種理由，有為陷入敵4個師包圍的第五師團坂本支隊解圍的理由，有為減少敵砲兵居高臨下的砲火攻擊傷亡的理由，也有為了下次會戰保存兵力，以適應突發性新事態的理由，總之，可以說是一種隨機應

---

18 臼井勝美，《日中戰争：和平か戰線拡大か》（東京：中央公論社，2000，增補版），頁67-68。

變，有目的的兵力再部署行為。[19]

　　在此，林茂也一定程度地否定了原來的戰鬥不利條件之下被迫退卻說。只因為書籍出版之後無法再修正，所以直到 4 年後（1971 年）增印第二版時，才作了以下內容的修改：

　　3 月 25 日，第十師團瀨谷支隊開始進攻徐州東北方的台兒莊，一時佔領了莊內大半部，可是敵數眾多並頑強抵抗，戰鬥進入僵局。最後為救援在台兒莊東部陷入重圍的坂本支隊，瀨谷支隊於 4 月 6 日日沒「轉移」出莊內陣地，是日集結到台兒莊西北方向的泥溝。中國軍稱此為台兒莊大捷，並在國內外展開了大規模「擴大宣傳」攻勢。[20]。

　　從修正內容中可看到赤柴的要求，一是修正瀨谷啟少將被革職處分的誤傳，此件本為伊藤正德的無稽之談，所以虛心採納。二是要求著者撤回日軍敗北撤退之說。對此，林茂、臼井勝美的原說本來就沒有承認國軍所宣傳的戰果內容，指出「大捷論」僅僅是國軍自己的認知和宣傳。且日軍的戰略面敗北，撤退又是一個事實，所以僅委婉地修正了敘述「退卻」和其理由的筆

19　步兵第十連隊史刊行会，《步兵第十聯隊史》（岡山：步兵第十連隊史刊行会，1974），頁 600。

20　林茂，《日本の歷史：太平洋戰争》（東京：中央公論社，1971，二版），第 25 卷，頁 67。

鋒，更改為有意圖的戰略「轉移、轉進」，並沒有否定
日軍作戰不利後撤退的事實。修正中，由於首次接觸
到戰鬥詳報等新證據，臼井反而利用了赤柴提供的資
料，把日軍的損失數字和行動情況描寫得更為具體。

　　總之，此次爭論事件中，舊軍方人士不承認敗北
論，主張是有意圖的轉進。由於論爭中提供了不少珍貴
證據（戰鬥詳報），使學界的林茂和臼井勝美兩教授也
認識到過去的台兒莊大捷論來自中國方面的擴大宣傳，
而非事實，並對自己的囫圇吞棗進行了反省。使 2 位教
授反省的重要史料根據，即赤柴八重藏（步兵第十聯
隊）和安田亨介（步兵第六十三聯隊）兩人私下保管的
台兒莊之戰戰鬥詳報。此詳報副本在論爭事件後寄贈
給防衛廳防衛研修所戰史室，資料的接收刻印時間為
1967 年 5 月 27 日，正好在辯論結束後。

　　指揮台兒莊戰鬥的 2 個聯隊長，步兵第六十三聯
隊的福榮真平，1942 年晉昇陸軍中將，戰後涉及虐待
戰俘罪，1946 年 4 月被新加坡戰犯法庭處刑，享年 56
歲。赤柴八重藏在台兒莊之戰爭論結束後，盡力於《步
兵第十聯隊史》（1974 年出版）的編纂，1977 年 1 月
於神奈川縣相模原國立病院去世，享壽84 歲。

四、論爭之後的實證研究成果

　　有關台兒莊敗北的論爭結果，使步兵第六十三聯隊
和步兵第十聯隊兩套重要的戰鬥詳報得到保存，為之後
的研究提供了材料，也使更多人產生對此歷史爭議事件
的研究興趣。正值此時，防衛研修所戰史室（現在為防

衛省防衛研究所戰史部）的百卷《戰史叢書》正在編纂
出版中（1966-1980），該當時期的一卷《支那事變陸
軍作戰（2）昭和十四年一月まで》（東京：朝雲新聞
社，1976）編纂過程中，徐州會戰部分的執筆者伊藤常
男（戰史室調查員），也對台兒莊作戰的來龍去脈、作
戰過程和日軍撤退的原因等進行了詳細的史料考察。研
究結果即該書第一章「昭和 13 年 3 月時的全體狀況」
和第二章「不擴大方針的破綻與徐州會戰」。從這兩章
內容中，我們可以看到 1938 年以後北支那方面軍第二
軍（山東省境內）的戰鬥序列、兵力部署及作戰企圖。
看到現地的師團、軍參謀是如何企圖說服大本營參謀本
部撤回不擴大戰線的既定方針，又是如何從濟寧、兗
州、鄒縣、蒙陰一線的地方守備任務中，把戰線擴大到
山東南部的全部過程。因為是戰史研究，所以文章在每
處、每個觀點上都提供了嚴謹的史料根據，可以發現中
國台兒莊大戰研究中的許多問題，也可判明前述台兒莊
大戰史觀所主張的日軍台兒莊攻擊目的在打通津浦線，
南北夾擊徐州之說是一個戰略面的錯誤認識。

　　在敘述台兒莊作戰時，執筆者伊藤常男還試圖利用
防衛廳的戰史資料，再次佐證爭論中赤柴八重藏有關台
兒莊作戰的證言，特別是對日軍台兒莊撤退原因的分
析。伊藤常男的研究以瀨谷支隊步兵第六十三聯隊、步
兵第十聯隊的戰鬥詳報為主，引用了大量第一手戰史檔
案資料，描寫出台兒莊作戰的基本過程，並分析瀨谷支
隊撤出戰鬥的原因。可以說此研究是 1970 年代最完整
的日軍台兒莊作戰動向的實證研究。此卷戰史叢書出版

後，在兩岸戰史研究界發生了很大影響。因為大捷已宣傳近 40 年，可是兩岸研究者並未能掌握有關此戰鬥的日軍內部情報，特別是日軍的實際損失狀況。遺憾的是此文中的重要內容（台兒莊作戰的戰略地位、日軍作戰的方針與部署），並沒有引起研究者的注意，他們關心的僅僅是如何利用其來佐證國軍方面所宣傳的大捷。

伊藤的研究不是沒有缺陷。最大的缺點是參考有關台兒莊作戰死傷者統計資料時，不謹慎地使用了第二軍的「南部山東剿滅作戰損失統計表」（該書頁 41）的數據。伊藤並沒有忽視其引用數據期間範圍的不準確，沒加以解釋，便出示了 2 月 20 日至 5 月 15 日前後兩期作戰的損失總數（第五、第十師團共死傷 11,984 人），藉以澄清流行甚廣的國軍方面台兒莊大捷宣傳（當時被認為殲敵 2 至 3 萬人）的不實。不料此不謹慎的反駁和證據，之後在大陸學界卻變為來自日方檔案中的，國軍台兒莊大捷（至 4 月 7 日）的戰果佐證，一直沿用至今，成為今日台兒莊大捷戰果的定說，被引入各種史書（此數字錯誤之處請參考本書第十二章）。

第二章　郭里集附近的戰鬥

　　本章考證了湯恩伯軍團的郭里集附近戰鬥（3月24日至28日），此戰鬥在國軍戰史中原稱「棗嶧反擊」，是由第五戰區司令長官李宗仁所策劃，魯南會戰中的第一次戰略性反攻。以主力湯軍團為中心，共動員了5個師以上兵力，企圖從東向西，漸次收復棗莊、嶧縣、臨城，最終將瀨谷支隊主力壓迫到微山湖東岸殲滅。但計畫過於潦草，野心過於龐大，且低估了瀨谷支隊的戰力，結果初戰即告失敗。此戰鬥亦是湯軍團在魯南會戰中嘗試進行「運動殲敵」的第一步，當時也是軍委會內部在戰術面爭議最大的問題之一。考證還原此戰鬥的過程，亦可瞭解整個台兒莊戰役中湯軍團的作戰樣式，以及為何最終未能出現在台兒莊正面戰場的原因。

第一節　瀨谷支隊的韓莊作戰及守備

　　1938年3月14日，位於山東省鄒縣－曲阜一帶警備的日軍第十師團瀨谷支隊（以步兵第三十三旅團為基幹的混成部隊，約1萬餘人），開始以清除山東南部之敵為目的的南下作戰，企圖控制整個山東省。此戰在日軍戰史中被稱為「南部山東剿滅作戰」，國軍稱為魯南之役、魯南會戰。南進開始後，日軍瀨谷支隊接連擊

破川軍（第二十二集團軍）、湯恩伯軍團 85A 抵抗，
14 日破界河，17 日克滕縣、官橋、臨城，前後 4 天之
間向南推進了 60 公里，18 日主力已將鐵路樞紐的臨城
（薛城）一帶全部置於掌中。臨城陷落後，川軍殘部向
南方徐州潰退，湯軍團 85A 則向東方嶧縣、棗莊山地
退避。

圖 2-1　當時的韓莊附近地圖

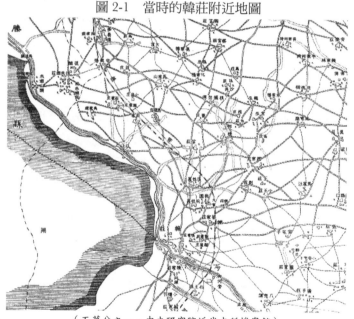

（五萬分之一，中央研究院近代史所檔案館）

韓莊位於山東省最南端，微山湖大運河口，是江蘇
省與山東省的門戶，也是津浦線重鎮，戰略位置十分
重要。地理位置上，韓莊至台兒莊的大運河一線，也
是「南部山東剿滅作戰」的終點。3 月 17 日，步兵第
六十三聯隊佔領臨城後，18 日晨 7 時，瀨谷啟支隊長

於臨城北方西倉橋下達「瀨支作命第十七號」，將追擊
部隊分為左右兩翼，右翼向韓莊，左翼向嶧縣－棗莊追
擊前進，主力集結於臨城附近。[1]

圖 2-2　左右追擊隊前進要圖

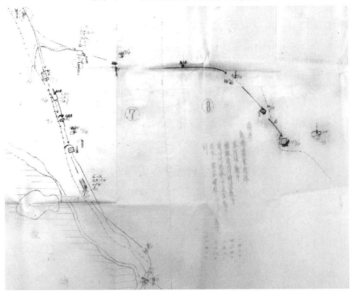

資料來源：「磯情第 50 号（3 月 6 日）～第 79 号（3 月 28 日）（3）」，
JACAR: C11111034700，頁 971。

　　派往韓莊方向的右追擊隊，以步兵第六十三聯隊中
川廉第一大隊為基幹編成。18 日從臨城出發，沿津浦
線向韓莊方向前進。

1　「戰鬥経過の概要　臨城に向ふ追擊及同地附近の攻擊」，
JACAR: C11111252600，頁 791。

一、第一大隊戰鬥詳報

右追擊隊共兵力約 1,500 人，軍隊區分（構成）
如下：

1. 步兵第六十三聯隊第一大隊
2. 聯隊砲、速射砲各半中隊（2 + 2 門）
3. 獨立輕裝甲車第十中隊
4. 支那駐屯軍臨時野砲中隊（4 門機動牽引 90 式野砲）
5. 工兵 1 小隊，旅團無線 1 台 [2]

右追擊隊 3 月 18 日上午 11 時從臨城出發，沿津浦
鐵路經沙溝鎮向韓莊方向前進。以配屬的機動部隊輕裝
甲車中隊，90 野砲中隊為先導（挺進隊），第二中隊
為尖兵，主力跟隨其後。途中在麥穰店、沙溝、韓莊發
生過戰鬥。沙溝附近之敵，被記載為「第一二四師三七
○旅」（有誤）。韓莊守備部隊，被記載為中央軍 2D
6B 11R。[3]

對此戰鬥，湯軍團戰鬥詳報也有觸及：

8 月 18 日

3. 我第五十二軍第二師第六旅，昨日已到沙溝下
車，就地佔領陣地，本晨以來，即被敵猛攻，該旅
官兵士氣旺盛，強烈抵抗，自晨至晚，敵未得逞，
我第二師主力及我第五十二軍主力（第二十五師）

---

2 「3 沙溝及韓莊附近の戰鬥詳報（第 3 號）自 3 月 18 日至 3 月
   2 日（1）」，JACAR: C11111570900，頁 916。
3 「3 沙溝及韓莊附近の戰鬥詳報（第 3 號）自 3 月 18 日至 3 月
   2 日（1）」，JACAR: C11111570900，頁 921-924。

為適應當時情況，必須鞏固運河南岸，方能穩定戰
局，安定徐州，故令其全部趕運韓莊及利國驛下車
布防。[4]

此時國軍正在從徐州陸續沿津浦鐵路北上中。企圖
救援滕縣、臨城方面戰鬥。但由於日軍進展迅速，到達
前臨城、滕縣已相繼陷落（3 月 17 日），先頭 6B 不得
不在臨城南約 7 公里處沙溝下車，就地倉促布防，以
抵禦臨城日軍南下韓莊。18 日與步兵第六十三聯隊第
一大隊在沙溝附近進入戰鬥，對手即是關麟徵 52A。18
日戰鬥期間，後續到達的關軍主力 25D、2D 餘部為了
阻止日軍南下，也提前在後方（南方）利國驛和韓莊下
車，在韓莊附近及運河沿線構築了第二線陣地。可以確
定 18 日在麥穰店、沙溝附近抵抗日軍南下的並非川軍
124D，而是關麟徵軍 2D 6B。19 日在韓莊附近（車站、
鐵橋等地）戰鬥的則是 2D 主力，在韓莊附近進行抵抗
後，韓莊陷落，於 20 日凌晨渡河南撤，進入運河線防
守。21 日為了參加李宗仁計畫的「棗嶧反擊」，與新
到張軫 110D 換防後北上。[5]

4　中國第二歷史檔案館資料編輯部合編，《台兒莊戰役資料選編》
　　（北京：中華書局，1989），頁 90。

5　中國第二歷史檔案館資料編輯部合編，《台兒莊戰役資料選編》，
　　頁 91。

圖 2-3 步兵第六十三聯隊第一大隊沙溝附近戰鬥要圖

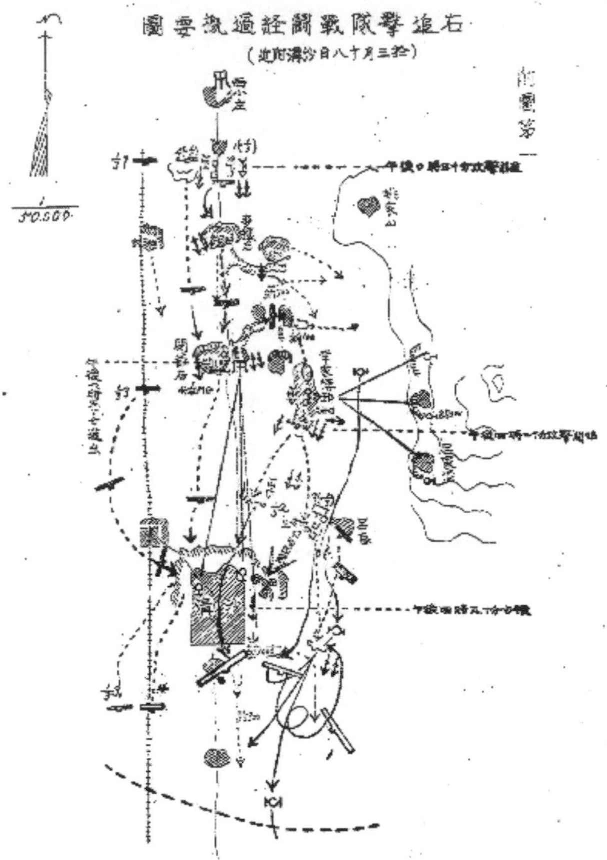

資料來源：「3 沙溝及韓莊附近の戰鬥詳報（第3号）自3月18日至3月24日（2）」，JACAR: C11111571000，頁973。

18日1150，第一大隊行進到臨城南方3公里西小莊時，接到在前方偵查的輕裝甲車隊（天羽大尉指揮）敵情通報。報告南方1.5公里處麥積店鐵路線附近發現敵陣地，人數約500餘名，裝備有重機槍。中川少佐下達攻擊命令，戰鬥順利進行，1320，第

一線部隊佔領東家莊，邵家莊，不久攻陷麥穡店。
1350，進入佔領目標的關爺廟，麥穡店附近戰鬥告
一段落。1400，中川大隊長於關爺廟下達第二〇號
作戰命令，令各部隊對有重機槍、山砲、迫擊砲、
列車砲等武器的沙溝鎮附近李家樓、呂家溝等村落
之敵主力展開攻擊。部署第四、第二、第一中隊展
開隊形從正面接近，第三中隊從鐵路右側包抄，裝
甲車隊偵查沙溝敵情並擾亂敵後方，90野砲中隊
則負責破壞敵列車砲，迫擊砲等重火器。[6]

　　沙溝鎮攻擊戰於 1600 開始，砲擊剛開始不久，守
軍方面即發生動搖，開始撤退。1630，中川大隊長將第
三中隊投入戰鬥，令各部隊開始追擊前進迅速擴張戰
果，殲滅殘敵。由於天色漸晚，各追擊部隊在沙溝鎮南
方小柳莊一線停止前進。1800 集結宿營。此地點，離
南方大運河一線的韓莊，還有約 16 公里。[7]

6　「3　沙溝及韓莊附近の戰闘詳報（第3号）自3月18日至3月
　　24日（1）」，JACAR: C11111570900，頁 929-935。

7　「3　沙溝及韓莊附近の戰闘詳報（第3号）自3月18日至3月
　　24日（1）」，JACAR: C11111570900，頁 932-940。

圖 2-4　步兵第六十三聯隊右追擊隊韓莊附近戰鬥要圖

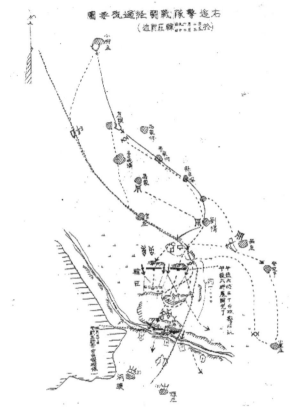

資料來源：「3　沙溝及韓莊附近の戰鬥詳報（第3号）自3月18日
至3月24日（2）」，JACAR: C11111571000，頁974。

　　關於3月18日關麟徵軍 2D 的戰鬥，19日16時，
王仲廉對軍委會電報中報告：

　　　巧午〔18日12時〕有步騎砲聯合之敵約千餘，砲
　　　十餘門、坦克車二十餘輛向姬家庄〔麥穰店西約1
　　　公里〕、關爺廟、沙溝、李樓，向我第二師十一團

陣地猛烈攻擊，激戰至 16 時被敵突破傷亡甚重。[8]

湯軍團戰鬥詳報記載，18 日戰鬥，「第二師第六旅亦傷亡官兵二、三百人」。[9]

19 日 0600，中川大隊長下達作命第二十二號，命令輕裝甲車（挺進隊）先行偵查敵情。大隊主力 0830，從小柳莊南端出發，沿鐵路路線繼續向韓莊前進。正午時分順利到達韓莊外圍的岳莊（東北 2 公里處），後以鐵大官東方無名聚落為偵查據點，搜索韓莊守敵情報，作攻擊準備。此時，第三中隊配屬機關槍 1 個小隊（2 挺）於本隊西側分進先行，奉命伺機佔領韓莊車站。正午，追加配屬右追擊隊的支那駐屯軍野戰重砲中隊（96 式 15 榴 2 門）到達，奉命在安宅子村西進入陣地，協助大隊的韓莊攻擊，並以遠程火力騷擾運河南利國驛附近之敵。右追擊隊計畫以一部兵力（右翼第三中隊）佔領車站，主力置於韓莊東部，攻擊運河線附近安宅子之敵。1210，中川大隊長下達第二十三號作命，全體部隊做好攻擊準備。此時右翼第三中隊，在 90 野砲射擊掩護下，先於主力 1210 奪取韓莊車站及附近一部村落，並以車站為據點抵抗敵之反擊。大隊長見有此突破，當即決定不失時機先擴張右翼隊戰果，令第三、第四兩中隊迅速集結於韓莊北端，一起向南方展開攻擊，企圖趁

8　「李宗仁電蔣中正等據王仲廉電稱日軍向姬家莊關爺廟沙溝李樓第二師十一團陣地猛攻又猛攻井家峪及日坦克車在丁莊附近迫近西門刻正與第四師激戰中」（1938 年 3 月 20 日），國史館藏：002-090200-00038-058。

9　《台兒莊戰役資料選編》，頁 90。

勢一舉將守敵壓迫到運河一線。[10]

第一線中隊按大隊命令，在砲火掩護下前進到韓莊北端佔領陣地，逐漸將村內之敵壓迫到運河一線。在完成最後突擊準備後，大隊本預定藉薄暮掩護展開總攻，但由於韓莊南部敵縱深陣地的密集火力封鎖，及敵在突擊路上設置的地雷阻礙，決定暫緩行動，將攻擊時間推遲到 20 日黎明。不待黎明，敵大部隊已放棄戰鬥，夜間自主退入運河以南。20 日 0500，第一線部隊開始對韓莊攻擊，在砲兵對運河南敵火力的壓制下，0530，第三、第四中隊突入敵陣地，掃蕩殘敵。0600，將韓莊運河北岸完全佔領。大隊長前進到運河堤防，在山東省最南端豎起象徵掃蕩勝利的日章旗。之後各隊主要在運河北岸各部落清掃殘敵。[11]佔領韓莊之後，第一大隊按支隊長命令，將第二中隊派回沙溝鎮守備，其餘部隊在韓莊集結待命。由於有嚴命不准渡河作戰，第一大隊並未向運河南出擊。

前後 3 天的韓莊攻擊戰鬥中，第一大隊記載沙溝附近之敵人數約 2,000 名，韓莊之敵人數不明，戰鬥中「敵遺屍約 700 具」。師團的敵情情報稱「運河〔南方利國驛〕附近約有 1 萬餘敵集結中」。[12]按戰鬥詳報統

---

10 「沙溝及韓莊附近の戰鬥詳報」，JACAR: C11111570900，頁 941-943、946；「3 沙溝及韓莊附近の戰鬥詳報（第 3 号）自 3 月 18 日至 3 月 24 日（2）」，JACAR: C11111571000，頁 947-953。

11 「3 沙溝及韓莊附近の戰鬥詳報（第 3 号）自 3 月 18 日至 3 月 24 日（2）」，JACAR: C11111571000，頁 955-956。

12 「戰鬥経過の概要 臨城及嶧県附近にがける前進準備、棗莊の守備、台兒庄附近の攻擊（1）」，JACAR: C11111252700，頁 817。

計，右追擊隊全體共有人員 1,509 名、馬 227 匹，砲 12 門，輕裝甲車約 15 輛。3 天戰鬥中，右追擊隊全體共戰死 7 名、負傷 28 名。[13]

圖 2-5　步兵第六十三聯隊韓莊戰鬥詳報附表

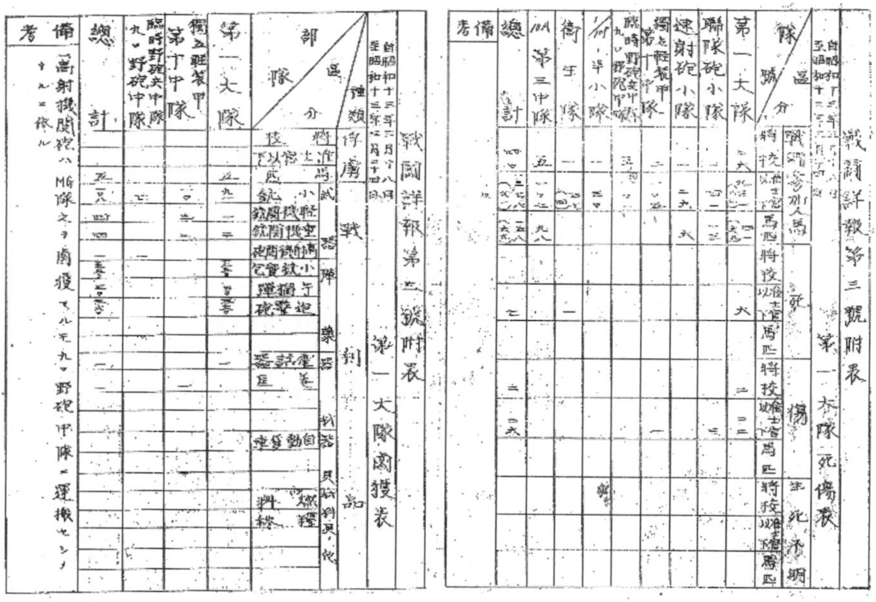

戰鬪詳報第三號附表 第一大隊鹵獲表

戰鬪詳報第三號附表 第一大隊死傷表

資料來源：JACAR: C11111571000，頁 975-976。

另據國軍方面戰報，守備韓莊至六十子（韓莊東 15 公里，六石村）的部隊是湯軍團 2D，在韓莊車站戰鬥的是 2D 運河北警備隊，戰鬥中陣亡連長、排長各 1 名。18 日在沙溝附近與中川大隊接戰的是 2D 6B，戰

13　「戰鬪詳報第三号附表」，JACAR: C11111571000，頁 975。

鬥中負傷營長 1 名。戰鬥後撤退到運河南岸。[14] 另外六十子至台兒莊間運河沿線守備部隊是關麟徵軍 52A 25D。[15]

同 19 日，湯恩伯致蔣中正急電稱：

> 二師之第六旅在沙溝陣地，18.10 敵向之猛攻迄未得逞。現已與八九師聯絡。另一旅在韓庄南沿運河南岸佈置陣地。[16]

二、步兵第十聯隊韓莊守備隊

韓莊於 3 月 20 日清晨陷落。戰鬥結束後，支那駐屯軍 15 榴野戰重砲中隊和 90 野砲中隊被解除配屬，奉命於 22 日返回臨城。留下師團砲兵第六中隊（4 門改造 38 式野砲，後到的補缺部隊）和步兵第六十三聯隊第一大隊一部在現地守備（1 個中隊返回沙溝警備）。

戰鬥後，步兵第六十三聯隊全部被調往嶧縣方面，韓莊守備任務轉交給警戒後方的步兵第十聯隊第三大隊。3 月 25 日晨，兩部在韓莊換防。之後近兩個月間，步兵第十聯隊第三大隊擔任了韓莊警備隊任務。

此時的韓莊警備隊陣容（按 23 日命令）為第三大隊（欠第九中隊），配屬機關槍中隊 1/3、獨立 90 野

14　第二師師長鄭洞國在回憶錄中寫道在運河南佈陣的為該師部和第四旅，19 日午後 2 時抵達利國驛，關麟徵軍也於此時相繼到達利國驛。鄭洞國，《我的戎馬生涯：鄭洞國回憶錄》（北京：團結出版社，1992），頁 191。

15　國史館藏：002-090200-00038-062、002-090200-00038-055。

16　國史館藏：002-090200-00038-061。

砲中隊（25 日解除配屬，赴台兒莊）、師團野砲兵第
六中隊及旅團無線 1 台。[17]

　　總人數僅 500 餘名、砲 4 門、重機槍 4 挺，擔任韓
莊鐵路橋、車站、韓莊市街及運河沿線守備，並負有確
保韓莊至沙溝車站間津浦鐵路線安全的任務。對於人員
僅 500 餘名的守備隊來說，不是輕而易舉的事。25 日
清晨剛換防，午後即發生了第一次激戰，聯隊戰鬥詳報
記載：

> 午後 1730，持火砲 10 門的數百之敵前來，對我實
> 施包圍，1900，雙方近接進入白刃戰，敵兵力不斷
> 增加，最終發展到約 2,000 餘名的大軍，並佔領韓
> 莊車站一角。聯隊長憂慮戰況惡化，命令調回臨城
> 的 1 中隊返回支援韓莊。戰至 2350，大隊最終將
> 車站奪回。[18]

　　25 日的韓莊戰鬥中，鐵橋、車站、韓莊村成為激
戰地，車站、鐵橋曾一度失守。激戰數小時，至深夜將
敵方攻擊挫敗。此役之敵，是湯軍團奉命守備運河線的
110D，渡河兵力約兩團。張軫師長 26 日向上級報告：

17　「郭里集附近戰鬥詳報　（第 12 号）　昭和 13 年 3 月 24 日～
　　3 月 29 日　步兵第 10 連隊」，JACAR: C11111170800，頁 1591-
　　1592。
18　「郭里集附近戰鬥詳報　（第 12 号）　昭和 13 年 3 月 24 日～
　　3 月 29 日　步兵第 10 連隊」，JACAR: C11111170800，頁 1597-
　　1598。

該師渡河之兩個團昨夜曾一度將韓庄佔領，約一小
時後因敵數百附戰車數輛增援，我方被迫復退出。
現在該處附近戰鬥中。此役殲敵百餘人，我亦傷亡
二百餘。[19]

圖 2-6　3 月 25 日韓莊戰鬥

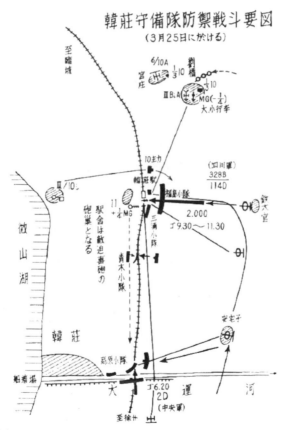

資料來源：步兵第十連隊史刊行会，《步兵第十聯隊史》，頁678。

19　〈八年血債（十四）〉，國史館藏：002-090200-00038-097。

　　110D，是湯恩伯軍團 13A（湯恩伯兼軍長）所屬的運河防守部隊，3 月 23 日剛與關麟徵 52A 換防。此次韓莊攻擊，推測也是為了策應軍團 3 月 25 日「棗嶧反擊」的一部分行動（參考郭里集附近戰鬥章節）。

　　關於日軍損失，第三大隊記錄 3 月 25 日戰鬥，該部共戰死三宅次郎伍長、大月順平上等兵（第十一中隊）、紀井德志上等兵（第三機槍中隊）3 名，[20] 負傷者不詳。岡清三郎大隊長稱，據俘虜口供「敵為四川軍第一一四師三二八旅 2,000 名」，實際應為中央軍 110D 張軫之訛（下轄 328B、330B）。[21] 另戰鬥後戰場清點報告，「敵遺屍連長，排長以下共 56 具」。[22] 25 日初戰，在韓莊附近進入警備的僅第十一中隊，兵力又分散在三處，最終擊退了張軫師兩個團的的攻擊，戰死者僅出現 3 名，可見作戰是比較成功的。第三大隊之後至徐州會戰開始後 5 月 19 日間，一直在韓莊擔任守備任務。

第二節　郭里集附近的戰鬥

一、嶧縣、棗莊的佔領與台兒莊攻擊準備

　　3 月 19 日晨，瀨谷支隊右追擊隊（步兵第六十三聯隊第一大隊）攻陷韓莊之時，前晚從東、西曲柏出

20　「戰沒者名簿」，岡崎速編，《赤柴毛利部隊写真集》（岡山：山陽時事新聞社，1972），頁 125-126。

21　328B 旅長為辛少亭，下轄鮑汝澧 655R、廖運周 656R。

22　步兵第十連隊史刊行会，《步兵第十聯隊史》，頁 678-680。

發，追擊湯軍團89D東進的左追擊隊（第二大隊），
也於19日拂曉到達嶧縣西北約10公里處辛莊，準備對
嶧縣縣城展開攻擊。嶧縣與滕縣同為魯南重地、行政中
心。棗莊、韓莊、台兒莊等地區行政面都為嶧縣所管。
攻擊嶧縣的左追擊隊，配屬聯隊砲、速射砲各1個小隊
（各2門）、獨立輕裝甲車第十二中隊、師團砲兵1個
中隊（4門）、自動車1個中隊，全體約1,500餘名。[23]
追擊隊尖兵19日4時，到達嶧縣城西北5公里處劉村
（國軍記為丁莊）偵查敵情、地形後，12時20分佔領
縣城北西3公里處高地，經掃蕩清除城西鐵路沿線和附
近聚落之敵後，到達嶧縣城郭西側。

圖2-7　1938年的嶧縣城

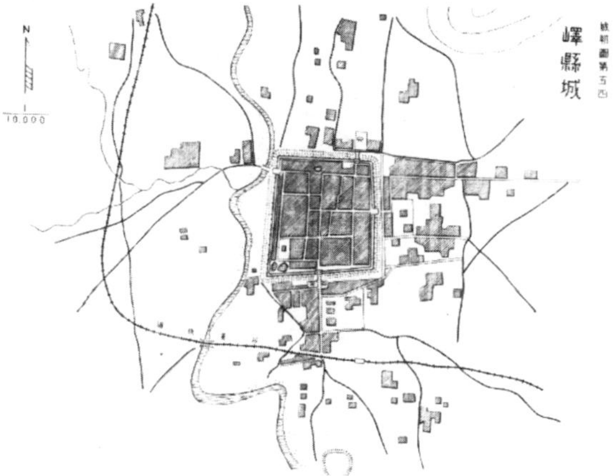

資料來源： 石割平造，《支那城郭ノ概要》，支那派遣軍總司令部，
　　　　　1940，頁157-158。

---

23 「戰鬥經過の概要　臨城に向ふ追擊及同地附近の攻擊」，
　　JACAR: C11111252600，頁789；「戰鬥經過の概要　臨城及
　　嶧縣附近に於ける前進準備、棗莊の守備、台兒庄附近の攻擊
　　（1）」，JACAR: C11111252700，頁817。

　　嶧縣縣城有城牆、護城河等屏障保護，是瀨谷支隊南下作戰後遇到的第二座堅固古城（第一座為滕縣）。西城門前有護城河，橋樑已被破壞，且城牆堅固。左追擊隊見攻城困難遂放棄西門，繞道南門尋求機會，企圖用砲擊破壞城門進入未果（此時砲擊擊斃了嶧縣守城最高指揮官陳純一團長）。傍晚，改變戰術架雲梯從城門上部缺口越入城內，打開城門入城掃蕩。守敵一部向東方、一部向東南退卻。20 日凌晨 0 時 30 分，追擊隊完成城內掃蕩，嶧縣縣城及附近一帶被日軍完全佔領。[24]

　　　　圖 2-8　1938 年 3 月 19 日軍砲擊後的嶧縣南門

資料來源：大阪朝日新聞社，1938 年 4 月 1 日

　　戰鬥詳報稱「嶧縣守敵為第四、第二五、第八九師所屬，人數約 5,000 名，有野山砲約 5-6 門、機關槍、追擊砲若干」。此數應包括剛退卻到此地不久，並未參加守城的湯軍團第四師其他向東方撤退中的過路部隊。追擊隊佔領嶧縣後，為控制煤炭重鎮棗莊，奉命派出第

24　「戰鬥経過の概要　臨城及嶧県附近に於ける前進準備、棗莊の守備、台児庄附近の攻撃（1）」，JACAR: C11111252700，頁 823。

八中隊攜帶重機槍 2 挺，繼續向棗莊方向追擊前進，一路未遇任何抵抗即佔領棗莊。22 日 14 時 20 分，與中興公司負責人會面，接管了煤礦的各防衛要點，進入守備態勢。[25] 如此，日軍 1 個大隊約 1,500 餘人，追擊戰僅 1 天，即輕而易舉地佔領了嶧縣和棗莊這兩個魯南重鎮。這支先到達嶧縣、棗莊的左追擊隊（步兵第六十三聯隊第二大隊），亦是 23 日後，奉命赴台兒莊佔領運河線的台兒莊派遣部隊。

另外，步兵第六十三聯隊主力，在嶧縣陷落後也從臨城出發，22 日 17 時 30 分進駐嶧縣。18 時，聯隊長下達「步六三作命二百六一號」，命令做好對台兒莊，蘭陵鎮方向之敵情的偵查準備。由於嶧縣攻擊戰鬥中國軍並未有實質性抵抗，戰鬥過程十分順利，可確認嶧縣戰鬥的 19 日，該聯隊僅有權代悍上等兵 1 名在「嶧縣縣城附近」戰死。[26]

下面再看守城的國軍方面的檔案。關於嶧縣附近戰鬥，19 日晚，湯軍團 85A 王仲廉軍長向蔣中正報告：

25　「戰鬪経過の概要　臨城及嶧県附近に於ける前進準備、棗莊の守備、台児庄附近の攻撃（1）」，JACAR: C11111252700，頁 823、825。

26　「戰沒者名簿」，步兵第六十三聯隊史編纂委員，《步兵第六十三聯隊史》（島根：步兵第六十三聯隊史刊行委員会，1974），頁 779。名簿中還有小藤良吉、佐藤三郎 2 名戰死於「嶧縣」。《官報》紀錄中，也可確認 3 月 19 日，步兵第六十三聯隊全體的戰死者為 4 名。19 日，嶧縣管下的韓莊（右追擊隊第一大隊方面）也發生過激戰，並記錄 18 日至 20 日，該大隊共戰死 7 名，所以除了明確有「嶧縣縣城附近」表記的戰死者權代悍上等兵 1 名外，其餘 3 名應都是 19 日嶧縣韓莊方面的損失。

皓〔19 日〕午有敵千餘、坦克車十餘輛在丁莊（嶧
縣北）附近申〔16〕時敵騎兵二百餘、坦克車六、
七輛迫近西門附近刻正與第四師激戰中。

（又）本日敵步騎四千餘、唐克車四十餘輛、砲廿
餘門，在嶧縣與我四師主力激戰，彼我傷亡均重，
我廿三團陳團長負傷刻仍激戰中。[27]

85A（下轄 89D、4D），是湯恩伯軍團最先進入魯
南的尖兵，最初配置到滕縣南救援王銘章川軍。先到的
張雪中 89D 在南沙河、官橋、臨城等處戰鬥中失利後
退向嶧縣，棗莊東方山地。軍團戰鬥詳報稱：

我第八十五軍部隊，應避免與敵膠著，坐受敵人攻
擊，為採取主動作戰方針，故應與敵脫離……。
以第四師佔領土山、九山、雙山、潭山、嶧縣，第
八十九師佔領黃山、馬山、金莊一帶構成陣地。[28]

即 85A 為了避開日軍正面攻擊，臨城失陷後開始
向嶧縣、棗莊以東山地退避。經嶧縣撤退的是 4D 陳大
慶部，該部當初（3 月 17 日）是被軍團配置於滕縣東
南黨山、虎山、嶧縣、棗莊一帶的守備、待命部隊。
由於軍團以坐守山地避戰為方針，所以並未有在途中

---

27 〈八年血債（十四）〉，國史館藏：002-090200-00038-057、002-
　090200-00038-058。

28 中國第二歷史檔案館資料編輯部合編，《台兒莊戰役資料選編》，
　頁 91。

嶧縣堅守之意，留下的城防兵力，僅僅為 12B 陳純一
23R。湯軍團戰史《中國陸軍第三方面軍抗戰紀實》稱
19 日戰鬥中：「陳將軍因親自督戰，身先士卒於十九
日午後因中敵砲彈而壯烈犧牲於嶧縣城之南門。嶧縣
城因守城主官陣亡，兼敵援續至被陷。」[29]

湯軍團《魯南戰役戰鬥詳報》中也有：

敵舉犯臨棗之機械化部隊全力護輸步兵 4,000 人猛
撲嶧縣，血戰竟日，我第四師第廿三團團長陳純一
奮勇督戰，反覆與進犯之敵肉搏，該團長為砲彈爆
炸，負重傷，旋壯烈殉國，當成混戰狀態，該團官
兵，仍奮勇衝殺，惟因傷亡奇重，增援不及，敵復
乘勢猛衝，致被沖入嶧縣，是役我計傷亡官兵五百
餘員名，敵亦傷亡慘重。[30]

又報，魯南戰役以來該部損失紀錄（3 月 16 日至
20 日）：

第四師於臨城、棗莊、嶧縣附近一帶重傷上校團長
陳純一一員（已因傷重殞命）、傷連長二員、中尉
以下官佐十一員、士兵四〇三名，陣亡連長一員、

---

29 苟吉堂，《中國陸軍第三方面軍抗戰紀實》（臺北：文星書店，
   1962），頁 66。

30 中國第二歷史檔案館資料編輯部合編，《台兒莊戰役資料選編》，
   頁 91。

排長二員、士兵一六四名。[31]

此報告數字（共死傷 584 名），包括「臨城、棗莊、
嶧縣」附近三處，即 4D 全體（倪祖耀 10B、石覺 12B）
進入魯南之役後（16 日至 19 日）的統計總數。所以，
嶧縣之戰的損失，應僅為其中一部分。同戰鬥詳報曾報
4D 10B 20R 16 日在南沙河，17 日至 18 日在黨山、虎
山（滕縣附近）戰鬥中，「計傷亡士兵三百餘名」。[32]
所以 23R 在嶧縣的損失也應在 200 名左右。團長陳純
一（黃埔三期）的過早陣亡，造成指揮系統混亂，應是
嶧縣城陷落的重要原因。從死傷數比來看，也可見 4D
的守城戰打得非常糟糕，遠趕不上川軍守滕縣的戰鬥
（3 月 16 日至 17 日），僅半日即失陷，守軍死傷數百，
而日軍方面記錄戰死者僅 1 名。

　　從全體戰局來看，此時剛進入魯南的湯軍團，還未
站穩腳步，在日軍瀨谷支隊猛攻進攻下處於倉促應戰，
節節敗退態勢。此為日軍僅以 1 個大隊步兵，不費吹灰
之力，短時間內輕易佔領嶧縣、棗莊兩個重鎮的原因。
以下國軍戰史《抗日戰史　徐州會戰 3》中的湯軍團行
動要圖，也可看到該部 3 月 17 日以來，從臨城一路向
東方退卻的被動態勢。[33]

31　〈八年血債（二十三）〉，國史館藏：002-090200-00047-289。

32　中國第二歷史檔案館資料編輯部合編，《台兒莊戰役資料選編》，
　　頁 89。

33　「徐州會戰井家峪嶧縣間戰鬥經過要圖」（插圖第四十四），國
　　防部史政編譯局，《抗日戰史　徐州會戰 3》（臺北：國防部史
　　政編譯局，1963），頁 166。

圖 2-9　湯軍團滕縣南初戰失利後的退卻路線

資料來源：《抗日戰史　徐州會戰3》，頁 166-167。

對此失敗和消極的退避行動，《中國陸軍第三方面軍抗戰紀實》（湯軍團戰史）中卻稱：

雖然有嶧縣之失，但嶧縣城外的土山、雙山、馬山，依然控制在我們手裡，還有傳山、石城崗、青山為依託的縱深根據，所以我們實際已控制敵寇的側背。這是湯將軍誘敵深入……保持戰鬥的主動性，以便予敵以殲滅性的打擊。[34]

此處存在為湯軍團作戰失利的辯解（編者苟吉堂曾任第二十軍團參謀處長兼 89D 參謀長），但也提到背後有「誘敵深入」、「予敵殲滅性打擊」的戰略部署。

34　苟吉堂，《中國陸軍第三方面軍抗戰紀實》，頁 66。

從下節可知，指的即是第五戰區李宗仁司令長官正在計畫中的「棗嶧反擊」。

二、台兒莊作戰開始前中日兩軍的動向

嶧縣，本應是南部山東剿滅作戰計畫中，西線（津浦線）第十師團瀨谷支隊，和東線（臨沂方面）第五師團坂本支隊鉗擊合流地點。戰鬥開始後西線瀨谷支隊進展順利，而東線的坂本支隊，卻在臨沂一帶與第三軍團龐炳勳部及援軍張自忠 59A（3 月 12 日到達）陷入苦戰，遲遲不能攻克臨沂，獲取南下之機。為打開臨沂方面的戰局，第十師團命令已到達嶧縣待命的瀨谷支隊，派兵一部向臨沂方向前進，企圖增援在此地苦戰中的坂本支隊。

3 月 22 日，步兵第六十三聯隊主力進駐嶧縣縣城後，瀨谷支隊長作出戰鬥部署如下：

一、23 日，派出以步兵第六十三聯隊第二大隊為基幹的台兒莊派遣部隊，南下佔領台兒莊，與韓莊守備隊呼應，鞏固韓莊至台兒莊一線運河防守。

二、鞏固棗莊方面警備（派出步兵第六十三聯隊第十二中隊守備棗莊，旅團本部，直屬部隊也進入棗莊）。

三、24 日，派出沂州支隊（步兵第十聯隊第二大隊為基幹）東進臨沂，支援坂本支隊作戰。

四、鞏固韓莊一帶（津浦線、運河）和滕縣南津浦線一帶後方的警備（此任務由進入臨城的步兵第十聯隊

擔當）。[35]

從以上內容分析，可看出此部署實際是一個戰役收尾的準備。若國軍部隊像之前一樣不堪一擊，拿下台兒莊後，瀨谷支隊方面的南下作戰可以說已大功告成。剩下只有鞏固現地守備，和東進支援友軍坂本支隊作戰的任務。

殊不知 23 日以後，日軍的南下作戰形勢發生逆轉。第五戰區國軍各部精銳部隊陸續進入山東南部戰場，並開始有組織、有效果的頑強抵抗。李宗仁也在此背景下開始使用運動部隊，組織了對嶧縣日軍的大規模反擊。「棗嶧反擊」即是最初一次戰略反擊的部署。反攻的部署最初可見 3 月 21 日蔣中正致李宗仁密電，云：

> 湯軍團進出運河後，以約兩師對嶧縣方面佯攻，以三師由嶧縣以東梯次迂迴，求滕縣以南亙嶧縣間敵之側背攻擊之。[36]

基於此命，22 日，第五戰區李宗仁司令長官下達如下作戰命令：

> 第二十軍團（欠第一一零師）配屬第三十一師主

35　「戰闘経過の概要　臨城及嶧県附近に於ける前進準備、棗莊の守備、台児庄附近の攻撃（1）」，JACAR: C11111252700，頁837-838。

36　「蔣介石修正津浦北段作戰部署密電」，1938 年 3 月 21 日，中國第二歷史檔案館編，《中華民國史檔案資料彙編》，第五輯第二編軍事，頁 514。

力，應於二十四日拂曉開始攻擊，務先擊破嶧縣，
棗莊之敵，再向臨城，沙溝兩地側擊，迫敵於微山
湖東岸而殲滅之。[37]

開始反擊作戰時，湯軍團各部隊已到達，在魯南附
近集結完畢，兵力上出現了主動進攻的餘裕。之前堅守
運河線的 52A，在 13A 110D 到達後，交接守備奉命渡
河北上到嶧縣以東洪山、蘭陵鎮一帶集結待命。李宗仁
企圖利用 52A 與待命在棗莊東部山地的 85A 共 4 個師
兵力對嶧縣、棗莊之敵展開反擊。台兒莊運河線守軍
（孫連仲集團軍）池峰城 31D，此時也奉命從台兒莊方
面沿棗台鐵路北上，向嶧縣前進協助反擊。

湯軍團的戰鬥詳報稱此作戰名為「南固運河北攻棗
嶧之役」，簡稱「棗嶧反擊」，具體戰鬥部署如下：

> 本軍團以殲滅嶧縣棗莊臨城一帶敵人之目的，擬
> 從敵左側背於本月二十四日開始攻擊。第五十二
> 軍……由台兒莊以東渡河，向蘭陵鎮，洪山鎮一帶
> 集中，限明（廿三）日前集結完畢，廿四日拂曉以
> 前展開於土山、馬山、鵝山頭之線，開始攻擊嶧縣
> 附近之敵。須至廿五日完全解決。如敵退守嶧縣時，
> 即以第卅一師監視該敵，令其相機殲滅之……。卅
> 一師應於本（廿二）日以一旅佔領台兒莊運河北岸
> 城寨，以一旅進出泥溝附近，對嶧縣方面警戒……

37　國防部史政編譯局，《抗日戰史　徐州會戰3》，頁 125。

協同五二軍攻略嶧縣。八五軍明（廿三日）晚移至
台兒莊以北，及傅山口一帶山地，以一部對臨城、
滕縣方面警戒，主力於廿四日拂曉前解決棗莊附近
之敵，並確實佔領之。俟五二軍攻略嶧縣後，該軍
即以有力一部挺進龍山、虎山，牽制滕縣附近之敵，
掩護我五二軍……使其便於攻取臨城。[38]

　　湯軍團計畫運用 5 個師以上兵力（若包括 110D 在
3 月 25 日的韓莊攻擊，則為 6 個師），從棗莊、嶧縣
東方及南方運河線實施全面反擊。一舉奪取嶧縣、棗
莊、韓莊後，再伺機進奪臨城。從該軍團 3 月 16 日進
入魯南之後步步敗退至今的戰鬥實情看，實可稱是一個
捲土重來的全面反攻計畫。也是魯南之役以來，中國軍
的第一次主動出擊。
　　李宗仁、湯恩伯之所以於此時制定反擊計畫，還有
蔣中正視察徐州的背景。試圖以成功的反擊作戰討取蔣
的賞識。可是蔣本人早已聽慣了失敗報告，似乎對此
計畫並未有信心，記載蔣中正行動的《事略稿本》3 月
24 日條云：

　　〔蔣中正〕九時到達徐州，駐蹕鐵道第四號室，會
　　報戰局。作必要之處置。湯軍團攻擊令既下，姑試
　　行之。不效則令撤至嶧縣東北山地待機。[39]

38　苟吉堂，《中國陸軍第三方面軍抗戰紀實》，頁 67。
39　葉健青編，《蔣中正總統檔案：事略稿本》，第 41 冊（臺北：
　　國史館，2010），頁 293。

可見蔣對此役的成功僅有一線「試行」期待，叮囑湯恩伯留下失敗之後路。接到蔣中正指示後，湯恩伯也調整計畫如下：

> 本日處置，1. 令湯軍團攻嶧縣，如不能奏功，則應避免攻堅，及膠著之陣地戰，以一部監視嶧縣之敵，主力集結於臨台支路東側山地，取待機姿勢。[40]

縮小棗嶧反擊的戰略規模，使其變成一個以退避為後路的攻堅試探，可窺見一種僥倖取勝心理。果真不出蔣的預測，棗嶧反擊計畫在作戰初期即遭挫折，並未能按計畫付諸實施。

三、瀨谷支隊郭里集附近戰鬥

湯恩伯軍團的棗嶧反擊計畫，作戰第一目標是奪取嶧縣、棗莊兩處要地。奪取嶧縣的任務賦予從台兒莊運河線換防前來的關麟徵 52A，確保棗莊的任務則交給在棗莊東北方山地退避，待命中的王仲廉第 85A。

24 日，日軍在棗莊的守備隊，以步兵第六十三聯隊第十二中隊為基幹（不足 300 人）；在嶧縣部隊，為步兵第六十三聯隊第三大隊及配屬部隊（約 2,000 名）。與此同時，以步兵第十聯隊第二大隊為基幹編成的沂州支隊（約 1,500 餘名），分為第一、第二兩梯隊，正從

---

40 軍事委員會軍令部第一廳第四處，《抗戰參考叢書合訂本：台兒莊殲滅戰》（1938），頁 2-3。

臨城經棗莊向臨沂方面前進中。24 日夜，沂州支隊第
一梯隊約 700 名，在棗莊東方郭里集附近與向嶧縣方向
攻擊前進的關麟徵軍 25D 主力遭遇，進入激戰。戰鬥
持續近一晝夜，結果 25D 雖在附近取得兩次小勝，卻
未能突破郭里集的日軍陣地，又恐增援日軍主力到達，
所以僅戰鬥 1 天即撤出戰場。

先看發生在郭里集附近的步兵第十聯隊第二大隊
（沂州支隊）的戰鬥詳報節錄：

> 沂州支隊（第二大隊長指揮）第一梯隊（第五、第
> 七中隊，配屬獨立輕裝甲車第十二中隊、工兵 1/4
> 中隊），24 日正午從官路口東南孔莊出發，乘兵站
> 自動車第十五中隊卡車，18 時到達棗莊東方郭里集
> （宿營）。第二梯隊（第六、第八中隊，配屬獨立
> 機槍 1 中隊、砲兵 2 中隊），24 日中午於同地步行
> 出發，晚間到達棗莊西 8 公里處南陳郝（宿營）。[41]

第一梯隊派出向紀官莊（郭里集南方 5 公里）偵查
的第五中隊石井第三小隊長，從俘虜的敵砲兵中尉供述
中得知，行進中的敵旅團司令部及砲兵大隊即將到達該
村（紀官莊），且掩護兵力薄弱的情報，遂決定奇襲制
敵。25 日凌晨 3 時，石井少尉帶領同小隊 40 名從郭里
集出發，突入紀官莊村內敵砲兵陣地及旅司令部。激戰

---

41 「郭里集附近戰鬥詳報（第 12 號）昭和 13 年 3 月 24 日～3 月
29 日　步兵第 10 連隊」，JACAR: C11111170800，頁 1593。

中斃敵 70 至 80 名，繳獲火砲數門。不料戰鬥後遭到敵大部隊逆襲，寡不敵眾，除奉命傳令的松田分隊大橋上等兵數名外，全員於紀官莊戰死。

在郭里集宿營的第一梯隊主力，聽到紀官莊方面的激烈槍聲，「上午 7 時 30 分派出輕裝甲車隊向紀官莊前進聯絡，遭到敵機關砲阻擊，車輛被毀，小隊長戰死」。[42] 同時，在郭里集宿營中的第一梯隊主力（約 1 個中隊強），天亮前也遭到敵約 5,000 名包圍攻擊。一部敵攻入南部寨牆內第五中隊的警備地段，郭里集守備告急。此時，村北部第七中隊長大熊延之指揮部隊急援村南，雙方展開激烈的白刃戰，結果將此敵擊退於寨牆外。下午包圍郭里集之眾敵，又一次展開全面攻擊，14 時 30 分再次被擊退。之後郭里集寨牆內第一梯隊，至翌 26 日晨，一直處於敵方（25D）的嚴密包圍監視中。另外，跟隨第一梯隊後尾步行中的第二梯隊（高田大尉指揮，包括砲兵主力、行李隊等後勤約 800 名），路經激戰中的棗莊（王仲廉 85A 對棗莊的攻擊），25 日天明後，進入棗莊協助戰鬥。此方面戰鬥終息後，午後由棗莊向郭里集方向急進企圖解救被包圍的第一梯隊。前進途中 15 時，於郭里集西方 2 公里處桃園附近也遭到數千名敵（關麟徵軍 2D）的包圍攻擊，第六中隊出現多數死傷。[43]

42　步兵第十連隊史刊行会，《步兵第十聯隊史》，頁 536。

43　「郭里集附近戰鬥詳報（第 12 号）昭和 13 年 3 月 24 日〜3 月 29 日　步兵第 10 連隊」，JACAR: C11111170800，頁 1594。

第二小隊近藤達海小隊長以下 13 名戰死，高田中
隊長以下 20 餘名負傷，……戰線膠著，入夜直至
26 日午前 8 時，始扭轉戰機突破敵圍，到達郭里
集與第一梯隊合流。[44]

圖 2-10　郭里集防禦戰要圖

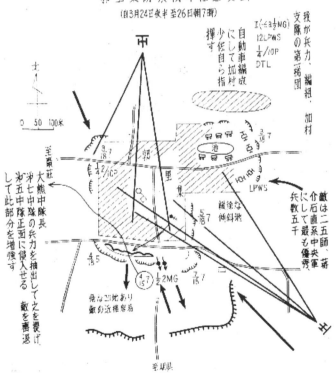

資料來源：步兵第十連隊史刊行会，《步兵第十聯隊史》，頁536。

44　步兵第十連隊史刊行会，《步兵第十聯隊史》，頁 538。

四、棗莊守備隊的戰鬥

　　再看 25 日的步兵六十三聯隊第十二中隊，在棗莊與湯軍團 4D 的戰鬥情況。19 日棗莊陷落後，守備隊為第二大隊派出的第八中隊，由於 23 日該部隨第二大隊南下台兒莊，原守備由第三大隊第十二中隊接替。配屬重機槍 2 挺、野砲兵 1 個中隊，總員數近 300 名。分別堅守於棗莊東礦區（東大井）、北礦區（北大井）、中心區（南大井）3 個地域。煤礦各區均有圍壁掩護，三區間亦有通路連接。主力部隊、砲兵及重機槍均設在中心區附近。北大井稍遠，配守兵三分隊約 30 名，東大井守兵兩分隊 20 名，南大井與東大井間約 400 至 500 公尺遠。[45]（棗莊煤礦的佈局，參考圖 2-11）。此時，南方棗莊市鎮和車站一帶，屬於警備地域，但不是守備範圍。

圖 2-11　棗莊煤礦平面圖

資料來源：「炭田及金鉱調查資料送付の件（4）」JACAR: C04120 575300，頁 1183。

45　「炭田及金鉱調查資料送付の件（4）」，JACAR: C0412057 5300，頁 1183。

在棗莊第十二中隊，24 日夜主力位於中礦區〔南大井〕，25 日凌晨 1 時 30 分，東礦區方向響起迫擊砲及槍聲，得報告知來襲之敵接近東礦區圍壁，其兵力不詳。此時北礦區及中礦區四周也發現敵兵接近，其攻擊主力判斷集中在東礦區附近。中隊長將機槍小隊出動到中礦區東側圍壁，在東、中兩礦區中間地段，向包圍東礦區之敵射擊，將其驅散於南北兩處。此時敵山砲及迫擊砲從東北方猛射中礦區，榴彈、霰彈多數在礦區內炸裂。在東礦區守備隊（步兵 2 分隊）的有效抗擊下，凌晨 3 時 30 分，敵攻勢逐漸萎靡。中隊長於凌晨 4 時，派出一部兵力企圖與北礦區守備隊（步兵 3 分隊）聯絡，但在接近途中遇到煤礦西側之敵的阻擊，未果。此時，北礦區派出的 2 名聯絡兵到達，報告優勢之敵正從東方及北方襲擊北礦區，其一部已攻入圍壁內，守備隊正努力抗擊中，但彈藥缺乏。中隊長接報立即派出步兵 1 小隊馳援，並將部分輕重機槍也派出到中礦區北側圍壁掩護戰鬥。同時派出一隊進入北、中礦區之間通路，排除通路之敵，在此部署下，救援小隊逐漸將進入北礦區內之敵擊退，與守備隊一起解除了北礦區的危機。早上 7 時後，敵方開始撤退……早上 9 時，敵全部退出棗莊。[46]

---

46 「戰鬥経過の概要　臨城及嶧県附近に於ける前進準備、棗莊の守備、台児庄附近の攻撃（1）」，JACAR: C11111252700，頁 870-871。

　　有關敵軍數量，戰鬥詳報稱「攻擊東礦區之敵約
800 名，攻擊北礦區之敵約 1,500 名，中礦區附近之敵
約 200-300 名」。[47]

　　至上午九時，除隱藏於附近聚落內之敵一部及北方
山地（卓山）數名（望見）之敵以外，棗莊一帶已
不見敵影。3 個礦區均在我守備下，附近戰場敵遺
棄屍體約 400 餘具。[48]

　　由於死傷輕微，戰鬥詳報並未提及戰鬥中的損失。
按步兵第六十三聯隊戰沒者名簿核對，該中隊 3 月 25
日在棗莊戰鬥中僅戰死步兵上等兵山根恒雄一名，[49] 負
傷數不詳。比起郭里集 1 天 1 夜的激戰，可見棗莊方
面的戰鬥並不激烈。不足 300 名的守備隊（其中步兵
僅約 150 名），僅半日餘即擊退了湯軍團 4D 主力的攻
擊，使棗莊守備化險為夷。成功的理由，筆者認為一是
各礦區都有難攻易守的圍壁、碉樓為屏障，二是此時已
有到達棗莊附近的沂州支隊第二梯隊（約 800 人），與
4D 在棗莊外圍戰鬥的側面牽制。此外，隨時有可能從
臨城方向乘汽車到來的瀨谷支隊主力，也對王仲廉軍
的棗莊攻擊形成不小心理壓力。此為第四師僅攻擊半

47　「戰鬭経過の概要　臨城及嶧県附近に於ける前進準備、棗莊の守
　　備、台兒庄附近の攻擊（2）」，JACAR: C11111252800，頁 872。
48　「戰鬭経過の概要　臨城及嶧県附近に於ける前進準備、棗莊の守
　　備、台兒庄附近の攻擊（1）」，JACAR: C11111252700，頁 858。
49　「戰沒者名簿」，步兵第六十三聯隊史編纂委員，《步兵第
　　六十三聯隊史》，頁 760。

日，不敢在此地戀戰的原因。

棗莊煤礦的戰鬥結束於 25 日午前。郭里集附近關麟徵軍的包圍圈，也於 26 日晨被沂州支隊第二梯隊突破。由於有後手（若不成功）部署，王仲廉、關麟徵兩軍之後並未猶豫，迅速退出棗莊和東方郭里集，回到棗莊東北部山地隱蔽。撤退的原因是瀨谷支隊主力各部的急速來援。瀨谷支隊長接到沂州支隊於郭里集附近苦戰中的報告後，於 25 日 21 時下達「瀨支作命第二四號」，令此時位於臨城的步兵第十聯隊第一大隊，和在嶧縣的師團砲兵迅速前往棗莊救援。步兵第十聯隊赤柴聯隊長受命後，立即派出第一大隊主力（約 3 個中隊）從臨城乘車連夜奔赴棗莊，26 日晨 5 時 30 分，到達棗莊南方 8 公里處苗莊。[50] 其後續部隊（直轄中隊、砲兵、行李等）也從臨城向棗莊前進。

幾乎同時，25 日晨與步兵第十聯隊第三大隊在韓莊換防後的步兵第六十三聯隊第一大隊，也受命迅速經臨城向棗莊方向急進，26 日晨到達東葛埠（郭里集南 5 公里）做好攻擊準備。後續的師團砲兵各隊，26 日也陸續前進到嶧縣附近就位。是日，瀨谷支隊本部也進入戰鬥後的棗莊煤礦內設營。

25 日晨，湯軍團展開攻擊時，棗莊附近之敵只有沂州支隊第一梯隊和棗莊守備隊共約千餘名，但至 26 日晨，包括沂州支隊全體在內，已有瀨谷支隊主力步兵

---

50 「郭里集附近戰鬥詳報（第 12 号）昭和 13 年 3 月 24 日～3 月 29 日 步兵第 10 連隊」，JACAR: C11111170800，頁 1602。

3 個大隊、砲兵約 2 個大隊，共 5,000 餘名，陸續到達棗莊東郭里集南方部署待命。[51] 結果迫使湯恩伯放棄棗嶧反攻計畫，全軍退避到棗莊東部山地。

圖 2-12　日軍郭里集救援行動要圖

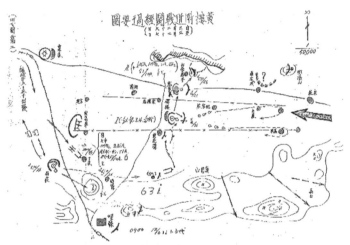

資料來源：「黃樓附近戰鬥經過要圖」，JACAR: C11111170800，頁1622。

五、國軍方面郭里集、棗莊戰鬥紀錄

第二十軍團長湯恩伯在 3 月 22 日 14 時，根據李宗仁棗嶧反擊部署，下達三三四號命令，令軍團於 24 日開始攻擊，圍殲嶧縣、棗莊、臨城一帶之敵。其中 52A 奉命向嶧縣附近之敵攻擊。孫連仲部 31D 由台兒莊北

51　26 日以後的日軍主力配置，參考「黃樓附近戰鬥經過要圖」，JACAR: C11111170800，頁 1622。原沂州支隊配置於桃園、郭里集一線（北），步兵第十聯隊第一大隊配置於其南方橫樓，紀官莊一線（中），步兵第六十三聯隊第一大隊在丁莊、橫溝、東花溝一線（南）。

上，協助關麟徵軍攻擊嶧縣，85A 則從北方山地進擊棗
莊。根據軍委會第一廳的戰史總結《台兒莊殲滅戰》中
的有關內容：

> 二、嶧縣敵共約三千餘，附戰車四十餘輛，砲二、
> 三十門，關軍之 25D、2D，本日午前一時，開始
> 向該敵攻擊，其盤據東郭集、潭河、徐樓店附近之
> 敵數百人，已被關軍包圍，本晚即可解決。
> 三、棗莊附近之敵約一千，佔領城樓四座，經我
> 85A 之 4D 攻擊，已佔其三，刻敵仍圍困於棗莊煤
> 礦公司之中興中學內，本晚即可解決，一俟嶧縣、
> 棗莊之敵解決後，湯軍團即擬派一部向南北洛附近
> 之敵側背夾擊。[52]

此處記錄的是 25 日晨攻擊初始，湯軍團兩部各在
棗莊（4D）、郭里集（25D）方面的戰鬥報告內容。此
時筆調還比較輕鬆樂觀。再看關麟徵 52A 25D 向嶧縣
方向前進中，在郭里集遭遇日軍沂州支隊的戰鬥描述：

> 三月二十五日拂曉，第五十二軍與興隆山、野葛埠
> 及九山等處分進之敵約三千人、戰車三十餘輛遭
> 遇，……激戰至七時，興隆山及野葛埠之敵不支，
> 退守南安城附近，我遂乘勢追擊，……殘敵匿入

---

52 軍事委員會軍令部第一廳第四處，《抗戰參考叢書：台兒莊殲滅
戰》，頁 43。

郭里集、紀官莊、牛角、譚河等村落內，據險頑抗，我仍繼續進攻，至十一時，除郭里集仍被我包圍外，其附近據點，均已次第佔領。……此時我左翼已攻佔九山、雙山後，乃以一部續攻潭山〔壇山，嶧縣東北 1.5 公里〕……十五時，佔領潭山、郭里集之敵亦被殲滅大半。第八十五軍方面之第四師，……當向棗莊之敵三面圍攻，至本日拂曉，克復中興煤礦公司之水塔及碉樓三座，拂曉後，敵復增援反攻，我乃以一部堅守既得陣地，控制主力為機動部隊，待行決戰。[53]

　　對比日軍戰史檔案，沂州支隊 24 日夜在郭里集宿營後，曾派出兩部夜間外出偵查敵情地形。即湯軍團戰鬥詳報中記載的與「興隆山、野葛埠及九山分進之敵」的戰鬥。佐藤小隊戰鬥地點為古屯店子附近高地（郭里集東 5 公里）即國軍記載的興隆山，佐藤小隊在此地戰死 8 名。而石井第三小隊全滅的地點紀官莊，即國軍戰報中出現的野葛埠（野崗埠）。戰鬥詳報的用語中，隱藏了許多拐彎抹角的敘述，特別是對失敗的描寫。對照日軍戰鬥詳報內容，可知郭里集之敵未能被「殲滅大半」。「控制主力為機動部隊」的巧妙用詞，實際也是在暗示主力部隊已撤退。關於郭里集村的戰鬥，第二十軍團魯南會戰戰鬥詳報更有如下描述：

53　《抗日戰史　徐州會戰 3》，頁 137。

我第五十二軍以第二十五師之張旅，於 24 日夜半
進入郭里集附近，準備攻擊西葛埠位置，即發覺郭
里集有敵盤據，該旅當將其附近各村莊層層包圍，
同時施行火攻，並將各村莊出口封鎖，敵自夢中警
醒，見火光沖天，四出狂奔，該師張旅以獵人捕獸
之態勢，用猛烈之機關槍火，對準倭寇之逃避路口
施行掃射，敵應槍倒斃如麻，雖有一部分頑抗，復
經我官兵猛烈掃蕩，該村之敵卒被肅清，嗣由敵屍
身搜出文件，知為倭磯谷師團第十聯隊第二大隊之
全部為我殲滅殆盡。[54]

　　沂州支隊（第二大隊）是否被關軍「殲滅殆盡」，
可參考後出日軍方面的戰損統計。下面再看棗莊方面的
戰鬥，根據王仲廉軍攻擊棗莊的戰鬥描述，部隊為 4D
10B。第二十軍團魯南會戰戰鬥詳報，也對戰果內容進
行了大幅度粉飾：

我第八十五軍以第四師先佔卓山、馬山、黃山為根
據，從東西北三面包圍棗莊，於本日拂曉以前由
該師第十旅之第十九團、第二十團突入棗莊猛烈攻
擊。……我固傷亡甚太，而敵屍則遍地橫陳，……
棗莊東西北三面之三座碉樓，被我完全佔領，……
四碉尚存於敵手者一座，血戰至晨，雖目的未能全

---

54 「第二十軍團魯南會戰戰役戰鬥詳報」，《台兒莊戰役資料選
編》，頁 96。

達，因預計敵於晝間必挾飛機、大砲、坦克車以相臨，故留一部份監視與敵遂成對峙。

文中所稱攻克的三處碉樓，若參考前述棗莊煤礦平面圖，可知指的是有圍壁屏障的北大井、東大井，和西方「焦池、煤務站」三處。

關於以上郭里集、棗莊兩戰場戰鬥的總結報告，可見湯恩伯 25 日致蔣中正電報：

（1）嶧縣〔東方〕之敵為磯谷師團部隊約二千餘人，本日經我關軍廿五師猛烈攻擊殲滅大半。敵殘部向嶧縣縣城郭里集一帶潰退，本晚繼續攻擊。

（2）棗莊之敵約千餘人，昨晚經我王軍第四師猛烈攻擊殲滅大半，敵殘部退至棗莊東部中興公司之中學內利用堅強房屋以頑抗。本晚亦可解決。

（3）本日午後三時敵由臨城方面增加步兵三千餘人，唐克車四十餘輛，刻與我第四師倪旅在棗莊西端齊村激戰中。[55]

「（3）」處提及的與臨城增援部隊的戰鬥，實際上指的是前述沂州支隊第二梯隊近千人。該隊在 25 日凌晨戰鬥開始後，位置於棗莊西方約 2 公里處齊村，所以也被捲入了與王仲廉軍第四師的棗莊外圍的戰鬥。

55　〈八年血債（十四）〉，國史館藏 002-090200-00038-038。

圖 2-13　國軍記錄的郭里集附近戰鬥

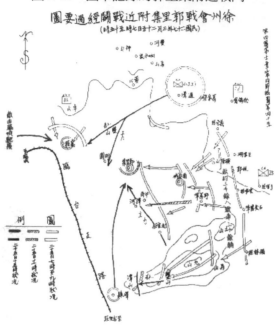

資料來源：《抗日戰史　徐州會戰 3》，插圖第 45，頁 166-167。

　　以上國軍史料稱棗莊方面 4D 10B（19R、20R），
至 25 日拂曉，「克復中興煤礦公司之水塔及碉樓三
座」。從地圖的位置分析，水塔屬於西方車站附屬設
施，中興中學的位置也在南大井礦區圍壁之外。即第四
師攻城部隊，僅一時佔領了棗莊城鎮市街一帶，但並未
能進入有圍壁的礦區。而日軍堅守之地，也只在有圍壁
的礦區內，並非棗莊市街。

　　郭里集方面戰鬥也稱，25D 至 25 日午後 15 時，將
在郭里集被圍敵軍「殲滅大半」或「全部為我殲滅殆
盡」。即報告中出現的各地戰鬥結果，不是「繼續攻

擊」中，就是「可待解決」。但實際結局如何？文中並
未有紀錄，若不對比分析，很難知道真實結果。但若分
析原始電報等，可看到部分事實真相。

25 日 11 時，李宗仁對南京軍委會的以下報告，暗
示了對棗莊的攻擊並不順利：

> 據湯軍團長 25.10 電：棗莊之敵約一聯隊，經我第
> 四師猛攻後，即退入棗莊東部之中興煤礦公司頑強
> 抵抗。該公司房屋堅固，敵並設外壕電網，不易攻
> 擊。棗莊西部均為我佔，並經火焚毀敵戰車七、八
> 輛。刻仍在激戰中。經飭該師如再不能奏效，即以
> 一部對敵監視，主力仍撤回棗莊以北高地，本晚再
> 行攻擊，並一部進出棗莊南端之鐵路線上夾擊之。[56]

因為暗示目標礦區全體攻擊「不易」，所以李宗仁
指示可「撤回棗莊以北高地」（指棗莊北方卓山）。湯
恩伯於 27 日晨 6 時報告：

> 關軍第二師由黃山、馬山向次城、郭里集一帶，王
> 軍第四師由卓山向棗莊及東南地區猛烈攻擊，激戰
> 達旦，斃敵甚多，棗莊已由第四師完全佔領焚燒。
> 敵由臨城方面又增加約千人，刻正在棗莊東南地區
> 對峙中。[57]

56　王曉華、戚厚傑主編，《抗日戰爭正面戰場檔案全紀錄》，上（北
　　京：團結出版社，2011），頁 654。

57　王曉華、戚厚傑主編，《抗日戰爭正面戰場檔案全紀錄》，上，

　　此電文應是報告 25 日撤退後再反擊（26 日）的結
果，根據在何處不明，報告時湯軍團兩師已退回山地。
文中「黃山、馬山」（第二十五師）、「卓山」（第四
師）所在位置是可靠的，但「猛烈攻擊」、「完全佔領
焚燒」棗莊並非事實。不僅如此，由於棗莊安穩，此日
（26 日）瀨谷支隊本部進駐棗莊中興公司，棗莊附近
完全被日軍控制，中興公司成為反擊湯軍團的指揮所。

　　若對照日軍的戰史檔案，可知最終結果，4D、25D
的攻擊目標都未能成功。棗莊煤礦並未被 4D 佔領焚
毀，被圍在郭里集的日軍沂州支隊，也未被全部「解
決」。反而攻擊部隊的中國軍各部，26 日前按部署中
的「後手」之策，全部撤出戰場，迴避到北方山地。

　　《抗日戰史　徐州會戰 3》稱：3 月 27 日，由於發
現日軍有攻佔台兒莊企圖，「該軍團即放棄攻擊嶧縣、
棗莊之計畫，速以一部監視當面之敵，以主力向南轉
進，先殲滅台兒莊之敵」。[58] 雖表現隱晦，卻可讀出是
暗示攻擊失敗後的全面撤退轉進。

六、郭里集附近戰鬥的第二階段──日軍　　主力的反擊

　　湯軍團於郭里集、棗莊附近的反擊戰鬥結果，把瀨
谷支隊主力從臨城吸引到東方的棗莊、嶧縣一帶。3 月
25 日戰鬥之後，湯軍團 4 個師的主力退向棗莊北部、

頁 659。

58　國防部史政編譯局，《抗日戰史　徐州會戰 3》，頁 137。

東北部 10 公里內外山地一帶，瀨谷支隊主力（3 個大隊步兵、2 個大隊砲兵）則集結於郭里集南方及嶧縣一帶，形成對峙狀態。

之後，湯軍團關麟徵部（52A）27 日夜開始朝向城、蘭陵方向南下，王仲廉第八十五軍補缺進入棗莊北及東北一帶山地。為了反擊湯軍團主力，3 月 27 日午後 10 時，赤柴下達「赤作命第二八號」，部署了 3 月 28 日的出擊。使用兵力為步兵約 3 個大隊（步兵第十聯隊第一、第二大隊，步兵第六十三聯隊第一大隊），砲兵約 2 個大隊（野砲第十聯隊第二、第三大隊一部，臨時山砲中隊，獨立 90 野砲中隊，支那駐屯軍重砲中隊），獨立機槍第十大隊（2 個中隊）等。步兵第十聯隊第一大隊（欠第四中隊，配屬聯隊砲、速射砲各 2 門，獨立機槍 1 個中隊）為右翼，28 日晨 7 時從小張莊、宗莊、郭莊一線展開向郭莊北方高地攻擊，之後進出到杜莊、崖頭一線。步兵第十聯隊第二大隊（欠第五中隊，配屬獨立機槍第二中隊）為中央，28 日晨 7 時在古屯店子東側高地腳下展開，攻擊該高地之敵。步兵第六十三第一大隊（欠第二中隊，配屬獨立機槍 2 個小隊）為左翼，28 日晨 7 時，在雙山南側山腳附近展開，攻擊雙山之敵，之後向義山口、郭莊一線前進。……各砲隊主力在郭里集東方地區佔領陣地，主要對右翼及中央大隊進行戰鬥協力。[59]

59　「郭里集附近戰鬥詳報（第 12 号）昭和 13 年 3 月 24 日～3 月 29 日　步兵第 10 連隊」，JACAR: C11111170800，頁 1623-1626。

　　其部署特徵，以東北方（右翼、中央）為主攻方向。
戰鬥開始後，在瀨谷支隊的強力砲擊（此戰鬥由野戰重
砲兵第一旅團長西村琢磨少將、野砲兵第十聯隊長谷口
春治中佐指揮，動用火砲總數約 40 門）和左、中、右
3 個大隊步兵的全面出擊下，守敵全線後退，各隊趁勢
發起追擊。

　　步兵第十聯隊第二大隊於 8 時 25 分佔領大山嶺（郭
里集東北 4 公里）南側高地，中川大隊（步兵第六十三
聯隊第一大隊）佔領雙山（郭里集西北 3 公里），第一
大隊則馬不停蹄，急追向北方退卻之敵主力。午後 2 時
30 分，聯隊本部前進到杜莊（前敵主力部隊集結地），
至此，攻擊陣地之敵戰鬥告一段落。在杜莊，赤柴聯隊
長接到瀨谷支隊長急追後退之敵，並迂迴截斷其退路的
指令（瀨支作命第五七號）：

> 步兵第十聯隊繼續展開追擊，爾後須抽出精銳部隊
> 一部佔領葛家窪北方高地稜線，主力集結於其南部
> 地區待機，防止敵部隊南下。特別注意要派出一部
> 快速追擊部隊向馬廟方向急進，以期截斷敵退路。[60]

　　瀨谷支隊長一面派主力一部展開追擊，一面收縮戰
線，開始作向台兒莊方面的轉進準備。先令左翼步兵第
六十三聯隊第一大隊解除配屬，退出戰鬥，向朱樓、梁

60　「郭里集附近戰鬥詳報（第 12 號）昭和 13 年 3 月 24 日～ 3 月
　　29 日　步兵第 10 連隊」，JACAR: C11111170800，頁 1628、1632。

莊集結部隊待命。下午 4 時又下達第二次集結命令，令
步兵第十聯隊第二大隊也於杜莊附近集結，退出戰鬥。
此時，在最前線追擊的步兵第十聯隊第一大隊並未停止
行動，進出到北方龜山（杜莊北 3 公里）東側地區，繼
續攻擊中。

> 為截斷在土門、周村（約 200 敵）、北頭、南莊
> （約 200 至 300 敵）附近抵抗的約 500 之敵退路，
> 16 時 30 分，野砲兵第四大隊長三田村少佐指揮的
> 兩中隊砲兵，也踏破險路趕來，進入第一大隊長指
> 揮下。在步砲協力的攻擊下，終於將約兩千餘敵及
> 車輛部隊從部落內驅逐到土門附近的谷地中。被截
> 斷後路之敵負隅頑抗，戰鬥異常激烈。「在我優勢
> 砲兵的近距離射擊下，殘敵瀕於潰亂狀態」。之後，
> 大隊借薄暮掩護，對被圍之敵展開猛攻，19 時 50
> 分佔領土門北方兩公里處無名部落，將土門、苗莊
> 一帶要地確保。……戰鬥結果，第一大隊將被截斷
> 退路之敵大半殲滅，敵遺棄屍體 500 餘。僅有少數
> 殘敵得以向西方及北方四散。谷地中敵遺棄車輛等
> 堆積如山。[61]

---

61 「郭里集附近戰鬥詳報（第 12 号）昭和 13 年 3 月 24 日～3 月 29
　　日　步兵第 10 連隊」，JACAR: C11111170800，頁 1633-1636。

圖 2-14　3 月 28 日郭里集反擊戰要圖

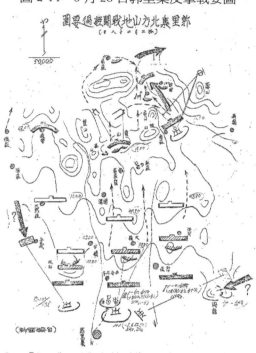

資料來源：「郭里集附近戰鬪詳報（第 12 号）　昭和 13 年 3 月 24 日～
　　　　　3 月 29 日　步兵第10連隊」，JACAR: C11111170800，
　　　　　頁 1640。

　　　3 月 28 日瀨谷支隊的反擊，以入夜後第一大隊方面
對土山之敵的圍殲宣告結束。夜間，參戰部隊全體退出
戰場。29 日晨 5 時，在郭里集集結完畢，立即開始向
嶧縣方向（南）轉進。[62] 3 月 30 日以後，全部被投入
台兒莊附近戰場。

62　「郭里集附近戰鬪詳報（第 12 号）昭和 13 年 3 月 24 日～3 月
　　29 日　步兵第10連隊」，JACAR: C11111170800，頁 1638。

　　3 月 28 日郭里集東北方山地的戰鬥，日軍對手為第四師一部約 2 個團。由於日軍集中了在棗莊附近的優勢主力部隊，戰鬥進展順利，最激烈的第一大隊，也僅記載了 2 名負傷。綜合其他史料分析，可判明僅有 1 名速射砲中隊的鈴木倉太伍長戰死在嶧縣龜山（激戰地郭里集北方土門附近地名），是 28 日瀨谷支隊郭里集反擊戰鬥中的唯一戰死者。[63]

　　關於 28 日戰鬥中湯軍團的損失，由於國軍沒有詳細記載，所以死傷數字不明。步兵第十聯隊戰鬥詳報雖稱土門附近截擊戰中，「敵遺棄屍體 500 餘具」，但數字未經清點。《步兵第十聯隊史》稱此次戰鬥激戰中僅捕獲敵將校以下 6 名俘虜，敵損失數量也相當多，但戰況緊急，並未有餘裕調查統計，所以只能作參考。

　　有關此日激戰，湯軍團的戰鬥詳報中沒有具體紀錄，只有以下兩條簡單帶過的訊息：

> 據我第八十五軍王軍長本晨電話報稱：嶧縣附近敵猛攻我第四師劉團、傅團黃山、馬山、周村一帶陣地。又於本日午後零時 24 分復據該軍報告稱：敵約兩三千人，砲十餘門，戰車十餘輛與第四師正激

63　據《官報》紀錄分析，步兵第十聯隊及配屬部隊 28 日全體戰死數為 8 名（砲兵第十聯隊戰死 4 名，輜重兵第十聯隊戰死 1 名，步兵第十聯隊戰死 3 名）。由於步兵第十聯隊郭里集戰鬥詳報中未記錄配屬砲兵的損失，可判斷砲兵第十聯隊的戰死 4 名，出在台兒莊方面戰場。步兵第十聯隊戰死者 3 名，從聯隊史戰沒者名簿判斷，2 名是韓莊守備隊第十二中隊所屬，1 名戰死在韓莊（松岡義次），1 名死於臨城野戰病院（岡崎玄二）。僅鈴木倉太伍長 1 名可確定戰死在郭里集北部龜山。

戰中云。[64]

湯恩伯致蔣中正密電稱（1938 年 3 月 29 日）：

> 敵一部約二千餘人，砲十餘門，戰車廿餘輛，昨乘
> 我部隊移動，向黃山、馬山、周村一帶我第四師十
> 旅陣地猛烈攻擊。激戰一晝夜，雙方傷亡均大。迄
> 本日午前九時，該敵一部仍向我周村附近攻擊，大
> 部向郭里集方面撤退。[65]

　　可知被攻擊的部隊為王仲廉 85A 4D 10B 下轄的傅
鏡芳 19R、劉漢興 20R。但有關黃昏後日軍在土門附近
的攻擊及戰鬥損失狀況，並無詳細提及。包括國史館所
藏的電報中，也不見其他對 3 月 28 日日軍攻擊戰的詳
細紀錄。所以現今戰史（《抗日戰史　徐州會戰 3》）
中的〈郭里集附近戰鬥〉，描寫的僅僅是 3 月 25 日國
軍郭里集、棗莊攻擊（棗嶧反擊）的一段。而 26 日後
湯軍團的退卻，和 28 日日軍的第二期郭里集反擊，只
能在日軍戰史中窺見一斑。另外，從國軍紀錄中，雖不
知 28 日戰鬥 4D 的損失，但可知 4D 在棗嶧反擊的 3 月
21 日至 29 日間，包括 25 日的棗莊攻擊共陣亡 207 名，

64　中國第二歷史檔案館資料編輯部合編，《台兒莊戰役資料選編》，
　　頁 100。

65　王曉華、戚厚傑主編，《抗日戰爭正面戰場檔案全紀錄》，上，
　　頁 663。

負傷 401 名。[66] 推測過半是 28 日，日軍反擊戰鬥中的損失。

第三節　郭里集附近戰鬥小結

據《步兵第十聯隊戰鬥詳報》統計，3 月 24 日至 29 日間郭里集方面的兩期戰鬥中，步兵第十聯隊及配屬各部隊參加總數（包括非戰鬥員）為 4,363 名、馬 966 匹，共戰死 73 名、負傷 68 名。筆者經考證後訂正戰死者為 70 名，[67] 此統計數可以稱是兩期郭里集戰鬥日軍方面的損失總數。

另據「步兵第十聯隊戰沒者名簿」統計，該聯隊（不包括配屬部隊）3 月 25 日至 28 日間共戰死 61 名（不包括韓莊第三大隊的 3 名），其中紀官莊（第五中隊石井小隊）戰死 36 名，古屯店子（第五中隊佐藤小隊）戰死 10 名，棗莊（郭里集、桃園）戰死 15 名。[68]

---

66 〈八年血債（二十三）〉，國史館藏：002-090200-00047-289。

67 「附表　戰鬥詳報第 12 号附表」，JACAR: C11111171000，頁 1673。表中有部分不準確之處。配屬部隊的獨立機槍第十大隊的戰死者 9 名，在《官報》合祀者名單中也可確認。但其中 3 名戰死於 3 月 16 日滕縣攻擊戰中，2 名 3 月 28 日戰死在台兒莊（此時該大隊分為兩部，分別配屬給台兒莊派遣部隊和沂州支隊），其餘 4 名（3 月 25 日 1 名、28 日 3 名）戰死地未記載者，可認為戰死於郭里集。即該部隊於 3 月 14 日南下後至 28 日郭里集戰鬥結束期間，共戰死 9 名，由於人員分割配屬，損失統一上報，台兒莊方面步兵第六十三聯隊的戰鬥詳報統計中，也重複記錄了此 9 名人員的死亡。筆者訂正結果，包括棗莊在內的郭里集附近戰鬥全體戰死者為 70 名（見附錄戰死者名單）。

68 「戰沒者者名簿」，河本恒男編，《赤柴毛利部隊写真集》，頁 116-117。

圖 2-15　郭里集戰鬥日軍死傷表（包括配屬部隊，不
　　　　　包括步兵第六十三聯隊）

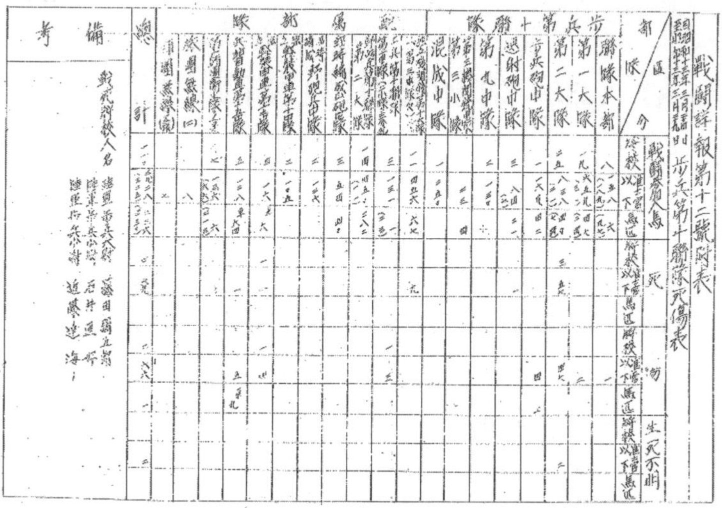

資料來源：「附表　戰鬥詳報第12號附表」，頁1673。

以下是筆者從《官報》資料和聯隊史中綜合整理，
郭里集附近戰鬥日軍方面全部戰死者名單。

表 2-16　郭里集、棗莊附近戰鬥日軍戰死者名單
　　　　　（筆者考證結果）

姓名	戰死日期	官階	官報登載日期	所屬	戰鬥名	地點
佐藤多吉	3 月 26 日	步上	1938 年 10 月 5 日	自動車第 15 中隊	郭里集？	不詳
石井真好	3 月 25 日	步中尉	11 月 9 日	步兵第 10 聯隊 5 中	郭里集	紀官莊
進藤達海	3 月 25 日	步中尉	11 月 9 日	步兵第 10 聯隊 6 中	郭里集	桃園
武藤君夫	3 月 25 日	步軍曹	11 月 9 日	步兵第 10 聯隊 5 中	郭里集	古屯店子
松田豐	3 月 25 日	步軍曹	11 月 9 日	步兵第 10 聯隊 5 中	郭里集	古屯店子
難波泰佐	3 月 25 日	步軍曹	11 月 9 日	步兵第 10 聯隊 5 中	郭里集	古屯店子
海野久	3 月 25 日	步軍曹	11 月 9 日	步兵第 10 聯隊 5 中	郭里集	古屯店子
小崎茂	3 月 25 日	步軍曹	11 月 9 日	步兵第 10 聯隊 6 中	郭里集	桃園
赤木時雄	3 月 25 日	步軍曹	11 月 9 日	步兵第 10 聯隊 6 中	郭里集	桃園
平幸晴	3 月 25 日	步軍曹	11 月 9 日	步兵第 10 聯隊 5 中	郭里集	紀官莊
太田虎夫	3 月 25 日	步軍曹	11 月 9 日	步兵第 10 聯隊 5 中	郭里集	紀官莊
宇那木武夫	3 月 25 日	步軍曹	11 月 9 日	步兵第 10 聯隊 5 中	郭里集	紀官莊

姓名	戰死日期	官階	官報登載日期	所屬	戰鬥名	地點
村瀨久三	3 月 25 日	步伍長	11 月 9 日	步兵第 10 聯隊 6 中	郭里集	桃園
妹尾清二	3 月 25 日	步伍長	11 月 9 日	步兵第 10 聯隊 5 中	郭里集	紀官莊
杉本敏夫	3 月 25 日	步伍長	11 月 9 日	步兵第 10 聯隊 2 機	郭里集	郭里集
馬場真次	3 月 25 日	步伍長	11 月 9 日	步兵第 10 聯隊 6 中	郭里集	桃園
小笠原一藏	3 月 25 日	步伍長	11 月 9 日	步兵第 10 聯隊 5 中	郭里集	紀官莊
米澤重藏	3 月 25 日	步伍長	11 月 9 日	步兵第 10 聯隊 5 中	郭里集	紀官莊
盛元熊雄	3 月 25 日	步伍長	11 月 9 日	步兵第 10 聯隊 5 中	郭里集	紀官莊
妹尾鍊市	3 月 25 日	步伍長	11 月 9 日	步兵第 10 聯隊 5 中	郭里集	古屯店子
西島哲	3 月 25 日	步伍長	11 月 9 日	步兵第 10 聯隊 6 中	郭里集	桃園
道廣清	3 月 25 日	步伍長	11 月 9 日	步兵第 10 聯隊 6 中	郭里集	桃園
小野四郎	3 月 25 日	步伍長	11 月 9 日	步兵第 10 聯隊 5 中	郭里集	紀官莊
淵脅睦夫	3 月 25 日	步伍長	11 月 9 日	步兵第 10 聯隊 5 中	郭里集	紀官莊
西本力夫	3 月 25 日	步伍長	11 月 9 日	步兵第 10 聯隊 5 中	郭里集	紀官莊
岩佐行正	3 月 25 日	步伍長	11 月 9 日	步兵第 10 聯隊 5 中	郭里集	古屯店子
河內鶴一	3 月 25 日	步伍長	11 月 9 日	步兵第 10 聯隊 5 中	郭里集	紀官莊
齋藤齋	3 月 25 日	步伍長	11 月 9 日	步兵第 10 聯隊 5 中	郭里集	紀官莊
山本信男	3 月 25 日	步伍長	11 月 9 日	步兵第 10 聯隊 5 中	郭里集	紀官莊
青山利一	3 月 25 日	步伍長	11 月 9 日	步兵第 10 聯隊 5 中	郭里集	紀官莊
山本定夫	3 月 25 日	步伍長	11 月 9 日	步兵第 10 聯隊 5 中	郭里集	紀官莊
松井健四郎	3 月 25 日	步伍長	11 月 9 日	步兵第 10 聯隊 5 中	郭里集	紀官莊
大岩馨	3 月 25 日	步伍長	11 月 9 日	步兵第 10 聯隊 5 中	郭里集	紀官莊
中原勇	3 月 25 日	步伍長	11 月 9 日	步兵第 10 聯隊 5 中	郭里集	古屯店子
佐久間明	3 月 25 日	步伍長	11 月 9 日	步兵第 10 聯隊 5 中	郭里集	紀官莊
寺阪集一	3 月 25 日	步上	11 月 9 日	步兵第 10 聯隊 5 中	郭里集	紀官莊
梶谷松平	3 月 25 日	步上	11 月 9 日	步兵第 10 聯隊 5 中	郭里集	紀官莊
野瀨闢	3 月 25 日	步上	11 月 9 日	步兵第 10 聯隊 6 中	郭里集	桃園
山內裕	3 月 25 日	步上	11 月 9 日	步兵第 10 聯隊 5 中	郭里集	古屯店子
上尾一馬	3 月 25 日	步上	11 月 9 日	步兵第 10 聯隊 5 中	郭里集	紀官莊
近藤薰	3 月 25 日	步上	11 月 9 日	步兵第 10 聯隊 6 中	郭里集	桃園
中村隆	3 月 25 日	步上	11 月 9 日	步兵第 10 聯隊 5 中	郭里集	紀官莊
藤田和悅	3 月 25 日	步上	11 月 9 日	步兵第 10 聯隊 5 中	郭里集	紀官莊
廣瀨貢	3 月 25 日	步上	11 月 9 日	步兵第 10 聯隊 5 中	郭里集	紀官莊
中谷澤一	3 月 25 日	步上	11 月 9 日	步兵第 10 聯隊 5 中	郭里集	紀官莊
金丸卓治	3 月 25 日	步上	11 月 9 日	步兵第 10 聯隊 6 中	郭里集	桃園
泉末夫	3 月 25 日	步上	11 月 9 日	步兵第 10 聯隊 5 中	郭里集	古屯店子
稻村剛	3 月 25 日	步上	11 月 9 日	步兵第 10 聯隊 6 中	郭里集	桃園
賀本武男	3 月 25 日	步上	11 月 9 日	步兵第 10 聯隊 6 中	郭里集	桃園
安井齋	3 月 25 日	步上	11 月 9 日	步兵第 10 聯隊 5 中	郭里集	紀官莊
植田仙太	3 月 25 日	步上	11 月 9 日	步兵第 10 聯隊 5 中	郭里集	紀官莊
佐藤高夫	3 月 25 日	步上	11 月 9 日	步兵第 10 聯隊 5 中	郭里集	紀官莊
水島利夫	3 月 25 日	步上	11 月 9 日	步兵第 10 聯隊 5 中	郭里集	紀官莊
三川力夫	3 月 25 日	步上	11 月 9 日	步兵第 10 聯隊 5 中	郭里集	紀官莊
安井續	3 月 25 日	步上	11 月 9 日	步兵第 10 聯隊 5 中	郭里集	紀官莊
田口學	3 月 25 日	步上	11 月 9 日	步兵第 10 聯隊 5 中	郭里集	紀官莊

姓名	戰死日期	官階	官報登載日期	所屬	戰鬥名	地點
岡正巳	3月25日	步上	11月9日	步兵第10聯隊5中	郭里集	紀官莊
石井正	3月25日	步上	11月9日	步兵第10聯隊5中	郭里集	紀官莊
福原武雄	3月25日	步上	11月9日	步兵第10聯隊6中	郭里集	桃園
藤田彌五郎	3月26日	步少佐	11月9日	步兵第10聯隊8中	郭里集	古屯店子
角南清	3月26日	步上	11月9日	步兵第10聯隊8中	郭里集	棗莊
鶴野國光	3月26日	步伍長	11月9日	步兵第10聯隊8中	郭里集	棗莊野病
味埜禎夫	3月27日	步上	12月5日	步兵第10聯隊8中	郭里集	棗莊
富倉仙太郎	3月27日	步上	12月5日	步兵第10聯隊步砲中	郭里集？	棗莊野病
鈴木倉太	3月28日	步伍長	12月5日	步兵第10聯隊速砲中	郭里集	龜山
山根恒雄	3月25日	步伍長	1939年6月5日	步兵第63聯隊	棗莊	棗莊
西山朝次	3月25日	步伍長	1940年7月31日	獨立機槍第10大隊	棗莊附近	棗莊附近
內田建三	3月28日	步少尉	7月31日	獨立機槍第10大隊	郭里集？	不詳
渡邊專一	3月28日	步曹長	7月31日	獨立機槍第10大隊	郭里集？	不詳
田中太一	3月28日	步伍長	7月31日	獨立機槍第10大隊	郭里集？	不詳

　　至於湯軍團的損失，軍團的戰鬥詳報記載，25日
至26日「兩日來我各軍傷亡官兵計在千餘員名」。[69]

表 2-17　湯軍團損失報告

郭里集 3.21-29	亡	傷	傷亡	合計
89D	40	109		149
4D	207	401		608
25D	271	219		490
2D			100餘	100餘
合計	518	729		1247+

資料來源：國史館藏 002-090200-00047-289。

　　從數字比較，瀨谷支隊約150名的死傷數字，比起
湯軍團的死傷總數 1,300 餘少得多。但與之前的戰鬥對
比，日軍僅在郭里集附近一次戰鬥中即出現70名戰死
的數字，約等於瀨谷支隊全體（包括配屬部隊）3月14

69　「第二十軍團魯南會戰戰役戰鬥詳報」，《台兒莊戰役資料選編》，
　　頁96。

日南下後至 23 日台兒莊戰鬥前的 10 天之間，包括界河、滕縣、官橋、臨城、韓莊、東崗山、嶧縣等各次戰鬥全體戰死者總數的 71 名。所以可稱是瀨谷支隊南下作戰（南部山東剿滅作戰）以來首次遭遇的重大打擊。

郭里集附近戰鬥，是第五戰區國軍在魯南之役第一階段界河、滕縣、臨城、韓莊敗北後進行的有組織、有計畫的第一次反擊（棗嶧反擊）。但計畫不周，過於自信，反擊初戰即受挫。遠遠未能達到奪回棗莊、嶧縣，將日軍主力壓迫到臨城以西微山湖一線殲滅的目標。

綜合分析以上中日兩方的史料，可判斷湯軍團於 3 月 25 日凌晨後的反擊（棗嶧反擊戰），分為棗莊東方郭里集附近（棗莊東 8 公里）和棗莊煤礦（礦區）兩個戰場。前者為關麟徵軍張耀明 25D 和 2D 一部的戰鬥，作戰對手為瀨谷支隊派遣支援第五師團的沂州支隊（兩梯隊合計約 1,500 餘人），激戰之地分為紀官莊（郭里集東南方 5 公里，第五中隊石井小隊）、古屯店子（郭里集東方 5 公里，第五中隊佐藤小隊）、郭里集（第二大隊本部、第七中隊、第五中隊一部）和郭里集西方 2 公里處的桃園（沂州支隊第二梯隊）等 4 處。後者棗莊攻擊，是王仲廉軍陳大慶 4D 的戰鬥，作戰對手主要為步兵第六十三聯隊棗莊守備隊（第十二中隊約 300 人），還包括在棗莊西方遭遇的沂州支隊第二梯隊（近千人）。此隊人馬向棗莊前進途中，在棗莊西方齊村附近與 4D 遭遇，進入棗莊外圍戰鬥，戰鬥後為救援在郭里集被圍的第一梯隊繼續前進，下午 3 時於郭里集西方 2 公里處桃園，與關麟徵軍 2D 主力再次遭遇，進

入苦戰，與敵僵持入夜。

　　26 日晨，由於從臨城、嶧縣方向趕來的瀨谷支隊各部援軍（步兵第十聯隊第一大隊、步兵第六十三聯隊第一大隊、旅團砲兵主力等）陸續到達郭里集南方，迫使關軍 25D、2D 退出郭里集附近戰場，最終使被圍困在該地的沂州支隊第一梯隊得到解救，[70] 並於 28 日展開反擊，迫使湯軍團向東部山區移動。此為郭里集附近戰鬥的最終結果。

　　國軍記錄的 25 日午前，25D 重創沂州支隊第一梯隊，將其包圍在郭里集村內（25 日整日及 26 日晨），4D 攻擊棗莊煤礦，一時佔領棗莊外圍（市街、車站），將礦區包圍的報告內容不假。但之後由於日軍的抵抗和援軍到達，25D 未能攻克郭里集，4D 佔領棗莊中興公司礦區的目標也未能達成。即 25 日凌晨開始的湯軍團棗嶧反擊，在開戰後第一戰中即遭到挫折。目標中的嶧縣，根本未能成為戰場，計畫中的「棗嶧反擊」，之後到戰史紀錄中變為「郭里集附近戰鬥」的理由也在於此。

　　隱瞞事實真相，不明確記載戰鬥失利，是國軍戰史紀錄的一個弊病。此隱晦的報告方法，甚至被用於軍內系統。據筆者調查國史館藏檔案，直至戰鬥結束後的 27 日，蔣收到的報告仍是 25 日上午湯恩伯的攻擊中初戰順利戰果內容。[71] 棗嶧反擊的結果為何？在國軍檔案

70　步兵第十連隊史刊行会，《步兵第十聯隊史》，頁 535-538。

71　〈八年血債（十四）〉，國史館藏：002-090200-00038-038。

中也不了了之，至今不見最終（明確）報告評價，僅留下了戰鬥死傷統計。

棗嶧反擊失敗後，湯軍團去向何方？為何棗莊、嶧縣仍在日軍手中，棗莊並變成瀨谷支隊的司令部駐地？此點在國軍戰史中也未有任何解釋與提及。關於26日湯軍團撤退後的部署，國軍的記載也十分隱晦，稱：

> 我第四師包圍棗莊殘敵，準備相機撲滅之。……我各軍各師本日日夜，仍繼續攻擊棗嶧之敵，攻擊位置仍在棗嶧東北附近一帶山地……[72]

按此文理解，25日以來的「棗嶧反擊」之役仍在繼續進行中。但細讀可得知26日以後「攻擊位置」，已不在郭里集、棗莊，而是又回到了「棗嶧東北附近一帶山地」，暗示了已撤退的事實。

還有一個問題，即有關此役在國軍戰史中總是將郭里集、棗莊兩戰相提並論，但與日軍的戰鬥、戰損紀錄比較，可見兩戰鬥品質絕不相同。同樣為初戰挫折，但25D在25日郭里集東南紀官莊、郭里集及2D在郭里集西方桃園的戰鬥，確實重創了日軍沂州支隊，並堅持戰鬥約1天半，斃傷敵數字約達150名（斃敵數約70名）。己方損失也多達陣亡268（271）名，負傷319（219？）[73] 比王仲廉4D的棗莊攻擊結果（僅半日即

72　中國第二歷史檔案館資料編輯部合編，《台兒莊戰役資料選編》，頁97。

73　3月27日9時，「關麟徵致蔣中正、李宗仁電」，國史館藏：

退出戰鬥，僅可確認日軍有 1 名戰死，負傷數不詳）要
光彩得多。

　　另按其他紀錄，可得知攻擊棗莊的指揮官是 4D 師
長陳大慶，在棗莊西齊村與沂州支隊第二梯隊戰鬥的
部隊是該師倪祖耀 10B。攻擊郭里集的是張耀明 25D，
在第一線的攻擊部隊為該師張漢初 73B。張漢初旅，
亦是在紀官莊全殲第五中隊石井第三小隊 36 名的功臣
部隊。此外該部還在紀官莊附近擊毀敵戰車（輕裝甲
車）3 輛，俘獲日軍第五中隊上尾一馬 1 名（此人實際
存在，但被認定為戰死）。[74] 從兵力對比，日軍方面沂
州支隊兩梯隊，加棗莊守備隊全體近 2,000 人，有步兵
1 個大隊另 1 個中隊、輕裝甲車 1 個中隊（編制數 17
輛）、砲兵 2 個中隊（8 門）、獨立機槍 1 個中隊（8
挺）、兵站自動車 1 個中隊。而湯軍團投入戰鬥的部隊
則約為 3 個師約 20,000 人（直接進入戰鬥第一線的不
足此數）。

　　湯軍團棗嶧反擊的失敗，象徵著日中兩軍戰力對比
的差距，和以主力進行運動殲敵戰術的困難。由於此戰
教訓未被吸取，更導致了之後國軍外線主力（湯軍團）
被少數日軍（坂本支隊）牽制於台兒莊東戰場，使台兒
莊正面防守出現危機的結局。

002-090200-00035-120。另外據湯恩伯 4 月 23 日電報，第二十五
師 3 月 21 日至 29 日間的損失為陣亡 271 名、負傷 219 名。死亡
數十分接近，但負傷數有 100 名減少。推測兩者中有一處為筆誤，
參考國史館藏：002-090200-00047-289。

74　笟吉堂，《中國陸軍第三方面軍抗戰紀實》，頁 69。

第三章 日軍的台兒莊初戰——第一次攻城前後

本章是對台兒莊戰役初戰的考證，包括日軍（台兒莊派遣部隊）出兵台兒莊及第一次攻城作戰前後三天的內容（3 月 23 日至 25 日），可詳細瞭解日軍台兒莊作戰最初階段的兵力、武器、戰鬥部署及攻城狀況。指出國軍戰史對 3 月 25 日攻城戰鬥的錯誤記載，並分析產生錯誤的原因，也對中國大陸常見的「活張飛大鬧劉家湖」的口述故事演義的來龍去脈進行了詳細分析。

第一節 日軍台兒莊攻略戰的背景及 23 日初戰

一、南部山東剿滅作戰的背景

1938 年 3 月 22 日 17 時 40 分，山東省南部的嶧縣城內，步兵第六十三聯隊長福榮真平大佐接到瀨谷啟少將支隊長（步兵第三十三旅團長）下達的「瀨支作命第三五號」，內容為：

步六三第二大隊並聯隊砲一部，配屬野砲兵第一大隊主力、工兵小隊、衛生隊一部、旅團無線 1 台，

於明 23 日向台兒莊附近前進，佔領並確保運河線。[1]

受命後，福榮聯隊長立即編成一支台兒莊派遣部隊，於 23 日午前 9 時，從嶧縣城東門出發向南方台兒莊前進。

台兒莊是大運河北岸的商業城鎮，向西可通微山湖，與湖口的津浦線重鎮韓莊之間距離約 40 公里。此時瀨谷支隊的一部已佔領了運河北岸的韓莊。佔領東方的台兒莊，確保山東南部省界大運河一線，是自 3 月 14 日開始的「南部山東剿滅作戰」（日軍對南下作戰的稱呼，即滕縣、台兒莊、臨沂方面全部戰鬥）的最後一環。

「台兒莊派遣部隊」，是以步兵第六十三聯隊第二大隊（安永與八中佐）為基幹的混成部隊，共有步兵 1 個大隊、聯隊砲兵的一半、師團野砲兵 1 個中隊，另有工兵半小隊、旅團無線 1 台、師團衛生隊一部，合計人員 1,500 餘名，馬約 300 餘匹。重武器合計有各類火砲 10 門（包括 92 步兵砲）、重機槍 8 挺。此為 3 月 23 至 25 日，日軍進攻台兒莊，並實施第一次台兒莊攻城前後的總戰鬥力。

1　「瀨支作命第三十五号」，「戰鬥經過の概要　臨城及嶧県附近に於ける前進準備、棗莊の守備、台児庄附近の攻擊（1）」，JACAR: C11111252700，頁 825

圖 3-1　野砲兵聯隊的改造 38 式 75MM 火砲

資料來源：*Handbook on Japanese Military Forces*,(Washington D. C: War Department, 1944, 2nd edition), p. 221.

二、台兒莊派遣部隊初戰

　　3 月 23 日晨，派遣部隊沿棗台鐵路（嶧縣至台兒莊約 30 公里）南進，13 時前進到泥溝車站（台兒莊北 14 公里）東北方的前城（現地名前程，泥溝西北約 3 公里）時，遭到來自泥溝車站方向約 500 名敵軍的射擊。安永大隊長將山本春信中尉的第五中隊配置於左第一線，伊藤敏雄中尉的第六中隊配置於右第一線展開攻擊，砲兵於前城村佔領陣地實施砲擊支援。交戰結果，派遣部隊 14 時 30 分擊退該敵，佔領泥溝車站，繼續向退至泥溝南方北田營村之敵發起追擊，15 時 40 分，克北田營村。附近黃家埠、南田營村之敵不戰向南退走。之後派遣部隊繼續向南方北洛、歡堆（歡屯，台兒莊西北 10 公里）前進，在北洛村西遭到約 1,000 名有自動火器裝備之敵「意外頑強」的阻擊。經攻擊戰鬥，17 時 30 分突破敵陣地。之後第六中隊向歡堆，第五、七中隊向北洛（台兒莊北 8 公里）展開攻擊，「日落後趁

薄暮突入北洛村內完成佔領。敵方發射信號彈，向台兒莊方向退卻」。之後派遣部隊一部在歡堆，一部在北洛宿營，徹夜嚴密警戒。[2]

關於此日戰鬥，第二大隊向聯隊本部報告中稱，交戰之敵為 31D 93B 185R 約 1,500 名，持有重機槍 3 至 4 挺、捷克輕機槍 20 餘挺，另有輕迫擊砲若干。戰鬥結果，敵遺棄屍體 230 具。[3]

23 日第一天戰鬥中，台兒莊派遣部隊方面沒有出現戰死者，但有若干名負傷。由於經過整整 1 天的戰鬥，彈藥大量消耗，聯隊本部為給派遣部隊補充彈藥，從嶧縣派出輜重車 45 輛（每輛載重 180 公斤）的行李車隊，滿載彈藥糧秣，在第八中隊黑田榮一少尉指揮的步兵 2 個小隊護衛下，24 日凌晨 0 時 40 分，由嶧縣向台兒莊方向急進。[4]

---

2 「戰鬥經過の概要　臨城及嶧縣附近に於ける前進準備、棗莊の守備、台兒庄附近の攻擊（1）」，JACAR: C11111252700，頁 832-833。

3 「戰鬥經過の概要　臨城及嶧縣附近に於ける前進準備、棗莊の守備、台兒庄附近の攻擊（7）」，JACAR: C11111253800，附圖。

4 「戰鬥經過の概要　臨城及嶧縣附近に於ける前進準備、棗莊の守備、台兒庄附近の攻擊（1）」，JACAR: C11111252700，頁 838-840。

圖 3-2　3 月 23 日台兒莊派遣部隊的戰鬥經過要圖

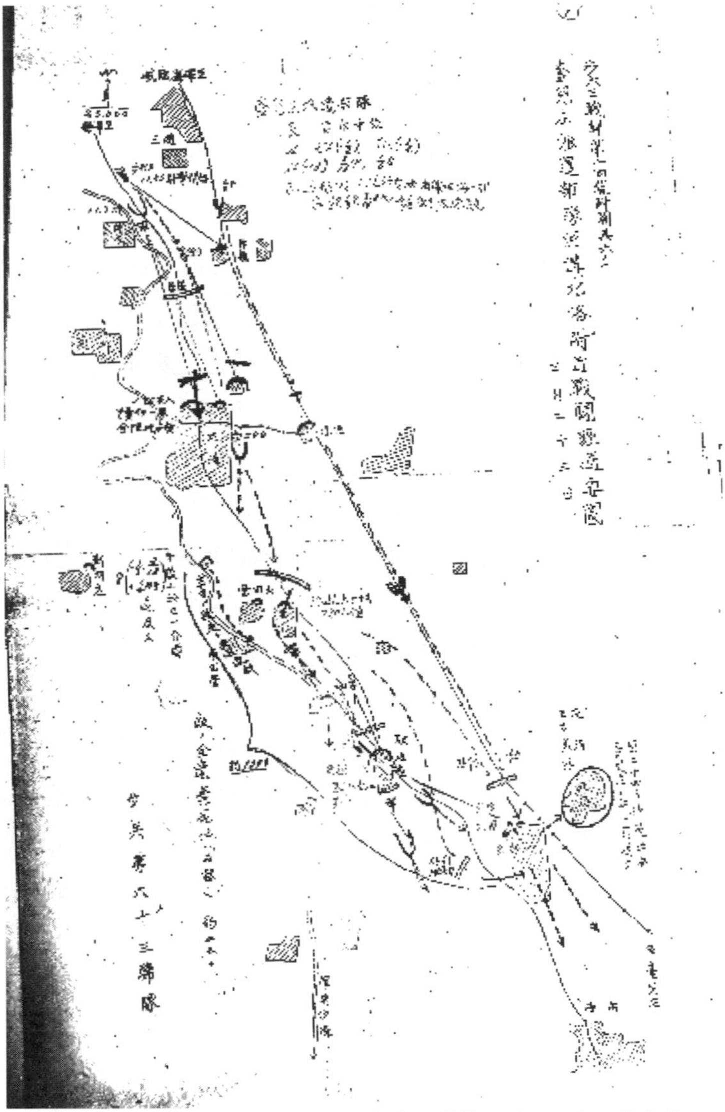

資料來源：「戰闘経過の概要　臨城及嶧県附近に於ける前進準
備、棗莊の守備、台児庄附近の攻撃（7）」，JACAR：
C11111253800，頁 1093-1094。

第二節　池峰城第三十一師的戰鬥紀錄

此時在台兒莊運河線擔任正面防守的是孫連仲第二集團軍。下轄田鎮南 30A（30D、31D）、馮安邦 42A（27D、44Bs）。

第二集團軍於 3 月 19 日，奉蔣中正命令從河南鄭州、洛陽向魯南調動，進入第五戰區李宗仁司令長官指揮下，配置於台兒莊及韓莊一帶運河線擔任防守。此時第五戰區的最大戰略目標並不在守衛運河線，而是企圖利用已集結完畢的主力湯恩伯軍團（第二十軍團 52A、85A 約 40,000 人），在棗莊、嶧縣一帶實施對瀨谷支隊的全面反擊（「棗嶧反擊」可參考前章）。

李宗仁在部署運河防禦時，將第二集團軍的一部，31D 和吳鵬舉 44Bs 也列入此棗嶧反擊戰的戰鬥序列，一時劃歸湯恩伯指揮。湯恩伯將 31D 部署於棗嶧反擊戰的南線，命其部由台兒莊北上，逼近嶧縣，以策應軍團主力（52A、85A）從東北方山地向棗莊、嶧縣反擊。對 31D 的部署可見 3 月 22 日 14 時，湯恩伯下達的「各部攻擊侵入嶧縣、棗莊、臨城之敵命令」（第三三四號）：

> 三十一師應於本（養）日以一旅佔領台兒莊運河北岸，派出一部在泥溝附近，對嶧縣方向警戒，爾後該師即歸五十二軍關軍長指揮，協同五十二軍攻略嶧縣，如殘敵固守縣城時，由該師負責嚴密監視，

相機殲滅之。並歸本軍團直接指揮。[5]

為此，22 日 1530，池峰城師長作出如下部署：

1. 第九三旅之一八五團位置北洛，以一營進至前
   城、趙莊地區，該旅之便衣隊即向獐山、北山
   西、黃山湖搜索而佔領之。旅部率禹營位置於
   南洛附近，應於明拂曉後，向嶧縣之敵行佯攻。
   後逐次抵抗於北洛附近。第一八六團（欠禹營）
   擔任台兒莊之守備。……
2. 第九一旅以一八一團控置於台兒莊，以一八二團
   擔任台兒莊運河南岸警戒。[6]

　　從部署內容分析，池峰城並未按關麟徵軍長指示，
積極出動協助棗嶧反擊，而是留下後手，將 31D 主力
大部（約 3/4）置於台兒莊及運河沿線堅固防守，僅以
一部（185R、93B 旅部與禹營等）沿棗台鐵路出擊到
南、北洛（台兒莊北約 8 公里）以北泥溝（前城），執
行關麟徵下達的佯攻嶧縣命令。此以堅固運河防守的消
極選擇，從之後湯軍團 25 日大張旗鼓的「棗嶧反擊」
初戰即受挫中止（參考前章郭里集附近戰鬥）的結果
看，是一個明智的判斷。

5　《台兒莊戰役資料選編》，頁 92。
6　《台兒莊戰役資料選編》，頁 21。

圖 3-3　國軍戰史紀錄的 23-24 日，日軍台兒莊攻擊

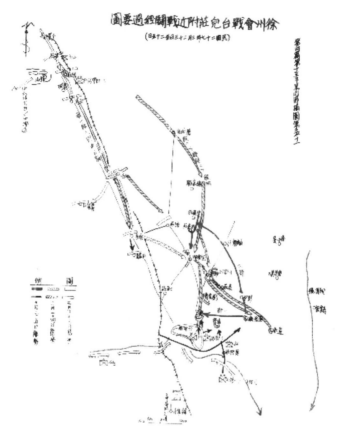

資料來源：國防部史政編譯局，《抗日戰史　徐州會戰 3》，插圖
　　　　　第 51，頁 166-167。

　　23 日正午，185R 先遣部隊前往嶧縣途中，在泥溝
北前城與瀨谷支隊的台兒莊派遣部隊（Ⅱ／63i）遭遇，
打響了台兒莊戰役的前哨戰。戰鬥分為上午泥溝附近戰
鬥和傍晚的北洛附近戰鬥兩部。上午戰鬥屬於遭遇戰，
亂溝、康莊、前城、獐山等都是泥溝鎮北方及西北方的

地名。遭遇戰中 31D 的騎兵、便衣隊等先遣部隊作戰失利，日軍佔領泥溝車站，之後繼續前進到達北洛。日軍克北洛後，185R 退守南洛和南方賈家口，入夜形成對峙。此為 3 月 23 日國軍記錄的台兒莊戰役第一日前哨戰內容。[7]

　　比較中、日兩方戰鬥詳報，可見除了「敵之戰車」的存在以外（派遣部隊沒有戰車、裝甲車等裝備），池峰城師記錄的敵軍數量、武器裝備、作戰地點、時間、戰鬥過程等，和日軍的紀錄大致相同。重要的是，此日遭遇戰的結果，使第五戰區李宗仁察覺到日軍有攻佔台兒莊的企圖。並迅速作出部署變動，解除了 31D、44Bs 對湯軍團的配屬，取消其北上嶧縣協助湯軍團棗嶧反擊的任務，令孫連仲指揮第二集團軍迅速集結，全力加強台兒莊運河線警備，以對抗日軍對台兒莊的進攻。[8]

　　有關此日的戰鬥，事後池峰城對採訪記者稱：「一八五團的二、三千名，是擔任將日軍引誘到台兒莊任務的部隊」。[9] 現國內的台兒莊大戰關聯解說內容中，也不乏此種「誘敵深入」見解。但若參考前述湯軍團棗嶧反擊戰的計畫部署和之後的變化，可知此「誘敵深入」說，不過是事後（台兒莊大捷後）池峰城師長對外（記者）宣傳大捷戰功的一個說法。

7　中國第二歷史檔案館資料編輯部合編，《台兒莊戰役資料選編》，頁 22。

8　國防部史政編譯局，《抗日戰史　徐州會戰3》，第 22 卷，頁 147。

9　「前線慰勞報告」，盛成，《盛成台兒莊紀事》（北京：北京語言大學出版社，2007），頁 26-27。

第三節　台兒莊派遣部隊第一次攻城戰

　　3 月 24 日拂曉，日軍偵察機報告台兒莊城北側，鐵路沿線至三里莊（台兒莊北西 1.5 公里）一帶，各村均有敵軍守備。此時，棗台鐵路的台兒莊北站至南洛的鐵路沿線及寨牆附近、鐵路西各村落，都是國軍防禦的重點地域。按「第三十一師戰鬥詳報」，車站附近的守備部隊是 91B；三里莊、板橋、南洛附近的村落中，聚集的是 93B（185R、186R 一部）主力。

　　為了避開台兒莊車站附近實力不明的強敵，晨 6 時，在北洛宿營的日軍台兒莊派遣部隊分兩路出發。安永大隊長命第五中隊（欠 1 個小隊，配屬機關槍小隊），於右（西路）側沿鐵路東的姚家莊、孫莊、劉家湖（台兒莊北 3.5 公里）向南前進，以牽制台兒莊城正面及西側（北車站）之敵主力。大隊主力則向東方迂迴至三佛樓（三付樓）、楊家廟（楊廟村）後南下，經前、後棗莊（村名）、劉家湖東側邵莊，向台兒莊城東北方接近（東路）。

圖 3-4　3 月 23 日至 25 日，孫集團軍台兒莊防禦部署

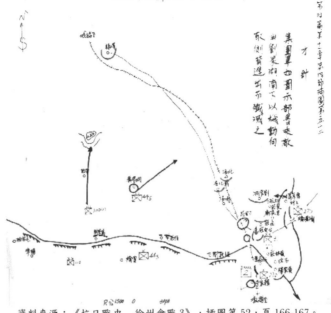

資料來源：《抗日戰史　徐州會戰 3》，插圖第 52，頁 166-167。

西路為佯攻牽制部隊，東路為主力攻城部隊。攻擊重點設在城東北角。此部署是為了避開有堅固防禦工事的車站和城西北（鐵路西）一帶之敵。戰鬥詳報稱：

敵我兵力有數十倍差，敵方另有重火器和裝甲列車的砲火支援，……若第五中隊能將此敵牽制於車站附近，主力可利用此機會一舉突擊攻城。[10]

───────────────

10 「台兒莊附近戰鬥詳報　昭和 12 年 8 月 29 日～昭和 13 年 4

　　安永大隊長率領的大隊主力約 3 個中隊（第八中隊
為半部）及砲隊，與第五中隊分手後按計畫向東方迂
迴，經三佛樓、楊家廟，10 時 30 分到達劉家湖南方後
左右展開，以攻擊隊形搜索前進。11 時 30 分，到達台
兒莊城東北門外 200 公尺處的無名聚落（此地即國軍戰
報所稱的「園上」），在附近設下前線指揮部，一度停
止前進，偵查敵情與地形。地形偵察結果報告：

> 台兒莊東、西、北三面均由高達約 3 公尺的土磊磚
> 牆為壁（基礎部分為夯土）環繞，寨牆外有寬約 2
> 至 3 公尺，水深 30 至 70 公分的水濠。北寨牆在東
> 北角稍偏西處與中央稍偏西處，各有城門 1 座。[11]

　　根據日軍繪製的偵查草圖，台兒莊只不過是個商業
市鎮，所謂「城牆」，其實只是高 180 公分、厚 60 公分
的磚牆（寨牆），加上夯土層，全高也不過 3 公尺。

月 6 日　步兵第 63 連隊第 2 大隊　第 5 中隊」，JACAR: C111
11266500，頁 823。

11 「戰鬥經過の概要　臨城及嶧縣附近に於ける前進準備、棗莊の守
備、台兒莊附近の攻擊（1）」，JACAR: C11111252700，頁 850。

圖 3-5　日軍對寨牆構造的測繪

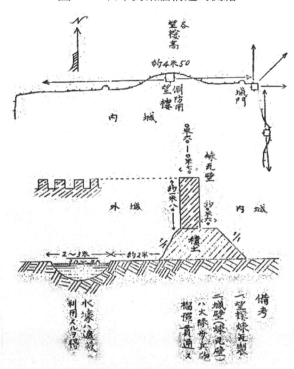

資料來源：「戰鬥經過の概要　臨城及嶧縣附近に於ける前進準
　　　　　備、棗莊の守備、台兒庄附近の攻擊（1）」，JACAR:
　　　　　C11111252700，頁851。

　　台兒莊此時不僅城內守備森嚴，「城外牆壁附近至
西方車站之間，均有利用寨牆、房屋和墳地等修築的堅
固防禦陣地」。13 時 20 分，第二大隊實行了最初的火
力偵查。「接近台兒莊寨牆的攻擊中，受到城內之敵頑
強抵抗」。[12] 為此，安永大隊長命令前線部隊回撤，在

────────────
12　「戰鬥經過の概要　臨城及嶧縣附近に於ける前進準備、棗莊の守

指揮所重新部署了詳細的步砲協同攻城計畫。

　　24 日 15 時，安永與八大隊長在台兒莊北 200 公尺無名聚落（園上）下達台兒莊攻擊命令。[13] 此命令詳細規定各部隊、武器的具體分工。根據此命令，設在後方裴莊南方村落陣地的砲兵（野砲 4 門）開始砲擊，在東北門西附近的寨牆上開出兩個缺口。之後 2 個步兵中隊於 16 時 30 分，開始攻城突擊。為掩護步兵前進，重機槍 6 挺與速射砲 2 門、步兵砲 2 門同時向第一線推進，對寨牆上出現的敵火力據點實行壓制。

　　右側第七中隊在大野謹之助中尉率領下，冒著敵封鎖射擊，向西方第一突破口前進，第六中隊在伊藤敏雄中尉的指揮下，同時衝向東北門西側附近第二突破口。距離寨牆 200 公尺間的地區是一片空地，幾乎不見任何可以遮擋的隱蔽物。前進中，寨牆之敵的自動火器向突擊部隊猛烈掃射。當突擊隊接近寨牆下方時，又遭到來自寨牆上方敵手榴彈雨的襲擊，攻擊中死傷者不斷增加。此時，在突擊隊先頭指揮作戰的第七中隊長大野中尉中彈負傷，前來執行聯絡任務的大隊副官奧谷勤中尉代理指揮，與先頭部隊從破壞口突入城內。但由於後續部隊被封鎖，未能跟上，先攻入城內的部隊（約 10 名）被孤立在城內，最終全員戰死。此時，左方第一線第六中隊進攻也不順利。戰鬥詳報記載：

　　　　備、台兒庄附近の攻擊（1）」，JACAR: C11111252700，頁 842。
13 　「台兒莊附近戰鬥詳報　昭和 12 年 8 月 29 日～昭和 13 年 4 月
　　　6 日　步兵第 63 連隊第 2 大隊　第 5 中隊」，JACAR: C111112
　　　66500，頁 803。

在敵火力的猛烈射擊下，部隊雖從半壞的缺口突入城內，但突擊隊員死傷慘重，被敵火力完全壓制，後續部隊亦不能相繼入城。結果突入城內的奧谷副官等人雖確保了立足點，一時制止了敵軍攻勢，卻不能以寡勝眾，最終全部壯烈殉國。……

突擊部隊先頭雖到達了缺口處並在城頭一時樹立起日章旗，但死傷慘重，最終未獲成功。由於砲兵部隊及重火器部隊彈藥消耗殆盡，不能繼續掩護射擊，時間又接近薄暮，大隊長忍辱下令停止突擊，將部隊撤回出擊位置，並進行戰場清理，收容戰死傷者。[14]

夜間 21 時，安永大隊長在致福榮聯隊長的電報中，報告了攻擊失敗情況：

目下城內外連絡斷絕，死傷者眾多，敵方部隊不斷增加，使我方入城部隊完全陷入包圍，且補充彈藥仍未到達。大隊現正在東北門外待機中。[15]

攻城作戰從 16 時 30 分至 19 時，共進行了約 2.5 小時，第一線突擊部隊為 2 個中隊約 300 名。突入城內的是右側第一線，奧谷勤中尉（米子市浦津出身）率

---

14 「戰鬪経過の概要 臨城及嶧県附近に於ける前進準備、棗荘の守備、台兒庄附近の攻擊（1）」，JACAR: C11111252700，頁 853。

15 「戰鬪経過の概要 臨城及嶧県附近に於ける前進準備、棗荘の守備、台兒庄附近の攻擊（1）」，JACAR: C11111252700，頁 844。

領的第七中隊一部（約 10 名）全部戰死於城內。此日戰鬥，第二大隊全體的傷亡損失為：「傷亡人員約百名，馬十數匹」。[16]

夜 21 時安永大隊長向福榮聯隊長報告，彈藥已全部耗盡，靠現在兵力，攻城沒有成功指望。台兒莊寨內敵兵力至少有 5,000 至 6,000 名，裝備優良又頑強善戰。[17] 為此，向聯隊長提出增加兵力、派遣飛機轟炸、補充野砲彈藥等項要求。此時，已派出的大野少尉指揮的彈藥運輸隊（行李隊），在棗台東三里莊陷入眾敵包圍，正激戰中（見下節）。日軍台兒莊派遣部隊出現多數死傷，彈盡糧絕之時，國軍的援軍、武器、彈藥等物資卻通過鐵路運輸線（隴海鐵路趙台支線）從徐州方向絡繹不絕到達台兒莊南站。[18]

16　「戰鬥經過の概要　臨城及嶧縣附近に於ける前進準備、棗莊の守備、台兒庄附近の攻擊（1）」，JACAR: C11111252700，頁 855。

17　「戰鬥經過の概要　臨城及嶧縣附近に於ける前進準備、棗莊の守備、台兒庄附近の攻擊（1）」，JACAR: C11111252700，頁 855-856。

18　臨趙鐵路在台兒莊附近有 3 個車站，北站在運河北，屬於戰鬥地區，進出車輛僅有裝甲列車砲。運河南為南站，東南方 6 公里處有車幅山站，此 2 個車站是軍火、物資、人員的集散地。

圖3-6　　此圖是27日的攻城部署，在此僅作城壁現狀參考。上南下北，左端可見東北門。門右端標「舊破壞孔」的兩處，即為24日的攻擊地點。第七中隊一部從右方缺口突入

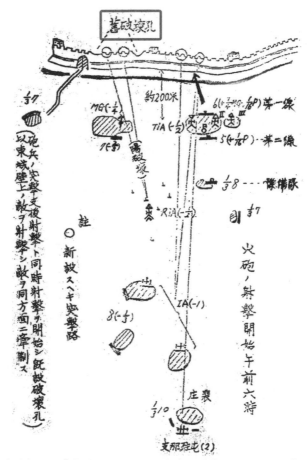

資料來源：「戰鬥經過の概要　臨城及嶧縣附近に於ける前進準備、棗莊の守備、台兒庄附近の攻擊（3）」，JACAR：C11111253400，頁931

第四節　第五中隊的行動（24 日至 25 日）

一、城西方的牽制作戰

24 日作戰中，第五中隊為右翼（西線），擔任牽制車站和鐵路西側敵主力陣地任務，協助大隊主力在台兒莊東北方向的攻城。該部 24 日晨從北洛出發，沿鐵路東側南下，1020，在大隊砲火的支援下向鐵路（西）方向展開進攻（佯攻）。佔領墩上（劉家湖西 1 公里）之後，越過棗台鐵路線擊退板橋村東方之敵。又從西方迂迴接近西三里莊敵陣地。三里莊，是離台兒莊西北角 3 里之處的一個村莊，位於鐵路線東，被棗台公路分割為東西兩部，是進攻車站和城西北角的必爭要地。

第五中隊記錄，在此村（東、西三里莊）內共有 500 至 600 名中國軍駐守，按「第三十一師戰鬥詳報」，為 93B 185R 一部。24 日午後開始的第五中隊三里莊攻擊，由於受到來自台兒莊車站方向之敵（91B 城防部隊）重火力側面猛烈射擊，舉步艱難，不得不暫時停止。入夜後，第五中隊實行敢死夜襲，於 20 時 30 分突入西三里莊。向東三里莊擴大戰果時，發現誤入東三里莊敵陣地遭到圍攻的黑田行李隊，隨即將其救出，向北引導至劉家湖西方無名聚落隱蔽。

黑田行李隊，有搭載彈藥糧秣的 43 輛輜重馬車，由第八中隊 2 個小隊步兵護衛。在東三里莊遭遇戰中，

損失了輓馬 7 匹，大行李長也在戰鬥中死亡。[19] 雖巧遇第五中隊得救，但仍未脫離危險。此時，周圍各村落及東方劉家湖村內，均有大批敵軍（185R）防守。避難村落的墩上村，正好處於敵包圍圈中。「趁夜暗敵兵接近村落，使第五中隊和輜重隊四周陷入重圍」，第五中隊高度戒備，在此村渡過極為不安的一夜。

25 日晨，佔領附近村落形成四面包圍的國軍，對第五中隊所在村落「恃人多勢眾，在軍號聲中展開進攻」。8 時，沿鐵路從南站方面開來的裝甲列車 1 輛也參加助戰，對第五中隊陣地實施砲擊。第五中隊與包圍之眾敵對峙，欲強行突圍又不得機會。萬分危機之時，25 日凌晨 4 時 30 分從嶧縣出發的台兒莊增援部隊（第三大隊第十中隊永島朝好中尉），偕同重機槍 1 個小隊、步兵砲 1 個小隊，補充彈藥等輜重車 22 輛，到達劉家湖村北。

> 11 時 40 分，第十中隊對劉家湖之敵展開攻擊，……經激戰一舉突入村內掃蕩，12 時 50 分佔領劉家湖。敵燒毀囤積彈藥，遺棄屍體 30 具，機槍 1 挺，向南方退散。[20]

另按國軍 31D 報告，此日日軍劉家湖奇襲中：

19 「戰鬥経過の概要　臨城及嶧県附近に於ける前進準備、棗莊の守備、台兒庄附近の攻擊（1）」，JACAR: C11111252700，頁 862。

20 「戰鬥経過の概要　臨城及嶧県附近に於ける前進準備、棗莊の守備、台兒庄附近の攻擊（1）」，JACAR: C11111252700，頁 864-865。

我邵莊梁營長敬賢陣亡，劉家湖王團長郁彬、高營
長鴻立負重傷，下級幹部犧牲甚鉅，遂陷入混亂狀
態。……我殘餘官兵紛紛向三里莊潰退……[21]

從雙方紀錄中可知，此地（劉家湖）是 185R 攻擊
墩上之敵（第五中隊與黑田行李隊）作戰的指揮部。25
日午間在步兵第六十三聯隊第十中隊的奇襲戰中遭到毀
滅性打擊，軍官多名死傷，指揮系統混亂，導致包圍墩
上的前線部隊全體潰亂。13 時 30 分，佔領劉家湖的第
十中隊進入墩上與第五中隊匯合，將輜重隊等引導入劉
家湖村內佈陣戒備。

彈藥行李隊之後由第十中隊掩護，避開來自台兒莊
內的敵軍砲擊，15 時，從劉家湖分散出發，到達滄浪
廟大隊本部，為第二大隊進行了 23 日南下台兒莊以來
的第一次彈藥糧秣補充。第十中隊之後又返回劉家湖，
與現地第五中隊換防。經歷了 24 日至 25 日苦戰的第五
中隊（牽制作戰部隊），之後於 26 日 3 時 30 分，到
達滄浪廟與大隊主力匯合。[22] 未經整頓，即於翌日（27
日）作為主力參加了第二次台兒莊攻城戰。

21　中國第二歷史檔案館資料編輯部合編，《台兒莊戰役資料選編》，
　　頁 25。

22　「戰鬥経過の概要　臨城及嶧県附近に於ける前進準備、棗莊の
　　守備、台兒庄附近の攻擊（7）」，JACAR: C11111253800，戰鬥
　　経過要圖，頁 1098

圖 3-7　3 月 25 日台兒莊派遣部隊的戰鬥要圖

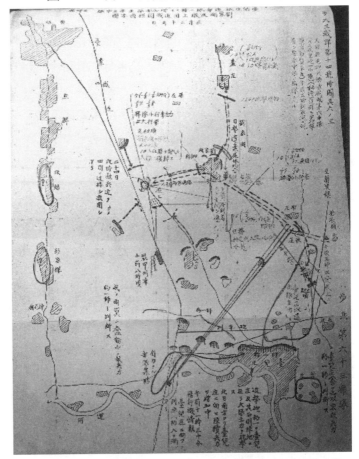

資料來源：「戰闘経過の概要　臨城及嶧県附近に於ける前進準
備、棗荘の守備、台児庄附近の攻撃（7）」，JACAR:
C11111253800，頁1098。

二、派遣部隊的初戰損失紀錄

　　3 月 24 日，第二大隊兩個戰場（攻城現場和第五中
隊三里莊）戰死者數合計為 32 名，加上 25 日第五中隊

方面戰死的 5 名（負傷數不詳），最初 3 天戰鬥中，台
兒莊派遣部隊全體共戰死 37 名。《官報》中亦可確認
全部死亡者姓名。此外第十師團全體，還有砲兵聯隊 1
名、師團衛生隊 2 名的戰死紀錄，是否為派遣到台兒莊
第二大隊方面的損失不明。[23]

　　以下 23 日至 25 日戰死者名單，是按《步兵第六十
三聯隊史》戰沒者名簿中整理出來的，可見到率領部隊
突入城內的奧谷勤中尉，在東三里莊戰死的大行李班長也
包括在其中。[24] 從兵種判斷，是輜重兵上等兵松本強一。

表 3-8　　3 月 23 日至 25 日台兒莊第一次攻城戰日軍戰
　　　　　死者名單

	日期	姓氏	軍階	出身地	死亡地
1	1938.03.24	山根末吉	伍長	松江市和多見	台兒莊
2	1938.03.24	永瀨民	步伍長	松江市乃木	台兒莊
3	1938.03.24	三澤整一	步上	能義郡安來	三里莊
4	1938.03.24	細田功	步上	能義郡廣瀨	台兒莊
5	1938.03.24	八澤好夫	步伍	仁多郡布勢	台兒莊
6	1938.03.24	宮崎榮吉	步上	仁多郡三成	台兒莊
7	1938.03.24	高橋利一	步上	仁多郡八川	台兒莊
8	1938.03.24	阿合己範	步伍	仁多郡馬木	支那
9	1938.03.24	新田傳市	步伍	大原郡加茂	台兒莊
10	1938.03.24	長谷川榮藏	步伍	隱岐郡五箇	台兒莊
11	1938.03.24	古林留由	步伍	隱岐郡五箇	台兒莊
12	1938.03.24	重棲光人	伍長	海士郡海士	台兒莊
13	1938.03.24	前田德市	步上	隱岐郡知夫	台兒莊
14	1938.03.24	谷德市	伍長	知夫郡知夫	台兒莊
15	1938.03.24	辻野駛一	步軍	米子市觀音寺	台兒莊
16	1938.03.24	加藤信夫	步伍	氣高郡安長	台兒莊

---

23 師團衛生隊共有人員 487 名，台兒莊戰役兩週間戰死 9 名，但
　　死亡日期不明，「戰鬥経過の概要　臨城及嶧県附近に於ける
　　前進準備、棗莊の守備、台兒庄附近の攻擊（7）」，JACAR:
　　C11111253800，頁 1105。

24 從步兵第六十三聯隊史編纂委員，《步兵第六十三聯隊史》，頁
　　604-826「戰沒者名簿」中整理出。

	日期	姓氏	軍階	出身地	死亡地
17	1938.03.24	長谷川玉平	步上	氣高郡河原	台兒莊
18	1938.03.24	松下長久	步上	氣高郡松原	台兒莊
19	1938.03.24	前野政晴	步伍	氣高郡岩坪	台兒莊
20	1938.03.24	谷川良吉	步伍	氣高郡青谷	三里莊
21	1938.03.24	狩野長利	步上	東伯郡東園	台兒莊
22	1938.03.24	堀田勇	步上	東伯郡妻波	台兒莊
23	1938.03.24	尾崎重雄	步伍	東伯郡米田	三里莊
24	1938.03.24	黑川憲博	步上	東伯郡巖城	台兒莊
25	1938.03.24	小田末廣	步軍	東伯郡橫田	三里莊
26	1938.03.24	大田巖	步上	東伯郡上大立	台兒莊
27	1938.03.24	朝倉定光	步伍	東伯郡田後	台兒莊
28	1938.03.24	前田優	步准	東伯郡門田	台兒莊
29	1938.03.24	高塚良治	步上	西伯郡諏訪	台兒莊
30	1938.03.24	奧谷勤	步大尉	西伯郡浦津	台兒莊
31	1938.03.24	安村基	步上	西伯郡古豐千	台兒莊
32	1938.03.24	前田來一	步伍	西伯郡平岡	台兒莊
33	1938.03.25	森井要口郎	伍	松江市東本	山東省前 （臨城）
34	1938.03.25	松本強一	輜重上 （大行李長）	周吉郡西鄉	支那
35	1938.03.25	濱尾一郎	步伍	鳥取市賀露	敦上
36	1938.03.25	森山壽次	步上	西伯郡中町	台兒莊
37	1938.03.25	仲村壽一	步上	西伯郡真野	台兒莊

（根據《步兵第六十三聯隊史》「戰沒者名簿」整理）

　　同日午後，支那駐屯軍砲兵最新式 15 榴 1 中隊（2 門）抵達台兒莊。26 日，增派的師團野砲兵第三中隊（改造 38 式野砲 4 門）也到達前線。安永大隊長為雪恥 24 日的攻城失敗，重整旗鼓，利用增援後集結於台兒莊附近的總兵力 2,300 餘名，18 門火砲和 14 挺重機槍，策劃了 3 月 27 日凌晨的第二次攻城。此次，安永部隊又付出約 40 名戰死者的重大代價（此日為台兒莊戰役日軍傷亡最大的一天）後，終於攻入台兒莊城寨內，並站穩了腳跟。

第五節　3月24日國軍記錄的第一次日軍攻城

一、國軍戰報分析

　　23 日到達到北洛的瀨谷支隊台兒莊派遣部隊，翌日（24 日）分兵兩路，主力（步兵 3 中隊及砲兵）於 24 日午前，迂迴前進到台兒莊城東北部，開始了第一次試探性攻城（火力偵查）。有關此行動，「第三十一師戰鬥詳報」的紀錄如下：

一、七時頃北洛之敵〔指第五中隊〕向我孫莊〔南洛東方，劉家湖北〕進攻，經我守兵堅強抵抗，敵未得逞。

二、9 時許敵後續部隊〔指攻城部隊的第二大隊主力〕約 2,000 餘，砲約 20 門，沿台嶧公路由蘭成店向東南進行中，同時北洛之敵以猛烈砲火轟擊三里莊北站台莊各地。10 時，敵步兵 500 餘〔第五中隊〕向我南洛進攻，……卒被我擊退〔以上指第五中隊方面〕。

三、11 時敵之後續部隊〔第二大隊主力〕到達劉家湖東南各村，我台兒莊之前進隊伍逐次退據圍上抵抗，敵以步砲協同猛迫台莊，並敵機三架助戰，……我圍上守兵犧牲亦鉅。12 時 30 分〔圍上〕終為敵攻占。[25]

25　中國第二歷史檔案館資料編輯部合編，《台兒莊戰役資料選編》，

　　以上解讀中，要注意區分該戰報對日軍的兩支部隊分別行動的描述。即所謂「北洛之敵」和「後續主力」兩者一東一西的相互配合。「第三十一師戰鬥詳報」稱攻擊三里莊的第五中隊為「北洛之敵」（23 日戰鬥的對手），而稱向東方迂迴，佔領園上並攻城的大隊主力為「敵後續部隊」。可見並未掌握此兩部人馬，實際上都是昨日作戰對手的各一部。關於日軍第一次攻城，「第三十一師戰鬥詳報」記錄：

> 六、17 時許，北洛之敵〔第五中隊〕復向劉家湖反攻……同時滄浪廟，邊莊之敵〔第二大隊主力〕全部反攻……戰況較午間尤烈，敵我傷亡甚重。18 時頃，〔園上〕敵由擊破口突入城內 200 餘，旋經我奮力殲滅。我守城王團長震，營長姜常泰均負重傷。但卒挫凶鋒，克全守備。[26]

　　即 18 時頃，一部約「200 餘」（實際 10 餘名）從缺口攻入城內。但最終被 31D 守城部隊 186R 切斷後路全殲。之後日軍在城外，守軍 186R 在城內，相峙入夜，戰鬥進入僵局。

　　25 日李宗仁致軍委會軍令部密電也記錄了 24 日傍晚日軍第一次攻城，「五時半城北門被敵砲擊毀一部，

　　頁 23。

26　中國第二歷史檔案館資料編輯部合編，《台兒莊戰役資料選編》，頁 23-24。

並衝入百餘人，當已被我殲滅，刻仍在激戰中」。[27]

戰鬥後 25 日，孫連仲部署 27D 接替 31D 進入運河線守備，並試圖進入被日軍佔領的台兒莊東部外圍地區，威脅敵之側背。31D 各部則受命固守車站及北方三里莊，鞏固城防並相機奪回劉家湖、邵莊、園上等城北要地。此日視察戰地的白崇禧（軍委會副參謀總長）為增強台兒莊防守，為孫連仲部增派了「砲七團一部」並「戰車防禦砲一連」。

31D 下轄康法如 91B（戴炳南 181R、韓世俊 182R）、乜子彬 93B（王郁彬 185R、王烈武 186R），24 日部署在城外作戰的是 185R、186R 一部，最後守城的是 186R，王烈武團長指揮戰鬥中負重傷。91B 則一直位於北車站附近，擔任鞏固台兒莊河防任務，93B 擔任北方城外機動作戰及預備隊。以上可見國軍戰鬥詳報記錄日軍於 24 日 12 時、18 時的兩次對台兒莊的攻擊。午間12 時的攻擊，核實日軍紀錄，是第二大隊主力剛到不久的火力偵查，並不是真正的攻城。傍晚再次攻擊，戰鬥結果和日軍的紀錄基本相同（入城日軍被殲，攻城部隊撤退），只是殲敵數字不同。

二、3 月 25 日的戰鬥

按集團軍孫連仲司令部署的反擊計畫，翌 3 月 25 日晨，93B 主力 185R 以劉家湖為據點對城西北部之敵（退

---

27 「3 月 25 日李宗仁致軍令部密電」，王曉華、戚厚傑主編，《抗日戰爭正面戰場檔案全紀錄》，上，頁 654。

避到墩上的第五中隊及黑田行李隊約 300 人馬）進行全
面包圍攻擊，在鐵甲列車砲火的協力下一度佔據優勢。
「第三十一師戰鬥詳報」中攻擊墩上的戰鬥內容如下：

> 四、……師長率鐵甲列車第三中隊，於 6 時頃到達
> 南洛北端，即指揮向北洛及湖家莊〔墩上〕射
> 擊。……殺傷甚大，敵旋以砲還擊，傷我士兵
> 2 名，機槍 1 挺，即撤回南站。
>
> 五、10 時頃，敵之大部向南洛、劉家湖、邵莊我
> 陣地全線進攻，……11 時頃，敵亦猛攻，我傷
> 亡甚眾。邵莊、劉家湖均被敵衝入，我邵莊梁
> 營長敬賢陣亡，劉家湖王團長郁彬、高營長鴻
> 立負重傷，下級幹部犧牲甚鉅，遂陷入混亂狀
> 態。……我殘餘官兵紛紛向三里莊潰退。」[28]

在此節中，一、鐵甲列車 25 日清晨的南洛附近砲
擊，對照步兵第六十三聯隊戰鬥詳報，可知指的是清晨
鐵甲列車對被包圍在墩上村內第五中隊及黑田行李隊的
砲擊。二、上午 10 時至 11 時，日軍大部隊對劉家湖的
攻擊，指的是 11 時（從北方）襲擊劉家湖第一八五團
團部的步兵第六十三聯隊第十中隊的救援戰。此運動作
戰國軍共動員了 2 個團兵力，在日軍新到第十中隊的
奇襲下徹底失敗。劉家湖被敵佔領，185R 團部遭到毀

---

28 中國第二歷史檔案館資料編輯部合編，《台兒莊戰役資料選編》，
頁 25。

滅，團長王郁彬以下指揮官傷亡慘重。由於喪失了指揮系統，185R 全線潰退至南方三里莊。

三、「活張飛大鬧劉家湖」的故事由來

　　關於 25 日戰鬥過程，中日兩方戰鬥詳報紀錄內容略同。戰鬥詳報中白紙黑字記錄的 185R 在劉家湖遭到日軍襲擊的慘敗之戰，在今日大陸的戰史書籍中，卻被美化成「活張飛高鴻立率部赤臂殲日寇」的英雄故事。戰後通過抗戰宣傳途徑流傳甚廣。如中國社會科學院近代史研究所研究員韓信夫著《鏖兵台兒莊》（2008）一書中就有以下描寫：

> 高鴻立忽地把上身棉衣和襯衫全脫下來，左手握著手槍，右手舉起大刀，赤胸露臂以洪亮有力的聲音喊道：「敢奪砲的，跟我一樣，衝！」霎時間全營官兵全把上衣脫光，端著上了刺刀的步槍，在高營長率領下，向小松林衝擊。當時，田間麥秀盈尺，500 健兒循畦躍進，出敵不意，刀光相映，頓寒敵膽，敵驚恐萬狀，一面以步槍向我高營狙擊，一面拉砲車向東逃遁。……敵兵坦克車 20 餘輛，步兵千餘……部隊被衝散……王團長彈穿大腿……營長高鴻立頭部負傷……[29]

　　內容根據來自何處？韓信夫在《鏖兵台兒莊》中稱

29　韓信夫，《鏖兵台兒莊》，頁 138-139。

第二天《徐州日報》頭版頭條以特大號的黑字標題報
導：「活張飛高鴻立率部赤臂殲日寇」。筆者調查結果，
不用說同名文章，此時《徐州日報》根本就不存在。若
上溯調查韓信夫其他著作，可發現在出版《鏖兵台兒
莊》的 20 多年前，1984 年〈台兒莊會戰〉一文中，已
描寫過這段內容，云：

> 25 日，日軍向南洛進攻，一八五團主動出擊。行
> 至劉家湖，發現日軍大砲十餘門向台兒莊猛烈開
> 砲，三營營長高鴻立率領全營士兵，赤臂揮刀，誓
> 奪敵砲，正激戰中，忽有坦克二十餘輛，步兵千餘
> 人，向高營猛撲過來，一八五團團長王郁彬聞報，
> 急率一、二兩營增援，血戰兩小時，王郁彬、高鴻
> 立受傷，兩名營長戰死。……[30]

　　同樣的內容，1994 年被韓信夫再錄到《近代史研
究》〈台兒莊戰役及其在抗戰中的歷史地位〉一文中
時，按學術規範出示了出處，[31] 原來並不是《徐州日
報》3 月 26 日頭版頭條，而是來自 1938 年 4 月 10 日
《新華日報》第 2 版宇文濟民〈台兒莊血戰速寫〉（3
月 31 日做成），和 31D 參謀耿澤山的回憶錄〈台兒莊
保衛戰親歷紀實〉，[32] 即此段產生於韓信夫對兩者內容

30　人民日報理論部，中國社會科學院近代史研究所民國史室編，
　　《學點民國史》（北京：人民日報出版社，1984），頁 183。
31　韓信夫，〈台兒莊戰役及其在抗戰中的歷史地位〉，頁 67-80。
32　中國第二歷史檔案館資料編輯部合編，《台兒莊戰役資料選編》，

的加工拼湊。

關於高鴻立赤臂奪砲的報導，筆者又進一步調查過這兩篇證據文章的內容，發現有「活張飛高營長」小標題的宇文濟民文章是最早的出處，也是唯一的戰前紀錄。問題是宇文濟民的文章根本沒有記載戰鬥日期，也沒有奪砲內容，唯一出現的地點亦不是劉家湖，而是「北站附近的壕溝」。雖有高鴻立赤膊揮刀衝鋒的描寫，但對手不是日軍砲兵，而是步兵。[33] 此類連日期都沒有的抗戰宣傳品，豈能成為 25 日「活張飛大鬧劉家湖，高鴻立赤膊奪砲」的學術證據？

筆者翻遍了當時的報導，發現還有一個證據是 4 月 7 日的「台兒莊血戰座談會」。以池峰城師長為首，31D 各當事人出席參加，並網羅了台兒莊戰鬥中該師所有的英雄事蹟。由於高鴻立本人已負傷入院，文中出現的是對其事蹟的代言：「在上月三十一日敵軍砲兵退卻時，第×××旅的高營，竟以步兵去窮追敵人砲兵，……但因為營長受了傷，以至功虧一簣。」此處，戰鬥日期又變為 31 日。[34] 有關重要情報的日期，韓信夫稱 25 日，「活張飛」命名者宇文濟民不曉其時，當事者 31D 卻稱 31 日，眾說紛紜。可見當時只有高鴻立赤膊作戰負傷的內容一致，其餘都是捕風捉影，並無定說。與韓信夫後來製造的文字內容（在劉家湖赤膊奪砲）可謂面貌全非。

頁 238。

33　宇文濟民，〈台兒莊血戰速寫〉，《新華日報》，1938 年 4 月 10 日。

34　陸詒，〈台兒莊血戰座談會〉，《戰地通信》，第 26 期，頁 10。

圖 3-9　　1938 年 4 月 10 日《新華日報》活張飛故事的來源

　　基本可以認定此故事演義並不是產生於戰前，而是在戰後，是經加工虛構出的抗戰故事。而其加工者之一，即歷史學者韓信夫。經筆者調查，發現韓信夫引用的文章內容，並不是他自稱的〈耿澤山回憶錄〉，而是1978 年住在臺灣的侯象麟（曾任 27D 80B 旅長）〈第二集團軍台兒莊戰役實錄〉一文，[35] 原文內容如下：

　　25 日晨，……敵開始猛攻南洛，……午間南洛終不守，我兩連兵力全部犧牲。旋劉家湖亦陷敵，敵遂直迫台兒莊。其砲兵於劉家湖放列，若無忌憚者。我高營長鴻立氣憤，親率其第九連赤臂揮刀，猛撲劉家湖，矢奪其砲。時麥秀盈尺，循畦躍進，出敵不意，刀映日光……頓寒敵膽，均棄砲而逃……。[36]

　　與韓信夫《鏖兵台兒莊》對比，「循畦躍進，出敵不意，刀光相映，頓寒敵膽」的字句一模一樣。可以肯定韓信夫引用侯象麟之文卻沒有標明出處，反而稱來自耿澤山。張三換李四，為何如此操作？因為侯的回憶錄沒有把高鴻立的故事，與 25 日 185R（高鴻立所屬）於劉家湖遭敵襲大敗的檔案內容銜接，不過也是一個斷章取義的英雄傳奇。侯本人是黃樵松 27D 80B 指揮官，此戰鬥之時該部剛到達台兒莊南站，26 日後才進入戰

35　此文被收錄於中國第二歷史檔案館資料編輯部合編，《台兒莊戰役史料選編》，出處標為《傳記文學》，第 32 卷第 4 期，另侯象麟同名文章，最早出於 1969 年國軍歷史文物館。

36　侯象麟，〈第二集團軍台兒莊戰役實錄〉，《傳記文學》，第 32 卷第 4 期，頁 27。

鬥，和池峰城 31D 185R 的劉家湖戰鬥並無任何關聯，所以雖文字華麗，講述的也僅是一個道聽塗說的抗戰故事，自己不是親身經歷者，又不具備作為學問事實證據的嚴謹性。為了解決此方面民間口傳的不足，韓信夫抬出的即是耿澤山回憶錄。一般沒有文字證據的回憶大多是信口開河，為何此處能成為學術證據？若詳細調查，此文件與其說是耿澤山個人的回憶，不如說是在歷史學家韓信夫「誘導」下的代筆，僅掛名耿澤山。耿澤山在台兒莊戰役時是 31D 參謀，其回憶錄現藏於「近代史研究所民國史研究室」，即韓信夫所在的社科院研究室。被稱是韓信夫「根據他（耿）的兩篇回憶錄整理而成」。韓按照歷史檔案（「第三十一師戰鬥詳報」）內容加工，將本來很難成為歷史證據的耿澤山口述整理得有條有理。有劉家湖的地點，有高鴻立營長揮刀追敵，赤膊奪砲的事蹟，有國軍團隊番號，也有王郁彬團長、高鴻立營長負傷的描述。不僅情節豐富，同時也核對戰鬥詳報，充實了作為歷史證據的基本要素（時間、地點、人物、戰鬥結果等）。

之後韓信夫在《鏖兵台兒莊》又做出不少修正加工。為了增加作為戰史研究書的嚴謹，把事實背景的「第三十一師戰鬥詳報」記載的劉家湖大敗，王郁彬團長、高鴻立營長負傷退陣的內容及過程也統一收錄，又擅自「借用」了侯象麟華麗的文字，結果產生的即是《鏖兵台兒莊》中活張飛高鴻立赤膊奪砲大鬧劉家湖後，又大敗於日軍的不倫不類的雜燴。此部分歷史糟粕內容，

之後又被林治波《台兒莊大戰》[37]所繼承，成為大陸正統「台兒莊大戰」紀錄中必採錄的「英雄事蹟」。

第六節　虛幻的 25 日攻城戰

除了「活張飛」的故事情節外，還有一個更大的錯誤是「第三十一師戰鬥詳報」中出現的，無中生有的 3 月 25 日午後日軍再度攻城的虛假內容。此錯誤鑄成之後，未得到任何糾正，被台海兩岸所有戰史檔案、戰史書籍抄襲並沿用至今。

這樣一件大事，數個日軍戰鬥詳報中並未有任何記載。按前述日軍戰鬥詳報，25 日的戰鬥僅發生在台兒莊北部劉家湖及三里莊附近。而在台兒莊城東北門外與城內守敵對峙中的第二大隊主力，此日並沒發生戰鬥。不戰的理由也很清楚。23 日至 24 日戰鬥後，未得到任何補充的第二大隊基本上已彈盡糧絕，正在等待彈藥及糧秣補充，沒有攻擊作戰能力。而運送彈藥糧秣的行李隊（24 日派出的黑田隊，25 日與第十中隊同行的彈藥補充隊），25 日午前，都在劉家湖、墩上附近被捲入戰鬥，直至 15 時戰鬥結束，前線部隊才得到補充。

37　林治波，《台兒莊大戰》（濟南：山東人民出版社，2016），頁 125-126。

一、兩個戰鬥詳報內容

「第三十一師戰鬥詳報」是如何描寫日軍 25 日的第二次攻城？為了考證其誤謬原因，此處採錄了前後共 3 天的記載：

3 月 24 日

17 時許……〔敵反攻〕我台兒莊北部城垣摧毀甚多，戰況較午間尤烈，敵我傷亡甚重。18 時頃，敵由擊破口突入城內約 200 餘，旋經我奮力殲滅。我守城王團長震、營長姜常泰均負重傷。

3 月 25 日

16 時頃，敵集中砲火猛攻台莊、北門及小北門倒塌數丈。……17 時頃，敵由小北門突入 200 餘名，當經圍困於大廟內，我王師附冠五督勵官兵內攻外防，激戰猛屬，卒將破口堵塞。

3 月 27 日

6 時 30 分，敵步兵約六七百名，在砲火掩護下向我猛撲，經我以熾盛火力殲滅甚眾，敵續有增加，更番近迫。7 時頃……被敵突入 300 餘，即植立日旗數面，勢甚猖獗。我王師附冠五督率第一八六團第二營扼險堵擊，經激烈之戰鬥，……卒將侵入之敵擊斃大半。……殘敵均逃據東南碉樓及大廟內。[38]

---

38 中國第二歷史檔案館資料編輯部合編，《台兒莊戰役資料選編》，頁 24、25、28。

此內容中，24、27 日的攻城戰，都與日軍戰報大致相同，問題是 25 日的攻城戰鬥在日軍的檔案紀錄中並不存在。筆者認為誤謬的理由有三：首先，在日軍的所有戰鬥詳報損失統計中，此攻城行為無法確認。其次，國軍方面的原始資料，即更準確的各級作戰電報，彙報中也不見攻城的事實存在。第三，按日記形式記載的民間報刊，新聞記者的戰鬥報導中，也從未出現過 25 日攻城的記事。即此事實不存在。但卻出現於複數戰鬥檔案和正統的戰史中。

二、問題出在哪裡？

若仔細觀察，比較以上引用的「第三十一師戰鬥詳報」中的 3 日攻城紀錄內容，可發現如引用文重點號所示一樣，24 日和 25 日的記述在「突入城內約 200 餘」出現重複，25 日和 27 日的記述也在敵被包圍在「大廟內」出現重複。實際上，日軍最初突入城內在 24 日，之後守軍將缺口堵塞的內容，也發生在 24 日。而攻城之敵佔領「大廟」（清真寺）的戰鬥，發生在 27 日。在此，24 日戰鬥和 27 日戰鬥的各一部分內容，被合併重複到實際上並不存在的「25 日的攻城戰鬥」之中，為何如此？

可以考慮的是，有關台兒莊戰役的各種戰鬥詳報，是經年之後為了大捷宣傳，受命補做提出的內容。原材料是保存在檔案中的部分報告、命令、電報，和一些當事者的記憶。25 日戰鬥的記述，是採用了對 24 日與 27 日戰鬥的不準確「記憶」，由人為創造出的一次「虛

幻」戰鬥。從模糊的記憶來看，很可能是事隔很長一段時間以後的作品。

即 31D 事後按部分殘存資料和記憶匯總做成此戰鬥詳報時，幾種證言或資料中都出現同樣的「敵 200 人」的第一次突入，和將第二次攻擊之敵圍困在「大廟」內的內容。由於基本資料不全和調查努力不夠，關於戰鬥發生的日期卻不能統一，出現了 24 日、25 日、27 日的不同說法。此時戰鬥詳報製作者，未能有餘裕參考上級的電報資料辨偽，而錯誤的 25 日攻城說主張者又執意不肯讓步，結果均被採用。又將有文字記載的 24 日戰鬥「敵 200 人突入」與 27 日記戰鬥中「攻守大廟」內容，也複製到無文字紀錄的 25 日攻城內容中，並將 27 日發生的「王冠五（副師長）督戰」之舉，也剪貼「充實」於其中，最終形成了「虛幻」的 25 日攻城戰內容。

至於其他紀錄和「第三十一師戰鬥詳報」的關係，可認為基礎資料都來自於該師戰鬥詳報。之後內容被集團軍戰鬥詳報複製挪用，戰後，又被戰史研究採用，形成了今日的通說。譬如，最有權威的國軍戰史叢書《抗日戰史　徐州會戰 3》中也有同樣內容。

　　二十五日「十六時頃，台兒莊北門及小北門寨牆，被敵砲火轟燬數丈，繼敵二百餘人由小北門突入，被我圍困於大廟內，時王冠五師附督率官兵將破口

堵塞……[39]

在中國大陸，公版的《台兒莊大戰大事記》中，記錄了 25 日日軍的第二次攻城。韓信夫著《鏖兵台兒莊》、林治波著《台兒莊大戰》等專著中也都出現同樣錯誤。[40] 說明各種書籍和戰史研究，在做成階段，沒有進行過考證研究與史料批判，而都是在互相抄襲。結果，以訛傳訛，出現了錯誤的連鎖性發展。

三、原始檔案的內容

實際上，若能認真核對並調查先前的電報、日誌等，或對比日軍的戰鬥詳報，很容易發現錯誤所在。有關台兒莊戰役的電報彙集中，可見 3 月 26 日李宗仁致軍委會軍令部的電報，其中 25 日台兒莊戰鬥部分的報告，觸及到上午 185R 團在三里莊、劉家湖大敗的戰鬥，但未提到有傍晚 16 時的日軍攻城。

以下 3 月 26 日正午集團軍司令孫連仲對軍委會發出的戰報（電文），也同樣可證實此點。

39　國防部史政編譯局，《抗日戰史　徐州會戰 3》，頁 149。

40　韓信夫，《鏖兵台兒莊》，第五章台兒莊城寨陣地戰。林治波，《台兒莊大戰》，頁 120、127。24 日督戰者記錄為王震，25 日為王冠五，均記錄敵入城 200 名。

圖 3-10　3 月 27 日孫連仲向軍委會的報告

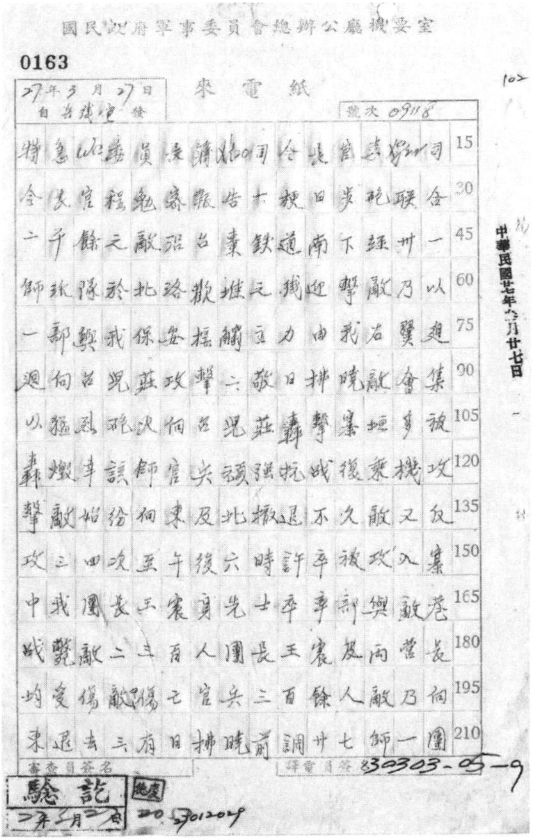

資料來源：國史館藏：002-090200-00038-102

二、敬日〔24〕拂曉〔午後〕，敵會集以猛烈砲火
　　向台兒莊轟擊，寨垣多被轟燬。幸該師〔186R〕
　　官兵頑強抗戰，復乘機攻擊敵始紛向東及北撤
　　退〔指正午 1 時的日軍火力偵查〕。不久敵又
　　反攻三、四次，至午後六時許卒被攻入寨中。
　　我團長王震〔王烈武〕身先士卒率部與敵巷

戰，斃敵二、三百人。團長王震及兩營長均受傷，敵傷亡官兵三百餘人。敵乃向東退去。

三、有日〔25〕拂曉前調廿七師一團渡河增援，並調預備隊反攻，將敵擊潰。並派一八五團追擊至劉家湖以北地區〔墩上、劉家湖之戰〕。遇敵增援反攻〔11 時 30 分頃到達劉家湖的永島第十中隊 200 餘〕該團奮勇迎擊，團長王郁彬受傷，營長竇進賢陣亡，又兩員受傷。官兵傷亡四百餘人，敵傷亡亦大。該團立即折轉在三里莊附近抵抗。[41]

此電內容雖較雜亂，但還原後，與日軍的戰鬥詳報幾乎一致。最重要的一點，即是在 25 日戰鬥中，並未描寫有日軍的攻城作戰。出現的戰鬥僅僅是上午 185R 在劉家湖、墩上附近的戰鬥（團部被敵襲擊）。

之後軍委會第一廳第四處按電報、命令編輯的戰史總結《台兒莊殲滅戰》，也同樣未提及 25 日的攻城。[42]

四、盛成的台兒莊戰鬥大事記

再看另一個戰地記者盛成在《盛成台兒莊紀事》中的台兒莊戰鬥大事記（逐日的詳細記載，此時盛成為 31D 專屬隨軍記者）。僅錄有關內容：

---

41 〈八年血債（十四）〉，國史館藏 002-090200-00038-102。

42 軍事委員會軍令部第一廳第四處，《抗戰參考叢書：台兒莊殲滅戰》，頁 5-6。

24 日

四時，敵步兵由兩個北門之間衝入破城。四時許退出，寨牆邊守軍一八六團王烈武團長受傷，敵退至劉家湖……池師九一旅王冠五奉令開到台兒莊，我榆林〔魚鱗、南洛〕隊伍向劉家湖附近〔三里莊、墩上〕之敵施行夜襲。

25 日

下午，三時飛機十七架轟炸三里莊，榆林，台兒莊寨內，起五六時止。今日…我守軍分兩團去三里莊攻擊劉家湖之敵軍司令部，又由北洛南洛夾擊孫莊之敵〔25 日午前的 185R 的墩上包圍戰〕，敵增援〔第十中隊正午襲擊劉家 185R 團部〕後向彭村邵莊方向移動，主力仍控制劉家湖，……台兒莊附近圍上碉樓中，尚有四五十人……王郁彬團長在劉家湖受傷。

27 日

十二時，敵福榮第六十三聯隊約八百至千人左右，由左北門與右北門之間衝入，進佔左北門內立足東嶽廟未曾退出，展開白刃戰、巷戰、隔壁戰，密集射擊……[43]

　　日期、時間和戰鬥內容基本符合當時的軍委會電報和日軍方面的檔案內容。比如 24 日的攻城戰鬥和敵一

43　「台兒莊正面殲滅戰（滕縣血戰）」，盛成，《盛成台兒莊紀事》，頁 141-148。

時突入城內的記載，27 日，敵破城後進入市街，被圍困在「東嶽廟」（大廟，正確是清真寺）的記載等。最重要的是盛成的大事記中也不見任何有關「25 日攻城戰鬥」內容。

盛成是非常認真的記者，自己的紀錄內容來源於何處，借用誰寫的採訪報告，都有記載原記者的實名，採訪內容也多附上受訪者的筆記原件，所以不會有錯誤。

此考證結果，再一次從研究方法上啟示我們，事後完成的戰鬥詳報內容並非完全可信，寫戰史時絕不能省略史料批判的環節，更不能不經核對互相抄襲沿用。

第四章　日軍第二次攻城戰全貌

本章詳細考證 3 月 27 日日軍台兒莊派遣部隊第二次攻城戰的全過程，及孫連仲集團軍城內外各部隊的抵抗、對戰狀況。雖然日軍付出慘重代價後成功突入台兒莊城內，但之後展開的巷戰，成為日軍台兒莊攻略失敗的開端。本章還詳細考證 27 日攻城部隊配屬的支那駐屯軍臨時戰車隊的登場和遭到慘敗的全過程。

台兒莊戰鬥的第一個高潮，是 3 月 27 日，日軍台兒莊派遣部隊（步兵第六十三聯隊第二大隊）的第二次攻城戰。24 日第一次攻城失敗後，步兵第六十三聯隊第二大隊經過兩日休整補充，與即將到達的台兒莊攻略部隊（步兵第六十三聯隊主力）呼應，用僅有的 4 個中隊步兵、3 個中隊砲兵於 27 日清晨開始第二次攻城作戰。此次攻擊突入成功，入城後佔領、鞏固了以清真寺（國軍稱大廟）為中心，包括東北門（中正門）在內的城東北角一帶。之後，台兒莊戰鬥進入了長達 10 天的城內巷戰。

安永與八第二大隊 27 日攻城部署概要如下：

一、利用現有武器，兵力（約 2.5 個中隊）組織清晨攻城作戰。

二、同時利用 1 個中隊牽制城西外側之敵主力，阻止其對攻城作戰干擾。

三、力爭先打開入城通路，待後續台兒莊攻略部隊（步
　　兵第六十三聯隊主力，含戰車、重砲兵、1個大隊
　　步兵等）到達後，協同作戰一舉入城完成台兒莊城
　　內掃蕩。

　　另外，國軍守備兵力為池峰城 31D、黃樵松 27D。
對策部署為用兵一部（31D 1個旅）守城，主力（27D
全部），和 31D 一部（91B）進行城北方運動戰，從東
（27D）、西（31D）兩面向敵側背攻擊，牽制其部隊
攻城。

　　中日兩軍的行動幾乎同時開始，時間為 27 日清
晨。日軍部署重點是攻城，而國軍部署重點則是城內堅
守與城外運動戰防禦。從兵力面來看，國軍 2 個師（約
20,000 人）對日軍 1 個加強大隊（約 2,000 餘人）佔優
勢。從結果面看，國軍的城外運動防禦未能奏效的理由
之一，是此日午後日軍援軍和重武器（台兒莊攻略部
隊）的陸續到達（到達後兵力約 5,000）。

第一節　日軍的兵力及部署內容

一、戰力構成

　　3 月 24 日第一次攻城失敗後，瀨谷支隊長除對台
兒莊派遣部隊進行了武器彈藥的補充外，又前後增派了
步兵近 2 個中隊（5 個小隊），[1] 砲兵 2 個中隊又 1 個

1　第十中隊，25 日正午前到達台兒莊北方，立即實施了對劉家湖之
　　敵的襲擊，並救援墩上被圍的第五中隊。松原石人大尉第二中隊
　　（欠 1 個小隊），任務為護送駐屯軍砲兵。26 日 0830 到達孫莊（台

小隊，重機槍 1/4 個中隊（2 挺）。3 月 26 日當天，集
聚在台兒莊附近的派遣部隊增加到 5 個步兵中隊、3 個
砲兵中隊合計人員約 2,000 名。重武器數有師團及其他
砲兵火砲 10 門、聯隊步兵火砲 8 門、重機槍 12 挺。[2]
此構成亦是 3 月 27 日上午，步兵第六十三聯隊第二大
隊第二次攻城作戰時使用的全部戰鬥力。攻城戰鬥中的
27 日午後，福榮真平聯隊長親自率領台兒莊攻略部隊
到達前線，兵力更有增加（以步兵第六十三聯隊第三大
隊為基幹的步兵 1 個大隊強），但由於較晚到達，除先
到的機甲部隊 2 個中隊，主力並未介入此日攻城戰鬥。

　　比起 24 日的第一次攻擊，使用於攻城的步兵總數
並沒有大變化，但砲兵實力倍增。新增加的火砲中，有
師團野砲兵第三中隊 4 門改造 38 式野砲，聯隊第三步
兵砲小隊 2 門 92 式步兵砲，及支那駐屯軍野戰重砲兵
的 2 門 96 式 15cm 榴彈砲，合計 8 門。特別值得一提
的是支那駐屯軍的 2 門新式 15 榴野戰重砲，在 3 月 30
日國軍的兩門德國萊茵金屬 32 倍口徑 15 榴出現之前，
可稱為台兒莊戰場砲兵戰的霸主。

兒莊北 4 公里），27 日凌晨奉命返回嶧縣，未參加第二次攻城，
「台兒庄附近戰鬥詳報　步兵第 63 連隊第 2 中隊」，JACAR:
C11111257400。

2　增援部隊的編成情報由「步兵第六十三聯隊　台兒莊攻略戰鬥詳
　　報」的內容紀錄中整理，「戰鬥經過的概要　臨城及嶧縣附近
　　に於ける前進準備、棗莊の守備、台兒庄附近の攻擊（1）」，
　　JACAR: C11111252700，頁 846、868、893。人員、武器的數字
　　由同資料「附表其十三」的部隊編制統計中算出，「戰鬥經過の
　　概要　臨城及嶧縣附近に於ける前進準備、棗莊の守備、台兒庄
　　附近の攻擊（7）」，JACAR: C11111253800，頁 1105。

圖 4-1　　96 式 15 糎榴弾砲

資料來源：1940 年（昭和 15 年）満洲、7SA の九八式六屯牽引車ロ
　　　　　ケと九六式十五糎榴弾砲，齋藤傳義蔵，維基百科。

　　96 式 15 榴是日軍在 1934 年後開發研製的最新式
火砲，1937 年剛剛通過陸軍的臨時制式。蘆溝橋事變
後，包括實彈實驗中的 4 門，合計 8 門被運到天津，裝
備給支那駐屯軍砲兵聯隊。[3] 此部隊配屬給第二軍後曾
參加過汶上、濟寧附近戰鬥、滕縣攻城砲擊和前述韓莊
作戰。出現在台兒莊戰場的兩門，即是其中一部。由內
野貞利中尉指揮，稱臨時野戰重砲中隊，實際段列（彈
藥隊）為中隊，火砲為小隊。除主砲由 92 式 5 噸型履
帶牽引車牽引外，還有運輸人員和修理配件、裝載燃
油、牽引彈藥車的卡車群，和砲兵觀測車、三輪摩托車
等，是一個由 20 輛以上機動車輛構成的全機械化砲兵
部隊。與以馬力牽引為主流的普通砲兵聯隊火砲，或獨
立野戰重砲兵聯隊主流的 4 年式 15 榴火砲完全不同。

3　「支那事変初期　北支における 15 榴部隊を中心とする砲兵戰
　　史資料（1）　支那駐屯砲兵連隊中隊長　大橋武夫」，JACAR:
　　C11111729600，頁 1520。

圖 4-2　1937 年 10 月支那駐屯軍砲兵聯隊第二大隊的
96 式 15 榴中隊向正定行進中

資料來源：「支那事変初期　北支における15 榴部隊を中心とする
砲兵戰史資料（2）支那駐屯砲兵連隊中隊長　大橋武
夫」，JACAR: C11111729600，頁 1530。

　　這兩門砲由於射擊精密度高，破壞力強大，在台兒莊戰場被國軍視作眼中釘，始終是襲擊破壞的主要目標。特別是 3 月 29 日上午，在城外 27D 的襲擊和近距離砲擊下，陣地後方的汽油車中彈發生火災，10 餘輛機動車及彈藥車遭到焚燒毀壞。[4]

二、戰鬥部署

　　3 月 26 日 20 時 20 分，第二大隊長安永與八中佐，為翌日清晨的第二次攻城戰下達命令，作了具體的攻城部署。由於命令書冗長繁雜，多軍隊符號，較難理解，在此省略。3 月 27 日攻城部署要圖可參照圖 3-6。

　　其特徵是既有破壞口受到敵重火器嚴密監視封鎖，

4　「第 3　台児莊附近の戰闘」，JACAR: C11111730500，頁 1652-1654。

所以準備中用野砲、重砲轟擊造成新突出部破壞口和偽裝破壞口兩處。此兩處新的突破口，開在 24 日第一次突擊時使用的舊突破口（圖面中的「舊破壞孔」兩處）附近。砲兵、重機槍等一部分火力也集中於舊突破口附近，進行「佯動作戰」，將敵火力與注意力集中在舊突破口的東北門方向。突擊部隊主力則埋伏在西側約 200 公尺處的寨牆突出部附近新破壞口（圖 3-6 的箭頭所指）處，使用聲東擊西的佯攻戰法從此處一舉突入。

突擊隊數量與 24 日戰鬥基本相同，都是 2 個中隊，但突擊方法不同於 24 日的二點同時突破。而是將突擊部隊的第六、第五中隊和預備隊縱向一列配置，實行中心一點突破。吸取上回的失敗教訓（入城後，後續部隊跟不上），日軍變得更為謹慎。上次突入時犧牲較大的第七中隊，此次被配置於外圍佯動牽制射擊。而上次在墩上、劉家湖方面擔任對城西之敵牽制任務的第五中隊，成為此次主攻中隊之一。

3 月 27 日天晴，晨 6 時 6 分日出，18 時 28 分日落（戰鬥詳報）。拂曉 4 時，第五、第六中隊趁夜幕未開之時悄悄進入突擊位置。

第二節　攻城突擊戰

一、步兵第六十三聯隊戰鬥詳報

以下是步兵第六十三聯隊戰鬥詳報記錄的攻城情況：

午前六時稍過，步砲火器開始一齊射擊，在第一線

突擊部的第六中隊，奮勇當前利用昨夜工兵構築
的交通壕前進⋯⋯。此時城外敵軍從東方、北方接
近裴莊附近我砲兵陣地，試圖妨礙我方砲擊。我以
掩護步兵和野砲兵第一中隊的壓制射擊阻止住其企
圖。⋯⋯在各種重火器適切的射擊壓制下，寨牆附
近敵防禦火器逐漸沉寂，第六中隊趁此機會一起衝
向破壞口。配屬給同中隊的機關槍小隊與〔第二
線〕第五中隊也接踵而起一舉突入城內。

此時破壞口西方寨牆上出現敵機關槍火力，集中猛
烈射擊我突擊部隊，同時寨牆上及城內敵各種火
器，也對準破壞口進行交叉封鎖射擊。敵軍士兵邊
投擲手榴彈邊向破壞口接近，戰鬥激烈無比，⋯⋯
各隊默契配合最大限度發揮我戰鬥力，經過約一小
時交戰，第六中隊佔領城內一角。第五中隊緊接其
後也在城內鞏固陣地，午前 8 時，終於在城頭懸掛
起日章旗。

之後，機關槍中隊也繼第一線部隊後進入城內，與
第一線部隊並肩作戰努力擴張戰果。但由於城外
砲兵支援射擊彈藥不足，且「電話線幾乎全部被敵
猛烈砲擊切斷，步砲間不能繼續進行有效通信聯
絡」，致使城外支援射擊減弱。

相反，敵在我第一線部隊正面不斷增加兵力，其抵
抗程度也愈加頑強，以致我不能繼續擴大戰果。第
一線部隊在午前 11 時 20 分佔領突擊路正面中央寺
院一角〔國軍稱大廟〕後，戰況不能如意進展，與
敵在此地近距離對峙，時時發生近距離格鬥，雙方

僵持至日暮。

午後 7 時 10 分頃，第七中隊 1 小隊也進入城內，在城內東北部第五中隊左側佔領陣地。趁夜深，速射砲〔2 門，口徑 37mm，重量 327 公斤〕與第二步兵砲小隊〔92 式步兵砲 2 門〕及補給彈藥也被運入城內，對前線進行了補給增強，並構成後方通路，鞏固了城內一角的據點。敵恃人多勢眾，利用夜幕屢次發動反擊，均被我第一線部隊擊退，並給予其巨大損害。[5]

綜合上述資料可得知，日軍各種火砲的砲擊開始在清晨 6 時，之後第六、第五中隊約 300 名突擊隊在煙幕彈掩護下接近寨牆，渡涉過 3 公尺寬的水濠，向舊破壞口西端突出部的新破壞口衝鋒。於 6 時 45 分奪取佔領寨牆一處，8 時鞏固陣地。支那駐屯軍 2 門野戰重砲在支援砲擊中，受到國軍 27D 部隊的反覆襲擊干擾，於午前 9 時退出射擊，自行防衛。

從照片中破壞口的情景，也可了解砲擊破壞力之強大。第一線部隊在突入城內後擊退數次守軍的反擊，前進了約 200 公尺，佔領了城內東側中央寺院（清真寺）一角，並確保了東北門。

---

5 「戰鬥経過の概要　臨城及嶧縣附近に於ける前進準備、棗莊の守備、台兒庄附近の攻擊（3）」，JACAR: C11111253400，頁 933-935。

圖 4-3　台兒莊附近步兵第六十三聯隊作戰地圖

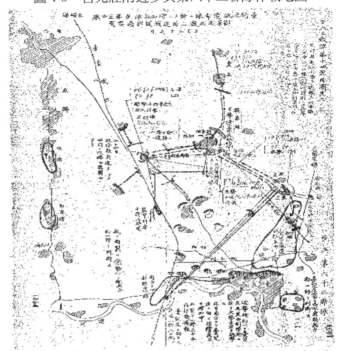

資料來源：「戰鬪経過の概要　臨城及嶧県附近に於ける前進準備、棗莊の守備、台兒庄附近の攻擊（7）」，JACAR：C11111253800，頁1098。

　　3月27日，第二大隊以第五、第六兩個中隊為先鋒突擊攻城，作戰中共約40名官兵在城外、城內的戰鬥中戰死。此日是長達15天的台兒莊全體作戰過程中，超過24日第一次攻擊時損失最大的一天。突擊到城內的日軍，共2個中隊約300名，若算上負傷者，損失超過三分之一。

　　按聯隊史的「戰沒者名簿」，3月26、27日兩天，步兵第六十三聯隊戰死者為43名（26日5名，27日攻

城日死亡 38 名）。[6]（此為戰後的行政統計，包括非戰鬥死）。對此《官報》紀錄為戰死 40 名（26 日 5 名，27 日攻城日死亡 35 名）。

二、國軍方面守城戰記

3 月 27 日李宗仁致蔣中正報告中，孫連仲 27 日晨的反擊部署如下：

〔孫總司令〕宥戌電〔26 日 20 時〕稱：本軍以殲滅由嶧縣南下協同劉家湖之敵為目的，擬感日〔27 日〕拂曉施行攻擊。（一）令廿七師由上村、張樓〔劉家湖北 5 公里〕之線向北洛、劉家湖之敵攻擊。（二）卅一師守台兒莊北站原陣地，並以主力乘機由左翼出擊。（三）四四旅由胡魯溝、吳坡之線向高家莊、西邵禮接近，並協同襲擊敵後背，並派一部佔領獐山，切斷敵連絡線。（四）關軍之一部已電令向具隆橋協同廿七師側擊泥溝之敵。（五）關軍與四四旅對嶧縣之敵特加注意。等情。[7]

從地名判斷，部署內容是攻擊敵側背、後背（北方、東北、西北、西方），並形成對敵包圍，以解除日軍於正面對台兒莊攻城的壓力。此為 26 日晚間的計

6　步兵第六十三聯隊史編纂委員，《步兵第六十三聯隊史》，頁 608-631、760-781 歸納整理。

7　王曉華、戚厚傑主編，《抗日戰爭正面戰場檔案全紀錄》，上，頁 659。

畫，可見以 3 個師（其中關麟徵軍並未出動，44Bs 也
未直接參與戰鬥）對抗日軍約 2,000 人，從三面出擊，
亦有餘裕之感。攻擊時間的 27 日拂曉，正好與日軍第
二次攻城時間重疊。關於 27 日戰鬥結果，李宗仁於 27
日正午，「據孫總司令感午電呈今晨戰況簡報如下」：

> （1）廿七師今晨五時開始，七時已將孟莊、邵莊、
> 裴莊、岔路口，十時進占潘墜、棗莊、孫莊、劉家
> 湖。敵戰車往返衝擊，激戰甚烈。我傷七團附八員，
> 連長以下傷亡二、三百名。刻該師黃旅（79B）向西，
> 侯旅（80B）向南壓迫夾擊中。（2）台兒莊以北敵
> 人因受廿七師壓迫及卅一師出擊，仍集中砲火向台
> 兒莊猛攻，企圖佔領該莊。九時敵機十一架在台空
> 助戰，北寨門被毀，敵步兵二百餘由破口衝入，我
> 守寨王團（186R）及工兵營奮勇與敵巷戰，卒將侵
> 入敵人大部解決。刻台兒莊仍在我手中。但我已佔
> 領各村莊中尚有少數敵人占據碉堡相抗，等情。[8]

「第三十一師戰鬥詳報」的細節更為具體（節錄）：

> 一、5 時 30 分，敵砲約 10 餘門，集火力突向台莊行
> 牆壁射擊，北城垣時有傾塌，兩北門均被擊毀。……
> 6 時 30 分，敵步兵約六、七百名，在砲火掩護下向

8　王曉華、戚厚傑主編，《抗日戰爭正面戰場檔案全紀錄》，上，
　　頁 659-660。

我猛撲，經我以熾盛火力殲滅甚眾，敵續有增加，更番近迫。7 時傾，我守兩北門之第一八一團第三營犧牲殆盡，被敵突入 300 餘，即植立日旗數面，勢甚猖獗。我王師附冠五督率第一八六團第二營扼險堵擊，經激烈之戰鬥，……卒將侵入之敵擊斃大半，……殘敵均逃據東南碉樓及大廟內……我第一八二團第二營即控置於北門兩側，敵續有侵入，均被擊退，……至 9 時，敵仍圖再舉，但已力竭聲嘶，台莊城內外之攻防亦從茲開始。[9]

比起日軍的戰鬥詳報，「第三十一師戰鬥詳報」在殲敵情景描寫，殲敵數量記載雖有出入，時間、場所和過程等基本情報略同。即日軍一部破城而入後，擴張戰果佔領城內東北一隅，後被圍困於東寨壁碉樓和大廟兩處與國軍對峙，台兒莊城防出現危機。為穩住戰局，防止敵方在城內擴張戰果，北站守軍 91B（181R、182R）一部，此日也被投入守城巷戰中。

第三節　27 日的城外運動戰

一、第二十七師方面

黃樵松 27D 遲於 31D 於日軍第一次攻城戰後，在 3 月 25 日到達，師部駐運河南水晶溝。下轄 2 個旅，

9　中國第二歷史檔案館資料編輯部合編，《台兒莊戰役資料選編》，頁 28。

黃宗顏 79B（157R、158R）作為預備隊，配置於台兒莊附近，侯象麟 80B（郭 159R、李靖華 160R）進出運河北台兒莊城外東側。按此命令，80B 的 2 個團，於26日進入台兒莊城東方，東北方裴莊、前後彭村、雷草葛、燕子景、陶溝橋一帶。27 日，第七十九旅的 1 個團也被投入同地域，加入 27 日孫連仲部署的城外反擊。[10]

　　3 月 27 日清晨日軍攻城和國軍在城外的運動反擊戰同時開始。孫連仲集團軍在台兒莊運河線以北配置了31D、27D，其中除了守城部隊外，大半被投入城北方對日軍側背的運動攻擊。主要目的是破壞敵後方砲兵陣地，阻止並破壞日軍對攻城部隊的火力支援。此城外運動部隊，在日軍攻城同時開始從西方（31D）、東方（27D）對日軍側背（主要是後勤、砲兵陣地）展開騷擾攻擊。27D 以台兒莊東部、東北部的一些重要村落為據點，大膽逼近日軍設在邵莊、裴莊的砲兵陣地。

　　大量國軍步步逼近，使防禦薄弱的日軍砲兵部隊協力戰鬥受到影響。特別是設在裴莊北側的主力火砲（96式 15 榴 2 門），在接近之敵反覆攻擊下自身難保，9 時以後不得已停止砲擊，轉入自衛。此時日軍各砲兵中隊陣地，僅配備了少量步兵掩護，在台兒莊後方廣大地域，可用於運動驅敵的步兵，此日僅有第十中隊不足200 名。對比之下，國軍 27D 主力數千名，進入台兒莊北方各地，僅 3 處砲兵陣地周圍之敵，按日軍戰報記載

10　中國第二歷史檔案館資料編輯部合編，《台兒莊戰役資料選編》，頁 58。

即多達 1,500 餘名。由於防禦兵力稀少，午前日軍後方
出現多次危機。

以下是日軍紀錄中，國軍的外圍作戰狀況：

> 拂曉前以來，第七中隊主力位置所在的東方部落附
> 近步兵砲中隊、野砲兵及支那駐屯重砲中隊的東
> 方及北方，都出現敵部隊的接近騷擾，重砲中隊及
> 野砲兵 1 中隊的砲擊受到其妨礙。其餘各部隊一面
> 實施對第一線攻城部隊的戰鬥協力，一面努力自行
> 排除敵軍干擾。此時從東方接近劉家湖之敵約 500
> 名，從東南接近裴莊部落之敵也不下 500，攻擊裴
> 莊東南部落敵軍也不下 500 名。群敵的攻勢在午前
> 7 時被擊退，但約千名仍堅守於邵莊及裴莊東方蘭
> 陵鎮至台兒莊的公路一線，對我加固包圍，不肯退
> 卻。自衛戰中，我方不斷出現人員死傷。[11]

按計畫配給 96 式 15 榴中隊的警戒步兵，原為步兵
第六十三聯隊第一大隊第二中隊（松原石人大尉）1 個
小隊，[12] 作為掩護部隊於 26 日午前與砲隊一部同時到
達，作戰目的也僅為守衛這支 15 榴中隊。由於夜間被

---

11 「戰鬥経過の概要　臨城及嶧県附近に於ける前進準備、棗莊の
　守備、台児庄附近の攻擊（3）」，JACAR: C11111253400，頁
　935-936。

12 3 月 25 日下午 1 時從嶧縣乘車出發，護送支那駐屯軍野重砲隊。
　「戰鬥経過の概要　臨城及嶧県附近に於ける前進準備、棗莊の
　守備、台児庄附近の攻擊（1）」，JACAR: C11111252700，頁
　861。26 日夜奉命返回嶧縣後，27 日午後，與第三大隊主力作為
　攻略部隊一部再來。

緊急招回嶧縣，27 日晝間出現了防禦空白，增加了砲兵陣地的危機。此時分擔各砲兵陣地警衛的步兵，僅僅是第八中隊的一部分，不足百人，卻要管轄近 20 門火砲放列的安全。此危機在正午之後，台兒莊攻略部隊（福榮真平率領的步兵第六十三聯隊第三大隊及戰車中隊、輕裝甲車中隊、砲兵等）陸續到達後得到緩解。

午後 4 時，獨立輕裝甲車隊（台兒莊攻略部隊尖兵），到達劉家湖東北方約 600 公尺無名部落，擊退佔據部落約 500 名敵後，繼續東進，從北方接近邵莊、裴莊附近威脅我砲兵陣地之敵，為我重砲兵部隊解圍，並在野砲兵第三中隊協力下，將敵主力擊退於彭村方向（東方）。但敵方也不示弱，約 700 名敵從東方執拗攻擊威脅我邵莊、裴莊砲兵放列。[13]

國軍「第二十七師戰鬥詳報」記錄了同天戰鬥（節錄）：

上午 5 時，我七十九旅部隊即開始向敵進攻，6 時我郁營即將裴莊攻下，張營將孟莊攻下。……至 7 時復擊潰後劉橋之敵，我第八十旅部隊亦於本早 5 時 30 分開始向敵進攻，郭團長金榮率所部奮勇攻擊，9 時 30 分即將岔路口、潘墜兩處之敵驅逐，該

13　「戰鬥経過の概要　臨城及嶧県附近に於ける前進準備、棗莊の守備、台児庄附近の攻擊（3）」，JACAR: C11111253400，頁 936。

團之丁營復將前後棗莊、楊家廟、張樓各村之敵擊
潰，確實佔領各該村。同時我李團之劉營亦攻克邵
莊，即將劉家湖之敵包圍。……敵據寨頑強抵抗，
其砲兵亦向我連續射擊，坦克車數輛亦往返衝擊。
激戰至烈……當電請總司令孫飭砲七團向劉家湖之
敵協擊，雙方對戰至上午 11 時，戰況稍趨和緩。
……

下午 2 時，敵復以步騎兵五、六百，坦克車 7 輛……
向孫莊、前後棗莊等處反攻。十分激烈……師長親至
雷草葛督戰……相持至下午 7 時餘。戰況漸趨緩和。
……

是役我傷亡官兵百餘員名，斃敵 250 餘人。[14]

　　午後，配屬給瀨谷支隊的獨立輕裝甲車第十中隊在
台兒莊東北方（27D 的作戰區域）進入戰鬥。「第二
十七師戰鬥詳報」中出現的「坦克」，即指其隊。天羽
重吉大尉獨立輕裝甲車第十中隊（車輛編制數 17 台，
實際不足此數），向台兒莊行進中接到福榮聯隊長「迅
速佔領孟莊，截斷同方面之敵退路，協助第二大隊的攻
城作戰」命令，經三佛樓（劉家湖北 6 公里）向城東北
部孟莊前進，救援城東部陷入敵圍攻的各砲兵陣地。

　　〔午後 4 時〕輕裝甲車隊到達台兒莊北方棗莊〔村

14　中國第二歷史檔案館資料編輯部合編，《台兒莊戰役資料選編》，
　　頁 61。

落名，城北 5.5 公里〕西時，受到敵約 400 名突然射擊後進入戰鬥，對棗莊之敵發起衝擊。……敵從潘墜〔城北 4 公里、棗莊東南〕方向不斷增加兵力，試圖阻止我車隊前進，我方在車輛修復後，將此敵擊退，並對潘墜之敵進行衝擊，給予其重大損害。[15]

之後，輕裝甲車中隊與新到的步兵第十二中隊協力，掃蕩驅逐劉家湖東北部落之敵（約 500 名），17 時 20 分掩護聯隊本部（攻略部隊本部）進駐劉家湖。此時，威脅裴莊支那駐屯軍 96 式 15 榴砲兵陣地之敵約 700 名，還盤踞在裴莊西北約 1 公里處邵莊，並於村落周圍構築防戰車壕堅守中。由於輕裝甲車隊無法接近攻擊，遂先擊破裴莊北側之敵，從北方迂迴裴莊，進入 15 榴砲兵陣地警衛。[16]

以上是城東北方，國軍 27D 方面的戰鬥。該師午前依仗優勢兵力，對城東北、北方日軍的砲兵陣地形成威脅，並佔領部分村落，修築陣地堅守。午後由於台兒莊攻略部隊到達掃蕩，被迫退回彭村、邊莊一帶原陣地固守待命。

二、第三十一師方面

另一個戰場，在西方鐵路沿線展開。在此方面的國

---

15 「戰鬥經過の概要　臨城及嶧縣附近に於ける前進準備、棗莊の守備、台兒庄附近の攻擊（3）」，JACAR: C11111253400，頁 945-946。

16 「戰鬥經過の概要　臨城及嶧縣附近に於ける前進準備、棗莊の守備、台兒庄附近の攻擊（3）」，JACAR: C11111253400，頁 947。

軍主力是 31D 一部，車站（北站）周圍是國軍的最強
火力據點。日軍部隊是擔任牽制、警戒城西方敵軍主力
的第三大隊第十中隊（25 日白天到達，並奇襲劉家湖
的中隊）百餘名。

> 第十中隊於午前 6 時偷襲，佔領了三里莊，8 時 30
> 分又前進到達三里莊南方無名部落。繼續前進中受
> 到來自鐵路東側部落之敵的火力阻擊，前進困難，
> 被迫停留於原地。10 時 20 分，約 1,000 餘敵從鐵
> 路西側迂迴，從北方接近三里莊，企圖奪回失地。
> 並佔領劉家湖、墩上附近要地。第十中隊見此返回
> 三里莊北部抵禦此敵進攻，在中隊至近距離的前後
> 封鎖猛射下，使接近之敵進退兩難。正午後，友軍
> 戰車隊從東北方到來，攻擊包圍劉家湖敵之左側
> 背，終於使敵部隊放棄攻擊撤回到鐵路西側。此戰
> 鬥中，三里莊附近敵遺屍累累……，午後 2 時，〔增
> 援中的〕台兒莊攻略部隊主力〔第三大隊〕也到達
> 南洛，迫使敵主力從鐵路東西兩側，向台兒莊方向
> 撤退，撤退中又遭到我三里莊第十中隊側擊，……
> 本戰鬥敵遺屍約 600 具，繳獲重機關槍 2、輕機關
> 槍 6、步槍百餘支。[17]

午後，由於此方面日軍實力增加，變得相對雄厚

---

17 「戰鬥経過の概要　臨城及嶧県附近に於ける前進準備、棗莊の
守備、台児庄附近の攻撃（3）」，JACAR: C11111253400，頁
937-939。

（上午為 1 個中隊步兵，下午有戰車部隊，和新到達的
第三大隊主力協力），國軍 31D 方面損失較重，並失去了
鐵路以東的全部陣地。以下是「第三十一師戰鬥詳報」
中記錄的城外西北方面戰鬥（節錄）：

> 敵 9 時頃，近迫我一八五團三營三里莊陣地，該
> 莊卒於 10 時失守，我退守板橋（鐵路西），敵更
> 向北站進擊，經我一八二團反攻，卒將敵擊退。敵
> 傷之甚重，我亦傷亡百餘名。以上三里莊戰鬥時，
> 我九三旅於 8 時頃以第一八一團（欠第三營）附
> 一八五團第二營向三里莊、劉家湖、墩上進攻，以
> 支援我守備軍戰鬥。11 時一八五團二營克墩上，
> 一八一團一營攻佔劉家湖，敵棄砲 6 門逃竄。此時
> 敵以唐克 7 輛向南衝擊，棄莊之敵復行反攻，遂陷
> 入殘酷戰鬥，南北洛之敵 500 餘及裝甲汽車 4 輛包
> 圍墩上，以致戴團前功盡棄。12 時頃墩上陷於敵
> 手，我部紛紛向西潰退，損傷極為慘重。我乜旅於
> 彭家樓、插花廟收容殘部，一八五團第一營苦撐榆
> 林、板橋兩地。[18]

　　敵軍上午為日軍警戒後衛的第十中隊，奇襲佔領了
三里莊。正午前後沿公路新到達的戰車隊，步兵第六
十三聯隊第三大隊一部也加入南洛、墩上、孫莊、劉

18　中國第二歷史檔案館資料編輯部合編，《台兒莊戰役資料選編》，
　　頁 28。

家湖附近的反擊戰鬥，致使 31D 城外部隊（181R、
185R）潰亂，出現較大損失。

3 月 27 日整日，台兒莊北部城外各地，特別是東
北方攻城部隊的砲兵陣地附近和西方三里莊、劉家湖附
近，都有國軍多數部隊進出。此行動屬於此日孫連仲部
署的城外運動反擊戰的一部。而日軍將主力投入攻城，
用於城外防禦的兵力僅少，所以午前的戰鬥十分被動。
正午前後，以戰車、輕裝甲車部隊為先頭的台兒莊攻略
部隊陸續到達後，使城外戰鬥形勢逆轉。午後，國軍的
運動作戰部隊被迫從台兒莊北部地區全部退出。即從結
果看，27 日孫連仲部署的城外運動戰並未取得顯著效
果。城北方各要點，再次落入日軍手中。特別是三里莊
的失陷，使日軍又獲得了攻擊台兒莊城西北角的前進基
地。新到的野戰重砲兵第二聯隊第一大隊 12 門 4 年式
15 榴，之後將砲兵陣地設在三里莊附近。

第四節　臨時戰車隊的慘敗

一、臨時戰車隊的戰鬥過程

在台兒莊派遣部隊（步兵第六十三聯隊第二大隊）
3 月 24 日晚第一次攻城失敗後，瀨谷支隊長為挽回台
兒莊方面戰局，增派了新部隊（台兒莊攻略部隊）赴台
兒莊支援作戰，除步兵第六十三聯隊第三大隊外，重
火器包括野戰重砲兵第二聯隊的一半（4 年式 15 榴 12
門）、獨立輕裝甲車第十中隊（編制數 17 輛）和支那
駐屯軍臨時戰車隊。

　　臨時戰車隊，原為 1936 年 5 月天津支那駐屯軍擴編時新編成的部隊，國內原隊屬第一師團。[19] 台兒莊戰鬥時，和支那駐屯兵團（1938 年 3 月 12 日由支那駐屯混成旅團改編）一起成為北支那方面軍直屬部隊。台兒莊作戰開始後一部配屬給瀨谷支隊使用。由 89 式中戰車 7 輛和 94 式輕裝甲車 5 輛臨時編成（非正規建制），戰鬥員 118 名、非戰鬥員 11 名。3 月 25 日 13 時，用津浦線運到界河鎮，後自行前進，經滕縣、臨城於 26 日 24 時，到達支隊司令部所在地棗莊。[20]

　　3 月 26 日 1755，瀨谷支隊長下達如下命令：

> 令步兵第六十三聯隊長為台兒莊攻略部隊新指揮，率第十一、第十二中隊，同時兼野戰重砲兵第二聯隊（欠第二大隊，聯隊段列一半）及臨時戰車隊（預定本夜到達）指揮，明 27 日晨出發向台兒莊方向前進。[21]

　　27 日 8 時，台兒莊攻略部隊主力（步兵 2 個中隊、野戰重砲兵 1 個大隊、獨立機槍中隊、工兵、衛生隊）從嶧縣東南鐵道交叉口出發，臨時戰車中隊和獨立輕裝

19　支那駐屯軍和關東軍同樣沒有固定建制，各隊兵源由國內各師團輪流換派兵換防，擔當派遣者稱國內原隊。

20　人員數量見「戰鬥經過の概要　臨城及嶧縣附近に於ける前進準備、棗莊の守備、台兒庄附近の攻擊（7）」，JACAR: C1111 1253800，頁 1604。

21　「戰鬥經過の概要　臨城及嶧縣附近に於ける前進準備、棗莊の守備、台兒庄附近の攻擊（2）」，JACAR: C11111252800，頁 903。

甲車第十中隊先行，分別向台兒莊方向急進。攻略部隊前進的同時，台兒莊派遣部隊（步兵第六十三聯隊第二大隊）於 27 日清晨開始了第二次攻城作戰，7 時 50 分佔領了東北門附近寨牆一角，不久突入市街地擴張戰果。為了一鼓作氣，在當天完成佔領台兒莊全城的目標，福榮聯隊長 11 時 30 分，於行進途中泥溝命令先到達的戰車部隊「與指揮攻城的第二大隊長聯絡，到達後立即開始突擊，突破北門進入城內，協助已入城部隊擴張戰果」。

此時（27 日 11 時前後）戰局的展開對日軍攻城十分有利，台兒莊城寨一角已被攻破，10 時，友軍的轟炸機、偵察機 6 架對城內敵陣地進行了空襲。不久戰車隊到達，一路橫衝直闖，在城外西北部運動作戰中的池峰城 31D 91B 後方遭到戰車衝擊全面潰亂，撤到鐵路西側。三里莊的第十中隊乘勝反擊，墩上、劉家湖等地相繼被日軍完全控制佔領。戰鬥詳報稱「前線全體將兵士氣高昂」，大有趁勢一舉奪取台兒莊全城之勢。[22]

台兒莊北方寨牆有東北門（大北門，又稱中正門）、北門（小北門）兩個入口，之間距離約 700 公尺。8 時後第二大隊從東北門附近突入，11 時前後佔領城內清真寺一帶至東北門約方圓 200 公尺的市街地，穩住腳跟。戰車隊被賦予的任務，是自未發生戰鬥的北門攻入城內，從後方夾擊、協助入城部隊的城內掃蕩。此舉可

---

22 「戰鬥經過の概要　臨城及嶧縣附近に於ける前進準備、棗莊の守備、台児庄附近の攻擊（2）」，JACAR: C11111252800，頁 915-916。

以說是不懂戰車戰術的福榮真平聯隊長的錯誤指揮，導
致了戰車隊的瞬間全滅。

　　台兒莊寨牆為 1.8 公尺的磚構，加土磊部分約 3 公
尺高，比起一般的縣城易攻，但防止戰車的侵入卻具備
足夠效果。寨牆下亦有一條 2 至 3 公尺寬的淺水溝，所
以戰車若想入城，只有一個方法，即攻陷北門，從城門
道路進入。步兵第六十三聯隊戰鬥詳報提及，戰車隊
1120 到達北洛，戰車 7 輛與輕裝甲車 5 輛協定作戰方
案後分兵兩路，戰車經劉家湖東部向北門前進，途中先
向三里莊方向包圍我砲兵陣地的敵軍射擊。正午後，戰
車隊從東北方猛擊，攻入劉家湖之敵側背，迫使敵放棄
戰鬥，向三里莊方向撤退。[23]

圖 4-4　89 式中戰車，高 2.56 公尺、長 5.75 公尺，搭載
　　　　57mm 戰車砲 1 門

資料來源：*Handbook on Japanese Military Forces*, p. 239.

23　「戰鬥経過の概要　臨城及嶧県附近に於ける前進準備、棗莊の
　　守備、台兒庄附近の攻擊（3）」，JACAR: C11111253400，頁
　　941-943。

　　戰車隊與輕裝甲車隊在北洛分手後，在南進途中，
向劉家湖、三里莊方面之敵側背猛攻，之後以中隊長車
為先導展開隊形，邊向台兒莊西北地區之敵射擊，邊向
北門（小北門）接近。時刻推測為午後1時左右。

　　　戰車隊主力到達北門外後，被城外水濠阻擋，入城
　　橋樑亦被破壞，不能繼續前進。只得停止在原地
　　砲擊，企圖破壞北城門。此處並無敵影，為迅速和
　　城內部隊取得聯絡，隊長徒步向北門前進，並指示
　　小隊長車輛向東北門方向迂迴聯絡，偵察可入城道
　　路。在前進到北門下時，中隊長突然遭到來自寨牆
　　之上敵手榴彈攻擊，向戰車位置撤退途中中敵彈倒
　　下，至此未能再起。[24]

　　砲擊前後，北門附近一直未見有敵動靜，所以中隊
長中島俊夫大尉判斷無敵情，企圖徒步入城偵查聯絡，
遭到城內守軍突襲後重傷斃命。戰鬥剛開始，戰車隊即
失去最高指揮，但此僅為噩夢的開端。
　　此時赴東北門聯絡的小隊長車報告，「各處寨牆外
均有水壕，戰車不能通過」，後返回北門。此時戰車隊
還在北門外待命，企圖救助重傷的隊長。不料突然又受
到設在車站北側村落，及寨牆西北部的敵戰車防禦砲
集中射擊。戰車相繼中彈起火，乘員多數死傷。此時，

24　「戰鬥経過の概要　臨城及嶧県附近に於ける前進準備、棗莊の守
　　備、台児庄附近の攻擊（3）」，JACAR: C11111253400，頁942。

代理中島大尉指揮戰鬥的小隊長，見敵攻擊火力愈加猛烈，且地形平坦，戰車難以隱蔽，遂命令全隊撤退。此間小隊長車亦中彈起火，失去動力，小隊長負傷。不久，從台兒莊東北門返回的另一輛小隊長車，也遭到敵砲擊，一部損壞。「小隊長見戰車多數損壞，幹部相繼死傷，企圖獨斷集結部隊（撤退），部署中也中敵彈身負重傷」。[25]

在敵戰車防禦砲突然集中射擊下，大部分車輛被彈擊損壞。指揮官中隊長陣亡，代理指揮的 2 位小隊長也相繼負傷。結果，僅有保持自走能力的 2 輛戰車，撤退到孫莊（台兒莊北西 5.5 公里），與在此地待命的輕裝甲車小隊（5 輛）合流，並進行緊急維修。此戰鬥發生在 13 時至 14 時之間，僅 1 小時，臨時戰車隊的戰車即喪失了幾乎全部的戰鬥力。

輕傷的 2 輛戰車自行撤出戰場後，被遺留在戰地附近的人員和車輛繼續在原地退避抵抗。戰鬥中，1 輛被彈擊車輛經緊急修理後自行逃脫，勉強行駛至附近三里莊停止（台兒莊北西 1.5 公里），在同村步兵（第十中隊一部）掩護下修理車輛。15 時，在孫莊的戰車隊殘部，派出僅有的 2 輛戰車和 2 輛輕裝甲車，在 1 名聯絡將校的代理指揮下，企圖返回戰地，收容戰死者及傷員。趁薄暮向戰車殘留位置接近時，再次遭到敵方戰車防禦砲襲擊。指揮者判斷，「僅以少數車輛的救援前進

---

25 「戰鬥経過の概要　臨城及嶧県附近に於ける前進準備、棗莊の守備、台児庄附近の攻撃（3）」，JACAR: C11111253400，頁942-943。

不利與我方行動」，遂放棄救援計畫返回劉家湖。之後
戰車隊編成徒步救援班，於夜間返回戰場，救援搜索中
又受到附近出城前來之敵的干擾，不得接近被毀戰車地
點。結果僅收容了負傷者，放棄了隊長屍體。[26]

　　以上為台兒莊戰場唯一參戰的戰車隊初戰大敗的紀
錄。約 1 小時間，7 輛戰車幾乎全部被擊中，除可自行
脫離的 2 輛，以及之後移動成功的 1 輛外，4 輛戰車被
完全破壞，殘留於台兒莊北門外。戰死者共 8 名，包括
最高指揮官，中隊長中島俊夫大尉。將校 7 名中死傷 4
名（其中輕裝甲車小隊長，在劉家湖附近負傷），健全
的只有 1 個輕裝甲車小隊。[27] 後日，殘置車輛中狀態較
好的 1 輛，也被日軍回收拖走。至 4 月 6 日夜日軍從台
兒莊撤退時，有 3 輛戰車殘骸，被遺留在城北門外 300
公尺處。

二、國軍的戰鬥詳報內容

　　有關對敵戰車的狙擊戰，國軍「第三十一師戰鬥詳
報」中也有如下記載：

　　13 時頃，敵唐克 11 輛由劉家湖直趨台兒莊西北城
　　角約二、三百公尺，即發砲攻城，旋經我戰車防禦

26　「戰鬥經過の概要　臨城及嶧縣附近に於ける前進準備、棗莊の
　　守備、台兒庄附近の攻擊（3）」，JACAR: C11111253400，頁
　　944-945。

27　支那駐屯軍臨時戰車隊將校共有 7 名，參考「戰鬥經過の概要　臨
　　城及嶧縣附近に於ける前進準備、棗莊の守備、台兒庄附近の攻
　　擊（7）」，JACAR: C11111253800，附表第十四，頁 1106-1107。

砲於倏間，擊毀 6 輛，餘即倉皇北遁，我台兒莊守
兵均奮起歡呼多跳下進趕，有將已毀唐克之伏地敵
兵擊殺奪取機槍者，有將毀車投彈焚燒者，時圍上
敵兵亦呆若木雞，戰場為之沉靜約半小時，士氣
益甚振奮。迄本戰局止，敵唐克從此不敢來台莊活
動矣。[28]

按「第三十一師戰鬥詳報」，此戰防砲是剛被配屬
到達戰場：

第二百師戰車防禦砲第五十二團第八連（4 門），
於（26 日）21 時由汴到南站，當令以一排於台莊
西關屬王師附指揮，以另一排於北站（佔）領陣地
屬韓團長指揮。[29]

戰防砲的到達十分及時，其中 2 門被配置到西北寨
牆，2 門被配置到北站附近，和日軍記錄的敵砲擊方向
一致。

筆者分析，被彈擊之戰車 5 至 6 輛不會瞬間被擊
毀，由於出現人員損失（特別是隊長重傷）急需救援，
代理指揮官未能下令及時退避，所以停留於原地抵抗、
救援時，成為國軍戰防砲射擊的活靶。2 輛戰車脫離戰

28　中國第二歷史檔案館資料編輯部合編，《台兒莊戰役資料選編》，
　　頁 28-29。

29　中國第二歷史檔案館資料編輯部合編，《台兒莊戰役資料選編》，
　　頁 27-28。

場後，剩餘人員及負輕傷者，暫時退避到附近三里莊，夜間被徒步救援隊收容。數名戰死者屍體則被迫遺棄在戰車附近。

圖 4-5　中國軍使用的萊茵金屬制 PaK 36 戰防砲，口徑 37mm

資料來源：陸軍兵器行政本部，《軍事と技術》，第 133 卷 1 月號（1938），卷頭。

　　以上為利用中日兩方史料，對戰車隊大敗過程的考證還原。關於此反戰車勝利之戰，經台兒莊大捷宣傳在國內廣為流傳，戰後亦出現許多口述歷史的冒牌爭功奪賞者。山東省政協編輯的文史資料《台兒莊大戰親歷記》中採用了韓正禮〈戰防砲兵連台兒莊抗敵紀實〉一文，[30] 此人冒稱自己是此次反戰車戰的排長之一，也有

30　山東省政協文史資料研究委員會，《台兒莊大戰親歷記》（濟南：

聲有色地描繪過戰鬥過程，但部隊所屬（自稱 3D，而
「第三十一師戰鬥詳報」為 200D 52R 第八連）、出發
地點（自稱漢口，而「第三十一師戰鬥詳報」為開封）、
武器數量（自稱 6 門，而「第三十一師戰鬥詳報」為 4
門）、戰鬥時間（自稱發生在 3 月 28 日晨 7 時與 29 日
午後 5 時兩次，實際為 27 日 13 時）、敵軍數量及損失
數（自稱 28 日擊毀 3 輛，29 日擊毀 6 輛）、戰鬥內容
（自稱是有敵步兵跟隨坦克前進的陣地防禦戰，實際沒
有步兵跟隨）等，均和戰鬥檔案資料全面不符，所以只
能判定是冒牌假貨，至少口述的不是同一次戰鬥。

三、大敗後戰車隊的去向

　　3 月 27 日戰鬥中，臨時戰車隊的 7 輛戰車幾乎全
部被彈擊，但損害輕重不同。當日能自行返回後方孫莊
的只有 2 輛，5 輛被遺留在戰場。後來 1 輛在緊急修理
後自行到附近三里莊，在步兵掩護之下進行了修復。戰
場上的 4 輛，有 3 輛中彈後起火全毀，有 1 輛可修復
者，之後被日軍拖回。關於戰車隊大敗的理由，筆者認
為責任在福榮真平聯隊長的命令，由於攻城心切，把擅
長運動戰的戰車部隊用於攻城第一線，成為噩夢的開
端。障礙物不僅是護城水濠，在城防火力交叉射擊下如
何打開被磚石堵塞的北門入城，也是一個難題。

　　戰車部隊大敗之時，其所屬的台兒莊攻略部隊（步
兵 1 個大隊、聯隊本部）還在行進途中，午後才到達台

山東人民出版社，1988），頁 68-76。

兒莊戰場，指揮部設營在劉家湖。日落後，福榮真平聯
隊長在劉家湖向戰車隊成員詢問此日戰鬥經過，並目睹
了逐次集結在孫莊的傷痕累累的戰車隊殘餘車輛，面對
此新戰力的悲慘結局，福榮聯隊長長歎不息。[31]

之後，受到重創的戰車隊進駐屯三里莊，一面整頓
修理損毀車輛，一面協助警戒「鐵道西方企圖向台兒莊
北方進出之敵」，[32] 3 月 29 日以後，一部分（2 輛）
修復的戰車參加了後方戰鬥支援，主要作為裝甲運輸車
輛運送彈藥糧秣。

3 月 30 日後，瀨谷支隊全體南下台兒莊，步兵第十
聯隊（步兵 2 個大隊）也被投入台兒莊戰場。31 日，
臨時戰車隊殘部從步兵第六十三聯隊轉屬到步兵第十聯
隊，參加了城外運動戰。4 月 1 日，戰車隊（2 輛）隨
聯隊主力經郝莊、蘭城店到達台兒莊東部，配屬給第二
大隊，首次參加了低石橋戰鬥的協力作戰。[33] 步兵第十
聯隊戰鬥詳報記錄：

> 14 時後，砲兵到達馬莊，立即進入陣地，開始猛
> 烈砲擊。……我戰車也雄姿威武，冒著敵火力奮
> 進，如入無人之地。第一線步兵為此拍手叫快。在

---

31 「戰鬥經過の概要　臨城及嶧縣附近に於ける前進準備、棗莊の守
　　備、台兒庄附近の攻擊（3）」，JACAR: C11111253400，頁 952。

32 「戰鬥經過の概要　臨城及嶧縣附近に於ける前進準備、棗莊の
　　守備、台兒庄附近の攻擊（3）」，JACAR: C11111253400，頁
　　962-963。

33 「第 2　戰鬥經過の概要（1）」，JACAR: C11111171800，頁
　　1716、1723。

戰車適時的猛射和砲兵的緊密配合下，第一線第六
中隊於 14 時 50 分，一舉突入低石橋村西北，完成
佔領。[34]

　　4 月 2 日 10 時 30 分，在周溝橋附近攻擊中，戰車
2 輛也顯露頭角，為邊莊攻擊的激戰作出貢獻。從此可
看到，至少有 2 輛戰車於 4 月 1 日以後復出現在第一線
戰場。有關戰車出動，記錄中僅為此兩處。之後並不見
參戰紀錄，僅有用戰車運輸的內容記述。

　　步兵第十聯隊 30 日到達後，經閻家口附近戰鬥，
在台兒莊西方 8 公里的運河線頓莊閘和范（泛）口設立
了防禦據點，與運河南岸國軍（30D、44Bs）對峙。此
兩處據點，在對岸敵火力近接射擊封鎖下，一直處於孤
立狀態。根據步兵第六十三聯隊戰鬥詳報，此時有 1 輛
戰車使用於對頓莊閘守備隊的聯絡和彈藥物資補充。4
月 2 日、3 日兩天，第八中隊的守備紀錄中都有「戰車
到達，補充步機槍彈和糧秣，並後送傷員」的內容。[35]

　　此輛戰車，是大破後經修理復歸的。戰車砲損壞，
完全失去戰鬥能力，所以只能用於運輸。由於每日到頓
莊閘據點運輸聯絡，行蹤被對岸守軍知悉，4 月 6 日，
在日軍從台兒莊撤退當日運輸途中，在頓莊閘附近遭到
國軍 30D 機關砲的再次狙擊，嚴重損壞。頓莊閘守備

34　「第 2　戰闘経過の概要（1）」，JACAR: C11111171800，頁
　　1725-1726。
35　「第 2　戰闘経過の概要（2）」，JACAR: C11111171900，頁
　　1759-1761。

隊向赤柴聯隊長報告：

> 午後 2 時 50 分，擔任聯絡任務的我戰車，在頓莊閘
> 北方 300 公尺處，被敵機關砲命中燃燒。成員 3 名逃
> 脫，向後方聚落退去。敵機關砲設在東南方聚落內。

> 16 時 30 分，赤柴聯隊長指示，「警戒敵軍接近，
> 注意逃脫乘員的動向，牽引車箱在車輛後方，彈藥糧秣
> 均在車箱內」，並企圖救援。之後由於接到瀨谷支隊長
> 傳達的晚間撤退、集結命令（瀨支作命第七十八號），
> 赤柴聯隊長命令頓莊閘守備隊全員撤退，途中收容戰車
> 隊乘員 3 人，同時將戰車及運輸的糧秣彈藥焚毀。受命
> 後，第八中隊按指示途中焚毀了受損車輛、運輸物資
> 後，攜同 3 名乘員撤回南洛。[36]

如此，4 月 6 日瀨谷支隊的台兒莊撤退前夕，又 1
輛戰車被毀，遺留在頓莊閘北方 300 公尺處戰場。4 月
7 日，第一期台兒莊戰役結束（台兒莊大捷）。城北部
戰場空地中留下了日軍戰車殘骸 3 輛。中外各報社記者
都有過現地採訪，並留下多數照片，成為宣傳反攻大捷
的象徵。4 月 7 日，進入台兒莊北部的戰地記者范長江
寫道：

> 敵坦克被擊毀 6 輛，後來被敵人拖走 2 輛，其餘 4

36　「第 2　戰鬥經過の概要（2）」，JACAR: C11111171900，頁
1769-1770。

輛，則至 4 月 7 日止，仍遺置台兒莊北城外之 300
至 400 公尺處，4 輛之中，有 3 輛已被焚，有 1 輛
則發動機仍完好。[37]

臧克家的文章更為準確，稱：

我們立腳在麥田中三輛坦克車的一邊了。一共是四
輛，那一輛遠遠的躺在北面。……有一輛的腳下，
堆起一坏土，底下埋著一個大尉駕駛員。[38]

「遠遠地躺在北面」（實際為西面）的即是頓莊閘
附近的那輛。由於距離較遠（7.5 公里外），實際上多
數記者並未見過這輛殘骸，至今也未留下有照片。留下
照片的 3 輛如下，從標誌的車名（暱稱）可知，一輛名
「むさし」（武藏），一輛名「はるな」（榛名），另
一輛名「ちぢぶ」（秩父），均為日本關東地區地名。
對此，范長江、陸詒等戰地記者的文章中也有記載，但
讀法、標記法均不正確。
　　以下是 3 月 27 日戰鬥中，臨時戰車隊戰死者名單共
8 名。[39] 軍階為戰死者晉昇一級之後。

37　中國第二歷史檔案館資料編輯部合編，《台兒莊戰役資料選編》，
　　頁 266。

38　臧克家，《津浦北線血戰記》（漢口：生活書房，1938），頁 23-24。

39　戰死為 8 名。參考《官報》，1938 年 9 月 26 日。步兵第六十三
　　聯隊戰鬥詳報為「死傷者台兒莊 8 名」。處理此數字出入的方法
　　應以前者為準，後者可能存在遺漏。

表 4-6　臨時戰車隊戰死者

姓名	日期	種類	軍階	官報日期	所屬	死亡地點
中島俊夫	1938.03.27	戰死	步少佐	1938.09.26	支屯戰車隊	台兒莊
橋本之雄	1938.03.27	戰死	步曹長	1938.09.26	支屯戰車隊	台兒莊
小島居靜	1938.03.27	戰死	步軍曹	1938.09.26	支屯戰車隊	台兒莊
小池琪	1938.03.27	戰死	步伍長	1938.09.26	支屯戰車隊	台兒莊
山村明	1938.03.27	戰死	步伍長	1938.09.26	支屯戰車隊	台兒莊
山本廣	1938.03.27	戰死	步上	1938.09.26	支屯戰車隊	台兒莊
奧原四郎	1938.03.27	戰死	步上	1938.09.26	支屯戰車隊	台兒莊
鈴木貞次	1938.03.27	戰死	步上	1938.09.26	支屯戰車隊	台兒莊

資料來源：筆者調查。

第五節　日軍第二次攻城戰損失

　　3 月 27 日，可稱為台兒莊戰史中戰鬥最激烈的一天，表 4-7 是 3 月 26 日至 27 日兩天，台兒莊戰鬥中日軍參戰部隊全體的戰死者名單。此數據來自《官報》統計的分析彙集。由於不能斷定具體地點和死因，有可能超出實際戰場戰死者數。

　　表中共 56 名，內包括 26 日戰死的 5 名，27 日配屬戰車隊和配屬砲兵戰死的 11 名。27 日步兵第六十三聯隊戰死者 40 名，絕大多數都是第二大隊攻城關聯戰死者（此日，第三、第一大隊方面沒有戰鬥）。表中軍銜是死亡晉昇一級後的表示。

表 4-7　26 日至 27 日，台兒莊第二次攻城戰日軍戰死者
　　　　名單

姓名	日期	種類	軍階	官報日期	所屬	死亡地點
小竹茂治	1938.03.26	戰死	步上	1938.12.17	步兵第六十三聯隊	台兒莊
近藤忠一	1938.03.26	戰死	步上	1938.12.17	步兵第六十三聯隊	台兒莊
早間福之助	1938.03.26	戰死	步伍長	1939.06.05	步兵第六十三聯隊	台兒莊
安部武雄	1938.03.26	戰死	步上	1939.06.05	步兵第六十三聯隊	台兒莊
福島岩市	1938.03.26	戰死	步上	1939.06.05	步兵第六十三聯隊	台兒莊
飯田輝夫	1938.03.27	戰死	裝工軍曹	1938.12.21	第十師團工兵聯隊	
黑阪清治	1938.03.27	戰死	炮軍曹	1938.12.21	第十師團炮兵聯隊	台兒莊？
竹田進一	1938.03.27	戰死	炮伍長	1938.12.21	第十師團炮兵聯隊	台兒莊？
菊田實吉	1938.03.27	戰死	炮伍長	1938.12.21	第十師團炮兵聯隊	台兒莊？
磯崎高史	1938.03.27	戰傷死	步上	1940.06.22	第十師團衛生隊	
松原芳雄	1938.03.27	戰死	步中尉	1938.12.17	步兵第六十三聯隊	三里莊
金田幸廣	1938.03.27	戰死	步中尉	1938.12.17	步兵第六十三聯隊	台兒莊
山根勝實	1938.03.27	戰死	步軍曹	1938.12.17	步兵第六十三聯隊	台兒莊
山下義秋	1938.03.27	戰死	步伍長	1938.12.17	步兵第六十三聯隊	台兒莊
山田武	1938.03.27	戰死	步伍長	1938.12.17	步兵第六十三聯隊	台兒莊
齋木文右衛門	1938.03.27	戰死	步伍長	1938.12.17	步兵第六十三聯隊	台兒莊
岡田茂章	1938.03.27	戰死	步伍長	1938.12.17	步兵第六十三聯隊	台兒莊
野川順	1938.03.27	戰死	步伍長	1938.12.17	步兵第六十三聯隊	嶧縣孟莊
仁宮義雄	1938.03.27	戰死	步伍長	1938.12.17	步兵第六十三聯隊	台兒莊
永久闖	1938.03.27	戰死	步伍長	1938.12.17	步兵第六十三聯隊	台兒莊
湯本富美	1938.03.27	戰死	步上	1938.12.17	步兵第六十三聯隊	台兒莊
內田道雄	1938.03.27	戰死	步上	1938.12.17	步兵第六十三聯隊	台兒莊
伊藤敏雄	1938.03.27	戰死	步大尉	1939.06.05	步兵第六十三聯隊	台兒莊
宮川喜一	1938.03.27	戰死	步中尉	1939.06.05	步兵第六十三聯隊	台兒莊
田中一美	1938.03.27	戰死	步軍曹	1939.06.05	步兵第六十三聯隊	台兒莊
杉原貞明	1938.03.27	戰死	步伍長	1939.06.05	步兵第六十三聯隊	台兒莊
妻藤絮	1938.03.27	戰死	步伍長	1939.06.05	步兵第六十三聯隊	台兒莊
井上克己	1938.03.27	戰死	步伍長	1939.06.05	步兵第六十三聯隊	台兒莊
筏津春美	1938.03.27	戰死	步伍長	1939.06.05	步兵第六十三聯隊	嶧縣孟莊
安部清	1938.03.27	戰死	步伍長	1939.06.05	步兵第六十三聯隊	台兒莊
大江定一	1938.03.27	戰死	步伍長	1939.06.05	步兵第六十三聯隊	台兒莊
田中定行	1938.03.27	戰死	步伍長	1939.06.05	步兵第六十三聯隊	台兒莊
松本闖	1938.03.27	戰死	步伍長	1939.06.05	步兵第六十三聯隊	台兒莊
渡部芳夫	1938.03.27	戰死	步伍長	1939.06.05	步兵第六十三聯隊	台兒莊
真鶴武雄	1938.03.27	戰死	步伍長	1939.06.05	步兵第六十三聯隊	台兒莊
陶山重直	1938.03.27	戰死	步上	1939.06.05	步兵第六十三聯隊	台兒莊
小竹原安政	1938.03.27	戰死	步上	1939.06.05	步兵第六十三聯隊	台兒莊

姓名	日期	種類	軍階	官報日期	所屬	死亡地點
杉井秀清	1938.03.27	戰死	步上	1939.06.05	步兵第六十三聯隊	台兒莊
安田吉藏	1938.03.27	戰死	步上	1939.06.05	步兵第六十三聯隊	台兒莊
原田幸雄	1938.03.27	戰死	步上	1939.06.05	步兵第六十三聯隊	台兒莊
加門正義	1938.03.27	戰死	步上	1939.06.05	步兵第六十三聯隊	台兒莊
田中繁義	1938.03.27	戰死	步上	1939.06.05	步兵第六十三聯隊	台兒莊
小谷源藏	1938.03.27	戰死	步上	1939.06.05	步兵第六十三聯隊	裴莊 台兒莊
福瀨惠吉	1938.03.27	戰死	輜上	1939.06.05	步兵第六十三聯隊	
藤原好市	1938.03.27	戰死	輜上	1939.06.05	步兵第六十三聯隊	
村瀨一美	1938.03.27	戰死	炮上	1938.12.05	支屯炮兵隊	台兒莊
岡部升	1938.03.27	戰死	炮上	1938.12.05	支屯炮兵隊	台兒莊
石井正次	1938.03.27	戰死	炮上	1938.12.05	支屯炮兵隊	台兒莊
中島俊夫	1938.03.27	戰死	步少佐	1938.09.26	支屯戰車隊	台兒莊
橋本之雄	1938.03.27	戰死	步曹長	1938.09.26	支屯戰車隊	台兒莊
小島居靜	1938.03.27	戰死	步軍曹	1938.09.26	支屯戰車隊	台兒莊
小池琪	1938.03.27	戰死	步伍長	1938.09.26	支屯戰車隊	台兒莊
山村明	1938.03.27	戰死	步伍長	1938.09.26	支屯戰車隊	台兒莊
山本廣	1938.03.27	戰死	步上	1938.09.26	支屯戰車隊	台兒莊
奧原四郎	1938.03.27	戰死	步上	1938.09.26	支屯戰車隊	台兒莊
鈴木貞次	1938.03.27	戰死	步上	1938.09.26	支屯戰車隊	台兒莊

資料來源：整理自《官報》數據。

第五章　台兒莊攻略部隊的戰鬥

　　本章以台兒莊戰役第二期作戰，即「台兒莊攻略部隊」（步兵第六十三聯隊主力）的作戰過程為中心，重點考證了 3 月 28 日以後步兵第六十三聯隊第三大隊對城西北角的攻堅戰鬥過程（結果失敗，4 月 1 日退出）；城外側東部黃樵松 27D 對日軍攻城部隊側背砲兵陣地的騷擾、攻擊、牽制作戰的效果；及 30 日以後日軍配置於城外的防禦部隊（步兵第六十三聯隊第一大隊）與同時到達台兒莊北方的湯軍團關麟徵部 2D 的戰鬥過程。指出國軍城外部隊的牽制、騷擾作戰，是台兒莊戰役的重要組成部分。前期戰鬥中，由於日軍兵力稀少，國軍佔據優勢，日軍逐次增兵後，此優勢發生了逆轉。另外，本有義務增援協助城外戰鬥的國軍主力湯軍團，由於動作遲緩，作戰失利，並未能取得任何救援效果。

第一節　第三回攻城──3 月 28 日城西北角陷落

一、第三大隊的城西北角攻擊

　　3 月 27 日午後，福榮真平率領台兒莊攻略部隊（參加台兒莊戰役的日軍第二梯隊）到達後，台兒莊附近日軍總戰力大幅增強。戰鬥進入日軍全面攻擊的新階段。

砲兵戰鬥力中增加了野戰重砲兵第二聯隊 1 個大隊（4 年式 15 榴 12 門），野砲兵第十聯隊 2 個中隊（改造 38 式野砲 8 門），加上 26 日到達的支那駐屯軍野戰重砲兵中隊（96 式 15 榴 2 門），火砲總數達 22 門（不包括步兵聯隊火砲）。機甲部隊增加到 2 個中隊（駐屯軍臨時戰車隊、獨立輕裝甲車第十中隊），共 94 式輕裝甲車 22 輛、89 式中戰車 7 輛（27 日午後，4 輛被國軍摧毀）。步兵人數，也從當初台兒莊派遣部隊的 1 個大隊強（5 個中隊）增強至 2 個大隊強（9 個中隊），戰力總人數達到 5,399 人。[1]

圖 5-1　野戰重砲兵的 4 年式 15 榴，獨立野戰重砲兵聯隊的主要裝備，台兒莊戰場共投入 1 大隊 12 門，損壞 1 門

資料來源：*Handbook on Japanese Military Forces*, p. 226.

1　「戰鬥經過の概要　臨城及嶧県附近に於ける前進準備、棗莊の守備、台兒庄附近の攻擊（7）」，JACAR: C11111253800，頁 1105。

　　3月28日，新陣容的攻略部隊戰鬥開始。司令官
步兵第六十三聯隊長福榮真平的作戰計畫為，利用新到
大村省吾第三大隊主力從寨牆西北角突入城內，與27
日從東北門（中正門）附近入城的安永與八第二大隊
呼應，進行東西夾擊的巷戰，一鼓作氣完成城內全域
掃蕩。

　　27日23時30分發佈「步六三作命二百七十二號」
節錄如下：

　　第三大隊（欠1個半中隊）配屬砲4門、重機槍8
　　挺，於明日拂曉在砲兵支援射擊協助下奪取三里莊
　　南方約500公尺處敵陣地，繼續在砲兵協力下突
　　入台兒莊城西北角，佔領城內西半部……。第二大
　　隊（欠第八中隊）於現狀位置（城內東北一角）出
　　發，與砲兵隊的台兒莊城內騷擾射擊配合向西方擴
　　張戰果。城內兩大隊作戰境界為北門南北道路東西
　　兩側。[2]

2　「戰鬪経過の概要　臨城及嶧県附近に於ける前進準備、棗荘の
　　守備、台児庄附近の攻擊（3）」，JACAR: C11111253400，
　　頁961-962。「戰鬪経過の概要　臨城及嶧県附近に於ける前
　　進準備、棗荘の守備、台児庄附近の攻擊（4）」，JACAR:
　　C11111253500，頁963。

圖5-2　砲兵隊綜合作戰計畫

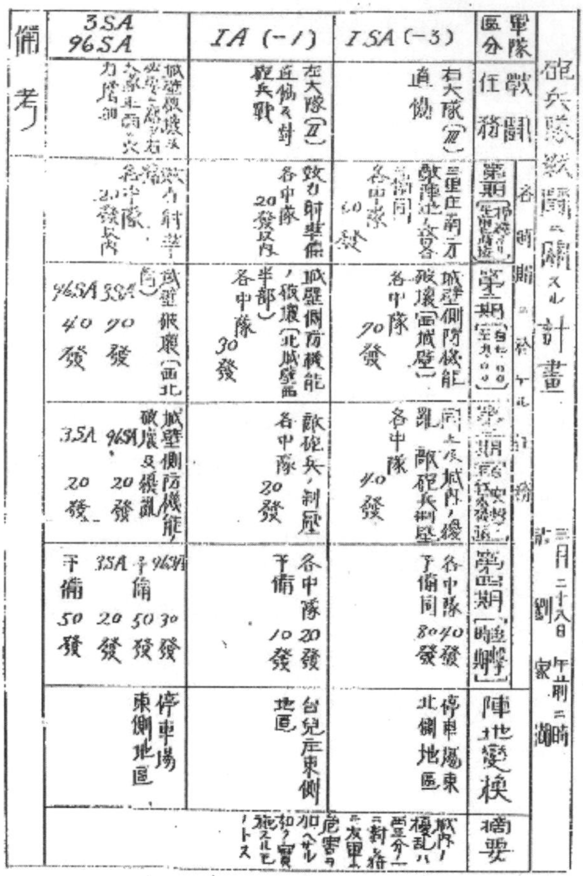

資料來源：「第3　台兒莊附近の戰鬪」，JACAR: C11111730500，
　　　　　頁1668。

　　27日，瀨谷支隊砲兵主力陸續到達台兒莊之後，砲兵各隊統一進入野戰重砲兵第二聯隊長木下滋大佐指揮下。28日2時，木下在劉家湖砲兵司令部下達「野重作命第八八號」，部署了28日砲擊戰。內容主要為利用設在三里莊及劉家湖附近的野戰重砲聯隊12門4年

式 15 榴，協助第三大隊方面西北角攻城作戰。孟莊陣
地野砲兵第十聯隊 8 門改造 38 式野砲，協助第二大隊
方面的城內掃蕩，裴莊陣地 96 式 15 榴 2 門協助破壞寨
牆，開通入城缺口。[3]

　28 日拂曉 6 時 40 分，砲兵按計畫開始射擊。同
時，國軍砲兵也立即還擊，以砲兵對戰揭開 28 日的戰
鬥序幕。日軍觀察，「此時在運河南岸和西南寨山（7.5
公里處）、韓山（5.5 公里）、雄山等地分佈著敵砲兵
陣地，車站附近也設有山砲、迫擊砲陣地，合計數量至
少有 24 至 25 門」。[4] 此數量與日軍火砲數不相上下。

圖 5-3　96 式 15 榴的砲擊紀錄

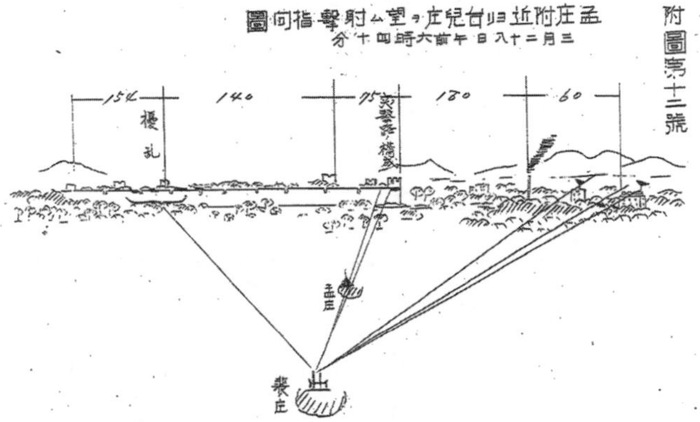

資料來源：「附図」，JACAR: C11111730900，頁 1692。

　在受到敵砲火對射，步兵側背攻擊騷擾的不利狀態

3　「第 3　台兒莊附近の戰鬥」，JACAR: C11111730500，頁
　　1651。

4　「戰鬥経過の概要　臨城及嶧県附近に於ける前進準備、棗莊の守
　　備、台兒庄附近の攻擊（4）」，JACAR: C11111253500，頁 965。

下，日方砲兵各隊按計畫完成了壓制城內敵火力點、破壞寨牆、開通侵入道路等任務。然而，關鍵作戰佈局的第三大隊對城西北角的攻擊行動卻進展不利。7 時，該隊開始攻擊前進，8 時 10 分雖然成功突入寨牆附近三里莊南方敵陣地，但之後的前進遭到敵方頑強抵抗，被來自北車站方向的敵砲火、城牆望樓的敵重機槍，以及佈陣於車站東北方至台兒莊寨牆間的敵火力網封鎖，攻擊停滯不前。

> 不久，我方的砲火支援，也因為彈藥逐漸耗盡及敵方砲火的猛烈壓制射擊逐漸萎靡。雙方僵持中，午後 3 時，第一線部隊又受到步砲協同之敵約 400 名的逆襲，雖將其攻擊阻止在我陣地前，但未能打開攻城作戰全體的被動局面，戰線進入膠著狀態。[5]

　　1925，第十一中隊利用薄暮掩護，沿砲兵開通的突擊路一舉突入城頭，終於佔領了城西北角一部，並穩固了在城內西北的立腳點。但此舉立即遭到來自寨牆兩翼之敵逆襲，出現多數死傷，不久突入城內的部隊（步兵第六十三聯隊第十一中隊）被敵包圍在城內孤立，與城外部隊失去聯絡。[6]

5　「戰闘経過の概要　臨城及嶧県附近に於ける前進準備、棗荘の守備、台児庄附近の攻擊（4）」，JACAR: C11111253500，頁967-968。

6　「戰闘経過の概要　臨城及嶧県附近に於ける前進準備、棗荘の守備、台児庄附近の攻擊（4）」，JACAR: C11111253500，頁979-980。

另外，城內東北部的第二大隊戰線，此日雖努力擴張戰果，但幾乎未取得進展。戰鬥詳報記載：

雖我部隊努力排除頑敵抵抗，但守敵利用在道路及空地修築的堅固掩蓋工事，或利用與我方鄰接牆壁修築的槍眼頑抗，其兵力數量也逐漸增加。迫擊砲彈從各方向飛來，在我方頭頂炸裂，設在高處望樓，建築物頂端的敵重機槍也不停地向我掃射，抵抗十分頑強。城外我砲火支援，由於敵迫擊砲的牽制遭到妨礙，各種支援火砲中僅有野砲兵第一大隊第二中隊〔4門〕能勉強維持對城內掃蕩的支援。午後1時頃，在第二大隊長要求下，支那駐屯軍中隊火砲開始對城內進行射擊，但由於彈藥缺乏，不見顯著效果。為此，本日城內的戰果擴張未見明顯成效。[7]

28日戰鬥結果，雖日軍又一部從城西北角攻入城內，但在國軍的猛烈反擊之下，不僅城內東西兩方的夾擊作戰未能按計畫開展，城外各砲兵陣地也遭到國軍執拗的襲擊妨礙，影響了對城內部隊的砲火支援。8時，劉家湖指揮部福榮聯隊長接到師團砲兵大隊長的緊急求援。但由於城內戰鬥情況十分緊急，兵員極度缺乏，福榮回答：「現聯隊手頭無兵可派，望貴隊努力，以現有

7　「戰鬥経過の概要　臨城及嶧県附近に於ける前進準備、棗荘の守備、台児庄附近の攻擊（4）」，JACAR: C11111253500，頁969-970。

掩護兵力自行解決危機」。戰鬥詳報記錄：

> 此時，城東北方的彭村、潘墜、岔路口、燕子景、
> 雷草崗、上村附近一帶，都充滿敵部隊，在各村落
> 周圍構築工事，做攻擊準備。……來自潘墜方向的
> 敵砲彈不停地落入劉家湖司令部周圍，附近一帶呈
> 現危機狀態。……如此，此日我砲兵對第一線部隊
> 進行的掩護射擊，受到敵砲兵壓制和敵步兵的接近
> 騷擾，各部終日不得安寧。[8]

　　在孟莊附近擔任各砲隊陣地警衛的步兵，是步兵第
六十三聯隊第八中隊（欠1個小隊）、第十中隊的1個
小隊及輕裝甲車第十中隊，合計共200餘人，輕裝甲
車10餘輛。各隊雖努力自行排除敵人對砲兵陣地之干
擾，但成效不佳。為了自衛，各砲隊不得不放棄部分城
內砲擊掩護之本務，使台兒莊攻略戰鬥協力任務受到相
當程度的影響。

　　為了改變這種被動狀態，福榮聯隊長被迫抽出攻擊
部隊一部，於12時30分命令擔任攻城預備隊任務的第
二中隊長，「立即前進到支那駐屯軍重砲兵中隊陣地，
兼任指揮在此地警衛的第十中隊1個小隊，極力排除同
方面之敵，以掩護我砲兵陣地安全」。在增強對砲兵警
衛之際，砲兵各隊陣地已相繼出現危機。「午後4時以

8　「戰鬥経過の概要　臨城及嶧県附近に於ける前進準備、棗莊の守
　　備、台児庄附近の攻撃（4）」，JACAR: C11111253500，頁966。

來，我野砲兵第三中隊受到來自東方及東北方敵砲火射擊，其中火砲1門遭敵迫擊砲彈襲擊損壞，一時被迫停止使用」。[9] 位於裴莊附近的支那駐屯軍96式15榴陣地，也同樣陷入苦戰。

圖 5-4　步兵第六十三聯隊第二中隊的砲兵陣地掩護

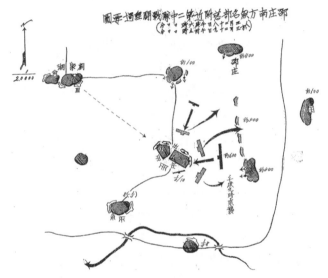

資料來源：「南部山東省掃滅作戰の中　台兒庄附近戰鬥詳報　步兵第63連隊第2中隊」，JACAR: C11111257400，頁938。

午後4時左右，砲兵放列在敵槍彈及來自東方、東北方的敵野砲彈猛烈襲擊下，死傷者不斷，入夜後也不見敵砲火攻擊有衰退之勢。因此，負責陣地警備的第二中隊長，於20時向司令部提出趁夜間變換砲兵陣地請

9　「戰鬥経過の概要　臨城及嶧県附近に於ける前進準備、棗莊の守備、台児庄附近の攻擊（4）」，JACAR: C11111253500，頁971、977。

求。正策劃之際，敵方又開始夜襲，失去了變換陣地之
機，被迫於現陣地進入夜間嚴密警戒，並決定明日繼續
使用此陣地進行戰鬥。[10]

如此，3 月 28 日的戰鬥中，支援攻城作戰的各砲
兵陣地，終日受到位於城外的敵大部隊（27D）來自東
方、東北方的包圍攻擊，使對台兒莊內戰鬥的砲火支援
受到極大影響。為此，福榮聯隊長於 13 時 30 分向支隊
長發電，要求將支隊直屬的該聯隊中川第一大隊「歸還
我聯隊指揮下，以解救兵力不足問題」。[11]

儘管如此，由於得知明日支隊主力將南下台兒莊，
砲兵指揮部木下滋大佐的見解仍十分樂觀。28 日 2230
於劉家湖下達「野重二作命甲第八十九號」云：城內掃
蕩作戰順利進展中，僅城西南部剩餘若干殘敵。支隊主
力已完成在郭里集附近作戰，預定 29 日來援台兒莊。
明日戰鬥砲兵部隊任務為「掩護第三大隊攻擊，並追擊
（射擊）向南方潰逃之敵」。為此，預定明日將 96 式
15 榴中隊砲兵觀測所推進到「台兒莊城西北部」。[12]

28 日，城西北角陣地的爭奪戰還未見分曉，砲兵
指揮部已打起如意算盤，計畫將城西北角望樓作為前線
砲兵觀測所使用。但事實正與此計畫相反，29 日等待
96 式 15 榴中隊的命運，並不是追擊戰的勝利，而是一

---

10 「第3　台兒莊附近の戰鬥」，JACAR: C11111730500，頁 1652。

11 「戰鬥經過の概要　臨城及嶧県附近に於ける前進準備、棗莊の守
　　備、台兒庄附近の攻擊（4）」，JACAR: C11111253500，頁 974。

12 「步兵第 63 連隊　台兒莊攻略戰鬥詳報」，JACAR: C1111173
　　0700，頁 1669-1670。

場煉獄般的自衛。

二、國軍戰鬥詳報中的 28 日戰鬥

對同日戰鬥，國軍城防部隊「第三十一師戰鬥詳報」記載（節錄）：

四、6 時頃，我迫擊砲隊以密集火力猛擊大廟〔城內東北部的清真寺，日軍前線指揮所〕及碉樓，……各攻擊隊突火出擊，頑敵死抗，巷戰甚烈，一牆一室爭奪甚慘，敵我均難得手。

五、7 時頃，敵重野砲 20 餘門向我北站及台莊轟擊，北站及台莊西北城角被破壞甚重。8 時 40 分，敵約四、五百餘逐次迫近北站，……9 時 30 分，敵縱深隊形復大舉進攻，激戰甚烈，10 時頃，我韓團預備隊已盡，當令袁團劉營速向北站補任之。旋敵被我擊退，敵我傷亡均重。

六、12 時頃，……西北城角被敵砲毀 3 丈餘及破口數處，我一八六團正於城內構築工事中。

八、……師長以今日之情況……判斷敵將乘侵入台莊之敵未被殲滅時，急求奪取台莊，恐有銳意進犯企圖。當令乜旅長於西關時作支援台莊之準備，並以火力瞰置西北城角。

九、20 時頃，台莊城內巷戰甚烈，敵已反攻。旋城外之敵大舉來犯，……我乜旅長當令戴團李營入城增援，旋得悉西北城角被敵突入百餘名，四出縱火，城外之敵時有侵入，……得克

及時殲滅。……我王師附沉著應付暫置侵入之
敵不理，努力阻擊攻城之敵，得克全城。[13]

此處的戰鬥時間、描述過程與日軍戰鬥詳報內容基
本相符。可知城內東部（步兵第六十三聯隊第二大隊方
面）形勢為雙方一進一退的激烈巷戰，城西北角方面，
敵（步兵第六十三聯隊第三大隊）於白天猛烈砲擊，步
步逼近，晚間展開攻擊，並突入城內一部。之後在匕子
彬旅戴炳南團的支援與反擊下，守城部隊付出重大犧牲
代價，封鎖了日軍的突破口，將已入城之敵孤立包圍，
並將企圖入城支援的敵後續部隊成功阻擋。是日戰鬥攻
防慘烈，城內東、西兩側，日軍雖努力攻擊並未能取得
預定效果。

有關城外戰鬥，「第二十七師戰鬥詳報」記載（節
錄）孫連仲總司令 27 日夜電令：

（一）軍為確保台兒莊之目的，以一部固守之，以
主力實行機動戰，擊破敵人……，（四）二十七師
確守既得之村落，迅速構築工事，明（28）日拂曉
仍向南洛方向，及台兒莊以北之汶上〔墩上〕方向
攻擊敵人，進出鐵道以西地區…。
黃樵松師長奉命後，令侯旅於 28 日凌晨 2 時，向
劉家湖攻擊，黃旅向楊莊、邵莊攻擊，「務必驅敵

---

13 中國第二歷史檔案館資料編輯部合編，《台兒莊戰役資料選編》，
頁 31。

以鐵道以西而殲滅之」。

各部奉令後，即於當日上午5時前，攻擊準備完了。5時，我郭團長金榮，率所部先向劉家湖之敵進攻，5時30分杜團長幼鼎，亦率所部猛攻邵莊、前圍村、汶上之敵，⋯⋯敵仍憑各村落據點頑強抵抗。7時30分，我杜團之第九連將前邵莊之敵擊潰，確實佔領該村，我郭團亦攻至劉家湖寨邊，戰況十分慘烈，敵我傷亡均重。至10時左右，敵以便衣隊及騎兵二、三百名，向黃莊、張樓等處運動，其坦克車數輛，亦由岔路口北端繞攻我郭團第一營陣地，當令侯旅長注意右翼，防敵迂迴。激戰至下午2時，雙方遂成對峙態勢。

下午3時，敵復集中砲火向我杜團之邵莊、孟莊等處陣地猛烈轟擊，我軍雖傷亡奇重，然猶沉著應戰，屹不為動⋯⋯是役我傷亡官兵400餘員名，敵之傷亡約在我1倍之上。[14]

可見此日城外27D的運動反擊，也在日軍全面陣地防衛下處於一進一退的狀態。27D雖未能按命令將城外之敵驅逐到鐵路以西，但奮戰結果，的確達到騷擾敵後方，牽制日軍城外砲兵行動的目的，影響了砲兵對攻城部隊的支援。其中對敵方損失數字雖出現大幅度誇張，但28日戰鬥中，台兒莊日軍全體受到重創是一個

14　中國第二歷史檔案館資料編輯部合編，《台兒莊戰役資料選編》，頁62。

事實。按筆者對《官報》統計數據的分析結果，此日作戰中日軍方面共戰死人員總數約 32 名，其中擔任攻城的步兵第六十三聯隊第二、第三大隊戰死者 20 名。

　　總之，3 月 28 日，中國軍在城內頑強抵抗（31D），和城外運動出擊、騷擾（27D）的配合下，成功地挫敗了日軍台兒莊攻略部隊主力的兩面夾擊，一舉攻陷、掃蕩台兒莊寨城的作戰企圖。

第二節　3 月 29 日國軍的城外攻勢和日軍砲兵部隊的危機

一、戰鬥概況

　　3 月 27 日與 28 日城內日軍的東（第二大隊）、西（第三大隊）兩方面攻擊，都沒有取得實質性進展，仍處於僵局狀態。此日令人注目的戰況，主要是城外的運動戰。由於國軍不斷增強攻勢，使日軍後方（特別是砲兵部隊陣地）出現較大損失。據步兵第六十三聯隊戰鬥詳報記載，戰鬥主要集中在如下幾個方面：

（1）孫連仲集團軍 27D 對台兒莊東北方裴莊、孟莊日軍砲兵陣地的攻擊、襲擊及兩軍間的砲兵對戰。戰鬥中，支那駐屯軍野戰重砲（96 式 15 榴）陣地遭到國軍集中砲擊，出現重大損失。

（2）為緩解砲兵陣地危機，福榮聯隊長抽出原為預備隊的第二中隊，協同輕裝甲車第十中隊，在砲兵協力下迂迴攻擊台兒莊城外東側彭村附近之 27D 側背，上午 10 時佔領 27D 重要據點之一潘墜，

並在繼續攻擊敵另一主要據點彭村（有重火器、砲兵陣地、碉堡、防戰車壕等）時受阻。

（3）步兵第六十三聯隊指揮所劉家湖村遭到敵運動部隊包圍，後方供給線被暫時切斷，對前方的彈藥補充也不能順利進行。為此，殘餘的戰車（2至3輛）奉命出動，擔任為前線運輸彈藥任務。

（4）城西北角第三大隊，極力與昨日突入城內遭到包圍孤立的第十一中隊取得聯絡，並試圖增援，但在敵城防火力嚴密封鎖之下，接近困難。日暮後利用夜色掩護，始將速射砲小隊及彈藥一部運入城內。入城部隊在城西北角一處構築防禦工事，與包圍之敵相距 50 至 60 公尺，整日處於緊張對峙中。在敵方槍砲猛射下，僅存拼死抵抗之力，無有擴張戰果之機。戰鬥中死傷者不斷增加，亦不得後送出城之機會。

（5）第二大隊（城內東北部）巷戰陣地，在守軍迫擊砲、重機槍等封鎖下也不能如意擴張戰果，整日戰線僅有部分推進。

此日，國軍的抵抗與騷擾十分活躍。運河南方及台兒莊東方的國軍野砲、山砲、輕、重迫擊砲，對日軍砲兵陣地及城內陣地不時實施集中射擊，城外運動部隊（27D）也不斷增加兵力前進到日軍砲兵部隊陣地前騷擾、切斷電話線、破壞對城內的敵砲火支援。16 時，更派兵一部侵入台兒莊東北門附近，企圖截斷日軍對城內的聯絡通路。負責指揮攻城的第二大隊長不得不從城內派出預備隊，協助城外支援部隊進行自衛。此日，在

敵槍砲襲擊下，師團野砲兵第一大隊戰死傷者達約百名，馬匹損失近半。

二、日軍砲兵部隊的損失

由於國軍加強了城外攻勢，日軍砲兵陣地多處發生危機，並出現較大損失。以下詳細看看日軍砲兵精銳——支那駐屯軍96式15榴部隊的戰鬥和損失狀況。

3月29日拂曉5時，96式15榴中隊的觀測班，正準備按命令將觀測所向台兒莊城西北角望樓推進之際，突然遭到敵砲擊。5時50分，敵砲彈在我陣地附近炸裂。緊接著，我陣地又遭到來自東方、東北方敵砲彈的集中輪番轟擊，負傷者不斷增加。中隊長判斷在此狀況下將觀測所推進十分危險，遂決定中止行動，全力在原地堅守。

11時10分，潛伏在東方無名村落之敵，在野山砲及迫擊砲射擊掩護下，向我陣地發起突擊，我方在掩護步兵的阻擊和野砲、重砲的零距離（近距離平射）配合射擊下，將敵一部於陣地前200公尺處殲滅，迫使其餘部停止前進。剛阻止此敵攻擊，不料砲車後方的輔助車輛群又遭到敵砲火集中射擊，引燃汽油發生火災，使支援車輛群大半毀於烈火中。在對乘機突擊前來之敵交戰中，早瀨軍曹以下13名，及變換陣地時分隊長石原伍長等，在敵砲彈

轟擊下相繼戰死傷，部隊全體出現嚴重損失。[15]

圖 5-5　駐屯軍重砲中隊記錄的砲兵戰，可見受創後，
　　　　96 式 15 榴中隊從裴莊，向劉家湖、三里莊兩
　　　　次變換陣地

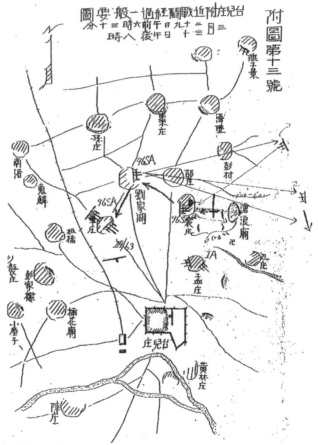

資料來源：「附図」，JACAR: C11111730900，頁1693。

15　「第3　台兒莊附近の戰鬥」，JACAR: C11111730500，頁 1652-
　　1654。

　　遭到此打擊的駐屯軍 15 榴中隊的支援車輛群，雖
出現重大損失，但火砲 2 門僥倖未遭遇損害。12 時 40
分，終於在敵砲火射擊之下向劉家湖強行變換陣地成
功，並及時進行了對敵壓制射擊，最終使攻擊前來之敵
遺棄 150 具屍體撤退，挫敗了敵破壞我砲兵陣地企圖。
此戰鬥及陣地移動中，該中隊又出現勝野政一、安本三
郎、押多連勝造 3 名戰死者。午後 6 時，該部接砲兵指
揮部命令向三里莊附近轉移，進入整頓。[16]

圖 5-6　駐屯軍重砲中隊記錄的砲擊火災損失，彈藥車
　　　　起火，但萬幸未引發砲彈爆炸

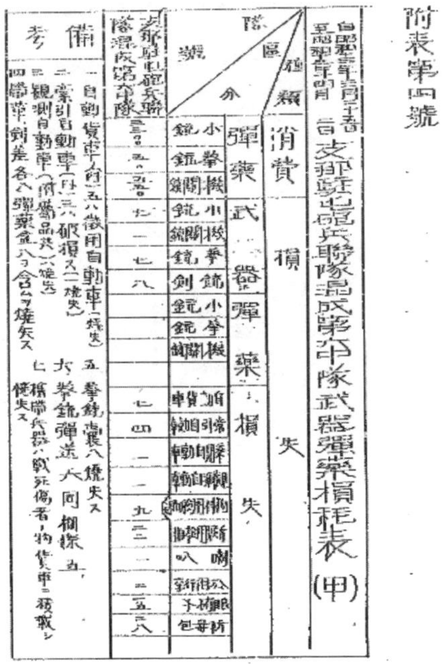

資料來源：「附表」，JACAR: C11111730800，頁 1678。

16　「第 3　台兒莊附近の戰鬪」，JACAR: C11111730500，頁 1654。

按戰鬥詳報統計，支那駐屯軍砲兵中隊參戰人員共105名，僅此日即出現23名人員死傷，[17]「自動貨車6輛、履帶牽引車1輛、乘用自動車1輛、彈藥車6輛、觀測車1輛及觀測器材的大部分」，消失於敵砲擊引起的火災中。從以上內容可見，3月29日，日軍的主力火砲——支那駐屯軍96式15榴陣地，遭到國軍的集中猛烈攻擊，出現了台兒莊參戰以來的最大危機。不僅如此，師團野砲兵第一大隊（欠第一中隊）也出現「戰死傷者約百名，戰死傷馬匹總數近半」的損失。[18] 其他砲兵陣地也遭遇了同樣攻擊。野砲兵第一大隊參戰兵力為2個中隊，8門野砲，人員計471名，馬323匹，[19] 僅1天人員損失即接近總數的四分之一。

三、國軍第二十七師戰鬥詳報

按國軍「第二十七師戰鬥詳報」的紀錄，3月29日亦是孫連仲部署的反擊之日。27D奉命以3個團兵力，配屬山砲8門、戰防砲2門，於凌晨3時30分發起攻擊，企圖肅清園上、孟莊之敵並確保之。此一帶即是日

---

17 人員損失根據支那駐屯軍15榴中隊「台児庄附近ノ戰鬪詳報」，JACAR: C11111730500，頁1653-1654。記述中加算出。另外根據該隊戰鬥詳報統計，3月25日至4月1日間，該隊死傷數全體為43名（內死亡9名），「附表第二号」，JACAR: C11111730800，頁1676。

18 「戰鬪経過の概要　臨城及嶧県附近に於ける前進準備、棗荘の守備、台児庄附近の攻擊（4）」，JACAR: C11111253500，頁983、993-994。

19 根據戰鬥詳報統計，3月19日至4月6日期間，師團野砲兵第一大隊人員損失為死傷99名，馬匹損失204匹，「戰鬪経過の概要　臨城及嶧県附近に於ける前進準備、棗荘の守備、台児庄附近の攻擊（7）」，JACAR: C11111253800，頁1105。

軍支援台兒莊攻城的砲兵陣地密集地域。該部凌晨 3 時
30 分開始攻擊，各團分路前進，杜團攻擊目標裴莊、
邵莊，楊團攻擊園上，李團攻擊劉家湖。

> 當我軍攻入邵莊時，敵坦克車 6 輛、裝甲汽車 10
> 餘輛，由後繞出猛攻我杜團陣地，被我戰車防禦砲
> 擊毀其坦克車 2 部、裝甲車數輛及重牽引車 1 輛。
> 劉家湖之敵砲遂集中火力，向我戰車防禦砲猛擊，
> 我陣亡砲手 2 名，砲 2 門亦被擊毀。[20]

若核對日軍方面戰鬥詳報，出現「敵坦克」的戰
鬥，是前述劉家湖本部派出的「預備隊第二中隊，協同
輕裝甲車第十中隊，迂迴攻擊台兒莊城外東側〔彭村附
近〕之敵〔27D〕側背」的戰鬥，該隊上午 10 時佔領
了 27D 重要據點之一的潘墜（邵莊北 1 公里，杜團陣
地）。另方面，砲兵戰的損失應是日軍記載劉家湖陣地
的野砲兵第一大隊「午前 8 時 20 分頃，……發現孟莊
東方聚落隱蔽有敵山砲 4 門，野砲兵第一大隊立即對此
敵進行壓制射擊，將其中 2 門擊毀」。內容、地點均和
上述「第二十七師戰鬥詳報」內容基本一致。另按「第
二十七師戰鬥詳報」，擊毀日軍 96 式 15 榴陣地車輛群
的功臣，是該部 80B 下屬的「李團劉營」，戰鬥詳報
相關內容如下：

20　中國第二歷史檔案館資料編輯部合編，《台兒莊戰役資料選編》，
　　頁 63。

同日上午4時，我侯旅之李團亦向劉家湖之敵進攻，
該團劉營復以迫擊砲向邵莊之敵猛轟，擊焚其汽油
車4輛，一時煙霧彌天，敵裝甲車及步兵2百餘均
向北潰退。[21]

　　時間和狀況基本可以和日軍紀錄銜接，戰鬥詳報中
前述杜團在邵莊擊毀敵「重牽引車1輛」之件，實際
上是此時被火災焚燒。另外還有數輛彈藥車、1輛指揮
車，和6至7輛卡車遭到火焚。據日方紀錄，萬幸的
是砲彈和雷管分置保存，沒有引起彈藥的連環爆炸。

四、台兒莊戰場初次露面的湯軍團

　　另外值得一提的是，瀨谷支隊主力方面的增援部隊
尖兵，步兵第六十三聯隊第一大隊也於29日午後增援
到達台兒莊北方，投入城外東方掃蕩，是新的城外運
動部隊。傍晚在楊家廟附近，與同日午前到達張樓附
近（楊家廟東南）的湯軍團關麟徵部（52A）先遣部隊
（2D 12R）首次發生戰鬥。此戰鬥經30日張樓、黃莊
之戰，持續至晚間。雖規模並不大，卻是整個台兒莊戰
役中，第五戰區主力湯軍團出現在台兒莊正面的兩次戰
鬥之一（另一次發生在4月6日，地點相同）。從日軍
戰史檔案分析，戰鬥停留在岔路口北方，湯軍團部隊並
未南下與潘墜的27D會合。以下是日軍記錄的此次戰

21　中國第二歷史檔案館資料編輯部合編，《台兒莊戰役資料選編》，
　　頁63。

鬥過程。

　　郭里集戰鬥進行中 3 月 28 日，擔任左翼攻擊的步兵第六十三聯隊中川廉第一大隊提前被抽出戰鬥，做赴援台兒莊準備。3 月 29 日 10 時，該隊從索莊乘車出發向台兒莊前進。大隊缺 1.5 個中隊，員數 835 名，配屬駐屯軍 90 野砲中隊 103 名，總數 938 名。重武器有重機槍 6 挺、90 式野砲（機動牽引）4 門。1305 到達後受命：「排除攻擊我聯隊左翼背之敵，確保我攻城戰鬥不受妨礙」。16 時，大隊長下達「中作命第四十四號」，「先佔領岔路口、潘墜、周溝橋村後，繼續向陶溝橋、邊莊一線〔27D 據點〕進出」。第一大隊 1615 從北洛出發經三佛樓，向楊家廟——岔路口方向搜索前進。1720 進入楊家廟時，發現敵設在村東南小丘廟宇的監視哨，同時在東南方張樓至岔路口一線村落，也發現敵陣地。1730，大隊決定先攻擊村東南廟宇之敵，尖兵第一中隊展開攻擊，將其佔領。日落後，大隊在楊家廟集結宿營，準備明拂曉繼續掃蕩岔路口方向之敵。[22]

　　宿營中 22 時頃，敵約 400 至 500 名，從東及南方前來逆襲。等待其接近〔20 公尺處〕後，隱蔽中的我機槍齊射，步兵中隊主力從左翼繞攻，給予敵徹底痛擊，30 日 3 時 30 分將其擊退。[23]

22　「5　臺兒庄附近戰鬥詳報（第 5 号）自 3 月 29 日至 4 月 3 日（1）」，JACAR: C11111571300，頁 1068-1075。

23　「5　臺兒庄附近戰鬥詳報（第 5 号）自 3 月 29 日至 4 月 3 日（1）」，JACAR: C11111571300，頁 1083。

圖 5-7　步兵第六十三聯隊第一大隊與關麟徵軍的首次
　　　　接觸，惟此圖方位並不精確，需參考現在地圖

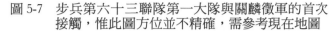
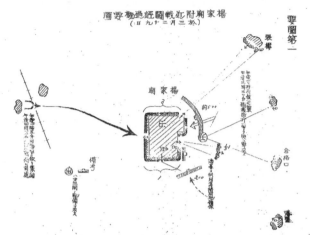

資料來源：「臺兒庄附近戰鬥詳報（第5号）自3月29日至4月3日
　　　　　（2）」，JACAR: C11111571400，頁1165。

　　29日在城東方佈陣之敵，張樓以北為湯軍團關麟徵軍 2D 12R，奉命支援孫集團軍 27D 戰鬥，於午後到達佔領張樓。岔路口、潘墜以南，是孫集團軍 27D 陣地，與關麟徵部隊南北相隔約 2 至 3 公里。北方楊家廟、張樓之敵為支援關麟徵軍的證據，也可在 27D 同一戰鬥詳報中尋見，此日該師接到關麟徵軍 2D 通報：

　　2D 12R 溫團長通報，29 日午後 2 時於常溝團部：
　　1. 本團（欠 1 營）於 28 日到達馮家湖。
　　2. 昨日午後奉命向常溝平灘一帶移動，於今（29）
　　　 日 3 時到達，刻派探偵察準備襲擊敵之左側背。[24]

24　中國第二歷史檔案館資料編輯部合編，《台兒莊戰役資料選編》，

　　由此可知張樓以北地區（東西一線）是為援助台兒莊防守剛到達的關麟徵軍主力部隊尖兵。湯軍團戰鬥詳報對此行動也有記述，稱 3 月 28 日 11 時，郭里集戰鬥進行中，關麟徵奉李宗仁之命「選派有力之 3 個團，附全部山砲及戰車砲以極機動之態勢，迅援台莊與孫軍夾擊犯台之敵。」[25] 此部以 2D 為主，29 日午後 3 時，經馮家湖（張樓北 4 公里）到達台兒莊東部（陶溝河東側）常溝（張樓東 3.7 公里），後派出一部向西進出到台兒莊正面的大莊、小集、張樓，準備 30 日經三佛樓襲擊日軍指揮部（劉家湖）側背。行動途中，午後 5 時與日軍新到中川第一大隊在楊家廟附近接觸。夜間派出 400 至 500 人襲擊楊家廟（前述）的戰鬥，即是 2D 12R 所為。第一大隊戰鬥詳報中，也明確記載「作戰之敵團隊號為第二師第六旅第十二團」。[26]

　　可見 29 日午後關軍先頭部隊到達張樓一帶（台兒莊北北東約 10 公里處）後，和 27D 的戰鬥境界南端即是岔路口（岔路口為 27D）。南側潘墜－燕子景－彭村一帶作戰的部隊，是孫連仲部 27D，北側出現在楊家廟、張樓、黃莊的部隊（與第一大隊主力作戰的對手），是此日從東方常溝進出到達的關麟徵 2D。30 日在小集－大莊－黃村一帶與第一大隊作戰之敵，也是關麟徵部同

頁 64。

25　中國第二歷史檔案館資料編輯部合編，《台兒莊戰役資料選編》，頁 100。

26　「5　臺兒庄附近戰鬥詳報（第 5 号）自 3 月 29 日至 4 月 3 日（1）」，JACAR: C11111571300，頁 1069。

一部隊。繼前述 29 日，步兵第六十三聯隊第一大隊的來援，郭里集作戰結束之後，瀨谷支隊主力（以步兵第十聯隊為基幹的步兵 2 個大隊、砲兵 2 個大隊、旅團本部等），也奉「瀨支作命六一號」支援台兒莊攻略，於 30 日晨從嶧縣出發向台兒莊前進。從此日開始，瀨谷支隊長將除韓莊、臨城、棗莊、嶧縣守備隊[27]以外的支隊全部戰力，傾巢投入到台兒莊戰場。

由於瀨谷支隊主力南下台兒莊，30 日開始，台兒莊附近日軍火砲數大有增加，合計達 46 門（其中 15 榴重砲 14 門），兵員總數在支隊本部，第十聯隊主力與師團野砲兵聯隊主力到達後，也增加到約 1 萬人。[28]瀨谷少將和野戰重砲兵第一旅團長西村琢磨少將接任了台兒莊攻略戰最高指揮。

第三節　瀨谷支隊主力到達與城外掃蕩

新到主力的作戰目標，主要是進行城外掃蕩，解除台兒莊外圍之敵對攻城部隊（步兵第六十三聯隊第二、第三大隊）的側背威脅。作戰目標有三：一是掃蕩鐵路西方、西北方魚鱗（榆林）、板橋、南洛、閻家口（國軍戰鬥詳報稱黃口）之敵（31D、44Bs），控制城西方

27　韓莊守備隊為步兵第十聯隊第三大隊（欠 1 個中隊），棗莊守備隊為步兵第十聯隊第四中隊，嶧縣守備隊為步兵第六十三聯隊第四中隊 1 個小隊，合計約 1 個大隊步兵，配有部分火砲、重機槍。

28　3 月 30 日以後，兵員增加 2,513 名，「戰鬥詳報第十三号附表」，JACAR: C11111172600，頁 1846。

運河北岸。二是擊退北方來犯之敵主力（湯軍團 52A、
85A）保障戰場後方安全。三是掃蕩台兒莊東部彭村、
孟莊、滄浪廟、邊莊一帶之敵（27D），清除一直在威
脅攻城部隊側背的最大隱患。[29]

　　第一目標（城外西方掃蕩），於瀨谷支隊主力到達
的 3 月 30 日完成。第二目標（擊退北方之敵），由於
湯軍團 3 月 31 日自主轉進（北上蘭陵鎮），瀨谷支隊
主力不戰自捷。第三目標（城外東方掃蕩），由瀨谷支
隊主力 3 個大隊步兵、2 個大隊砲兵協力，從 4 月 1 日
至 3 日在城東方一帶進行。戰鬥結果，日軍掃蕩驅逐了
除台兒莊寨城以外大運河北岸，西起頓莊閘（台兒莊西
9 公里），北至泥溝，東至陶溝河以西一帶的全體國軍
部隊（30D、44Bs、27D 等），基本控制了大運河北岸
台兒莊外圍全部地域。城外作戰成功，起因於國軍主力
台兒莊援軍湯軍團的不在。以下是 3 月 30 日，瀨谷支
隊主力（步兵第十聯隊）對台兒莊城外西方的掃蕩紀錄
（第一目標）。

一、步兵第十聯隊閻家口附近的戰鬥

　　從作戰命令判斷，新增加的支隊主力，共有步兵第
十聯隊 2 個大隊步兵（第一、第二大隊），野砲兵第十
聯隊主力的 2 個大隊砲兵（第二、第四大隊）、1 個中
隊工兵、獨立機槍第十大隊一部、獨立輕裝甲車第十二

29　「第 2　戰鬥經過の概要（1）」，JACAR: C111111171800，頁
　　1685-1686。

中隊（久納清之助中尉）主力，及支那駐屯軍重砲兵第三大隊一部等。

　　3 月 30 日 5 時，各部隊陸續從嶧縣出發向台兒莊前進。8 時 40 分到達台兒莊西北 10 公里處大河崖（現歡堆南方大河村）時，發現南方閻家口（棗台鐵路西方，台兒莊西北方 7 公里處，國軍稱黃口）有敵約 1,000 名，正向南洛移動中。赤柴聯隊長立即部署了對此敵的攻擊作戰，聯隊戰鬥詳報稱此戰為「閻家口附近戰鬥」。

　　瀨谷支隊主力全部參加攻擊，步兵 2 個大隊在砲兵的全面配合下，10 時分為東西兩線，對賈家口、閻家口之敵展開猛攻，守敵（30D、44Bs）拼死抵抗，敵戰線正午時分開始動搖。14 時 50 分，攻擊部隊佔領了敵方主要陣地劉莊，「敵遺棄屍體 200 具撤退」。之後在赤柴聯隊長指揮下，全隊開始追擊掃蕩。15 時 55 分佔領閻家口，16 時 30 分聯隊本部進入龔莊，戰鬥告一段落。之後聯隊一部（第一大隊）繼續向南追擊，入夜後 21 時 30 分，將殘敵壓迫到大運河北岸的范口－頓莊閘（台兒莊西方 9 公里）一帶，夜間完全控制了大運河北岸。另一部（第二大隊）向西方（胡魯溝方向）追擊，21 時擊退馬蘭屯之敵約 400 名後，轉向南方同樣追擊至運河線，控制了北岸。[30]

30　「第 2　戰闘経過の概要（1）」，JACAR: C11111171800，頁 1699-1701。

圖 5-8　30 日步兵第十聯隊閻家口附近戰鬥

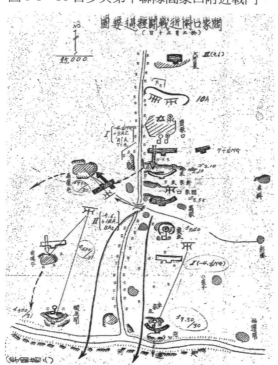

資料來源：「第2　戰鬥経過の概要（1）」，JACAR: C1111117
　　　　1800，頁1708。

　　30 日的閻家口附近戰鬥結果，台兒莊西方約 5 至 8
公里的范口－頓莊閘一帶運河線北岸要地，均落入日軍
之手，原在此處布防的國軍 30D 等退至運河南岸。[31]

　　日軍作戰對手，主要是孫集團軍張金照 30D，及運
河線守軍吳鵬舉44Bs 一部。30D 下轄李俊榮 88B、黃

31　「第 2　戰鬥経過の概要（1）」，JACAR: C11111171800，頁
　　1700-1701。

鼎新 89B。根據「第三十師戰鬥詳報」，該部從鄭州出
發，先到徐州東北賈汪集結，28 日先後到達台兒莊南
車幅山站。到後將運河線守軍 44Bs 納入指揮下，擔任
台兒莊運河浮橋至西方頓莊閘（約 8 公里）－萬里閘
（頓莊閘西 9 公里）間運河線守備。師部駐頓莊閘，
89B（176R、177R）旅部駐范口，44Bs 旅部及 88B
175R 駐龔莊，第一線陣地設在榆林（魚鱗）、板橋一
帶（參考圖 5-8，板橋在魚鱗－彭樓之間，離兩地各 1.5
公里）。

　　3 月 29 日，瀨谷支隊主力到達前，該部參加了孫
連仲部署的台兒莊外圍反擊戰。88B 及 44Bs，在戰鬥
中擔任截斷棗台道路交通，阻止敵援軍南下任務，此時
兩部還未接到日軍主力即將南下到達的情報。[32] 30 日，
30D 準備襲擊劉家湖附近台兒莊外圍之敵時，發現了
日軍大部隊（瀨谷支隊主力）沿棗台公路南下，正向
賈家口（北洛西南 3 公里）方向接近。見敵情變化，
30D 倉促部署迎擊，將 89B 李文彩 177R 配置於黃口、
龔莊兩地迎擊來犯之敵。戰鬥詳報稱：「第二營營長王
迺謙……與敵騎遭遇於黃家口，發生激戰。嗣敵陸續增
加兵力數倍於我，該營官兵浴血抗戰，往復肉搏達十
餘次……斃敵無算。迄至日沒時，敵終未能越雷池一
步。」又報告敵一部約 300 至 400，「午後 3 時 30 分
在張莊下車，向胡魯溝方向運動，似有包圍我左翼之

32 中國第二歷史檔案館資料編輯部合編，《台兒莊戰役資料選編》，
　　頁 44-45。

企圖。」[33]

　　戰鬥詳報的內容僅此為止，日沒後戰鬥結果如何，並未提及。在張莊（賈家口南1公里）下車「向胡魯溝〔今古路溝，北洛西8公里〕方向運動，似有包圍我左翼之企圖」之敵，若對照以上日軍戰鬥詳報，可知是步兵第十聯隊於16時30分佔領閻家口後，派出向西方迂迴的第二大隊。該隊於21時在馬蘭屯（閻家口西2公里）戰鬥擊退守敵約400名後，轉向運河線方向南下。

　　與現在的地圖核對，國軍戰報中的激戰地黃家口（黃口），即是日軍所記錄的閻家口，日方稱此地於15時55分佔領。佔領閻家口、龔莊等第一線後，步兵第十聯隊第一大隊繼續向南方追擊前進，夜間到達運河沿線范口（泛口）、頓莊閘附近，將此地佔領並留下防禦據點。從日軍紀錄可見，30D報告的抵抗之下「斃敵無算」，敵軍「未能越雷池（黃口）一步」的記載內容並非事實。真相為孫連仲部30D，於閻家口（黃口）戰鬥失利之後，全軍向運河線方向撤退，夜間渡河退入南岸。步兵第十聯隊戰鬥詳報記載此戰在閻家口附近敵遺屍300，追擊戰中遺屍100。[34] 步兵第十聯隊方面的戰鬥損失，按《官報》紀錄分析，30日步兵第十聯隊全體戰死齋藤耐志軍曹等3名。之後頓莊閘兩處北岸據點，成為步兵第十聯隊監視南岸之敵的最前線陣地。國軍

33　中國第二歷史檔案館資料編輯部合編，《台兒莊戰役資料選編》，頁48。

34　「附図第1～第8　臺兒庄附近戰鬥経過要図他」，JACAR：C11111172500，頁1838。

30D 和 44Bs 在運河南岸與其對峙，此態勢一直持續到
4 月 6 日，頓莊閘守備隊奉命撤離此地前。[35]

以上兩軍戰史檔案對比之下，可得知 3 月 30 日戰
鬥中，瀨谷支隊主力將城西方運河以北之敵基本肅清，
北岸守軍 30D、44Bs 全部退到運河南一線的事實。「第
三十師戰鬥詳報」雖稱攻擊之敵「未能越雷池（黃家
口）一步」，之後卻從未記述該部在運河北岸的戰鬥。
從戰鬥詳報的其他內容分析，退到運河南後，由於日軍
並無渡河攻擊跡象，其主力之一的 88B 175R，4 月 1 日
後轉用於台兒莊城內戰鬥（配屬 31D），與事先進入城
內的 176R 換防，協助 31D 守城，直至日軍 4 月 6 日
晚撤出台兒莊。

二、城西北角戰鬥和日軍城內掃蕩的進展

28 日夜從城西北角一部突入城內的第三大隊，至
30 日，城內受困部隊（第十一中隊）遭到守軍猛烈反
擊。在中國軍逆襲和砲火的兩次集中射擊之下進入苦
戰，死傷者不斷增多。「21 時 30 分，第三大隊代理大
隊長向福榮聯隊長報告，城壁西北角破壞口聯絡通路遭
敵攻擊，現已被佔領封鎖。城內外通路斷絕，敵企圖從
破壞口接近我城內部隊後背」。接到報急後，聯隊長於
22 時 20 分，派出在劉家湖待命中的第十一中隊 1 個小
隊，企圖奪回缺口，保證城內部隊後方安全。但小隊剛

35　參考步兵第十聯隊「頓庄閘附近ノ戰闘」，JACAR: C1111117
　　1900，頁 1757-1775。

接近寨牆下方，即被寨牆角樓及城外陣地火力阻擋，被迫撤回劉家湖，營救作戰失敗。結果，寨牆西北角缺口被國軍完全控制，使城內第十一中隊處於孤立狀態。戰鬥中，城內部隊速射砲1門，輕、重機槍各1挺也在敵砲擊下損壞，一方面拼死反擊之敵也受到嚴重損害。第十一中隊長報告：「我陣地前有敵遺屍60具」。[36]

　　與城西北角第三大隊的危機相反，擔當城東部戰鬥的第二大隊，此日攻擊有了明顯進展。上午10時，野戰重砲兵第二聯隊聯絡將校從東北角通路入城，親臨前線觀測指揮，實施步砲緊密配合的協同作戰。又由於此日新到中川大隊對城外之敵的掃蕩，牽制了敵方27D各部的攻擊騷擾行動，日方再次獲得砲兵戰優勢。在各種重火器有效射擊掩護下，城內東部戰局大幅度進展。至日落時，第二大隊佔領了北迄東北門突出部，南至南方運河岸的城內東半部，可無妨礙地對運河南岸地區敵情進行觀察監視，台兒莊南部運河沿岸並未設寨牆，運河邊堅固的建築櫛次鱗比。黃昏時分，安永第二大隊長也與大隊本部一起入城，將指揮部移入城內。[37]

　　一方面，城內苦戰的中國守軍也不甘示弱，退守第二線後輪番交換前線部隊頑強抵抗，「其迫擊砲彈晝夜不停地在我方陣地炸裂，死傷者不斷增加」。從地圖標

36　「戰鬥經過の概要　臨城及嶧縣附近に於ける前進準備、棗莊の守備、台兒庄附近の攻擊（4）」，JACAR: C11111253500，頁1005-1006。

37　「戰鬥經過の概要　臨城及嶧縣附近に於ける前進準備、棗莊の守備、台兒庄附近の攻擊（4）」，JACAR: C11111253500，頁1006-1007。

記也可見，此日第二大隊向南方進展，日軍控制了整個
台兒莊城的東半部。[38]

圖 5-9　30 日步兵第六十三聯隊攻城作戰的擴張區域

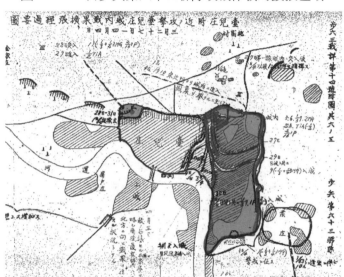

資料來源：「戰闘経過の概要　臨城及嶧県附近に於ける前進準
　　　　　備、棗荘の守備、台兒庄附近の攻撃（7）」，JACAR：
　　　　　C11111253800，頁1098。

30 日，亦是孫連仲部 31D 對城西北角入城之敵展
開逆襲之日，企圖奪回失地。有關此戰鬥，「第三十一
師戰鬥詳報」稱：

8 時頃，師裁可康副師長之計畫，擬先殲滅城西北

角之敵，解除西門交通之危害……於 10 時頃開始
轟擊，卒被轟毀 2 所，敵紛紛竄據城角掩蔽部內及
民房與我接近，經我官兵奮勇驅逐，消滅大半，殘
敵仍頑抗掙扎中。11 時，敵機 7 架，旋續增 5 架
向台莊狂炸，……我康副師長負重傷，官兵傷亡
300 餘，尤以袁團為慘重，大廟〔指設在城內東北
清真寺的第二大隊指揮部〕之敵遂乘機擴張，東
南半部盡陷敵手，當令袁團第二營於西關、第三營
於北站，入城增援……。增援戰鬥結果（王冠五代
旅長報告），「禹營突破口」被堵塞，各部確實佔
領南北大街預備陣地，城內危機緩和。「西北城角
之殘敵仍在圍攻中」，此時師長為實施城西北角反
擊，「圈定 57 名，各懸獎洋 30 元，由時營長率領，
令王代理旅長於今夜部署進攻。……20 時頃，我
奮勇隊（57 壯士）均戴敵之軍服鋼盔，開始向西
北城角之殘敵襲擊，……敵以沉靜應付，我圍攻部
隊即直前策應，激戰良久，敵我均有損傷，終以院
落沉重，交通複雜，未獲成功。……計奪取敵掩蔽
部五，房舍數幢，西北城角敵區益形削弱。[39]

　　國軍在失去大部城內陣地的不利條件下，重整旗鼓
佈置了城中南北道路為界的第二道防線死守，並在此狀
態下果敢實行了「57 壯士」奮勇隊的城西北角夜襲。

39　中國第二歷史檔案館資料編輯部合編，《台兒莊戰役資料選編》，
　　頁 33-34。

雖此行動未能奏功，但打擊了日軍入城部隊，削弱其向
東擴張的戰意。

三、57 壯士夜襲戰傳奇的考證

　　57 壯士夜襲城西北角日軍，是現在中國大陸廣泛流
傳的台兒莊抗戰故事之一，中共的黨媒、軍媒也一直在
宣傳此抗戰事蹟的情節。現行版本代表可見 2008 年 4
月 24 日《人民政協報》余勇〈台兒莊戰役 57 把大刀定
乾坤〉一文，各黨媒、軍媒都有轉載。余勇文章稱此隊
為「二十七師一五八團七連官兵」並出現「副營長時尚
彬、七連連長王範堂」兩個實名。

　　此根據來自何處？在《台兒莊文史資料》第一輯
中，載有〈敢死隊喋血台兒莊〉一文，[40] 為王範堂之子
王蓬為文史資料編寫的其父事蹟。文中沒有日期，沒有
部署內容、地點情報，僅有部分戰鬥情節，稱 57 人都
是第七連所屬，由其父指揮，入城前已在城內血戰「四
天四夜」，夜襲戰鬥結果是將敵擊退，勝利打掃戰場。
此文之外，另有一篇胥永壽整理的王範堂口述，從中可
得知王範堂在此事件中登場，並一舉成為 57 壯士領隊
之談的時間，發生在 1983 年 6 月 13 日王範堂在人民日
報讀到《台兒莊會戰》一文後的自我申告，[41] 並藉助媒
體之力傳開。

40　《台兒莊文史資料》（政協棗莊市台兒莊區委員會文史資料委員會，
　　1990），第一輯，頁 67-72。

41　〈台兒莊會戰中的敢死隊〉，《漢中市文史資料》（漢中市資料研
　　究委員會，2000），第二輯，頁 37。

　　問題在王的回憶、申述內容，是否能與戰鬥詳報等
檔案資料符合？戰前的原始紀錄是否能佐證曾有此人存
在？王範堂口述在時間、地點、戰鬥內容、結果等面，
與「第三十一師戰鬥詳報」內容幾乎完全不符。戰前
的歷史紀錄，據筆者調查，也無法確定有此人存在。王
範堂出身地陝西省安康市人民政府為其作的小傳寫道：
「台兒莊戰役勝利後，王範堂和敢死隊戰友受到嘉獎，
夜襲台兒莊成為當時轟動國內的重要新聞。重慶《新華
日報》戰地記者陸詒親赴前線採訪，把王範堂與敢死隊
的英勇事蹟寫成報導，在《新華日報》上發表」。[42]

　　王範堂的事跡，若能像此說一樣在戰地記者陸詒的
文章或《新華日報》中出現，當然足可作為 57 壯士奮
勇隊當事者的歷史證據。遺憾的是，根據筆者的調查，
戰鬥後 4 月 6 日，戰地記者陸詒的確有過對 31D 池峰
城師長的採訪，內容 13 日刊載於武漢《新華日報》。
從中可知道此故事出於師長池峰城，但稱選拔的 57 壯
士，並不是友軍 27D 第七連，而是該部（31D，城內部
隊）自告奮勇的百名人員中的一部，而真實人物也僅有
「時尚彬」營附一名，並無第七連和王範堂之名。[43]

　　即夜襲隊全部為 27D 158R 第七連構成，並由連長
王範堂率領的證據並不存在。較確實的情報應為奮勇
隊員從 31D 多數自報者中選出（不會是 27D），出擊
時間為 30 日夜晚，帶隊者為此時入城的 27D 時尚彬營

42　安康市人民政府網頁，https://www.ankang.gov.cn/Print.aspx?id=
　　73741。

43　《新華日報》，1938 年 4 月 13 日刊載。

附。有部分生還者，但出擊結果傷亡慘重，並沒有完成奪回陣地任務。還可確定有關戰鬥最初的史料根據，來自 3 月 30 日 13 時，池峰城師長對軍委會軍令部的電報，提到已組織奮勇隊，發誓奪還西北角。發電時此隊尚未出擊，屬於夜襲計畫階段的報告。電文稱募集隊員時「頃間官兵百餘人，義憤填胸，自報奮勇復仇殲寇，不成功即自殺以報國家，決不生見我長官」，池向上級稱「今夜為沉痛格鬥」。[44]

即從歷史證據來看，只有時尚彬營附是史料中出現的奮勇隊唯一真實人物，並未陣亡。至於「王範堂」是否是 158R 第七連連長，並指揮了此次行動，由於目前不見獨家（王範堂父子）口述之外的任何其他證據，所以依歷史研究法，不能隨意輕信並採錄。

四、中川大隊與關麟徵軍的戰鬥

前日新投入城外運動作戰的步兵第六十三聯隊中川第一大隊（欠 2 中隊，配屬駐屯軍獨立 90 野砲中隊），29 日午後佔領楊家廟（細節見前述）。夜又擊退關麟徵部約 400 至 500 敵（2D 12R）從東及南方來襲，於 30 日凌晨做好對敵據點小集、張樓的攻擊準備。

30 日上午 8 時 44 分，第一大隊長向聯隊長電報報告：

44　中國第二歷史檔案館資料編輯部合編，《台兒莊戰役資料選編》，頁 158。

> 據俘虜口供，昨夜襲擊楊家廟之敵為 1 團兵力，所
> 屬為第二師第四旅第十二團，目下約有千名之敵在
> 賈家埠（楊家廟北 3 公里）一張樓一岔路口一線佔
> 領陣地。第一大隊計畫午前 9 時開始攻擊此敵，預
> 計將此敵擊潰於賈家埠方向後佔領岔路口。[45]

　　中川大隊於 7 時 30 分開始攻擊，先清除楊家廟北
方、東北方村落（賈家埠、小集）之敵後，9 時 10 分
在野砲兵火力掩護之下，第三中隊、第一中隊佔領岔
路口北方無名部落及張樓（楊家廟東 2.5 公里）。此時
大隊長判斷，南下岔路口前，有必要先驅除東方黃莊
南北（岔路口東 2.5 公里，陶溝河東側）一線叢林陣地
之敵，遂於 14 時 10 分在砲兵火力掩護下，攻擊了東方
大、小黃莊兩處，15 時 30 分完成佔領，敵遺棄多數屍
體向南方及東南方敗走。此黃莊之敵，也是關麟徵軍
2D 的一部。

　　戰鬥結束後第一大隊在黃莊附近打掃戰場清除殘敵
時，又發現約千名持有火砲之敵（關麟徵部）從北方
（馬莊方向）來援，大隊長遂決定回頭迎敵。各隊按
命令由南向北轉換攻擊態勢，做好迎擊準備。在敵部隊
到達第一線前約 300 公尺遠時，全線火力開始齊射。敵
方不甘示弱，以迫擊砲猛烈還擊，彈如雨下，多達數百
發。由於砲火集中一處，第一大隊並未出現損失。此部

---

45 「戰鬥経過の概要　臨城及嶧県附近に於ける前進準備、棗莊の
　　守備、台兒庄附近の攻撃（4）」，JACAR: C11111253500，頁
　　1000-1001。

敵之後向北方及東北方退去。

30 日的戰鬥於 18 時頃結束。之後中川大隊長下令在黃莊集結兵力，19 時離開黃莊南進，21 時進入岔路口村（無遇抵抗）集結完畢。

以上是步兵第六十三聯隊第一大隊 30 日與來援台兒莊的湯軍團關麟徵部的戰鬥。

五、關麟徵軍的「戰果」分析

從前述中川大隊戰鬥詳報的敵情報告可知，29 日以後，湯軍團關麟徵 52A 2D 一部（約 2 個團），從北方南下進入台兒莊東北部戰場。29 日晚與第一大隊在楊家廟附近首戰接觸，30 日繼續在賈家埠、小集、張樓、黃莊等處戰鬥，企圖按命令南下岔路口支援孫連仲第 27D 的城外作戰。結果被步兵第六十三聯隊第一大隊奪回張樓、黃莊兩處陣地，午後千餘援軍南下亦被擊退。失利後，傍晚 2D 全體退至北方大莊、馬莊、常溝一線。關於此部從北方來援的新敵動態，步兵第六十三聯隊戰鬥詳報記載：

> 本 30 日午後 2 時頃，有南下之敵部隊沿底閣（台兒莊東北 14 公里）、馬莊（底閣南 4 公里）、黃莊、燕子景道路南進中，夜間似集結於柿樹園、河灣及黃莊附近。其主力約 1 師，至少有野山砲 6 門及迫擊砲、輕重機槍等多數武器。[46]

---

46 「戰鬥経過の概要　臨城及嶧県附近に於ける前進準備、棗莊の

關軍增援部隊主力到達後，即通知孫連仲守軍各部，友軍將從北方展開攻擊，協助其部作戰。戰場鄰接的孫連仲部 27D 為此消息歡欣鼓舞。戰鬥詳報記錄：

> 30 日
> （1）關軍已在大莊、馬莊、郝莊一帶，與敵激戰，頗為得手。
> （2）著二十七師於明（31）日拂曉聯繫二十五師〔關軍 52A，下轄 2D、25D〕，由潘墜向劉家湖之敵攻擊。[47]

城內守軍「第三十一師戰鬥詳報」亦云：

> 〔29 日〕19 時頃，奉軍長關電示：⋯⋯現奉命以全部攻擊台兒莊敵之側背，30 日午後可以與敵接觸⋯⋯。得悉該軍 15 時頃，在大莊、馬莊、泥溝一帶與敵激戰中。[48]

孫集團軍 2 個師戰報都傳達了戰區主力湯軍團來援台兒莊的大好消息，但關軍作戰是否「頗為得手」？

守備、台兒庄附近の攻擊（5）」，JACAR: C11111253600，頁 1011。

47　中國第二歷史檔案館資料編輯部合編，《台兒莊戰役資料選編》，頁 66。

48　中國第二歷史檔案館資料編輯部合編，《台兒莊戰役資料選編》，頁 34。

是否為孫集團軍解除了側背之危？從日軍的戰報內容可知，30 日戰鬥結果，關軍最終並沒能按計畫南下佔領岔路口，而是失去了剛佔領的張樓、黃莊等陣地後北撤，最終停留在北方大莊、馬莊一線，沒能為友軍（27D）解除側背之危，更未能與友軍南北匯合。關軍的台兒莊正面戰場戰鬥也到此為止，31 日午前無所作為（未有出擊行為），午後即被湯恩伯全部抽出台兒莊戰場，轉進蘭陵鎮，使友軍 27D 的期待落空。

　　對此失敗無為的台兒莊初戰，為了掩飾湯恩伯的過失，在戰鬥報告中有意誇大關麟徵部 30 日至 31 日在台兒莊北方的戰績，稱「關軍昨（30 日）晚開始攻擊，連克馬莊、黃莊、大莊、小集、蘭城店、三佛樓、獐山等處，斃敵千餘」。[49] 戰鬥詳報中也對關麟徵部戰鬥有如下渲染式的描寫：

> 我第五十二軍關軍長自昨 29 日晚督率所部展開於腰里徐、柿樹園之線猛烈進攻，敵據馬莊、大莊、張樓、賈家埠一帶頑抗，我各部分作戰略戰術之包圍，一面以最強烈之輕重火力予敵重創，一面分選突出組專利用死角村落背後迂迴到敵之背後奇襲，因此進展神速，激戰約兩小時，30 日下午 4 時即將馬莊、大莊、張樓、賈家埠相繼克服，斃敵甚眾。……潰回小集、蘭城店、三佛樓等處……。卅

49　軍事委員會軍令部第一廳第四處，《抗戰參考叢書：台兒莊殲滅戰》，頁 30。

一日拂曉我各部拼死猛撲，均為敵之機砲火力所阻，且敵坦克車十餘輛尤復藉其砲火掩護之威力衝出我側背急襲。〔在關軍長指揮反擊下〕敵受重創，……擊毀敵戰車兩輛，於是深入我方之敵戰車，亦苦孤立，乃倉惶逃去。十一時我關軍長捕捉好機，又復乘勢反覆衝鋒，又克蘭城店、小集、三佛樓等處，十二時，並將水湖附近竄來之敵騎百餘殲滅。[50]

若僅讀此戰鬥詳報，可見關麟徵各部在台兒莊北方兩日間英勇奮戰，戰果累累，斃敵甚眾（千餘）。最終佔領了馬莊、大莊、張樓一帶。可是若核對地圖和以上日軍的戰鬥檔案，可知實際戰鬥結果並不如此。馬莊、大莊、張樓一帶在 30 日至 31 日，是關軍的攻擊出發線與退卻後的停止線，屬於台兒莊北方日軍戰場之外地域，所以並無任何日軍部隊存在。即關軍不是經「急襲」佔領，而是兵不血刃地進駐此一線（北方村落）。所以 30 日至 31 日，關軍稱主力在此地與日軍戰車隊激戰、大量殲敵的紀錄，並不是事實。

關軍在台兒莊戰鬥 3 天「斃敵千餘」之報，與日軍的戰損紀錄核對，也可知內容不實。關軍到達後的實際戰鬥僅 30 日當天。此時步兵第六十三聯隊的 3 個步兵大隊，在城內（與 31D 對戰，擴張戰果至城南）、城

---

50 中國第二歷史檔案館資料編輯部合編，《台兒莊戰役資料選編》，頁 103。

西北角（抵禦 27D〔57 壯士〕反擊）、城東北部（與關
麟徵軍在楊家廟、張樓、黃村的戰鬥）3 處都有激戰。
從《官報》紀錄分析，3 個戰場共戰死 27 名。其中到
底有幾名死在城外東北關軍手下？推測最多不超過 3 處
戰場的平均數（9 名）。

　　以下是 3 月 30 日，瀨谷支隊主力到達台兒莊後第
一天的戰鬥結果：

（1）在日軍猛攻之下，城內東半部陷落。緊急增援之
　　　後，31D 守軍進入城內南北道路以西第二線陣
　　　地，挽回了危局。

（2）31D 對城西北角日軍陣地加緊攻勢，康法如副師
　　　長部署奮勇隊 57 名夜襲敵陣的戰鬥，此行動雖
　　　未獲成功，但打擊消耗了日軍城內部隊，阻止其
　　　在城西方擴張戰果的企圖。

（3）瀨谷支隊主力到達南洛。以步兵 2 個大隊、砲兵
　　　主力 4 個中隊對城外圍西部閆家口 30D 陣地展開
　　　攻擊，破閆家口後南下佔領頓莊閘，將國軍驅逐
　　　至運河南岸一線，掃清了城西方之敵對台兒莊攻
　　　城部隊的側後方威脅。

（4）湯軍團關麟徵部主力已進入台兒莊北方，其先鋒
　　　2D 在 29 日亦到達台兒莊東北常溝－馬莊－張樓
　　　一帶，與岔路口南孫集團軍 27D 陣地近接咫尺。
　　　此舉使苦戰中的孫連仲各部備受鼓舞。但遺憾的
　　　是關軍初戰失利，被日軍步兵第六十三聯隊第一
　　　大隊擊退後北撤，未到達救援目的，後被迫停止
　　　在北方常溝－馬莊－大莊一線未再南返，次日午

後奉湯恩伯命令撤離。

圖 5-10　3 月 31 日（轉進前），步兵第十聯隊第一大隊與關麟徵軍主力在郝莊一帶對峙要圖，數據為敵情觀察報告，並未觸及發生過戰鬥

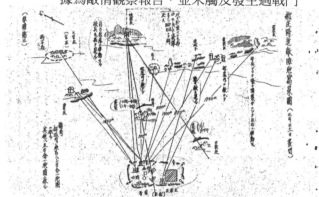

資料來源：「第 2　戰鬥經過の概要（1）」，JACAR: C1111117
1800，頁 1713。

圖 5-11　從國軍戰史中，也可知關軍並未越過張樓一線南下救援台兒莊，而停留在北方馬莊、大莊、河灣一線

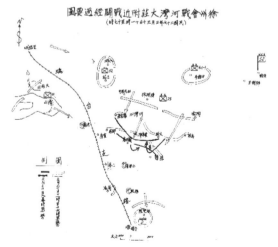

資料來源：《抗日戰史　徐州會戰　3》，插圖第 47，頁 166-168。

第四節　日軍台兒莊外圍總掃蕩準備

一、湯恩伯調兵遣將和台兒莊北方危機

　　台兒莊戰役的大部分戰場，實際上都分散在城外，特別是西方北車站至南洛一帶鐵路沿線（守軍為 30D、31D、44Bs 的一部），和東方、東北方雷草葛－燕子景－彭村－邊莊一帶（守軍為 27D），都有大量國軍的城外據點。3 月 30 日以前，此城外部隊的運動戰攻擊騷擾，對日軍攻城部隊側背形成極大威脅。在瀨谷支隊主力到達前，台兒莊攻略部隊（以步兵第六十三聯隊為基幹的 2 個大隊步兵）能使用在城外掩護砲兵陣地的兵力僅為 1 至 2 個中隊，相較下處於絕對劣勢。作戰目的也僅是構築防禦線掩護砲兵陣地，幾乎無力進行出擊。而當 3 月 30 日瀨谷支隊主力到達後，城外部隊增加到 3 個步兵大隊（步兵第六十三聯隊第一大隊 29 日到達），又有足夠的砲兵火力支援，具備了城外運動戰殲敵能力，此時瀨谷支隊長部署了對形成側背威脅的城外圍國軍的總掃蕩戰。

　　繼城外掃蕩第一戰（30 日，對西方閻家口－頓莊閘一帶的掃蕩）之後，31 日，步兵第十聯隊主力轉向台兒莊北方泥溝－郝莊－蘭城店一帶，警戒此時從北方壓境南下的湯軍團主力。[51] 由於午後湯軍團全體不戰撤走，北方威脅消失。見此，瀨谷支隊長將手頭的 3 個大

---

51 「第 2　戰闘経過の概要（1）」，JACAR: C11111171800，頁 1709-1710。

隊步兵主力全部投入城東外圍掃蕩。作戰持續了 3 天
（4 月 1 日至 3 日），使孫集團軍僅存的城外部隊 27D
陷入瀕死的危機狀態。

二、31 日步兵第六十三聯隊的城內外作戰

31 日步兵第十聯隊第一大隊，前進到泥溝東郝
莊，與關麟徵軍主力對峙，但兩者間並未發生戰鬥，午
後關軍不戰撤走。此日在城外發生的戰鬥，僅僅是步兵
第六十三聯隊第一大隊與孫連仲 27D 在潘墜、彭村據
點附近的攻防。由於日軍主力未到，相比之下 27D 實
力雄厚，所以中川大隊的單獨掃蕩並不順利。

根據戰鬥詳報記錄，在城外東方，29 日晚以來實施
運動作戰的步兵第六十三聯隊第一大隊（中川大隊），
先行部署對燕子景、彭村一帶之敵（27D）據點的攻擊
戰，企圖「將守敵壓迫到濕地（陶溝河沿岸）一帶」，
並與預定到來的步兵第十聯隊主力進行南北夾擊，聚殲
彭村據點守敵。31 日，敵城外部隊 27D，在北方向岔
路口村附近集結兵力，對裴莊、孟莊等地設施（砲兵陣
地）展開砲擊，企圖騷擾城內作戰。為排除此威脅，第
一大隊向北方攻擊前進，11 時 10 分佔領了裴莊北 1.5
公里處的潘墜，之後擴張戰果，「向潘墜南方部落及彭
村之敵攻擊時，受到據守家屋頑強抵抗之敵反擊，戰鬥
進入僵局」。

彭村（潘墜東南 1.2 公里）是 27D 81B 的一個重要
據點，擁有多數火砲和強固的防禦工事。為破壞彭村的
堅固工事群，戰鬥中支那駐屯軍 90 野砲中隊，大膽地

推進到第一線，企圖以近距離精密砲擊協助步兵的彭村戰鬥。不料砲車放列時，突然遭到敵方砲火的集中反擊，4 門火砲同時被毀，攻擊也因此停止。砲兵中隊殘部（此砲擊戰死 8 名）撤回潘墜整頓。17 時 12 分，第一大隊長向聯隊長緊急發電，稱為了再行攻擊，請支隊長迅速派出接替砲兵，以協助明日戰鬥。[52]

圖 5-12　90 野砲為當時還罕見的機動牽引新式火砲

資料來源：*Handbook on Japanese Military Forces*, p. 218.

三、國軍砲兵戰的優勢

據日後報告，此日戰鬥中，駐屯軍獨立野砲中隊在敵砲擊時，「火砲 4 門及牽引自動車多數損壞，幹部以下多數負傷，最終於 4 月 1 日 8 時 30 分撤退到劉家湖，

---

52 「戰鬥経過の概要　臨城及嶧県附近に於ける前進準備、棗荘の守備、台児庄附近の攻擊（5）」，JACAR: C11111253600，頁 1023-1025。

12 時 30 分解除對瀨谷支隊配屬任務」，撤出戰場。[53]
此為瀨谷支隊繼 27 日駐屯軍臨時戰車隊全滅（7 輛戰
車中，3 輛被毀、2 輛重創），29 日 96 式 15 榴重砲中
隊段列全滅之後，在重武器面的又一大損失。

　　對此戰鬥，90 野砲中隊也留下詳細的戰鬥詳報
（節錄）：

> 午前 6 時，奉大隊命令在潘墜南方無名部落佔領陣
> 地，7 時，敵軍進出到岔路口東方及北方。7 時 30
> 分我在岔路口佈置的段列（彈藥補充隊）遭敵砲
> 擊，第 613 號牽引車引擎中彈起火，段列長永野準
> 尉指揮滅火中戰傷死，司機池田安次、田中正、看
> 護長高橋吉郎戰死。7 時 30 分，對潘墜南方部落
> 之敵開始砲擊。此時低石橋附近位置不明之敵迫擊
> 砲逐漸活躍，對我中隊陣地開始實施集中砲擊。小
> 隊長加藤滕吉準尉、觀測手飯泉定吉上等兵、砲手
> 枝金四郎等戰死，士兵 2 名重傷，第一、第二分隊
> 火砲砲身中彈被毀，第三分隊火砲左側支架嚴重損
> 壞，退出戰鬥，火砲側車 2 輛也遭砲擊毀壞。……
> 午前 11 時，中隊長判斷全部火砲受損，已不能繼
> 續戰鬥，決定在潘墜集結。午後 1 時 30 分全隊撤
> 出陣地，在潘墜集結。一等兵佐野周二郎在危險下
> 進行緊急修理，使多數毀壞車輛恢復自走狀態。午

---

53 「戰鬥經過の概要　臨城及嶧縣附近に於ける前進準備、棗莊の
守備、台兒庄附近の攻擊（5）」，JACAR: C11111253600，頁
1039-1040。

後 5 時奉命撤退，6 時 50 分向劉家湖退卻。此時
潘墜南方陣地還在敵手中，退卻途中，再次受到敵
陣地火力攻擊，司機田中末晴一等兵胸部中彈戰
死。11 時到達劉家湖。奉命解除配屬，4 月 1 日到
達賈家口旅團司令部後遣返。[54]

圖 5-13　90 野砲中隊的戰鬥紀錄

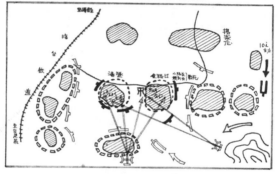

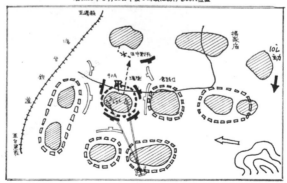

資料來源：六高会戦史編集委員会，《近衛師団第六野戰高射砲隊
　　　　　史》，頁215-216。

54　六高会戦史編集委員会，《近衛師団第六野戰高射砲隊史》（神
　　奈川：六高会戦史編集委員会，1974），頁 213-215。

圖 5-14　90 野砲中隊的戰鬥紀錄

賈家口旅団司令部に集結

故高橋看護長の墓標に
冥福を祈る古川主計

墓標

より、旅団司令部西北側において、昨三十一日尊き護国の鬼り。師団長は、前関東軍参謀長板垣征四郎中将である。八時主力を離れて瀬谷旅団と併行して、台児荘に肉迫せるものな日の戦闘に、三千の戦死を出したそうである。坂本旅団は、領したが、敵の大部隊に包囲され、大きな被害をうけた。一取れたと聞く。第五師団は先に、青島より南進し、沂県を占の情報によると、本日第五師団の坂本旅団と完全なる連絡が

資料來源：六高会戦史編集委員会，《近衛師団第六野戦高射砲隊
　　　　　史》，頁228。

　　如此，3月31日配屬第一大隊的支那駐屯軍90野砲中隊，在潘墜附近遭到毀滅性打擊，4門火砲全毀（1門後修復）。國軍27D砲兵，整日佔據著砲兵壓制射擊的主動權。第一大隊的彭村攻擊受阻理由之一，也在失去砲兵的火力支援。遺憾的是，關於此次出色的砲兵

戰，27D 方面並沒有明確記述。僅留下 30 日拂曉後，
「我山砲營第三連於劉家橋附近」對敵裝甲車、砲兵、
機關槍射擊，「命中準確，目睹敵紛亂奔馳，是時突受
敵重砲還擊，將我山砲 1 門擊毀，⋯⋯餘 3 門仍繼續射
擊。」之記載，[55] 不能與以上日軍紀錄符合。

　　31 日的中日兩軍砲兵對戰，也是戰鬥高潮之一。
日軍觀測所報告台兒莊南站（隴海鐵路支線，由徐州經
趙墩到達台兒莊南站）敵補充部隊陸續到達，通過運河
浮橋不斷被輸入台兒莊城內。為阻止其援兵前進，日軍
在三里莊、劉家湖附近的砲兵陣地，不斷對城南車站、
運河浮橋等地實施火力封鎖。

　　對此，逐漸增強中的國軍砲兵也不示弱，日軍砲擊
一開始，國軍火砲十數門立即對劉家湖、三里莊之砲兵
陣地實施對抗砲擊。砲擊暴露了國軍設在雄山北麓及車
站南方的砲兵陣地位置，雙方砲兵遂展開了無止境的應
酬。此時，意外的強敵出現。步兵第六十三聯隊戰鬥詳
報提及：

　　　午後 3 時 46 分，我野戰重砲兵第三中隊陣地受到
　　　敵 15 榴級砲彈射擊，同中隊火砲 1 門被擊中遭到
　　　毀壞。遭到敵方 15 榴級火砲射擊為本次戰鬥首見，
　　　但該砲到底是迫擊砲，還是重砲，種類不明。發射
　　　砲彈僅數發，至今未能判明發射位置。[56]

55　《台兒莊戰役資料選編》，頁 65。

56　「戰鬥經過の概要　臨城及嶧縣附近に於ける前進準備、棗莊の
　　守備、台兒庄附近の攻擊（5）」，JACAR: C11111253600，頁

以上出現的神祕 15 榴，之後判定為德萊茵金屬的最新火砲，32 倍口徑 15 榴（15cm sFH 18），準確度與射程均超出日軍 2 門最新式 96 式 15 榴，該砲屬砲兵第十團第一營，[57] 30 日晚經鐵路運輸剛到南站，31 日即參加砲兵對射。此日，除了野戰重砲第三中隊 4 年式 15 榴 1 門外，剛到戰場不久的支那駐屯軍的機動砲兵，90 野砲 1 中隊（4 門）也遭到不明之敵砲擊，喪失了戰鬥力，可見國軍砲兵實力在 30 日後有了大幅度增強。

四、國軍戰鬥詳報的解析

關於 31 日第一大隊的城外作戰，國軍「第二十七師戰鬥詳報」記載：

> 上午 5 時 40 分，我郭團長即率所部向劉家湖、劉橋之敵猛烈進攻，楊團牽制三里莊之敵，正午 12 時，敵復以步騎砲聯合部隊約三、四百名、戰車八輛，圍攻我郭團守備之岔路口陣地，……時我戰車防禦砲將敵戰車擊毀敵戰車三輛，突受敵重砲還擊，我戰車防禦砲兩門又被擊毀。斯時我游擊隊已由柳園繞至敵之後側背向敵猛擊，我燕子景、潘墜等處部隊，亦向敵夾擊。激戰至下午 4 時，敵傷亡慘重，橫屍遍野，漸不支，遂退入劉橋村內。……我亦傷亡官兵約三百餘名。下午 5 時許，敵復以

1019-1020、1027。

57 尤里斯・伊文思導演的紀錄影片《四萬萬人民》（The 400 Million, Joris Ivens, 1939）的解說詞。

戰車八輛包圍我岔路口，以十一輛阻塞圍上、孟莊
間，並實施猛烈砲擊，但在我抵抗下未得手。……
是役計斃敵四、五百名，軍馬三、四十匹，我亦傷
亡三百三十餘員名。[58]

有關城內西北角之戰，「第三十一師戰鬥詳報」
記載：

侵入西北城角之敵，於〔31 日〕22 時頃，內外向
我袁團防線進攻，同時東北之敵亦內外進攻我秦
營，……旋均被突破，敵由北門蜂擁入場，約 500
餘直沿大街向我進展，咫尺之間，我官兵肉搏衝
鋒，斃敵甚眾，各守防線迄未動搖……[59]

按日軍戰鬥詳報，30 日晚 9 時 30 分，中川第一大
隊在佔領張樓、黃村後，進入岔路口村宿營。而「第二
十七師戰鬥詳報」稱：31 日「正午 12 時，敵以步騎砲
聯合部隊約三、四百名，戰車八輛，圍攻我郭團守備
之岔路口陣地」。岔路口到底在哪一方手裡？此矛盾
應如何解釋？

對比兩軍戰鬥詳報，可見 27D 於 31 日在岔路口附
近集結部隊，12 時抵抗日軍反擊的紀錄應為事實，注

58　中國第二歷史檔案館資料編輯部合編，《台兒莊戰役資料選編》，
　　頁 66-67。

59　中國第二歷史檔案館資料編輯部合編，《台兒莊戰役資料選編》，
　　頁 35。

意點在時間差方面。步兵第六十三聯隊第一大隊下達向岔路口南方無名敵村落及潘墜、彭村攻擊命令「中作命第五一號」的時間為晨7時30分，11時10分該部已攻入2公里南方潘墜，[60] 前線部隊已到達潘墜東南2.5公里的彭村外圍。即第一大隊晨8時離開岔路口後，此地再次被27D一部佔領。

　　還有一個疑問，是31日「第三十一師戰鬥詳報」對「破北門而入500餘之敵」的記載。若真如此輕而易舉破城，第三大隊沒有在城西北角苦撐數日的必要。北門（又稱小北門），從中日雙方各種史料（包括媒體報導）可得知，自始至終從未陷落，是國軍的堅固陣地。若有攻擊，應是城外西北角附近第三大隊擔任，而此時第三大隊已轉入從城內撤退態勢，並未部署新攻擊。所以對比之下，上述500餘敵「破北門而入」的記載肯定不正確。

60　「戰闘経過の概要　臨城及嶧県附近に於ける前進準備、棗莊の守備、台児庄附近の攻撃（5）」，JACAR: C11111253600，頁1023。

第六章　瀨谷支隊的城外掃蕩和最後一次城內總攻

（4月1日至4日）

　　本章是對 4 月 1 日至 4 日，增援到達的瀨谷支隊主力在台兒莊作戰 4 日間的行動考證。瀨谷支隊全體進入台兒莊地域後，日軍兵力總數達到約萬人。主要作戰方針是以主力部隊進行大規模城外圍掃蕩。由於湯軍團從台兒莊北方撤退（3 月 31 日），及之後又在台兒莊東戰場（與第五師團坂本支隊）作戰不利，一去不返，致使孫連仲部 27D 戰線得不到支援，出現全面危機。至 4 月 3 日，日軍掃蕩結束，運河北岸台兒莊周邊一帶的國軍各據點均被掃蕩部隊徹底肅清。特別是 30 日以來一直在城外善戰的 27D 孤立無援，遭到慘敗，被迫退出戰場。在後方獲得安穩的背景之下，瀨谷支隊長親自部署指揮 4 月 4 日的最後一次大規模總攻。但連戰 10 日未經換防的前線部隊卻早已疲憊不堪，失去了攻擊銳氣。而城內國軍 31D 卻越戰越勇，使日軍止步不前。此日攻擊的失敗，使瀨谷支隊長認識到現狀之下，日軍不可能在短日內攻陷台兒莊城。為了防止戰局拖延所造成的國軍反擊和戰略面大包圍，4 日後瀨谷支隊長開始做撤退準備。

第一節　4月1日瀨谷支隊主力的城外掃蕩

　　由於北方湯軍團的威脅消失，4月1日開始，瀨谷支隊長將全部城外運動作戰部隊（步兵3大隊）集中到城東側，實施為時3日的台兒莊城東側外圍的徹底掃蕩。主要目標即是清除曾對日軍攻城作戰形成最大威脅的孫連仲部黃樵松 27D 城外各據點。

一、步兵第六十三聯隊的彭村攻擊戰

圖 6-1　步兵第六十三聯隊 3 月 27 日至 4 月 4 日台兒莊城攻擊要圖

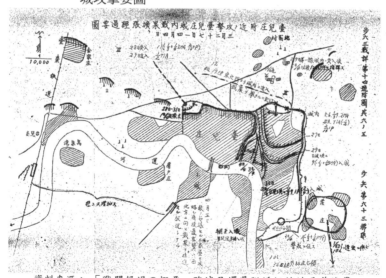

資料來源：「戰鬥經過の概要　臨城及嶧縣附近に於ける前進準備、棗莊の守備、台兒庄附近の攻擊（7）」，JACAR：C11111253800，頁1102。

以下從兩個方向來看瀨谷支隊的 4 月 1 日作戰全局，先看步兵第六十三聯隊各部的行動。

步兵第六十三聯隊的 3 個大隊步兵，分佈在 3 個戰場，此日被用於城外掃蕩的部隊，是 3 月 29 日後一直在此地（城外東方）進行運動作戰，30 日曾擊退關麟徵 2D 台兒莊增援部隊的中川廉第一大隊。

擔任攻擊城西北角的大村省吾第三大隊，由於 3 月 28 日以來入城部隊被圍困，攻擊不得進展，且入城通路被敵守軍封鎖切斷，遂放棄了此方面攻擊，此日的行動，僅是掩護城內部隊撤出。由於城西北角一帶被來自城西方北站附近陣地敵火力嚴密封鎖，白天行動十分困難，所以第三大隊長指揮城外第十二中隊一部（15 名）組成救援隊，天黑後 19 時 40 分，趁夜幕將 10 輛輜重車以人力從破壞口拖入城內，4 月 2 日凌晨 1 時，將城內戰死者屍體、負傷者及重武器等搬運出城外。緊接著城內第十一中隊也開始撤退，4 時 30 分，全員退到城外三里莊集結，徹底放棄了曾苦戰 4 日，毫無成果的城西北角陣地。[1]

一方面，已佔領城內東半部的安永與八第二大隊，此日繼續在城內前線展開攻擊，力圖在巷戰中擴張戰果。但由於友軍砲兵掩護火力不足和守軍的頑強抵抗，戰鬥收效甚微，城內戰線仍處於膠著狀態。

對比下，城外第一大隊對敵 27D 據點潘墜、彭村

1　「戰鬥經過の概要　臨城及嶧県附近に於ける前進準備、棗荘の守備、台児庄附近の攻擊（5）」，JACAR: C11111253600，頁 1031-1032。

等地的攻擊掃蕩，在瀨谷支隊主力 3 個大隊步兵的南北
夾擊攻勢下，取得了相當的進展。步兵第六十三聯隊第
一大隊經一日苦戰，最終攻陷敵最強據點之一彭村。戰
鬥詳報記載（節錄）：

> 第一大隊 31 日午後佔領潘墜作攻擊準備，1 日黎
> 明，第三中隊在重火器掩護下，先行對彭村外圍展
> 開攻擊。潘墜南方部落為敵第一線，約 400 名敵在
> 此頑強抵抗，使我攻擊受阻。上午 10 時，大隊長
> 將第一中隊投入其左翼，企圖形成夾擊，但攻擊仍
> 被阻擋在敵第一線陣地前，不得前進。此時，接替
> 昨日受重創的駐屯軍獨立野砲中隊，新配屬的野戰
> 重砲兵第三中隊（4 年式 15 榴 4 門）到達戰場進
> 入戰鬥，以重砲火力輪番砲擊，將彭村周圍敵重要
> 火力點一一摧毀。但最關鍵的步砲協同作戰，因通
> 信聯絡障礙，進行並不理想。[2]

　　打開此僵局的是從北方來援的支隊主力（步兵第十
聯隊 2 個大隊為基幹）。上午 9 時，支隊主力從張樓西
北 5 公里官莊開始席捲殘敵南下，報告「攻擊進展順利
前方並無大敵，敵方已呈現動搖之色」。支隊長令中
川大隊立即佔領彭村，以協助步兵第十聯隊主力部隊南
下。15 時 15 分，中川第一大隊長接到「赤柴部隊（步

2　「戰鬥経過の概要　臨城及嶧県附近に於ける前進準備、棗荘の
　　守備、台児庄附近の攻擊（5）」，JACAR: C11111253600，頁
　　1033-1035。

兵第十聯隊）一部已接近彭村東北方」的通報後，決定
乘勢再次對彭村展開攻擊，命第一中隊從潘墜向東方迂
迴，與正面主攻的第三中隊協力，一舉奪取彭村。

> 彭村敵陣地位置於台兒莊東北方地區，我台兒莊攻
> 略部隊側面，為數日來敵構築多數城外陣地的最右
> 〔西〕翼，其防禦設施堅固無比，第一線陣地幾乎
> 都是掩蓋設施〔地堡〕，約 300 名敵在此死守。由
> 於我赤柴部隊已接近敵之側背〔低石橋附近，離彭
> 村約 1.5 公里〕形成威脅，守軍腹背受敵，終於開
> 始動搖。我大隊趁機展開突擊，16 時 50 分突入敵
> 陣。此時，我機槍部隊主力乘勝從東南方以猛烈火
> 力截斷敵軍退路，給予退卻之敵以毀滅性打擊。[3]

　　奪取彭村之後，大隊長命第二中隊一小隊附屬機槍
一部掃蕩附近殘敵，主力於 20 時集結於潘墜，準備次
日戰鬥。此日攻擊，由於彭村之敵頑強抵抗，中川大
隊方面出現較大損失。按《官報》紀錄分析，步兵第
六十三聯隊全體（包括攻城的 2 個大隊）在此日戰死數
多達 27 名。由於攻城的第二、第三大隊方面未有明顯
激戰，推測過半是第一大隊攻擊彭村戰鬥時的損失。

3　「戰鬥經過の概要　臨城及嶧縣附近に於ける前進準備、棗莊の
　　守備、台兒庄附近の攻擊（5）」，JACAR: C11111253600，頁
　　1038-1039。

圖 6-2　步兵第六十三聯隊第一大隊 3 月 31 日至 4 月 2 日
的城東北方掃蕩要圖

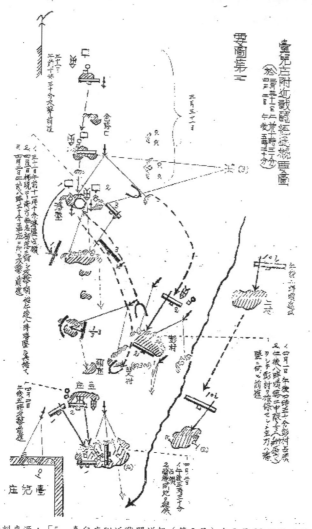

資料來源：「5　臺兒庄附近戰鬥詳報（第 5 号）自 3 月 29 日至 4 月
3 日（2）」，JACAR: C11111571400，頁 1167。

圖 6-3　步兵第六十三聯隊第一大隊第二中隊彭村戰鬥
要圖

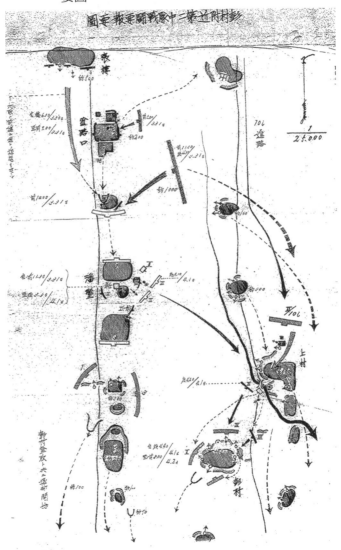

資料來源：第二中隊陣中日誌，頁 955。

二、步兵第十聯隊低石橋附近戰鬥

由北南下的瀨谷支隊主力步兵第十聯隊 31 日，按支隊新命令，6 時 30 分，從現在地郝莊（台兒莊北、泥溝東）出發向東方移動。由於「北方之敵」（關麟徵部）已於昨夜完全退出戰場，末永光夫第一大隊經官莊；聯隊本部、加村旭第二大隊經蘭城店、河灣順利向東方移動，並右轉南下，13 時聯隊本部和第二大隊到達並佔領馬莊，做好向南方低石橋（此地國軍戰報稱燕子景）方面攻擊準備。

圖 6-4　步兵第十聯隊於低石橋（燕子景）附近戰鬥要圖，從此圖判斷低石橋即國軍所稱燕子景

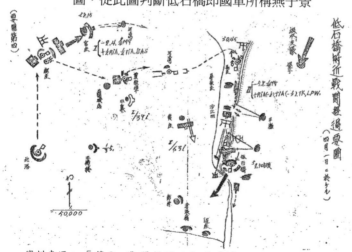

資料來源：「第 2　戰鬥經過の概要（1）」，JACAR: C11111117
1800，頁1731。

第一、第二大隊逐次南下，先克尋家莊、沙江凹後向低石橋攻擊前進。在設置於馬莊的野戰重砲、戰車（臨時戰車隊前月 27 日受重創後，僅剩下 2 輛戰車可

以使用，此日開始配屬給步兵第十聯隊）掩護下，排除
來自東方平灘敵軍的側射阻擊前進。[4] 14 時 50 分，在
2 輛戰車掩護下，突擊隊一舉突入敵陣，佔領低石橋村
西北角。村內之敵為 27D 81B 159R 約 500 名，堅守各
望樓頑強抵抗中。

> 第二大隊掃蕩部隊一接近望樓，守敵立即居高臨下
> 投彈妨礙，其執拗之舉令人驚歎。我方步兵追隨戰
> 車突入望樓後，守敵仍繼續投彈，大有窮鼠嚙狸之
> 狀……敵雖頑強抵抗，但無奈孤立無援大勢已去，
> 在我方火攻之下紛紛逃出望樓，試圖遁走，火光下
> 大多數被我射殺。午後 6 時 50 分掃蕩完成。[5]

戰鬥後，聯隊主力在低石橋、沙江凹附近集結，做
好翌日繼續攻擊南方邊莊、滄浪廟之敵準備。第十聯隊
戰鬥詳報記載，低石橋附近戰鬥中，聯隊全體戰死 1，
負傷大熊中尉以下 13 名。[6]

以上為城外作戰內容，可見 4 月 1 日，瀨谷支隊
兩部，南北合擊 27D 守軍，收復了台兒莊東北的低石
橋、彭村兩個重要據點，將 27D 主力由北向南，壓迫
到台兒莊城東方滄浪廟、邊莊、孟莊一帶。

---

4 「第 2 戰鬥経過の概要（1）」，JACAR: C11111171800，頁
   1725。

5 「第 2 戰鬥経過の概要（1）」，JACAR: C11111171800，頁
   1727-1728。

6 「第 2 戰鬥経過の概要（1）」，JACAR: C11111171800，頁
   1730。

22 時 50 分，瀨谷支隊下達 4 月 2 日戰鬥命令，內容為瀨谷支隊主力在台兒莊東側繼續掃蕩，將城外敵守軍 27D 向台兒莊東南方運河線壓迫，並控制台兒莊東側寨牆。[7]

三、第二十七師記錄的 4 月 1 日戰鬥

對比國軍「第二十七師戰鬥詳報」：

本（1）日上午 8 時許，敵步兵二、三百名，戰車七輛，向我岔路口進攻，與我丁營發生激戰，其砲兵亦集中火力向我岔路口轟擊，家屋牆壁摧毀焚燒殆盡。我官兵堅守抵抗，拼戰不退，並派游擊隊繞襲敵之側背。激戰至下午 3 時，敵……步兵百餘名，將我岔路口之游擊隊，及燕子景丁營包圍，……我丁營長督率官兵仍努力拼鬥，據碉苦撐，敵終未得逞。

……下午 4 時，敵砲在黃莊放列，對我燕子景、岔路口、低石橋等處射擊，其大部已進抵常溝，正向平灘急進。我丁營長仍在燕子景督率官兵，堅持拼戰，同時劉家湖之敵，以戰車十餘輛、步兵五百餘名由劉橋滄浪廟向我彭村王營陣地進攻。我王營長景山，……毫不退縮，苦戰至下午 9 時，我仍保持原陣地，敵卒未得逞。是役斃敵三百餘名，我亦傷

7　城內東部 3 月 30 日陷入日軍之手，但東寨牆一線、東城門及城外附近部落（葉莊）等，4 月 2 日前還在 27D 控制之下。

亡約百五六十名。[8]

從戰報內容，各師的抵抗看似都很成功，遺憾的是，記錄的戰鬥地點等和日軍的戰鬥詳報均不能對上。一是 27D 戰報稱 4 月 1 日該部仍在岔路口（丁營）、燕子景（日軍稱低石橋、丁營）、彭村（王景山營）戰鬥，結果是「仍保持原陣地」，即暗示岔路口、燕子景、彭村等據點在此日並未失守。而如前節所述，按日軍戰報，岔路口早已於兩日前的 30 日被佔領，之後中川大隊 31 日、4 月 1 日攻擊的主要目標不是岔路口，而是岔路口南方潘墜附近敵陣地和彭村。

對於低石橋、彭村兩據點的攻擊戰鬥，中日兩軍戰鬥詳報都有記載，亦可確認 27D 的指揮官姓名（燕子景為丁營、彭村為王營），所以此兩處是實際發生激戰地點。日軍步兵第六十三聯隊中川大隊，清晨從潘墜出發，經一整日戰鬥，於 16 時 50 分攻陷彭村。而燕子景方面的戰鬥則是步兵第十聯隊戰報中的低石橋之戰，從舊軍用地圖看，「低石橋」是燕子景北、劉莊北、馬莊、沙江凹南的地名，在陶溝河東岸台濰汽車路線上，現已不存在。27D 戰報稱，攻擊燕子景村之敵，從北方（常溝、平灘）南進到達，並有戰車開路，無疑即是沿台濰汽車路從馬莊南下的步兵第十聯隊主力。日軍描述有 2 輛戰車助戰，最終以火攻方式將敵陣地攻陷。

8　中國第二歷史檔案館資料編輯部合編，《台兒莊戰役資料選編》，頁 68。

4月1日在此地附近的戰鬥及地點，中日兩軍的紀錄一致。燕子景之戰，即日軍所稱低石橋附近戰鬥，27D的丁、王兩營，4月1日曾在燕子景（低石橋）和彭村兩地對日軍攻擊進行頑強抵抗，只是最終未被攻克的國軍紀錄並不真確（稱「苦戰至下午9時，我仍保持原陣地」）。

從以上判斷，「大捷」之後做成的「第二十七師戰鬥詳報」，為了掩飾4月1日至3日該部在台兒莊城東戰場的全面敗退，對戰鬥內容作了全面美化。強調該部的英勇抵抗，並對戰鬥結果模糊其詞，極力避開了對陣地失守和撤退的描寫，甚至肆意改動實際戰鬥日期。

第二節　台兒莊外圍掃蕩的進展（4月2日）

有關4月2日掃蕩目標，1日晚下達的「瀨支作命第七〇號」內容大要如下：

步兵第十聯隊〔2大隊步兵〕在劉家莊、低石橋、尋家莊附近集結兵力，明拂曉後進出到葉莊（台兒莊東方無名部落）附近，攻略附近敵陣地，並向南方運河線推進。步兵第六十三聯隊〔1大隊步兵〕佔領雷草葛附近後，繼續協助台兒莊城內掃蕩。兩聯隊戰鬥地區為劉莊、上村、滄浪廟、孟莊各東端至台兒莊東北角連線，台兒莊城壁歸步兵第六十三

聯隊負責。[9]

　　葉莊是緊鄰台兒莊東城壁的城外村落，黃林莊則是台兒莊東南 1 公里處大運河北岸要地村莊、臨河據點。從命令內容分析，瀨谷支隊長意圖在 2 日戰鬥佔領包括整個東寨牆（城內東半部此時已被城內第二大隊控制，但鄰接葉莊的東寨牆此時在國軍控制之下）在內的台兒莊東部完成城外掃蕩，並乘勢以第二大隊向城內西方擴展攻擊。

　　由於遇到 27D 城外部隊的頑強抵抗，此計畫拖延到 4 月 3 日才完成。下面是 4 月 2 日步兵第六十三聯隊的戰鬥詳報：

　　2 時，福榮聯隊長於劉家湖下達「步六三作命第二百七十四號」，令在彭村第一大隊於拂曉開始攻擊彭村及雷草葛以南各部落之敵，之後於孟莊集結兵力。又令城內第二大隊在步兵第十聯隊主力南進到達運河線後，趁勢開始城內掃蕩呼應，時間預定為 13 時。[10]

9　「戦闘経過の概要　臨城及嶧県附近に於ける前進準備、棗莊の守備、台児庄附近の攻撃（5）」，JACAR: C11111253600，頁 1041；「戦闘経過の概要　臨城及嶧県附近に於ける前進準備、棗莊の守備、台児庄附近の攻撃（6）」，JACAR: C11111253700，頁 1042。

10　「戦闘経過の概要　臨城及嶧県附近に於ける前進準備、棗莊の守備、台児庄附近の攻撃（6）」，JACAR: C11111253700，頁 1042-1043。

即此日若城外掃蕩按計畫進展順利，步兵第十聯隊將佔領城外東半部並控制運河線，城內部隊（步兵第六十三聯隊第二大隊）將與其呼應於午後發起總攻，趁勢一舉完成台兒莊城佔領。但實際作戰結果如下：

（1）計畫中進行戰鬥協力的砲兵主力（野戰重砲兵第二聯隊第一大隊，配屬支那駐屯軍重砲中隊，共約14門15榴，西村琢磨少將指揮）所在地三里莊、劉家湖陣地及觀測所，夜間至白日連續遭到敵方砲兵前後十數回猛烈集中砲擊，通信線被徹底破壞，人員及器材多數損失，不能按計畫進行戰鬥協力，2日夜晚被迫向棗莊村等地變換陣地。

（2）第三大隊方面已從城西北角撤退完畢，正進行善後整頓，並擔任監視城西之敵任務。

（3）城內第二大隊，在工兵協助下，於上午10時企圖利用新到戰場的火焰噴射器燒毀敵陣地，但效果不佳，戰線未有進展。由於城外第一大隊掃蕩迫近，城東部敵威脅減低，原於城外掩護的第七中隊1個小隊及工兵小隊進入城內，準備協助3日的攻擊。

（4）中川第一大隊（城外掃蕩部隊）在野砲兵第十聯隊協助下，向南攻擊前進，擊退裴莊附近之敵後，17時10分對孟莊之敵（約400至500名）展開攻擊。在輕裝甲車中隊的迂迴側擊，步砲協同攻擊下，17時30分突入孟莊部落，佔領完成後進入警備態勢。此日聯隊本部從劉家湖向前推進，

16時20分進入城東方滄浪廟。[11]

圖 6-5 台兒莊戰鬥中投入的日軍 93 式火焰噴射器

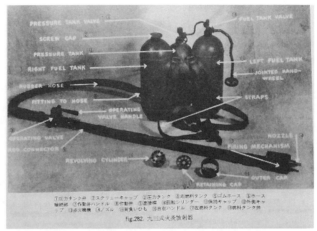

資料來源：*Handbook on Japanese Military Forces*, p. 260.

　　可見城外第一大隊的掃蕩按計畫順利進行，但由於條件不成熟（砲擊掩護力減弱，城外第一大隊未能按計畫接近，佔領東寨牆），所以城內部隊（步兵第六十三聯隊第二大隊）也未能發動總攻。

---

11 「戰闘経過の概要　臨城及嶧県附近に於ける前進準備、棗荘の守備、台児庄附近の攻撃（6）」，JACAR: C11111253700，頁1045-1051。

圖 6-6 步兵第六十三聯隊第一大隊第二中隊 4 月 2 日
戰鬥要圖

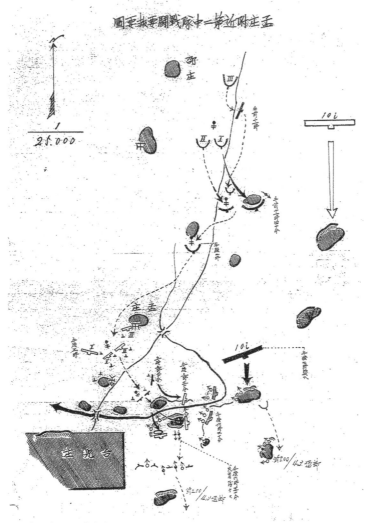

資料來源:「陣中日誌 昭和 13 年 4 月分 步兵第 63 連隊第 2 中隊
(1)」,JACAR: C11111257500,頁966。

一、步兵第十聯隊的邊莊攻擊

4月2日，步兵第十聯隊將城外掃蕩的第一攻擊目標設定為敵邊莊據點。第二大隊、工兵1小隊擔任主攻，第一大隊作為預備隊在低石橋附近集結。

> 第二大隊於6時從低石橋出發，經劉莊，沿水流東側南下，守敵對我前進部隊各處實施準確及猛烈的迫擊砲攻擊，10時25分，不幸其中1枚砲彈命中劉莊〔邊莊東北方村落〕第七中隊本部，中隊長代理管少尉、平井少尉、川西准尉以下20餘名死傷，中隊指揮部全滅。聯隊長立即派出聯隊旗手石井中尉代理其中隊指揮。
>
> 後第六中隊在戰車、砲兵射擊及第七中隊側面掩護下，11時攻擊佔領邊莊東北B陣地，繼續攻擊C陣地時，率領突擊的第一小隊長西村少尉戰死，第二小隊長土井少尉負傷。15時，最終將此兩處敵陣地佔領。16時，第七中隊開始攻擊邊莊之敵主陣地。在砲兵、戰車及重火器協同下，17時50分，守敵向東南方退走。部隊在邊莊集結，並做好次日對南方運河線黃林莊攻擊準備。[12]

4月2日戰鬥，國軍27D方面抵抗十分頑強。步兵第十聯隊戰鬥詳報統計，友軍方面「死傷將校以下66

12　「第2　戰鬥経過の概要（1）」，JACAR: C11111171800，頁1734、1738-1739、1741

名,敵方遺棄屍體不下 250 具」。此戰,是步兵第十聯
隊進入台兒莊戰場後遇到激烈抵抗的一戰,戰鬥詳報中
還留下對邊莊激戰的細節描寫:

> 敵為第二十七師第八十旅,……不愧稱蔣中正嫡
> 系,決死奮戰之勇狀一目瞭然。借散兵壕頑強抵抗
> 直至最後,清掃戰場時見短短一段壕中 79 具遺體
> 枕藉交錯。其勇壯之態,雖為怨敵,見聞者無不為
> 其感動。聯隊本部進入該部落時,零星抵抗仍在繼
> 續,不見有受降者……足可見其頑強勇敢一面。此
> 戰使我方也認識到,屍山血河之戰鬥精神,絕不為
> 日本軍獨有本色。[13]

此日由於27D的頑強抵抗和國軍的砲兵火力威脅,
瀨谷支隊主力的城外掃蕩雖有很大進展,但並未達成原
計畫中進出黃林莊運河線目的,僅控制了城外東部孟
莊－滄浪廟－邊莊一線。城內掃蕩也無進展,戰線仍處
於對峙膠著狀態。另外,國軍 27D 雖失去了邊莊、孟
莊、滄浪廟等中心據點,但城東寨牆及外圍村落、運河
線北方黃林莊等一帶仍在控制下。

---

13 「第2　戰鬥経過の概要(1)」,JACAR: C11111171800,頁
　　1740。

圖6-7　4月2日，步兵第十聯隊對城東邊莊 27D 的掃蕩要圖

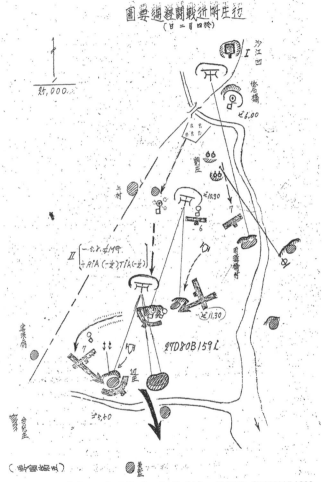

資料來源：「第2　戰闘経過の概要（1）」JACAR: C11111117 1800，
　　　　　頁1742。

　　由於此日戰鬥中，掃蕩部隊受到敵軍砲火威脅，出現重大損失（第七中隊本部將校死亡5名），聯隊長命

令本部機關、預備隊等非戰鬥部隊白天嚴禁出外走動，夜間也嚴禁起火炊事。被壓制不能隨意行動的野戰重砲兵部隊也被迫於夜間變換陣地，以備 3 日再起攻擊。成功壓制日軍砲兵的火砲，是前述 31 日新加入戰鬥的德萊茵金屬社製的 2 門 15 榴（砲兵第十團第一營某連）。

二、第二十七師戰鬥詳報真偽解析

「第二十七師戰鬥詳報」以較長的篇幅詳細地描寫了 4 月 2 日的戰鬥，共有兩個方面，一是城外的運動防衛，另一個是凌晨對城東北角的夜襲。

大意為：敵軍自昨 1 日大部增援部隊已與劉家湖、台兒莊之敵取得聯繫，2 日晨即以步兵 300 至 400 名，連同戰車 10 餘輛，從大黃莊向南急進，上午 10 時 30 分，即向郭團彭村、上莊、陶溝橋等陣地猛衝。同時另一部 300 餘人，則向疆石溝、邢家樓等處進攻。戰鬥異常激烈，我軍後背已受威脅。12 時，敵軍且戰且增，潘墜、雷草葛、燕子景、彭村、石佛寺一帶守兵已與陣地同為灰燼。孟莊、裴莊、陶溝橋、五聖堂、五窯路、辛莊等處，均發生血戰，犧牲壯烈，震古爍今。至下午 5 時，敵軍愈戰愈多，李莊、五聖堂、五窯路、辛莊等處，均被敵軍重重包圍。上村、陶溝橋、裴莊、孟莊等處戰況特別慘烈。我軍苦撐至下午 6 時，敵軍以一部圍攻我五窯路、陶溝橋，大部由小莊以西向南運動，似有搶渡古梁王城圍迫 27D 師部之企圖。同時上村、裴莊兩處亦被劉家湖之敵圍攻。下午 7 時，園上、孟莊、五聖堂、五窯路等處守備部隊，已與敵軍發生激烈肉搏戰，殺聲

震天，煙塵蔽空，血雨橫飛。總結是役，27D 傷亡官兵
300 至 400 員名，而敵軍傷亡更在兩倍以上。27D 為確保
台兒莊，將戰線稍為縮短，固守邊莊、趙村、紀莊、丁
家橋、東莊、五窯路、火石埠等處陣地。[14]

　　此處的敘述存在許多問題，除了沒有提到日軍記錄
的邊莊陷落，稱最終該處還在「固守」，還提到台兒莊
東部幾乎所有該師曾佔領過的村落，在此日仍繼續「激
戰」，甚至包括昨日日軍已攻陷的「彭村、燕子景」
等地。此說法是否準確？首先內容與日軍戰鬥紀錄不吻
合，再則從地名分析，戰報稱最終縮短戰線保留的「東
莊、五窯路、火石埠」等村落，已經都是陶溝河濕地以
東地區地名（台兒莊東戰場，即第五師團坂本支隊戰鬥
地域）。所以，從地名結果看，27D 實際上承認在「煙
塵蔽空，血雨橫飛」的殊死戰鬥後，讓出了開戰以來一
直堅守的台兒莊城東側外圍陣地，渡過陶溝河向東方、
南方撤退。

　　此外還有一處類似的存疑內容，是 2 日凌晨該師對
城東北角夜襲戰的紀錄，按孫連仲 4 月 1 日 16 時命令部
署實行。命令「……第二十七師抽先鋒隊二、三百人，
並以一營基幹，向台莊東北角之敵衝入。開始時以先鋒
隊居先，以一營為後勁，與敵猛拼，確保既得之要點。
對園上須挖〔控〕置一營兵力，防敵反攻，……」[15] 目

14　中國第二歷史檔案館資料編輯部合編，《台兒莊戰役資料選編》，
　　頁 69-70。

15　中國第二歷史檔案館資料編輯部合編，《台兒莊戰役資料選編》，
　　頁 36。

的是入城後佔領東北角，切斷敵城內外交通。與撤退
前城外各村落壯烈無比的戰鬥描寫相同，戰鬥詳報將
此夜襲戰過程也描寫地十分壯觀。即4月1日午後3
時30分，27D接到孫連仲派奮勇隊攀城襲擊寨內之敵
（步兵第六十三聯隊第二大隊）協助城內31D的作戰
命令後：

> 黃旅長選拔奮勇隊二百餘名及一五七團第二營全
> 部，統由孫營長迁賢率領，……於子夜〔2日上午
> 1時許〕，開始由台兒莊東北角向寨內之敵猛攻，
> 激戰甚烈……至4時卒將守寨之敵擊潰，確實佔
> 領東北隅，延至東門。復於城內佔領數處要點及
> 碉樓，乘勢分向東門以北及西北角擴張，斃敵百餘
> 名。……至下午2時，將城東面完全佔領。東門被
> 我打開，可與我城外部隊交通。繼復將南門佔領。
> 與我三十一師守城部隊於西南兩門均取得聯絡。我
> 孫營長即率入城部隊屯駐城內，與三十一師部隊協
> 力堅守，並繼續肅清城內殘敵。是役我傷亡官兵
> 四十餘員。而台兒莊之守備始告堅固無虞矣。[16]

　　從描寫的內容看來，這是一次很成功的夜襲和城內
擴張作戰，現在中國大陸的所有研究也這樣認為。問題
是這樣事關重大的戰鬥，敵方步兵第六十三聯隊，4月

16　中國第二歷史檔案館資料編輯部合編，《台兒莊戰役資料選編》，
　　頁69。

1 日、2 日的戰鬥詳報，及守城部隊第二大隊第五中隊
的戰鬥詳報中都未提及。即日軍並未察覺此行動，或對
戰局未發生絲毫影響。孫迂賢營的確入城，但未能按原
計畫攻擊敵後背，亦未能與西線 31D 部隊在城內取得
聯絡。雖然「第二十七師戰鬥詳報」力挺此戰，但城內
友軍「第三十一師戰鬥詳報」卻直言不諱：

> 我二十七師之孫遇賢營，由台莊東門襲入城內，出
> 敵意表，頓起驚慌。該營由東門向東南方進展，但
> 終為敵阻，未獲與我取得聯繫，致該營所占區域迄
> 未得詳。……孫營狀況不明，僅時聞其巷戰耳。圍
> 上經二十七師之努力，僅佔領東北圍上之小村，不
> 克到達所期之地點。[17]

　　對比之下可知，此次行動實際上收效甚微，未能按
計畫協助城內戰鬥，也未能與 31D 方面取得聯絡，甚
至未被日軍察覺。最終結果，亦是無所作為的撤退。
「第三十一師戰鬥詳報」記載，4 月 3 日夜「22 時，
台莊東城內我二十七師之孫營受敵嚴重之壓迫，兩日
來該營糧彈兩缺，困於核心，不得已遂突圍東出，歸還
該師」。[18]
　　根據以上「第三十一師戰鬥詳報」記載，還可知

17　中國第二歷史檔案館資料編輯部合編，《台兒莊戰役資料選編》，
　　頁 37。
18　中國第二歷史檔案館資料編輯部合編，《台兒莊戰役資料選編》，
　　頁 38。

27D 奮勇隊此夜並不是從東北角突擊攻入城內。因為
東北角至東北門一帶是日軍後方主陣地，為大隊本部所
在，但日軍卻沒有記錄。事實為奮勇隊 2 日凌晨，從該
部控制中的城「東門」外葉莊附近潛入城內（東門直接
和城外 27D 控制的葉莊相接）。一時潛伏在城東南某
處院落內，又未敢積極發起攻擊行動，向西擴展，所以
日軍未察覺。

圖 6-8　　台兒莊東寨墻和城外地形參考，孫迂賢營 4 月
　　　　　1 日夜間由東門附近潛入，隱藏兩日後，3 日
　　　　　由東門撤退

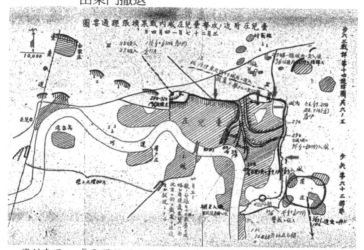

資料來源：「戰闘経過の概要　臨城及嶧県附近に於ける前進準
　　　　　備、棗莊の守備、台児庄附近の攻撃（7）」，JACAR：
　　　　　C11111253800，頁1257。箭頭為筆者另外標記。

　　潛入城內第二大隊後方的 27D 孫營，隱藏至 4 月 3
日，未能與戰線西方友軍取得聯絡，後儦於敵佔領並封
鎖東寨牆，最終從東門突圍而出。由於 3 日上午，東門
及城外葉莊已陷於日軍（步兵第十聯隊）之手。出城時

遭到城外日軍攻擊，損失慘重。

　　所以基本可以確定，此段 27D 1 個營在城東北角攻擊攀城，入城擴張戰果，斃敵百餘的戰鬥，是按孫連仲命令（27D 派 1 營兵力從東北角突入城內）事後還原的虛報戰功，無中生有。友軍「第三十一師戰鬥詳報」甚至明稱「時該師孫遇賢營以昨擅退台莊，奉命查辦，該營遂轉至我乇旅處，師長請令該營長戴罪圖功」。[19]若真是像 27D 戰報孫遇賢營血戰攻城、殲敵百餘，使「台兒莊之守備始告堅固無虞」，結果怎麼可能是「奉命查辦」、「戴罪圖功」？總之，此奇異之處也可證實事後補做的「第二十七師戰鬥詳報」，在全軍潰敗的 4 月 1日至 5 日間，有明顯粉飾，不僅不符日軍紀錄，與友軍「第三十一師戰鬥詳報」也互相矛盾，而此虛報內容，在中國無人分析考證，作為大捷紀錄，流傳甚廣。

第三節　4 月 3 日瀨谷支隊城外掃蕩結束

一、步兵第六十三聯隊方面

　　4 月 3 日，步兵第六十三聯隊各部的戰鬥任務區分為：

（1）左翼第一大隊（此前為城外掃蕩部隊）進入城內佔領東部寨牆及東南角，協助砲兵將觀測所推進到

19　中國第二歷史檔案館資料編輯部合編，《台兒莊戰役資料選編》，頁 39。

城東南角望樓，指揮全體砲兵對運河南之敵後方
陣地砲擊，及對城內第二大隊第一線的支援射擊。

（2）城內第二大隊，在砲兵支援下繼續向西方擴張
戰果。

戰鬥過程記錄：

第一大隊在聯隊長9時50分的電話指示下，派出
第一中隊（欠1小隊，配屬機槍2挺）入城，沿東
側寨牆腳向東南門〔當地稱大南門〕攻擊前進，16
時佔領東南門。隨著戰鬥進展，我野砲兵隊將觀測
所推向東南角望樓，在此觀察，指揮對運河南方敵
砲兵陣地的壓制射擊，使敵軍砲火沉寂無聲。午後
1時，又開始對城內第二大隊方面的步砲協同作戰。
城內第二大隊，原計畫於早朝開始攻擊，由於此日
大霧影響了砲兵支援射擊，攻擊時間被推遲至午
後。13時，第二大隊將第九中隊置於右翼，第五
中隊置於左翼，在火砲與各種重火器支援下展開城
內掃蕩。敵在正面大小通路埋設機槍陣地，房屋牆
壁上亦有多數射孔，我方一旦前進，即遭到各方面
敵火力的交叉封鎖和狙擊，加之時時受到敵野重
砲，迫擊砲集中射擊，攻擊前進十分艱難⋯⋯經在
重火器、工兵爆破協助之下的拼死努力，左翼將戰
線向前推進約 100 公尺。[20]

---

20 「戰鬥經過の概要　臨城及嶧縣附近に於ける前進準備、棗莊の
守備、台兒庄附近の攻擊（6）」，JACAR: C11111253700，頁
1056-1059。

　　此日城內步兵戰果進展微小。最大的成果是與城外掃蕩配合，佔領了整個東寨牆，包括東門和東南門，將砲兵觀測所推進到運河沿線。

二、步兵第十聯隊攻陷黃林莊

　　4月3日，繼續擔任城外掃蕩的主力部隊，是赤柴八重藏大佐指揮的步兵第十聯隊（步兵2個大隊）。按支隊命令，台兒莊東寨牆是步兵第十聯隊與步兵第六十三聯隊的戰鬥境界線。步兵第十聯隊的2個大隊步兵，此日主要擔任城外東部至運河線掃蕩。6時50分，聯隊長下達「赤作第三十九號」命令：「台兒莊東側寨牆，東側無名部落及邊莊南部均有敵佔領之陣地。聯隊與野砲兵協力，先攻擊邊莊南部敵陣地，繼之攻擊寨牆東側無名村落（葉莊）陣地，再向黃林莊方向攻擊前進。第一大隊擔任第一線攻擊，第二大隊作為預備隊在邊莊待機。」

　　　　第一大隊行動開始後輕易地完成對南部邊莊的攻擊、掃蕩。……砲兵在寨牆觀測所準確誘導之下，對黃林莊、寨牆敵火力及東門實施猛烈射擊，東門附近寨牆逐漸坍塌。此時從東門逃出之敵約30名，在葉莊北方被我第三中隊殲滅，並俘虜1名。不久，又有出逃之敵約70名遭到同樣命運。在諸般準備後，午後3時30分，第一大隊在砲兵掩護射擊下對運河北岸之敵最後據點黃林莊展開攻擊，17時10分將黃林莊佔領。突擊中，小隊長唐澤少尉中

敵彈身亡。完成佔領後，大隊留下約 1 中隊兵力守
備黃林莊，主力返回邊莊集結待命。[21]

圖 6-9　　步兵第十聯隊 4 月 3 日黃林莊附近戰鬥要圖，
　　　　　可見孫遇賢營從東門撤離的戰鬥

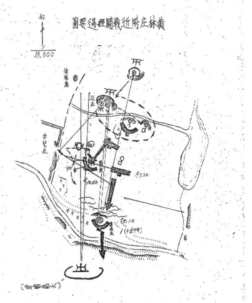

資料來源：「第 2　戰鬥經過の概要（2）」，JACAR: C1111117
　　　　　1900，頁 1746。

此處記載的從東門分兩次突圍出城的約 100 名敵，
即是前述奉孫連仲命令，4 月 1 日夜從所謂東北角夜襲
攻擊入城（實際為從東門附近夜潛入城內），在某處
隱藏日餘的孫遇賢營一部，由於懼怕被封在城內，午

21　「第 2　戰鬥經過の概要（2）」，JACAR: C11111171900，頁
　　1743-1746。

間逃離。從日軍的戰鬥詳報來看，3日戰鬥進行得比較順利。2日邊莊陷落後，27D以往的抵抗銳氣已不復存在，全師開始向東、南方向潰退。繼葉莊的佔領，寨牆東側掃蕩，步兵第十聯隊在4月3日的實際戰鬥僅僅是對黃林莊的攻擊，且損失輕微。

　　如此，瀨谷支隊的城外掃蕩，比原計畫推遲一天於4月3日結束。按照預定將城外東側孫連仲27D部隊完全驅逐，控制城外運河線以北幾乎全部的地域，解除城內作戰部隊的側背隱患。至此，國軍在大運河以北的據點，僅剩下台兒莊寨城的西半部（約1/3），和西門外東車站附近鐵路沿線陣地。日軍在徹底消除側背之敵威脅後，第二大隊3日城內的巷戰攻擊也出現部分進展，戰線南段沿運河線向西方推進了約100公尺之遠。

三、國軍方面4月3日戰鬥紀錄

　　3日，「第二十七師戰鬥詳報」與2日的紀錄內容相同，為了掩飾全軍潰退的事實，繼續渲染凌晨2時以來，該部在園上、孟莊、彭村、邵莊、陶溝橋各陣地英勇奮戰，發生激烈格鬥的場景：

> 激戰至3日上午2時許，我園上、孟莊、彭村、邵莊、陶溝橋各村陣地，均被突破，〔敵〕衝入街市，發生最慘酣之激烈巷戰，白刃相接，殺喊震天，彈雨硝煙彌空匝地……鏖戰至上午4時許，我園上之焦營、孟莊之田營、陶溝橋之王營、彭村邵莊之王營，遂與陣地共作壯烈之犧牲。當強敵以戰車衝入

彭村之始，我王營長景山，即裸臂督戰⋯⋯待敵逼
近，即以炸彈猛投，復揮刀殺敵十二人，方中敵彈
陣亡。⋯⋯激戰至上午 10 時，我滄浪廟、邊莊、
紀莊、趙村、東莊、火石埠一帶陣地，悉被敵砲轟
成焦土，我守兵大半犧牲。至是本師之戰鬥員兵，
統計已不過千餘。⋯⋯至午後 3 時，復有步砲連合
之敵四百餘，戰車數輛，以猛烈砲火掩護，向我工
兵營第一連黃林莊陣地猛攻，經該連守兵沉著應
戰，⋯⋯敵始不支退去。計擊毀敵輕戰車一輛，駕
駛兵二人，並斃其步兵數十名，該營亦傷亡三十餘
員名。⋯⋯是役我傷亡營長以下官兵五百餘員名，
損失步槍數百枝，輕重機槍××挺，為台兒莊戰役
中最激烈之一日，而敵方之傷亡雖無統計，約已過
當我二倍以上矣。[22]

　　與日軍步兵第十聯隊的戰鬥詳報內容相比，戰鬥地
點和慘烈程度截然不同。仔細分析，可發現此段與前日
紀錄手法相同，日期雖為 4 月 3 日，但並非描寫 4 月 3
日戰鬥，而是對數日間所有戰鬥的自誇式總結。如 4 月
1 日的彭村戰鬥，2 日的邊莊抵抗、孟莊陷落等等，都
被羅列於此處。甚至提及到好幾個沒有實際發生過戰鬥
（或激戰）的村落據點和戰場地名。
　　對比下，在城內抵抗的池峰城「第三十一師戰鬥詳

22　中國第二歷史檔案館資料編輯部合編，《台兒莊戰役資料選編》，
　　頁 70。

報」寫得比較冷靜客觀。可確認 4 月 3 日，友軍 27D
如下幾個真實的訊息，記錄的都是該部敗退之狀：

一、7 時 30 分，敵集中砲火向台莊東南我二十七
師新陣地攻擊，陳莊、李莊旋為敵據，該師退
守石拉、梁王城相持中。二、9 時 20 分，得
悉台莊南門外，有敵三百餘、唐克車四輛進佔
黃林莊。……五、15 時 30 分，台莊城內之敵
全線向我總攻。時我黃師（27D）已被壓迫於
梁王城，石拉河岸之線，城東南地區均為敵
有，故乘勢向我進犯，城內之敵亦為極大之掙
扎向我猛烈進攻。六、〔城內〕我禹營、彭營
防線均被敵砲破壞一部，我官兵堅忍苦撐，侵
入之敵均被擊退。17 時頃，台莊東南之敵藉
戰車十餘輛，更行石拉、梁王城之攻擊，與我
第二十七師激戰甚烈，石拉卒被敵佔領。……
八、22 時台莊東城內我二十七師之孫營受敵
嚴重之壓迫，兩日來該營糧彈兩缺，困於核
心，不得已遂突圍東出，歸還該師。

透過以上 4 月 1 日至 3 日的中日兩軍的戰鬥紀錄分
析，可看到一個至今真相不明的歷史斷片，即原在城外
東方各據點善戰的 27D 各部，在瀨谷支隊主力 3 個大
隊步兵及砲兵、戰車的合擊圍剿中被孤立，在燕子景、
彭村、邊莊、黃林莊四處遭到毀滅性打擊，失去城東側
外圍的全部陣地，於 4 月 2 日至 3 日之間，向陶溝河東

方（坂本支隊戰場）、南方（運河線）全線退卻。至此，台兒莊正面戰場運河北岸的城外全域，被瀨谷支隊佔領，孫集團軍台兒莊守備出現危機。

　　為時 3 日的日軍城外掃蕩作戰中，國軍 27D 戰報雖描寫過不少慘烈場景和殲敵戰績，但若分析日軍戰報，掃蕩部隊並未出現太大損失。按《官報》數據，城外掃蕩作戰的 3 日（4 月 1 日至 3 日）中，4 月 1 日，步兵第十聯隊戰死 3 名（低石橋附近戰鬥），步兵第六十三聯隊戰死 27 名（彭村、潘墜、城內戰鬥為主），配屬部隊戰死 5 名。4 月 2 日，步兵第十聯隊戰死 7 名（邊莊戰鬥，其中 5 名死於劉莊敵砲擊），步兵第六十三聯隊戰死 4 名（包括城內戰鬥死亡），配屬部隊戰死 1 名。4 月 3 日的全面追擊戰（黃林莊）中，步兵第十聯隊僅戰死 3 名，步兵第六十三聯隊戰死 6 名（包括城內巷戰）。合計瀨谷支隊全體戰死 56 名（包括台兒莊內戰鬥，不包括在臨城、嶧縣野戰病院戰傷死者），每日戰死者約 19 名。此數字低於台兒莊戰役日軍每日戰死者的平均數（27 名）。

　　另據 3 月 29 日進入台兒莊，一直擔任城外運動戰和城東部掃蕩的步兵第六十三聯隊中川廉第一大隊戰鬥詳報統計，該大隊與配屬砲兵共 938 名，自 3 月 29 日至 4 月 3 日期間，共戰死 35 名，負傷 84 名。[23]

　　而此期間 27D 卻遭到慘敗，元氣大傷。其損失狀況

23　「5　臺兒庄附近戰鬥詳報（第 5 号）自 3 月 29 日至 4 月 3 日（2）」，JACAR: C11111571400，頁 1168。

可見 4 月 4 日 10 時，李宗仁致軍令部密電：

> 〔敵〕今日復以戰車連續衝擊，砲火集中轟炸約二
> 千發以上，附近村落、民房及工事毀成平地，我陣
> 亡官兵亦多同歸於盡。該師第二線部隊在趙莊、劉
> 莊、東莊、黃林莊、趙村一帶與敵頑抗。惟因敵砲
> 火集中與戰車、步兵衝擊包圍，傷亡殆盡。……統
> 計昨、今兩日，各部傷亡最為慘重：廿七師現僅餘
> 戰鬥員約二千名，卅一師一千四百餘名。[24]

若從戰果（控制城外運河北岸全域）和損失數字分析，瀨谷支隊主力 4 月 1 日至 3 日的城外掃蕩，可以說是成功的，雖推遲一天，但達到預定作戰目的。然而城外掃蕩戰鬥的勝利，並不等於台兒莊攻略戰的勝利。最關鍵的城內攻擊（巷戰），在守軍 31D 頑強抵抗之下，此 3 日間並沒有取得明顯進展。

第四節　日軍最後一次城內總攻的失敗

一、步兵第六十三聯隊城內總攻

4 月 4 日，在徹底清除了外圍敵軍威脅後，瀨谷啟支隊長親自掛帥，指揮支隊對台兒莊城內的最後一次總

---

24 王曉華、戚厚傑主編，《抗日戰爭正面戰場檔案全紀錄》，上，頁 675。

攻。此戰失敗，使瀨谷少將徹底喪失了攻城信心，成為
6日瀨谷支隊自主撤出台兒莊戰場的一個戰略轉折點。

　　4日上午8時30分，各隊派出的聯絡將校前往楊家
廟支隊本部集合，瀨谷支隊長傳達了第七十二號重要作
戰命令，要旨如下：支隊企圖完全遮斷台兒莊四周交
通，迅速完成對城內的掃蕩。步兵第六十三聯隊以主力
繼續進行台兒莊城內東半部掃蕩同時，新派出有力之一
部再次佔領城西北角及西門，從敵背後發起新的掃蕩。
砲兵先以主力協助步兵第六十三聯隊對敵車站東方陣地
及西門攻擊，在步兵完成佔領後，壓制城內西北角之
敵，並徹底砲擊鐵路北站之敵，破壞通往台兒莊南方的
運河浮橋，壓制其督戰隊行動。[25]

　　步兵第六十三聯隊福榮聯隊長受命後，4日13時
下達「步六三作命第二百七十六號」，命第三大隊（4月
2日從城西北角退出的部隊），趁薄暮再次從西北角突
入，入城後夾擊敵側背，協助第二大隊（東部）掃蕩。
與支隊長命令內容相較，可見福榮聯隊長在部署中，並
未遵守支隊長攻擊西門的要求，把第三大隊攻擊地點，
再次限定於城西北角。筆者推測，理由是判斷西門一帶
鄰接守軍最堅固的北站附近陣地，僅以1個大隊兵力從
兩處（西北角、西門）同時攻擊風險太大，成功可能性
不高，所以只選定了西北角一處。

　　一方面，第三大隊長受命後，對再次攻擊城西北角

25　「戰鬥経過の概要　臨城及嶧県附近に於ける前進準備、棗莊の
　　守備、台児庄附近の攻擊（6）」，JACAR: C11111253700，頁
　　1062-1063。

之命令憂心忡忡，舉棋不定。該隊曾在 3 月 28 日攻入西北角，攻擊失敗後，於 4 月 2 日凌晨剛撤退完畢。經歷此激戰，曾在城內被國軍頑強抵抗、圍困 4 天之久的前線戰士，仍處於心有餘悸、士氣不振狀態。接到命令後，第三大隊長借鑒前次的失敗教訓，判斷即使再次從西北角突入城內，也與東方第二大隊戰線相距 770 公尺遠，很難完成城內掃蕩任務，取得東西夾擊效果。經反覆思考，16 時大隊長部分修正了聯隊長部署，決定以突擊隊（第十二中隊）於 17 時試探從西北角破壞口處再次突入城內，若此舉不成功，則改為從東北門（第二大隊方面）進入，與第二大隊在城內並肩作戰，配置於其右翼，之後尋機突出前進，向西方擴張戰果。即力圖在城內迂迴繞攻，達到同樣攻擊敵後方的夾擊效果。[26]此部署將聯隊長的城西北角突擊，變為：一、城西北角突擊試探，二、若不成則改為城內繞攻的兩策。

為此，部署的第一突擊隊（第十二中隊）於 17 時到達西北角城外，待命突入，第二突擊隊（第九中隊）於後方隨時做好入城準備。從實際作戰過程看，第三大隊長雖如此部署，但對第一計畫並未有任何信心與勝算，把成功希望全部壓注在城內繞攻的第二策上。

實戰結果如此，第三大隊的突擊隊（第十二中隊）17 時開始第一次攻城，失利後，[27] 立即改變方案，迂

26　「戰鬥経過の概要　臨城及嶧県附近に於ける前進準備、棗莊の守備、台児庄附近の攻擊（6）」，JACAR: C11111253700，頁 1066。

27　步兵第六十三聯隊戰鬥詳報並沒有記錄對西北角的攻擊，但國軍「第三十一師戰鬥詳報」稱「17 時 30 分，約步兵一營之敵向我西北

迴到東北門入城。第十二中隊長指揮部隊 19 時 10 分
由東北門進入城內，在步兵砲中隊對西部寨牆附近區域
的擾亂射擊掩護下，從城內戰線最右翼展開，極力向西
方擴張戰果。激戰結果，中隊長以下多數負傷，未達預
期目標，被迫中止前進。由於第三大隊的怯戰，瀨谷支
隊長東西夾擊的戰鬥部署，再次徹底失敗。

　　另一面，城內第二大隊將攻擊重點放到中央以南第
五、第九中隊方面，在配屬 2 個分隊工兵的引導下，從
拂曉開始掃蕩，第一線部隊在步砲緊密協同之下努力擴
張戰果，經苦戰最終將戰線沿運河岸向西方推進了約
80 公尺遠。新配屬的火焰噴射器在使用時故障重重，
並未取得效果。

　　此日總攻，第二大隊方面雖取得前進 80 公尺的微
小戰果，但步砲協同的近距離砲擊，因敵我戰線過於接
近，對友軍也形成很大威脅，出現了誤射損失，戰鬥詳
報云：

> 目下我兵員死傷日益增加，特別是出於友軍砲火的
> 死傷，在精神面對第一線戰鬥員士氣影響巨大。為
> 此，第二大隊長向聯隊長提出，不再希望繼續進行
> 前線接近砲擊。聯隊長接受此意見，並通知協力砲
> 兵，明日戰鬥中不再進行步砲協同，僅進行砲兵對
> 戰和應付臨時前線要求。[28]

　　城角進攻，我守兵靜待接近突擊之，敵蒙損傷，當即退回」，中國第
　　二歷史檔案館資料編輯部合編，《台兒莊戰役資料選編》，頁 39。
28　「戰鬥經過の概要　臨城及嶧縣附近に於ける前進準備、棗莊の

　　4月4日日軍在城內總攻的結果，可見在國軍的頑強抵抗下已苦戰10日，疲憊不堪的台兒莊攻略部隊（步兵第六十三聯隊），精神面早已開始崩潰，失去必勝信心。從支隊命令部署被下級第三大隊修改，和第一線第二大隊長要求上級停止步砲協同攻擊的兩點看，瀨谷支隊長已察覺到步兵第六十三聯隊攻城部隊的士氣變化。特別是為了不誤傷友軍，停止步砲協同作戰（巷戰中擴張戰果的唯一手段）的決定，從戰術層面斷絕作戰成功的可能性。之後若同樣反覆攻擊，也不再會超出此日的結果。

　　剩下的後路只有一個選擇，即是儘早撤退，在敵軍部署完大包圍前撤離台兒莊這個噩夢般的戰場。從對步兵第十聯隊行動的部署（此日將步兵第十聯隊主力調往南洛，確保退路安全）來看，可認為4月4日戰鬥前後，瀨谷支隊長已開始認真考慮接下來的退路。

二、國軍方面4月4日的戰鬥紀錄

　　27D自4月1日至3日在台兒莊城東外圍戰鬥中，受到瀨谷支隊主力（城外部隊，3個大隊步兵）的圍殲，遭到慘敗，喪失全部陣地後，退至運河左岸的石拉（黃林莊東南方），之後又越過陶溝河退入東部戰場（坂本支隊作戰地域）的古梁王城附近，被湯軍團周碞75A 6D收容。在孫連仲部危機之時，李宗仁企圖借湯軍團

守備、台児庄附近の攻撃（6）」，JACAR: C11111253700，頁1068-1069。

主力 7 萬餘兵力，從東戰場向台兒莊正面進出，實施反擊。4 月 2 日夜發出第一次總攻命令，並令處於困境的孫集團軍也協助反攻。對此，孫部如何行動與部署？4月 4 日孫集團軍戰鬥詳報記載（節錄）：

> 台莊正面之敵經我數日攻擊受創甚重，攻擊立頓挫。
> 軍基於上項情況，給各部之命令要旨如左：
> 1. 我右翼軍〔湯軍團〕正與敵在台莊東北地區激戰中，我第一一○師之一支隊襲擊北洛泥溝之敵。
> 2. 軍擬乘機先肅清沿運河北岸之敵，以便爾後作戰之容易。
> 3. 廿七師派隊驅逐黃林莊之敵，確實佔領後迅速構築由台莊東南起至劉莊之線據點工事。
> 4. 卅一師（附袁、吳兩團）重砲二門，擔任攻擊台莊敵，務須努力擴張戰果，以求迅速收復台莊。
> 5. 卅師（欠袁、吳兩團）附重迫砲排驅逐頓莊閘、南壩子之敵，再藉已佔領之據點向北擴張戰果。
> 6. 四四旅附重迫擊砲連，除在郭家寨、黃林莊河防外，協力廿七師攻佔黃林莊。[29]

　　孫集團軍有待「右翼軍」（湯軍團主力）進出台兒莊正面後，協助該部反擊的企圖。從命令部署內容看，一是在城內繼續鞏固戰果，挫敗日軍攻擊，二是在外圍

29　中國第二歷史檔案館資料編輯部合編，《台兒莊戰役資料選編》，頁 10-11。

由運河線開始反擊，企圖收復已失去的運河北岸台兒莊城外戰場。主要目標在城外東西兩側，即城東側，命 27D 收復黃林莊（3 日陷落於日軍之手）後，向北推進，恢復失去的台兒莊東城外據點。城西側奪回運河線上的頓莊閘、南壩子（頓莊閘北 2.5 公里）之敵據點（3 月 30 日陷落），繼續向北擴張戰果。另派出 110D 向獐山、泥溝敵後方迂迴，威脅敵之退路。

有關 4 日的戰果，第二集團軍戰鬥詳報稱：1. 城東側，27D 克復黃林莊、石拉。2. 城內，31D 擊退攻擊城西北角之敵，鞏固了城內陣地。實際上，日軍從未佔領運河線石拉，27D 在 4 日收復黃林莊的記載也非事實。佔領黃林莊的步兵第十聯隊主力，此晚奉命西調南洛，但仍留下第一中隊守備黃林莊，直至 6 日夜撤退前。

27D 於 4 月 3 日後退卻到達的石拉、古梁王城一帶（台兒莊東南約 8 公里），屬與東戰場坂本支隊的作戰地域。在此地與日軍攻防的部隊，是 75A 6D，從「第二十七師」戰鬥詳報分析，其師的殘部此時被併入張珙 6D 指揮。「侯旅的游擊隊」曾協助 6D 攻擊火石埠，「郭團第三營」、「李團第一營」也各派出一部參加湯軍團方面的戰鬥。[30] 6 日 27D 奉李宗仁總反攻命令（第三次反攻命令），派出 2 個連向台兒莊方向出擊，企圖接應，引導 6D 向台兒莊進出之舉，也應出於此理由（同一命令系統）。

30　中國第二歷史檔案館資料編輯部合編，《台兒莊戰役資料選編》，頁 72。

　　27D 戰報稱 4 月 5 日，該部「確實佔領」了黃林莊、
邊莊、滄浪廟、孟莊、裴莊、邵莊、前後彭村等地。若
與日軍戰報核對，可發現全部為虛報。除黃林莊有日軍
守備中隊駐防外，滄浪廟此時是步兵第六十三聯隊本部
所在地（6 日夜 21 時 40 分，最終撤出），裴莊、孟莊、
邵莊等地，5 日都有日軍砲兵陣地和其他攻城各部隊駐
留的記載。

圖 6-10　4 月 5 日瀨谷支隊在台兒莊附近的配置圖，可
　　　　　見部分主力已配置到南洛一帶，準備向泥溝
　　　　　方向撤退

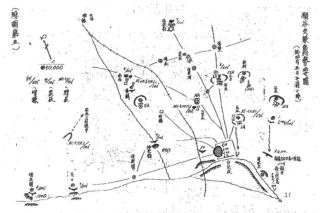

資料來源：「附図第 1 ～第 8　臺兒庄附近戰鬥經過要図他」，
　　　　　JACAR: C11111172500，頁 1842。

　　如同日軍的紀錄，4 日戰鬥中表現最為出色的是在
城內抵抗的 31D。該師在失去所有運河北城外掩護部隊
的不利情況下，奮戰了一天，粉碎日軍最後一次總攻。
此戰鬥結果，最終斷絕了瀨谷支隊長攻略台兒莊城的企
圖。關於此日戰鬥，「第三十一師戰鬥詳報」寫道：

11 時頃，敵砲約 30 餘門，集中台兒莊轟擊，內多
燒夷彈，城中火勢兇猛。12 時敵向我東南陣地迭
進猛攻，我第二營第二連傷亡 50 餘，扼守第二線
陣地，當經我輕重迫砲隊猛烈狙擊，敵殘敗退回，
該營復進佔原陣地。時北門之敵同時向我禹營陣地
進攻，亦未獲逞，台莊煙霧漫空，我官兵益為興
奮。17 時 30 分，約步兵 1 營之敵向我西北城角
進攻，我守兵靜待接近突擊之，敵蒙損傷，當即
退回。[31]

可見此日由於日軍後方安全得到保障，砲火十分兇
猛，城內多處起火。但城內東南部日軍第二大隊的正面
攻擊，和城西北部日軍第三大隊的攻擊，雙雙被城內守
軍 31D 粉碎，日軍的總攻徹底受挫。

三、瀨谷支隊長的撤退準備

瀨谷啟支隊長何時開始萌生撤出台兒莊戰場之意
圖？雖未見本人直接表態，但從其對步兵第十聯隊的戰
鬥部署中可窺見一斑。4 月 3 日，最終攻克黃林莊，完
成台兒莊外圍掃蕩的步兵第十聯隊，4 日並未被用於台
兒莊城內總攻。而是在原地待命，僅奉命派出第七中隊
赴城西方插花廟，與守備的步兵第三十九聯隊第一中隊
換防。[32]

31　中國第二歷史檔案館資料編輯部合編，《台兒莊戰役資料選編》，
　　頁 39。
32　「第 2　戰鬥經過の概要（2）」，JACAR: C11111171900，頁

之後城內攻防戰鬥最激烈的 4 日午後 6 時，步兵第十聯隊長赤柴大佐接到「瀨支作命第七十三號」，趁月夜向城西開始移動，4 月 5 日 2 時 25 分在南洛南方魚鱗（榆林）集結完畢。[33] 筆者判斷，此 4 日夜的部隊調動部署有雙重目的，一是台兒莊東側外圍穩定之後，將多餘的主力再次轉向西方，減輕運河線敵守軍 30D 對范口（第二中隊）、頓莊閘（第八中隊）守備隊的壓力；另一重要目的，則是確保通往南北洛、泥溝、嶧縣的棗台公路（棗台公路經南洛、北洛，通向泥溝、嶧縣）安全，為將來可能進行的戰略退避做準備。4 月 4 日城內總攻的失敗，使瀨谷支隊長明白現狀下台兒莊的攻略，絕不會輕易實現，且戰局每延長一天，就會有更多退路被國軍封鎖的危險。所以命令主力中的精銳（步兵第十聯隊）前往南洛，提前確保退路安全，同時警戒北方（泥溝、嶧縣方向）之敵的包圍企圖。

此時（4 日），奉李宗仁反擊命令，張軫 110D（原湯軍團所屬，此時配屬給孫連仲部）奉命從運河線（萬里閘附近）向西北迂迴，企圖佔領泥溝西獐山，阻止日軍後退。另一方面，東北方蘭陵鎮附近的關麟徵 52A，5 日也奉命開始向台兒莊東北部（底閣、楊樓）運動。國軍企圖從北方截斷日軍退路，並進入反攻的戰略企圖

1751。步兵第三十九聯隊第一大隊 4 月 1 日配屬給瀨谷支隊指揮，其中第一中隊 2 小隊提前到達，進入防禦陣地。4 月 2 日，戰死 3 名。步兵第三十九聯隊史編集委員会，《步兵第三十九聯隊史：白鷺健児五十余年の歩み》（兵庫：步兵第三十九聯隊史軍旗奉贊会，1983），頁 373、478。

33　「第 2　戰鬥経過の概要（2）」，JACAR: C11111171900，頁 1755。

日趨明顯。

　　促成瀨谷支隊長撤退的決定性要素，是 5 日晚 20 時 30 分，東戰場陳瓦房村的坂本支隊長通過「坂作報第二四四號」，傳來該支隊奉命將在 6 日晚反轉沂州的消息，同時奉命帶走配屬給瀨谷支隊的部分重武器（野戰重砲兵 1 個大隊及輕裝甲車 1 個中隊）。對此攻城戰處於萬分艱難之際，上級指揮的昏庸決策，瀨谷啟震驚之餘，暗地作出決斷，即率領支隊與坂本支隊同時（6 日晚）撤出台兒莊，並連夜制定部署各部隊撤退的詳細計畫。5 日晚 22 時 30 分，赤柴聯隊長接到楊家廟支隊本部的電話命令（瀨支作命第七十五號），內容如下：

　　泥溝西方發現敵約 500 至 600，為一二四師所屬。據密電情報，敵百十師 1 個旅企圖從萬里閘〔頓莊閘西方，萬年閘〕附近渡河，襲擊我右翼。……步兵第六十三聯隊在台兒莊掃蕩完後，至少派出步兵約兩中隊明日拂曉佔領三里莊待命。步兵第十聯隊於 5 日後半夜撤出范口守備隊集結於南洛。砲兵主力將輕榴 2 中隊、支那駐屯軍重砲大隊派往魚鱗、三里莊附近佔領陣地，做好配屬給第十聯隊長指揮準備。天羽部隊（輕裝甲車第十中隊，配屬步兵約 1 中隊，機槍 1 小隊）掃蕩泥溝附近之敵。各部隊明晨 7 時前，派出命令受領者。[34]

34　「第 2　戰鬥経過の概要（2）」，JACAR: C11111171900，頁 1785。

　　瀨谷支隊長將部分主力向城西方棗台公路附近移
動，逐漸向南洛集結部隊，並做好攻擊泥溝之敵（撤退
方向）的部署，無疑是撤退準備的一環。此時，支隊全
體的撤出計畫已大體作成，還在最後的調整階段。瀨谷
支隊的台兒莊撤退命令，於 6 日午後 3 時 30 分，在楊
家廟支隊本部，以面對面的口述筆記方法正式傳達。各
前線部隊受命後日暮開始行動，夜間隱密中脫離了台兒
莊戰場，在南洛、潘墜兩地集結。24 時，分兩部向北
方泥溝（支隊主力），楊樓（步兵第六十三聯隊主力）
方向各自轉進。

第七章　關麟徵軍的金莊、向城附近戰鬥

本章聚焦 3 月 31 日後被湯恩伯調至蘭陵鎮東方魯坊一帶的關麟徵 52A 行動。以關軍在金莊、向城兩地，對日軍騎兵隊及救援隊約 500 人的戰鬥經過考證，指出被調到蘭陵鎮附近後，該部隊正面無敵，幾乎無用武之地，以及受到湯恩伯庇護，一直在該地停留 4 日，遲遲不向台兒莊正面戰場出擊的行為。可以說關軍的消極舉動，是引起 4 月 5 日蔣中正動怒（斥責湯恩伯）的主因。另指出李宗仁利用戰區主力（湯恩伯）在台兒莊周邊殲敵的戰略指揮錯誤，曝露了湯恩伯作戰指揮中以守為攻，兵浮於事，意圖保存嫡系實力的檯面下問題。

第一節　有關金莊戰鬥

1938 年 4 月 1 日至 3 日，在台兒莊東部戰場北線的洪山鎮（今橫山附近）、魯坊鎮附近發生的金莊戰鬥，是關麟徵第五十二軍，對日軍第五師團坂本支隊騎兵第五聯隊主力的一次戰鬥。由於騎兵第五聯隊死傷近半，曾接近全滅，日軍各方面都有不少記載。對湯軍團來說，此戰亦是調出的關麟徵軍在蘭陵鎮附近經歷的唯一一次小規模戰鬥，為了掩蓋關軍在蘭陵鎮附近無用武之地的事實，軍團戰鬥詳報等紀錄也蓄意突出此戰，誇

大戰鬥規模與戰果。

如此一場對湯軍團事關重大的戰鬥，在戰史紀錄中，中日兩軍對同一事件的記載卻很難對得上。其中一個原因，是雙方掌握對方的情報（敵情）甚少，且對地名、戰鬥名稱的表記也有所不同。金莊戰鬥僅僅是日軍戰史中的表記，而國軍戰史中並不見此地名存在。童屹立曾按日軍檔案史料內容，向大陸介紹過這個鮮為人知的金莊戰鬥，也試圖在戰史紀錄中對比還原。[1] 但因對原史料搜集讀解不周，錯把金莊誤判為「蘭陵鎮西北的傅莊」，地理位置有誤。也未察覺到湯軍團戰鬥詳報，曾描述並大肆宣傳這次戰鬥。若能細讀並比較中日兩軍的檔案，不難發現同一有關「騎兵聯隊」的戰鬥痕跡。戰鬥的地點，在湯軍團戰鬥詳報中被稱為「劉莊」。

日軍的作戰部隊，約 200 餘名，為第五師團騎兵聯隊（騎兵第五聯隊）參戰主力，指揮者為聯隊長杉本一雄大佐。此隊自 4 月 1 日午前，在蒼山縣向城鎮南約 10 公里處的金莊，被關麟徵 52A 的 2 個師包圍，困守村落達兩日之久。激戰中人員傷亡近半（戰死 14 名），幾乎損失了全部馬匹，陷於潰滅的邊緣。此戰並非戰略地位重要，而是有關湯恩伯在台兒莊戰役中指揮能力的評價，也關聯到此傳奇式軍團全體的聲譽。

湯軍團（第二十軍團）在台兒莊戰鬥中，從兵力的數量、素質來看，都是第五戰區名符其實的主力，最多

---

1 童屹立，《鏖戰魯蘇：徐州會戰》（武漢：武漢大學出版社，2017），頁 187。

時兵力高達約 73,000 人，遠超過台兒莊正面戰場的孫連仲第二集團軍（最大時約 45,000 名）。可是自始至終與期望相反，演出的卻是此戰役的配角。由於之前棗嶧反擊戰（郭里集附近戰鬥，3 月 24 日至 28 日）[2] 的作戰失利，軍團主力遲於戰役開始後 1 週，3 月 30 日才尾追日軍援兵主力（瀨谷支隊主力）到達台兒莊北方戰場。31 日，計畫中的後方援救作戰才剛部署，未見任何成果，又全部被湯恩伯抽調至東北方的蘭陵鎮，造成台兒莊正面孫連仲部的守城危機。所以關麟徵軍的抽調是否真有必要，成為當時軍內爭論的焦點之一。

　　湯恩伯本來的作戰意圖，是集結優勢兵力迅速席捲、消滅援台途中的坂本支隊後，再返回台兒莊正面救援。但由於指揮不當，作戰失利、行動消極，一去則不返。直至所謂台兒莊大捷（實際是日軍自主撤退）發生的 4 月 7 日，該部也未能按戰區的反攻命令前進到台兒莊正面指定位置。4 月 6 日夜至 7 日晨「台兒莊大捷」的宣傳報導中，不見戰區主力湯軍團的理由也是如此。

　　經對中日兩軍的戰史檔案比較，筆者發現湯恩伯在台兒莊戰鬥的指揮中有多處失誤。最大過失有二，一是 3 月 31 日，在日軍瀨谷支隊主力已開始台兒莊城外掃蕩的最關鍵時刻，以阻擊坂本支隊南下為藉口，從台兒莊北方戰場和嶧縣東部，將主力的 2 個軍全部抽調到蘭陵鎮附近。又未能按計畫消滅坂本支隊，迅速返回救援。導致孫連仲部城外作戰部隊（黃樵松 27D）的慘

2　參照本書第二章。

敗，大運河北岸除台兒莊城寨以外全體被敵軍佔領，台兒莊城防因此出現危機（4月1日至3日）。二是被抽出的關麟徵52A共2萬餘人，到達蘭陵鎮東方的魯坊、南橋後，並未派上用場（堵截坂本支隊的主角是王仲廉85A），直至4月5日在蔣中正怒斥之下，才開始向台兒莊東北方的底閣、楊樓、柿樹園一帶進出。之前在蘭陵鎮附近的唯一戰鬥，即是本章所述的對坂本支隊騎兵隊及救援隊約500餘敵的小規模作戰。

由於留下了污點，所以之後在戰史中，如何宣傳湯恩伯抽兵蘭陵決策的正確性，或炫耀關麟徵軍在此地「全殲坂本支隊騎兵聯隊」的戰功，也成為替湯恩伯掩蓋指揮過失的一個必要手段。其辯解內容，可見湯軍團戰史《中國陸軍第三方面軍抗戰紀實》中的如下描述：

> 湯恩伯將軍的判斷是正確的，而其迅捷的處置也是人所不可及的，假使湯氏沒有這種英明果斷，……我們還能夠主宰台兒莊的勝利嗎？恐怕我們所加予敵寇在四月六日的慘敗命運〔指台兒莊大捷〕，老早就由敵人於四月一日壓迫到我們自己的頭上。因此我們可以斷言，當時湯恩伯將軍這一正確而迅速的處置，是我們在台兒莊會戰勝敗的主要關鍵。
> 當我們這一新包圍圈〔蘭陵附近戰場〕構成之前，軍團所屬各部，……隱密神速前進，將作字溝、鳳凰山、洪山、前煙頭、小洪山、西房前、愛曲、秋湖附近及小王莊、鳳落、小鍋里一帶之敵約四、五千人——片野先遣隊，像秋風掃落葉似的，於兩

日兩夜中殲滅大半，而粉碎了敵酋板垣由臨沂增援
磯谷的企圖。[3]

從計畫部署和實戰兩方面，強調了湯恩伯指揮的正
確性，和關麟徵軍在蘭陵鎮附近建樹的累累軍功。為了
配合此類宣傳，中央社 4 月 3 日發布的戰況報導中，也
把台兒莊之敵軍總體分為四路，湯軍團方面東部戰場佔
兩路（稱外線部隊）。其主角描寫的即是與關麟徵軍的
戰鬥。篇幅佔全報導文字近半，似乎在渲染僅關麟徵軍
一路即撐著台兒莊戰場的半邊天下。

另一路在台兒莊東北約二十公里之洪山鎮、蘭陵
鎮、秋胡附近，該路之敵，係由沂河西岸竄來，
三日晨我向洪山鎮出擊，我××營長身先士卒，與
敵血戰二小時，敵被我消滅大半，敵聯隊司令部當
經我佔領，敵聯隊長千島亦於是役戰死，我並奪獲
無線電機一架，步機槍及彈藥文件甚多，……我另
一部三日亦向蘭陵鎮之敵幾度奇襲，敵已呈慌亂狀
態，惟尚在頑抗中，至秋胡之敵，經我部六日〔二
日〕晚將其包圍後，即施行猛攻，敵騎三百悉被殲
滅，三日晨敵步兵五百增援，亦為我殲滅逾半。[4]

與日軍戰報對比之下，可發現此報導混淆了兩個戰

3　苟吉堂，《中國陸軍第三方面軍抗戰紀實》，頁 72。
4　曹勝強、徐玲主編，《台兒莊大戰資料選輯》，上卷，頁 85。

場，隻字不提實際進入激戰的王仲廉 85A（蘭陵鎮阻擊戰主力），突顯的僅僅是關麟徵 52A 對日軍騎兵「千島聯隊」的作戰。稱斃敵聯隊長，300 敵騎悉被殲滅，500 增援被殲滅逾半等云云。

相反的，知悉內幕的軍委會軍令部對湯恩伯的指揮評價卻十分尖銳，可以說是全面否定。但為了維護湯軍團的形象，不得不委婉地轉嫁責任。軍令部第一廳編寫的《台兒莊殲滅戰》中，第四處羅澤闓處長把湯恩伯判斷失誤、畏縮不前之舉，歸罪於偵查部隊的情報不詳。

> 十三軍騎兵團……對搜索敵情，甚欠確實，由臨沂轉愛曲之敵，只千餘人，並無砲兵與戰車，而該團則報為三千人，砲三、四十門，戰車四、五十輛等語，致使湯軍團對該敵過於重視。爾後常因該團對敵情之報告不實，湯軍團對側翼之顧慮甚大！而感覺亦過於銳敏！不敢放膽行動，胥由於此。[5]

此處帶驚嘆號的「湯軍團對側翼之顧慮甚大！而感覺亦過於銳敏！不敢放膽行動」等幾句，可以說是當時作戰指導部（軍令部第一廳）對湯恩伯作戰指揮的真心評價。

總之，若不對比日軍戰史，或進行戰略的比較分析，一般人很難理解以上文字中的深義。究竟湯軍團台

5　軍事委員會軍令部第一廳第四處，《抗戰參考叢書：台兒莊殲滅戰》，頁 99。

兒莊戰役的表現如何？蘭陵鎮附近的阻擊戰又應如何評價？以下是筆者利用中日兩方史料的考證結果。

第二節　湯軍團的坂本支隊截擊戰

　　湯恩伯調動兵力的背景，是 3 月 29 日郭里集戰鬥[6]後，湯軍團主力尾隨援台的瀨谷支隊主力南下，企圖支援孫連仲集團軍的台兒莊正面防禦。30 日該部進入泥溝東方官莊、馬蘭屯（第一線）、水湖、王莊（第二線，官莊北 4 公里），本部駐甘露寺（現甘露溝，底閣西北 6 公里）。

　　30 日 11 時，湯軍團部署了支援作戰計畫，令關麟徵軍準備就位後「即向南北洛敵之側背攻擊，與孫集團軍右翼切取連絡並別派有力之一部破壞嶧台間交通。」[7]此處的南、北洛之敵，即 30 日先行到達此地的瀨谷支隊主力（步兵 2 個大隊、砲兵 2 個大隊）。該部比湯軍團提前一天到達，分秒必爭，當日即進入戰鬥，在尾隨到達的國軍準備就緒前，早以絕對優勢兵力完成對南洛以南至運河線全域的掃蕩，將孫連仲集團軍 30D、44Bs 擊退到運河南岸（細節參考前章）。

　　關麟徵軍全體在台兒莊北方準備就緒的時間是 31 日（之前尖兵隊 2D 1 個旅先到，30 日進入戰鬥），在

6　3 月 24 日至 28 日，李宗仁策劃的魯南之役的第一次大規模反擊，原稱棗嶧反擊，一開始即棗挫折，之後被稱為郭里集附近戰鬥，參考本書第二章。

7　中國第二歷史檔案館資料編輯部合編，《台兒莊戰役資料選編》，頁 102。

台兒莊北方泥溝至蘭城店一線，與城西方掃蕩結束後北上到此地的步兵第十聯隊第一大隊對峙中，還未開始作戰行動。15 時，湯恩伯接到日軍坂本支隊從臨沂赴台兒莊支援的新情報，稱「臨沂方面之敵步騎約 3,000 餘人，挾砲 20 餘門，坦克車 10 餘輛已竄到向城附近愛曲一帶，有援台莊附近敵人而威脅本軍團側背之模樣」。

接報後，湯恩伯立即命令「第八十五軍派第八十九師以有力之一部與第四師協同截擊增援到來之敵，務獲殲滅」（此時湯軍團 4D，在蘭陵鎮附近擔任守衛）。另外，又怕臨沂方面之敵會繼續增援，僅以「第四師、第八十九師圍殲愛曲、作字溝之敵又無急切得手之可能，實有陷於絕境之顧慮。」[8] 結果決定改變戰略，暫緩救援孫連仲部，將在台兒莊北與瀨谷支隊作戰準備中的關麟徵 52A 同時抽出，一起調至蘭陵鎮。試圖以絕對優勢兵力「席捲將增援到愛曲、秋湖之敵，一併捲入我之包圍線內」。

8　中國第二歷史檔案館資料編輯部合編，《台兒莊戰役資料選編》，頁 103。

圖 7-1　關麟徵軍撤出台兒莊前的所在位置
　　　　從此圖可知，該部並沒有南下解救孫集團軍之危，
　　　　其中一部僅戰鬥 1 天即被調出

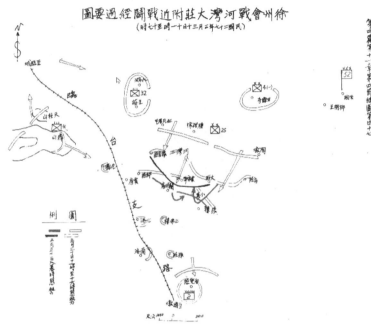

資料來源：《抗日戰史　徐州會戰 3》，插圖 47。

　　此部署簡單解釋，即是將台兒莊北方的湯軍團主力
全部抽出，集中到蘭陵鎮北方的愛曲、秋湖一帶，堵
截已經到達或可能增援到達的臨沂方面日軍第五師團
主力，防止其南下台兒莊附近運河線。此部署在戰略
上無可非議，是正確的決策。問題在最危急時刻將湯
軍團全部抽出對付坂本支隊（實際加上向城守備隊共
約 6,000 人，湯恩伯決策前得到的敵情報僅為 3,000 餘
敵），不免有大材小用之嫌。如此，3 月 31 日夜，湯

軍團的 4 萬大軍全部移動到蘭陵鎮一帶。85A 王仲廉的
2 個師（4D、89D 一部），配置於愛曲、秋湖（日軍稱
林屯，蘭陵鎮北東約 8 公里）、蘭陵鎮北方道路（台濰
汽車路）一線擔任正面阻擊，稍遲到達的關麟徵 52A，
4 月 1 日晨進入到洪山鎮以東的魯坊、南橋一線。

圖 7-2　3 月 31 日，湯軍團 85A 與日軍坂本支隊在蘭陵
　　　　鎮北愛曲，秋湖附近的戰鬥

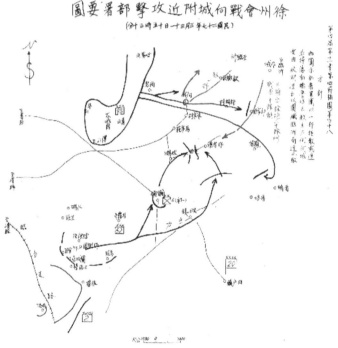

資料來源：《抗日戰史　徐州會戰 3》，插圖第 48。

　　3 月 31 日午後，坂本支隊右縱隊（步兵第二十一聯
隊第二大隊）在作字溝（蘭陵鎮東北 8 公里）附近與湯
軍團陳大慶 4D、張雪中 89D 一部進入戰鬥。經半日戰

鬥，沿公路將 4D 擊退到蘭陵鎮北 4 公里處小忠村、林屯附近（國軍稱秋湖），並做好翌日總攻蘭陵鎮準備。

4 月 1 日晨，坂本支隊主力分為左右兩翼，向蘭陵鎮及蘭陵鎮東方幾幾莊（煙頭）高地發起全面攻擊，經一日激戰，突破了湯軍團 85A 的防禦線，南下佔領蘭陵鎮及幾幾莊高地的國軍主陣地，王仲廉軍 4D 在 89D 一部的側援掩護下，退守東方洪山鎮（蘭陵鎮東約 5 公里）。坂本支隊在進入蘭陵鎮後，並未向東追討潰敵，按師團指示，於 1 日夜間 24 時（步兵第十一聯隊），及 2 日晨 6 時（步兵第二十一聯隊）分別離開蘭陵鎮向南方運河線急行，當日即佔領並進駐台兒莊東方的蒲汪（國軍戰報稱為蕭汪）、辛莊一線（台兒莊東戰場，離台兒莊正面約 10 公里），準備翌日對南方運河線敵主陣地攻擊。坂本支隊的來援目標，並不是直接支援台兒莊的戰鬥，而是從東方迂迴敵側背，牽制敵部隊（湯軍團）對台兒莊戰鬥的支援並截斷退路（運河左岸 4 公里處即有為台兒莊補充軍火的隴海鐵路臨趙支線[9]）。

由此可見湯軍團雖集結了重兵，卻未能達到堵截、迅速殲滅坂本支隊之目的，反而縱敵南下。在明知坂本支隊主力已南下台兒莊東部運河線（湯軍團戰報稱「敵被擊破南竄」）後，湯軍團的 2 個軍仍按兵不動，繼續停留在蘭陵鎮附近。湯恩伯為何不積極調度嫡系主力追

9　1935 年 2 月建成，從台兒莊南站至隴海線趙墩車站的支線鐵路。與先建車的臨棗鐵路、棗台鐵路全線合稱臨（城）趙（墩）支線。台兒莊戰役的 1938 年 3 月下旬，由於臨城、棗莊先後被瀨谷支隊佔領，從津浦線方向的鐵路運輸被日軍切斷，徐州經趙墩至台兒莊南站的鐵路線，成為第五戰區唯一可支援台兒莊的鐵路通道。

擊南下？其實另有理由。

台兒莊戰役開始後，為阻擋日軍南下，蔣中正不斷為第五戰區調度，各隊人馬雲集台兒莊。3 月 31 日後，司令長官李宗仁，不顧台兒莊正面戰場孫連仲部的危機，把新到達的周嵒 75A（由 139D、6D 新編成）為首的約 3 萬餘部隊（139D、6D、13D、333B 及砲兵第四團等）又傾巢交付給湯軍團指揮。[10] 經此補充後，湯恩伯指揮部隊總數到達近 73,000 名。李宗仁傾斜配兵的理由是企圖以運動作戰的湯軍團為反攻主力，從外線（東方戰場）打開台兒莊戰局。

從運河南新到 75A（139D、6D），4 月 2 日後緊急進入運河線北部戰場（西黃石山、胡山、禹王山一線陣地），堵住了坂本支隊進攻方向的缺口，為湯軍團主力的堵截作戰失敗和南下的怠慢行為解圍。此為湯恩伯未令嫡系部隊迅速南下追擊的理由，即眼下手頭兵力足夠，不必動用嫡系。南下日軍不過 5,000（有 1 大隊留駐向城），而軍團僅新加入的戰力即超過 30,000 人。為此，湯恩伯 4 月 2 日午後，下令將關麟徵軍的 2 個師繼續留在蘭陵鎮附近警戒後方，僅將 89D 從東北方投入東戰場戰鬥。

由於動作遲緩，湯軍團在東戰場的主要戰鬥行動，都開始於 4 月 3 日以後。而此期間（3 月 31 日至 4 月

---

10 「第二十軍團魯南會戰戰役戰鬥詳報」記錄為 4 月 2 日配屬，中國第二歷史檔案館資料編輯部合編，《台兒莊戰役資料選編》，頁 105。而軍事委員會軍令部第一廳第四處，《抗戰參考叢書：台兒莊殲滅戰》記錄 139D 於 3 月 31 日，6D 為 4 月 1 日配屬湯恩伯指揮（頁 30、34）。

3 日），原計畫中的正面戰場救援未能實施，日軍瀨谷支隊的台兒莊外圍掃蕩已勝利結束。在掃蕩中，擔任台兒莊城外側防的孫連仲 27D，得不到友軍支援遭到全面打擊，結果繼 30 日瀨谷支隊對城西方外圍 30D、44Bs 的掃蕩，東側外圍的 27D 陣地也全部陷落，台兒莊正面戰場的孫連仲集團軍，自此失去了運河北岸所有的防禦陣地（參照本書第六章）。

利用日軍史料對比分析湯軍團的作戰行動，可以看出從台兒莊正面戰場調出的關麟徵 52A（2 萬人）並未被有效利用的事實。31 日午後和 4 月 1 日整日，在蘭陵鎮北方正面（愛曲、秋湖）阻擊坂本支隊主力南下的是王仲廉 85A 的 4D、89D，而關麟徵部所在的戰場東方（魯坊、南橋一帶）並沒有敵軍主力存在。至 4 月 5 日，關麟徵軍始向台兒莊東北的底閣、楊樓進出之前，在蘭陵鎮附近 5 日間的唯一戰鬥，即是對騎兵第五聯隊及其救援隊約 500 人的圍剿追擊（金莊附近戰鬥）。

由於以上原因，在之後的戰史記載中誇大，強調已成為問題焦點的關軍調出前，在台兒莊北方（3 月 30 日至 31 日）大量殲敵，以及調出後在蘭陵鎮附近（4 月 1 日至 3 日）圍攻敵騎兵聯隊，擊斃敵酋的戰績，對湯恩伯掩蓋「調動兵力」責任的評價也事關重大，弄不好會被追究責任。金莊的包圍戰中，關麟徵軍若真能奪下軍旗，殲滅騎兵第五聯隊主力，還能在戰史中留下些光彩（日軍戰史中沒有軍旗被敵方繳獲的紀錄）。但實際作戰如何？可見下節戰場考證。

第三節　金莊的地理位置

　　在國軍戰史中不能確認日軍檔案「金莊戰鬥」的存在，是因為地理位置的表記和使用地名的不同。戰史研究中核對現在位置，可以說是一個很大的難題。因為史料中的地名，都使用當時軍用地圖表記，與現在的地名不同。戰史研究中，不僅這些舊軍用地圖很難取得，日軍使用的地圖也會和國軍地圖不一致。

　　筆者曾調查過日俄戰後，日本陸軍參謀本部陸地測量總局繪製大陸軍用地圖的過程。由於存在著主權問題，日軍有關大陸方面軍用地圖的資源十分貧乏，作戰中幾乎沒有五萬分之一的地圖（除「滿洲國」外），使用的均為十萬分之一地圖，且多以中國的老一代原圖（清末民初測繪）為底圖，經現地偷測補充，大正時代後又經航空攝影修正而作成，其特點是地名的文字表記錯誤極多。偷測活動（一般化裝成藥商隊）透過翻譯，將當地方言地名發音標為漢字，當然不免出錯。比如滕縣城南「寺院村」，在日軍地圖中被標為「四彥村」，台兒莊北南洛附近的「于里（又稱榆林）」被標為「魚鱗」等。另外，即使戰鬥中繳獲到國軍的五萬分之一地圖，在命令系統中也不能使用，只能作地形地名參考。因為軍系統的命令、報告必須按自己的地圖表記進行。

　　金莊位置在湯軍團戰鬥詳報中並無詳細的地圖標記，只出現過幾個附近地名，如房前（坊前）、鳳落（皇路）、小鍋里、劉莊等。國軍戰史叢書《抗日戰史

徐州會戰 3》中有關蘭陵鎮附近戰場要圖，[11] 其中也有
金莊的位置，但標誌名是「劉莊」。地點在鳳落西、小
鍋里東，是湯軍團 52A 自 4 月 1 日至 3 日的戰鬥地點。

圖 7-3　本圖可見關麟徵 52A 的位置、行動，主要在小
　　　　鍋里、鳳落、劉莊（金莊）一帶，作戰對象為
　　　　騎兵第五聯隊偵查隊

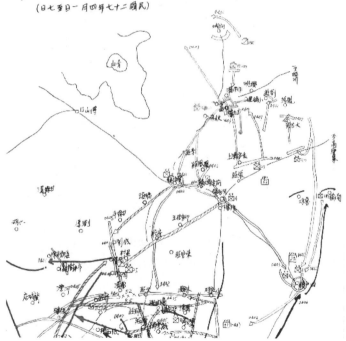

資料來源：國防部史政編譯局，《抗日戰史　徐州會戰3》，插圖第49。

11　國防部史政編譯局，《抗日戰史　徐州會戰3》，第四篇第十一
　　章第四節插圖第四十九。

　　圖中具體位置還原，可參見以下國軍使用的五萬分
之一圖。

圖 7-4　蘭陵鎮附近戰鬥湯軍團 2 軍的位置以西迦河為
　　　　界，52A 在東，85A 在西，主戰場在西方

資料來源：底圖為台灣中央研究院近代史所藏，筆者標記。

　　五萬分之一軍用地圖中，金莊被標為「金家莊」，
位置於向城南南東 9.8 公里處。關於此位置，第十師團
的情報志《磯情》中曾有準確記載，稱坂本支隊騎兵隊
在「向城南南東十公里處金莊被敵包圍」。從地圖看，
東 500 公尺處有劉莊，西方有欒家莊、房前，西北方有
小鍋里、作字溝等地名。按日軍戰報內容，還有一個
戰鬥地點被稱為「獨立高地」，現名黃山，在金莊西
南 2.5 公里處，是一個相對高度僅 20 餘公尺的土丘，
也是附近唯一的制高點。向城守備隊為了救援金莊，

曾於 4 月 2 日凌晨攻擊佔領此高地作為救援戰鬥基地。

圖 7-5 關麟徵軍作戰地域、地名

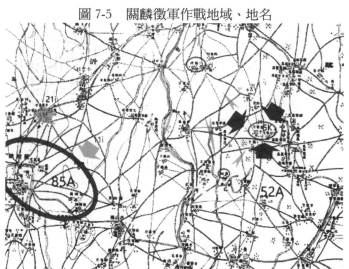

資料來源：底圖為中央研究院近代史所藏，筆者標記。

　　再對比蘭陵附近的地圖。從湯軍團的戰鬥詳報部署分析，以中間的水流（西迦河，上圖中左側，南北向）為界，西部蘭陵、洪山鎮北方戰場是王仲廉 85A 負責防守的地域。東部魯坊、南橋北一帶，是關麟徵 52A 的防守地域。河西一帶為主戰場，中日兩軍的主要戰鬥均發生在此處，與關麟徵軍無關。金莊在河東關軍的守備範圍內，所以其戰鬥由關軍所為的事實可一目瞭然。

　　如此，若掌握了以上新舊地名的互換，和戰場附近的地理位置後，具體戰鬥的還原會容易進行得多。

第四節 日軍戰鬥詳報中的金莊附近戰鬥

步兵第二十一聯隊步兵砲隊的戰史中，引用騎兵第
五聯隊「金莊戰鬥詳報第七號」的內容如下：

> 5K 戰鬥詳報第七號
>
> 3 月 31 日，晴。聯隊在王樓〔向城東北 700 公尺〕
> 待命，坂本支隊主力片野部隊向城前進中，前衛已
> 進入該地。台兒莊方面有敵 4 個師，……騎兵隊立
> 即搜索台兒莊方面敵情。17 時，騎兵聯隊從小褐
> 〔鍋〕里出發，警戒前進到金莊停止，偵查洪山鎮
> 及其東方敵情。22 時，支隊長通知：支隊主力在
> 李莊〔李家窪曲〕、房前〔坊前〕一線，做攻擊準
> 備中，支隊本部位於官莊〔向城南 5 公里〕。
>
> 4 月 1 日，晴。5 時 40 分，約 700 至 800 名敵分兩
> 縱隊接近金莊。北方也有攜帶重機槍之敵 500 至
> 600 名攻擊前來。8 時 40 分，向支隊長報告，當面
> 之敵不下 2,000，並逐漸增強中。[12]

此段是記錄騎兵隊在 4 月 1 日，被剛到達此地不久
的關麟徵 52A 包圍前的行動。之後情況，可見《浜田
聯隊秘史》中「金莊、向城附近的戰鬥」一節（頁 197-

---

12 松岡巖，《iA 隊の記録追補録：步兵第十一連隊》（広島：元第
　　五師団步兵第十一連隊步兵砲隊会，1979），頁 94。

202），及《浜田聯隊史》中「金莊、向城的戰鬥」一節
（頁 250-251）。兩者內容來源相同，都是數個親歷者
的手記，比較詳細地記錄了救援隊視野中的金莊戰鬥過
程。由於來自幾個不同執筆者的文章，時間順序上有些
小差錯與矛盾。

筆者經綜合分析，對全體戰鬥歸納還原內容如下。

3 月 31 日晨，步兵第二十一聯隊作為坂本支隊右
縱隊，向蘭陵鎮前進，最先到達，並佔領向城。此時第
一大隊（代理大隊長迫田廣一大尉）擔任向城守備隊，
右縱隊及本隊上午繼續沿台濰公路向蘭陵鎮方向前進。

騎兵第五聯隊（200 餘名）此後也到達向城。午後，
奉支隊命令出動，向蘭陵鎮東方洪山、魯坊一帶偵察敵
情，17 時從小鍋里出發向東前進，傍晚時分進入金莊
後停止。4 月 1 日凌晨，從台兒莊北調出的關麟徵軍大
部隊到達，進入魯坊、南橋一帶陣地，一部於晨 5 時
50 分，發現金莊內的騎兵第五聯隊。待主力到達後，
以數千兵力對金莊的騎兵隊展開攻擊，並將其團團圍困
在村內，騎兵聯隊在戰鬥中損失慘重。正午，聯隊長杉
本大佐向支隊本部發電緊急求援，而西方蘭陵鎮北主戰
場的激戰還在進行中。坐鎮官莊（向城南 5 公里）指揮
戰鬥的坂本順支隊長，立即通知步兵第二十一聯隊第二
大隊，確定騎兵聯隊所在位置並做準備。17 時，支隊
長命令向城守備隊於 1 日夜間前往金莊救援。

救援隊由代理大隊長迫田大尉指揮，部隊編成有第
二中隊、第一中隊一部，及路途中合流的旅團副官二宮
少尉指揮的步兵第二十一聯隊第十一中隊及機槍 1 個小

隊，人數將近 300 名，砲兵聯隊野砲 2 門。21 時，救
援隊從向城南門出發，先到達金莊西南的獨立高地（黃
山）。2 日凌晨 2 時 30 分，經戰鬥後奪取獨立高地，
作為金莊救援基地。

天明後，金莊騎兵隊的聯絡兵到達黃山陣地，在其
嚮導下，救援隊從西方（欒家莊方向）在敵火力側射下
向金莊攻擊前進。金莊村中有騎兵隊高掛的信號旗，但
由於被國軍重重包圍，第二（羽倉）、第十一（足立）
中隊的日間突破戰鬥未能達到目的。日落後 19 時 30
分，救援隊趁夜暗再次發起突擊，經激戰於 21 時 30 分
突入村內，與杉本大佐的騎兵聯隊主力匯合，之後立即
趁夜幕開始準備突圍，部署掩護、接應負責人員，預備
擔架、馬銜，處置受傷馬匹等。

4 月 3 日 3 時，金莊內日軍利用村莊的陰影掩護，
隱蔽逃脫成功，4 時到達小鍋里附近西迦河岸進行整
頓。白天又在此被關麟徵追擊部隊再次包圍，騎兵聯隊
及救援隊在小鍋里抵抗 1 日，夜幕降臨後在野砲兵 1 個
小隊（2 門）的砲擊掩護下撤出小鍋里，3 日晚 21 時
30 分（一說 23 時 30 分）返回向城。按第十師團情報
紀錄，4 月 3 日 15 時 45 分，台兒莊正面的瀨谷支隊長
奉上級（師團）命令，也派出步兵第十聯隊 1 個中隊、
機槍 1 個小隊及臨時山砲中隊緊急赴小鍋里支援。[13] 步
兵第十聯隊戰鬥詳報也有同樣內容，[14] 與軍內通報和騎

---

13 「磯情第 80 号（3 月 29 日）～磯情第 99 号（4 月 15 日）（1）」，
　　JACAR: C11111035000，頁 1051。

14 4 月 2 日 1540 支隊命令，「在向城坂本支隊騎兵隊赴援ノ為步兵

兵聯隊救援紀錄的時間、地點一致。其中 3 日拂曉突圍後的集結地點，即前述西迦河岸附近的小鍋里。師團情報誌稱，「因得知 3 日拂曉救援成功消息，所以瀨谷支隊取消了部隊派遣。」筆者分析，此內容並不正確，若得知 3 日拂曉救援成功的消息，第十師團不會在 3 日晚 21 時 30 分派出部隊，所以此處應是得知<u>救援隊一行 3 日白天在小鍋里附近被敵再次包圍後的派兵</u>，目的已不是金莊，而在解救小鍋里之圍。此時，第五師團坂本支隊遠在南方（台兒莊東戰場）激戰，已無力再次派兵回頭救援。而第十師團瀨谷支隊已完成台兒莊城外掃蕩，運河以北已不見敵影，且敵主力（湯軍團）又不在台兒莊正面，所以尚有餘裕救援。瀨谷支隊救援隊出發時間為 3 日 21 時 30 分，正好是騎兵聯隊一行返抵向城的時間，即金莊救援隊已自行返回向城，才是瀨谷支隊中止派遣救援隊的原因。

金莊附近的兩日戰鬥中，騎兵隊共戰死 14 名（按《官報》統計的集計，4 月 1 日戰死增田昇騎曹長等 7 名，4 月 2 日戰死藤岡正雄騎少尉等 6 名，4 月 4 日戰死下地博美 1 名），負傷約 100 名，損失了大半數馬匹。救援隊方面戰死 1 至 2 名，負傷為 14 名。

一中隊機關銃一小隊臨時山砲中隊ヲ楊家廟二差出シ支隊直轄タラシムヘシ」，JACAR: C11111171900，頁 1747。

第五節　湯軍團記錄的金莊（劉莊）戰鬥

　　再從國軍方面湯軍團的戰鬥詳報，了解金莊戰鬥當事者，關麟徵 52A 的作戰行動。

　　52A 奉命撤離台兒莊北方戰場的時間是 3 月 31 日晚，從北方迂迴，4 月 1 日晨到達洪山鎮東部的魯坊、南橋，進入守備區域。在到達前，31 日午後日軍坂本支隊右縱隊（步兵第二十一聯隊）首先對蘭陵鎮正面（愛曲、秋湖一帶）王仲廉軍 4D（原蘭陵鎮守備部隊）陣地開始攻擊。4 月 1 日坂本支隊主力再次動用 4 個大隊步兵全線總攻，佔領了蘭陵鎮及東部幾幾莊高地一帶。但這些主戰場的戰鬥，都與關麟徵軍的守備地域無關。在正面阻擋坂本支隊主力的是王仲廉 85A 的 2 個師，而西迦河以東，關麟徵 52A 進入的魯坊、南橋一帶，並無日軍主力存在。

　　關於與日軍騎兵隊的戰鬥，湯軍團戰鬥詳報提到，4 月 2 日，據 13A 獨立騎兵團李團長冬〔2 日〕電稱「敵三山部隊由向城南竄在蘭陵、鳳落、田陽一帶有激戰。」[15] 此報是第一個有關金莊之戰的紀錄，內容是獨立騎兵團（13A 偵查部隊）的報告，提到的「三山部隊」，應是「杉本部隊（聯隊長杉本大佐）」之訛。地點的鳳落（今日皇路）、田陽（今田營，鳳落東北 3

15　中國第二歷史檔案館資料編輯部合編，《台兒莊戰役資料選編》，頁 105。

公里）都是魯坊、南橋北部地名。從湯恩伯 4 月 1 日
命令關軍以「一部控置於鳳落、大古莊、金莊、河灣
一帶」[16] 的部署，可知在此處「有激戰」者即是關麟徵
52A 一部。

　　4 月 1 日中的戰鬥，軍團戰鬥詳報描寫的是主戰場
蘭陵鎮正面 4D、89D 對愛曲、秋湖之敵的阻擊戰，而
對關麟徵 52A 的行動僅記載為「本晨到達魯坊、南橋
附近，正繼續行動中」，並沒有對戰鬥的記述。4 月
2 日，日軍南進後，湯軍團戰鬥詳報記載的仍是 4D、
89D 在蘭陵附近協同攻擊鳳凰山、前後煙頭、小洪山
之敵內容（實際上由於坂本支隊已南下，周圍已無敵主
力存在）。2 日午後，湯恩伯命 85A 南下追擊，52A 與
85A 晚間換防，仍受命留在蘭陵、洪山鎮一帶繼續「殲
滅殘敵」。

　　此後戰鬥詳報中才出現關麟徵軍的行動紀錄：52A
除派一部接防 4D 之小洪山、鳳凰山、後煙頭陣地，積
極肅清殘敵外，並以主力朝向城附近迂迴包圍竄秋湖、
作字溝之敵。[17]「肅清殘敵」是關麟徵 52A 主力被留在
蘭陵、洪山一帶的主要理由，問題在日軍主力南下後，
到底此地還有何種「殘敵」存在？根據坂本支隊的部署
判斷，4 月 2 日僅有在蘭陵鎮附近戰場（林屯）監視敵
動向的步兵第十一聯隊第四、第七中隊，和西迦河東被

16　中國第二歷史檔案館資料編輯部合編，《台兒莊戰役資料選編》，
　　頁 104。

17　中國第二歷史檔案館資料編輯部合編，《台兒莊戰役資料選編》，
　　頁 110-111。

包圍在金莊的騎兵第五聯隊及來自向城的救援隊，全體約 800 餘人。

從地名判斷，湯軍團戰鬥詳報中在「小洪山、鳳凰山、後煙頭陣地附近」之殘敵，指的應是坂本支隊殘留此地的步兵 2 個中隊監視兵；以主力迂迴向城附近意圖包圍殲滅的「秋湖、作字溝之敵」，應是步兵第二十一聯隊的金莊救援隊，和金莊內騎兵聯隊兩部（作字溝在小鍋里西北方 1.5 公里處）。蘭陵附近的監視兵 2 個中隊，奉命 4 月 2 日夜南下歸隊。2 日白天確實記錄過與包圍村落之敵的戰鬥，地點在林屯附近，2 日白天戰鬥中，第四中隊戰死一等兵土井亮作和木村八郎 2 名。[18] 從時間（白天）、地點（林屯）分析，敵軍並不是關軍，而是原擔任西迦河以西蘭陵鎮守衛的王仲廉軍陳大慶 4D，在此地與關軍換防時間為戰鬥後 4 月 2 日晚。

4 月 3 日，騎兵聯隊撤出，與救援隊一起返回向城後，湯軍團的戰鬥詳報記錄關軍此階段戰果如下：

> 4 月 3 日我第五十二軍第二十五師及第二師第八團與分據西房前小王莊、鳳落、作字溝、小鍋里一帶之敵激戰。……敵傷亡慘重……以上各村，經半日血戰盡行克復，並在房前抄獲敵司令部，除獲大批公私文件外，並獲無線電兩台，其他戰利品甚多，樂莊、孫家房前、劉莊有敵步騎千餘人，旋以被我

---

18 石田積，《支那事變に於ける步兵第十一聯隊第四中隊誌》（広島：四生會事務局，1986），頁 30。

擊破，又在劉莊抄獲敵司令部，據所獲文件檢知敵
部隊為北支派遣軍板垣兵團之小曲、片野、西山各
聯隊及新島騎兵聯隊。[19]

描寫的是 25D 和 2D 8R 的作字溝、小鍋里、房前、
劉莊附近戰鬥。從內容分析，無疑是金莊包圍戰與阻
擊日軍救援隊的綜合戰鬥紀錄。雖沒提及所謂「新島騎
兵聯隊長」的生死，但抄敵司令部之語，已給媒體報導
出示足夠的暗示，內容包括 1 日至 3 日幾天的作戰行
動。房前、鳳落、作字溝、小鍋里（今日名小郭）、欒
莊、劉莊（金莊）等，都是 4 月 1 日以後關麟徵軍負責
守備的西迦河以東，魯坊、南橋以北的地名。其中的
「劉莊敵司令部」，即是日軍所稱的金莊。

4 月 3 日凌晨 0300，救援隊和騎兵隊撤出金莊（劉
莊）後，此地被關軍佔領。所以湯軍團戰鬥詳報記載的
「抄敵司令部兩處」並不虛假。另一處的房前敵司令
部，可能指的是曾發生過戰鬥的小鍋里。推測日軍從金
莊（劉莊）隱密撤出時，除了遺棄部分物資、傷殘馬匹
外，還有一些司令部殘留物品和非機密文件等。從關軍
連敵部隊名都未能掌握（稱新島騎兵聯隊）的戰果報告
內容看，應沒有繳獲任何重要文件。

之後其他媒體宣傳中出現的關麟徵軍大捷、殲滅敵
「新島騎兵聯隊」的各種消息，可以說即來源於以上戰

---

19 中國第二歷史檔案館資料編輯部合編，《台兒莊戰役資料選編》，
　　頁 111。

鬥報告內容。根據中央社發電報導：

> 三日晨我向洪山鎮出擊，我××營長身先士卒，與
> 敵血戰二小時，敵被我消滅大半，敵聯隊司令部當
> 經我佔領，敵聯隊長千島亦於是役戰死，我並奪
> 獲無線電機一架，步機槍及彈藥文件甚多，據俘獲
> 供稱，該部為板垣師團之千島聯隊，係由太原調來
> 者。我另一部三日亦向蘭陵鎮之敵幾度奇襲，敵已
> 呈慌亂狀態，惟尚在頑抗中。至秋胡之敵，經我部
> 六日〔二日〕晚將其包圍後，即施行猛攻，敵騎
> 三百悉被殲滅，三日晨敵步兵五百增援，亦為我殲
> 滅逾半。

消息傳至媒體，內容已經相當走樣，本來就不準確
的「新島聯隊」，又被訛傳為「千島聯隊」。原報告未
提及下落的「新島」聯隊長，也被媒體宣判了死刑。但
關麟徵軍所抄的司令部是板垣師團騎兵聯隊之事實，並
不難讀出。

以上為 4 月 1 日至 3 日，關麟徵軍的 2 個師對日軍
騎兵聯隊和前來救援的向城守備隊的戰鬥經過，是 2 萬
餘大軍，在 4 月 1 日至 4 日，在蘭陵鎮附近經歷的唯
一戰鬥，而敵軍僅為日軍的騎兵隊及救援隊合計約 500
人。此戰日軍戰死 14 至 15 名，負傷過百，而關麟徵 4
月 4 日 15 時，對蔣中正的報告中卻稱：

> 職軍連日以來在洪山鎮附近之劉莊、房前一帶

與……敵步騎兵約二千餘名附砲卅餘門、戰車廿餘輛激戰，經我官兵奮勇猛攻，已將該敵大半殲滅，殘餘少數已向西北方潰退。此役經已查明之俘獲品及我軍傷亡數如下：一、第二師俘虜戰馬三匹、摩托車一輛……二、第廿五師獲戰馬 22 匹、步槍卅四支、輕機槍五挺、無線電台一具……三、第二師傷軍官十員，兵 310 名，陣亡官 13 員，兵 192 名。四、第廿五師傷軍官六員，兵 585 名，陣亡士兵 285 名。[20]

　　關軍 4 月 4 日後處於待命狀態，無戰鬥發生。5 日在李宗仁命令下離開蘭陵鎮向台兒莊東北方底閣、楊樓方向轉進。所以 4 日報告的陣亡官兵 490 名，應屬於為時 3 天的金莊附近戰鬥。報告中出現的「敵步騎二千餘名附砲卅餘門、戰車廿餘輛」等敵情，都是為了擴大戰鬥規模的虛構（救援隊配備了野砲 2 門是事實），但繳獲的馬匹數量應為事實。騎兵聯隊自稱損失了馬匹的大半，夜間突圍時也有放棄傷殘馬匹的記載，可推測至少損失了百餘匹馬。

　　關麟徵軍 2 個師，在向城南金莊（劉莊）附近與 500 名日軍步騎周旋的 4 月 2 日至 3 日，在湯恩伯調動兵力後，被完全孤立的正面戰場孫連仲集團軍城外部隊 27D，正死守台兒莊外圍彭村、低石橋、邊莊等最後幾

20　〈八年血債（十四）〉，《蔣中正總統文物》，國史館藏：002-090200-00038-067。

個據點。2日，在瀨谷支隊赤柴八重藏步兵第十聯隊主力2個大隊步兵及2輛89式中戰車的協同攻擊下，重要據點之一邊莊陷落。數百名堅守邊莊的27D官兵孤立無援，除了一部僥倖逃脫外，陣地內守軍全員覆滅。[21]

《台兒莊殲滅戰》也證實27D這次慘敗。「4月3日敵主力本日猛攻孫部右翼，邊莊、孟莊、裴莊、邵莊，被敵砲燬平，黃林莊、趙村亦被敵佔領，我27D4個營守兵傷亡殆盡，現退守李家圩、古梁王城、石拉及運河南岸之線。」[22] 對比之下，一方被調出後兵浮於事，無用武之地，一方則孤立無援，戰死疆場。湯恩伯調動兵力之舉到底「英明」在何處？

第六節　結尾

關麟徵軍停滯在蘭陵鎮附近「肅清殘敵」的戰鬥，並沒有因此結束。4月3日晚，日軍被圍的騎兵聯隊及傷兵在救援隊護送下返抵向城，翌日向城即被追擊到來的關麟徵軍大部隊包圍。此後，湯軍團的圍城戰曾三易指揮官，一直持續了2週以上。有關此著名的圍城戰鬥，囿於篇幅問題，在此割愛，僅將中日兩軍的戰損紀錄報告如下。

金莊、向城之戰，日軍（包括輜重兵、傷兵）總共不過千餘，實際戰力僅約500名前後。在台兒莊戰役

---

21 「第2 戰鬪経過の概要（1）」，JACAR: C11111171800，頁1740。
22 軍事委員會軍令部第一廳第四處，《抗戰參考叢書：台兒莊殲滅戰》，頁61。

中，佔日軍總戰力（2支隊約16,000名）的1/20不到，不過是一個小小的角落。以下按戰損自報原則統計，出示中日兩軍各自記錄的向城附近戰鬥損失。

一、日軍方面的戰鬥損失

（1）金莊戰鬥（對手為關麟徵52A）

　　騎兵第五聯隊（3月31日至4月20日）共戰死14名（《官報》集計數據），戰死傷總數100餘名。

　　步兵第二十一聯隊（一部），金莊救援隊（4月1日至3日）無戰死，戰傷11名。[23]

（2）向城圍城戰鬥（對手為吳良琛13D、黃光華139D）

　　步兵第二十一聯隊向城守備隊（3月31日至4月19日）共戰死18名，戰傷91名。[24]

　　步兵第二十一聯隊主力的向城附近救援戰鬥（4月19日至20日），戰死2名，戰傷9名。

　　輜重兵第五聯隊江藤中隊（4月4日至4月14日籠城中）戰死2名，失蹤1名，負傷十數名。

　　砲兵小隊（3月31日至4月20日）戰死1名，戰傷不明。[25]

　　步兵第四十一聯隊林田支隊（4月13日至15日救援）戰死8名，戰傷32名。[26]

23　岸本清之編著，《浜田聯隊秘史》（島根：岸本清之），岸本統計，頁191。

24　岸本清之編著，《浜田聯隊秘史》，岸本統計，頁222。

25　門田竜輔，《戰野の想い出：門田竜輔手記》（広島：西日本文化出版，1985），頁58。

26　「陣中日誌　自昭和13年4月1日至昭和13年4月30日　步

以上合計各部隊在各次戰鬥中共戰死約 45 名（不包括運輸途中死亡的坂本支隊 3 名傷兵），戰傷 258 名以上，總計死傷超過 303 名。內與關麟徵軍金莊附近戰鬥中有關的數字，為戰死 14 至 15 名，負傷 100 餘名。

二、湯軍團方面的戰鬥損失

（1）關麟徵 52A 劉莊（金莊）附近戰鬥（4 月 1 日至 5 日）

2D 傷軍官 10 員、兵 310 名，陣亡官 13 員、兵 192 名。

25D 傷軍官 6 員，兵 585 名，陣亡士兵 285 名。[27]

（2）向城圍城戰鬥

第一次攻城（4 月 7 日，13D），73R 攻擊向城之敵，計傷亡官兵 100 餘名。[28]

第二次攻城（4 月 11 至 12 日，139D、13D），無確切數據。若參考日軍紀錄為敵遺屍 169 具。

阻擊林田支隊戰鬥（4 月 14 日至 15 日，13D），戰鬥損失為死傷 400 餘名，第十三軍獨立騎兵團損失狀況不明（無紀錄）。

第三次攻城（4 月 16 日，139D、13D），「傷亡甚大，官兵幾達千餘員名。」[29]另參考日軍紀錄

兵第 41 連隊（3）」，JACAR: C11111220100，頁 1187-1188。

27　〈八年血債（十四）〉，《蔣中正總統文物》，國史館藏：002-090200-00038-067。

28　〈八年血債（二十一）〉，《蔣中正總統文物》，國史館藏：002-090200-00045-143。

29　〈八年血債（十六）〉，《蔣中正總統文物》，國史館藏：002-090

為敵遺屍 140 具。

與日軍救援主力的戰鬥（4 月 19 至 20 日），無
確切數據。

金莊戰鬥國軍合計死傷 1,401 名，向城戰鬥合計死
傷約 1,500 名，總計死傷 2,901 名（不完全統計）。其
中關麟徵軍主力在金莊戰鬥中陣亡 490 名，圍城戰中各
部死亡數不明。

200-00040-047。

第八章　坂本支隊的台兒莊東戰場戰鬥

　　本章是對 3 月 31 日至 4 月 8 日晨，湯軍團在台兒莊東戰場戰鬥過程的全面考證。湯軍團為何沒有出現在台兒莊大捷的宣傳中？由於過去戰史研究僅注意描寫正面戰場孫集團軍的大捷，忽視了對台兒莊會戰戰略全局的考證，很少有人瞭解其背後的真相。本章透過詳細考證中日兩軍原始檔案，指出湯恩伯作戰指揮過度謹慎、行動消極，雖手握重兵，卻遲遲未能集結主力展開攻擊，以致該軍團被期待作為反攻主力的 7 萬人馬，反被坂本支隊寡兵 6,000 拖死在台兒莊東戰場的泥淖中，最終（4 月 7 日，台兒莊戰役結束後）也未能擊敗坂本支隊，按命令前進到台兒莊正面戰場。從戰局全體看，主力湯軍團若不能進入台兒莊正面，處於防守劣勢的孫集團軍自身並沒有對瀨谷支隊的反攻能力。孫部之後能單獨上演的「反攻大捷」劇本的理由，是 4 月 6 日夜，台兒莊正面日軍瀨谷支隊的自主撤退。此章是從戰略全局解開「台兒莊反攻」真相的重要鎖匙。

第一節　第五師團台兒莊救援

一、坂本支隊行動概觀

　　3 月 14 日南部山東剿滅作戰開始後，第五師團坂本支隊在東線與南下的瀨谷支隊行動配合呼應，企圖迅速攻克臨沂城後向嶧縣方面進出，形成東西鉗擊，在嶧縣附近匯合後，佔領控制整個大運河北岸（省境）一帶，完成南部山東剿滅作戰的掃蕩任務。

　　此剿滅作戰的背景，是魯南方面國軍對日軍佔領地域的騷擾襲擊。1937 年底，日軍第二軍南渡黃河侵入山東省，佔領濟南後 1 月初南下曲阜、鄒縣、兗州、濟寧，之後停止前進，第十師團在此地與膠濟沿線的第五師團雙雙進入警備。大本營參謀本部考慮到第二軍兵力薄弱，令其鞏固佔領地域，禁止其部繼續南下。

　　2 月，由於國軍加強津浦線北段汶上、濟寧方面（西北軍）及兩下店方面（川軍）對日軍的攻勢，第二軍令磯谷廉介第十師團的長瀨（步兵第八旅團）、田島（步兵第三十三旅團）兩支隊於津浦線北段反擊。同時，令擔任膠濟線守備的板垣征四郎第五師團也派兵一部向沂州方向前進，肅清以龐炳勳軍團為中心的反抗勢力，策應第十師團行動。此次反擊行動，日軍戰史稱「山東省西南地區反擊作戰」。戰鬥中，第十師團反擊掃蕩進展順利，於 2 月中旬控制了兩下店（界河北）、嘉祥（濟寧西）後告一段落。而第五師團卻出師不利，遭到國軍頑強抵抗，遲遲不得進展。此局部戰鬥，一直拖延到 3 月 14 日的南部山東剿滅作戰開始，成為作戰

前的序曲。

二、坂本支隊的編成及戰鬥概況

　　第五師團在 2 月 21 日為實施南部山東地區反擊戰，[1] 派出步兵 1.5 個大隊、山砲兵 1 個中隊，由步兵第二十一聯隊長片野定見大佐指揮，從濰縣出發南下。2 月 23 日攻陷莒縣，由於遭到國軍龐炳勳、沈鴻烈等部的頑強抵抗，23 日又增加了半大隊步兵、1 個大隊砲兵，由坂本順（步兵第二十一旅團長）擔任指揮，易名坂本支隊。支隊於 3 月 5 日攻克湯頭鎮，做好向沂州方面進攻準備。[2] 可是在敵方阻擊下戰線遲遲不得進展，損失也不斷增大。師團不得已，又從高密縣調動步兵第十一聯隊等赴援，步兵第十一聯隊主力 3 月 14 到達湯頭，進出到白塔、王莊、沙嶺一帶。[3] 由於步兵第十一聯隊加入戰線，3 月 14 日，即西線瀨谷支隊南下（南部山東剿滅作戰）開始後，坂本支隊已擴大到步兵 6 個大隊、砲兵約 2 個大隊的陣容（總數約 8,000 餘名）。

　　坂本支隊在 3 月 14 日後南部山東剿滅作戰計畫中的使命，本是與西線瀨谷支隊協力進行東西鉗擊合圍。可實際上，西線瀨谷支隊方面進展勢如破竹，作戰開始

1　片野、坂本支隊 2 月 20 日至 3 月 13 日間的戰鬥名稱呼。但損失統計被併入第一期南部山東剿滅作戰（3 月 14 日至 5 月 15 日），「第 3 章・第 5 節　北支那方面軍主要会戦及戦闘一覧表」，JACAR: C11110928300，頁 1434。

2　「8・台兒莊の戰鬥」，JACAR: C15010016300，頁 676。

3　鯉十一会，《步兵第十一聯隊史》（広島：鯉十一会，1993），頁 282。

僅一週餘，即擊潰川軍主力及湯軍團援軍（89D），攻克界河、滕縣、臨城、韓莊，到達會合預定地點嶧縣。而坂本支隊方面戰鬥卻一籌莫展，沂州攻略計畫遭到龐炳勳部的抵抗，又遇到增援臨沂的張自忠第59A夾擊，沂州攻略陷入僵局。此戰局的不平衡發展，導致23日先佔領嶧縣的瀨谷支隊派隊（沂州支隊）增援坂本支隊的新局面。[4] 關於坂本支隊的台兒莊赴援，日本戰史叢書《支那事變陸軍作戰2》有如下敘述：

> 坂本支隊26日正午時分佔領義堂集。之後坂本支隊將主力也調往沂州西北方，27日從此地開始接近並攻擊沂州城。逐次將城周圍的敵各據點攻陷，但敵頑強抵抗，至29日也未能克沂州縣城。由於之後台兒莊方面戰鬥愈加激烈，29日，第五師團命令坂本支隊一時中止攻擊沂州城，赴台兒莊方面支援。支隊長受命後，將步兵第四十二聯隊第三大隊（鈴木茂一郎）置於沂州北義堂集附近監視敵情，主力（步兵5大隊、野砲兵2大隊）於29日夜撤出戰線，南下支援台兒莊。[5]

據步兵第二十一聯隊戰鬥詳報，台兒莊轉進命令於3月29日12時下達。內容大要為「支隊主力將向向城

---

4 此赴援部隊（步兵第十聯隊第二大隊，加村少佐指揮，附輕裝甲車第十二中隊）前進中，3月25日被湯軍團關麟徵部阻止於郭里集，戰鬥後奉命取消派遣。

5 防衛庁防衛研修所戰史室編，《支那事變陸軍作戰2（昭和十四年九月まで）》，頁27-37。

方向轉進，出擊在台兒莊附近與我瀨谷支隊正面交戰中之敵側背」。此時，坂本支隊組成如下：

1. 步兵第二十一聯隊第一（3 月 31 日後留守向城）、第二、第三大隊
2. 步兵第十一聯隊第一、第三大隊
3. 步兵第四十二聯隊第三大隊（3 月 30 日後留守臨沂義堂集）
4. 獨立機關槍第六大隊（岡崎傳之助中佐）
5. 獨立山砲兵第三聯隊第二中隊
6. 野砲兵第五聯隊主力（2 大隊）
7. 騎兵第五聯隊主力（杉本一雄大佐）
8. 工兵第五聯隊第二中隊[6]

　　坂本支隊在赴台兒莊作戰時，將步兵第四十二聯隊第三大隊留守臨沂，實際派遣兵力為步兵 5 個大隊、砲兵 2 個大隊。另外途中在向城又留下 1 個大隊守備（目的為確保運輸線）。向城守備隊兵力為步兵第二十一聯隊第一大隊（迫田廣一大尉代理，欠第四中隊）、騎兵第五聯隊主力、野砲兵第五聯隊第八中隊 1 個小隊，衛生隊 1/3），[7] 共約 900 人。

6　數據為鯉十一会，《步兵第十一聯隊史》，頁 277；《支那事変陸軍作戰 2（昭和十四年九月まで）》，頁 28。

7　鯉十一会，《步兵第十一聯隊史》，頁 303。

圖 8-1　南部山東剿滅作戰要圖

資料來源：防衛廳防衛研修所戰史室編，《支那事変陸軍作戦2（昭
和十四年九月まで）》，頁30。

　　最終（4月2日後）進入台兒莊東戰場的坂本支隊
為以下陣容：

　　1. 步兵第十一聯隊（長野祐一郎大佐）

　　　　第一大隊（沖作藏）

　　　　第三大隊（牟田豐治）

　　　　聯隊本部

　　　　聯隊砲中隊

　　　　速射砲中隊

　　　　獨立機槍第六大隊（一部）

　　　　坂本支隊（旅團）本部

　　　　以上行軍時為左縱隊，攻擊時稱左翼隊，4月3
　　　　日，位置於陳瓦房、蒲汪、賀莊、三河口。

2. 步兵第二十一聯隊（片野定見大佐）[8]

第二大隊（大隊長缺）

第三大隊（西山茂壽大尉代理）

獨立山砲兵第三聯隊第二中隊

獨立機槍第六大隊（一部）

以上行軍時為右縱隊，攻擊時稱右翼隊，4月3日時，地點位置在小莊、五岔路、火石埠，4日後主力移動到北線堡子附近。

台兒莊赴援的坂本支隊於29日夜從臨沂出發，[9] 經整日行軍，30日晚21時10分到達蘭陵鎮東北約15公里的向城。先入城的右縱隊步兵第二十一聯隊（片野部隊）奉命留下第一大隊作向城守備隊後，31日9時20分沿台灘公路向蘭陵鎮前進。[10] 後續左縱隊步兵第十一聯隊（長野部隊）也經向城後，向南方官莊、洪山鎮（蘭陵東偏南約4公里處，現地名為橫山）接近。騎兵第五聯隊31日夜，從向城出發奉命向魯坊北一帶前進，偵查洪山鎮東方敵情和地形。[11]

31日11時15分至16時30分，日中兩軍在蘭陵鎮北方作字溝、愛曲附近遭遇，進入戰鬥。日軍參戰部隊為右縱隊步兵第二十一聯隊（2個大隊），國軍為湯軍

8　據戰鬥詳報統計，3月25日，聯隊人員總數為2,591人（內包括427名非戰鬥員），「忻州北方忻河左岸地区の戦闘（2）〔沂州北方忻河左岸地区の戦闘（2）〕」，JACAR: C11111185900，頁342-343。

9　「忻州北方忻河左岸地区の戦闘（2）〔沂州北方忻河左岸地区の戦闘（2）〕」，JACAR: C11111185900，頁328-329。

10　岸本清之編著，《浜田聯隊秘史》，頁185。

11　松岡巖，《iA隊の記録追補録：歩兵第十一連隊》，頁150。

團 85A 4D 及 89D 一部約 15,000 餘人。31 日夜,從台
兒莊北戰場調出的關麟徵 52A 也緊急進入蘭陵鎮東方
魯坊一帶。至 4 月 1 日晨,湯軍團全體共 2 個軍 (52A、
85A) 4 個師約 4 萬人,展開在蘭陵鎮、洪山鎮至東方
魯坊、南橋鎮的東西約 13 公里一線。對比日軍兵力,
坂本支隊由於分兵 1 個大隊守備向城,實際到達蘭陵
鎮北的部隊為步兵 4 個大隊、砲兵 2 個大隊,[12] 合計約
5,000 人。

第二節 坂本支隊與湯軍團的第一戰——蘭陵鎮、洪山鎮附近戰鬥 (3 月 31 日至 4 月 1 日)

一、日軍方面的記載

3 月 31 日,坂本支隊先頭的步兵第二十一聯隊,
在蘭陵鎮北方與湯軍團 85A 4D 發生戰鬥。此為坂本支
隊援軍的首戰,由於規模並不大,除死傷統計外,步
兵第二十一聯隊史中並未提及此遭遇戰內容。僅步兵
第二十一聯隊文書岸本清之的日記記錄「聯隊主力午
前 11 時 15 分,在作家橋〔疑為作字溝〕,前衛第二大
隊與敵軍發生交戰,午後 4 時 30 分,該大隊進出小忠
村」。《浜田聯隊秘史》稱此 31 日的戰鬥為「小忠村

---

12 「北支方面作戰記錄 第 1 卷 2 (2)」,JACAR: C1111170
8200,頁 821。

附近戰鬥」。聯隊的戰鬥別戰死傷統計表中，記錄有 8 名人員負傷。[13]

對照地圖，可知右縱隊步兵二十一聯隊在作字溝（蘭陵鎮東北約 8 公里）、愛曲附近與敵遭遇，經數小時戰鬥，沿台灘道路將敵擊退到蘭陵鎮東北 4 公里處小忠村。右縱隊進入小忠村後，在此一線展開，進入對南方蘭陵鎮的攻擊準備。

向洪山鎮北前進的左縱隊（步兵第十一聯隊方面），31 日並沒有與敵接觸。從國軍湯恩伯部的行動部署分析，計畫進入洪山鎮以東地區的關麟徵 52A 主力，31 日午後從台兒莊北撤出，於 31 日夜間進入洪山鎮以東的魯坊、南橋一線。所以關麟徵部的戰鬥（與日軍偵查部隊騎兵第五聯隊遭遇），發生在 4 月 1 日凌晨以後。

關於支隊所在位置，步兵第十一聯隊步兵砲隊的戰史記載：

> 31 日 17 時，騎兵聯隊從小褐〔鍋〕里出發，警戒中到達金莊停止。正搜索洪山鎮東方敵情」。22 時「支隊主力在李莊〔小忠村〕、房前一線對當面之敵作攻擊準備中，支隊本部位置於官莊。[14]

支隊主力位置展開在台灘公路林屯至西迦河的東西

13　岸本清之編著，《浜田聯隊秘史》，頁 189、191。
14　松岡巖，《iA 隊の記録追補録：步兵第十一連隊》，頁 95。

一線，國軍陣地以北 2.5 公里，蘭陵鎮的東北方。4 月
1 日晨，坂本支隊開始攻擊蘭陵鎮及其東方高地。坂本
支隊長向師團報告：

> 支隊主力左〔右〕翼在李莊，右〔左〕翼隊在林屯
> 展開，向蘭陵鎮方向攻擊中。左翼集中攻略敵幾幾
> 莊高地〔前煙頭〕。〔戰鬥後〕右〔左〕翼作為追
> 擊隊向胡山方向追擊前進，其餘主力從蘭陵鎮出發
> 尾隨追擊隊前進。[15]

　　核對當時的軍用地圖，報告中的李莊應是現在的李
家巷子，在蘭陵鎮北 2 公里，小忠村西南 2 公里處台灘
公路線上。可判明此地是右翼隊步兵第二十一聯隊的攻
擊出發地，目標是沿道路攻擊西南的蘭陵鎮。左翼隊步
兵第十一聯隊則展開於林屯（小忠村東 1 公里）附近至
西迦河，向南方幾幾莊高地攻擊前進，此高地是敵方堅
守的主陣地。在此一帶抵抗的敵方部隊，與昨日同樣，
是王仲廉 85A 的 89D、4D。
　　關於 4 月 1 日蘭陵鎮方面的戰鬥，步兵第二十一聯
隊岸本清之日記寫道：

> 午前 5 時攻擊開始，前衛第二大隊在蘭陵鎮附近遭
> 到優勢之敵阻擊，經戰鬥將其擊退。午後 9 時進入
> 晁村。由於〔南下〕出發時間未定，……部隊於現

15　松岡嚴，《iA 隊の記錄追補錄：步兵第十一連隊》，頁 150。

地大休待機。[16]

　　日記中的晃村（晃家莊）在蘭陵鎮北外圍，此時蘭
陵鎮在右翼隊步兵第二十一聯隊第二大隊攻擊下已陷
落，守敵 85A 向東方洪山鎮退卻。坂本支隊的作戰使
命是南下台兒莊，所以並未追擊向東方洪山鎮撤退的
85A。步兵第二十一聯隊晚 21 時在蘭陵鎮北晃村集結
待命，2 日 6 時出發南下。同時，步兵第十一聯隊一部，
白天的幾幾莊攻擊戰結束後也進入蘭陵鎮，2 日 0 時，
作為追擊隊先行向胡山（運河線左岸敵山地陣地，包括
禹王山、鍋山、西黃石山）方向出發。

　　根據步兵第二十一聯隊史的戰死傷統計，4 月 1 日
蘭陵鎮附近戰鬥，該部戰死 7 名，戰傷 12 名。[17] 另外，
左翼隊步兵第十一聯隊此日從林屯向幾幾莊高地展開攻
擊，戰鬥頗為激烈。該聯隊史云：

> 第一大隊攻擊佔領了林屯南方幾幾莊高地，戰鬥中
> 大隊長沖少佐負傷後送。戰鬥後，第四中隊與第七
> 中隊作為聯隊預備隊，在附近戰場進入警備，第二
> 中隊則進出到蘭陵鎮。[18]

　　聯隊史內容簡潔，而第四中隊和步兵砲隊的戰史
中，留下不少戰鬥細節。第四中隊史記載：

16　岸本清之編著，《浜田聯隊秘史》，頁 189。
17　岸本清之編著，《浜田聯隊秘史》，頁 191。
18　鯉十一会，《步兵第十一聯隊史》，頁 293。

　　4月1日，第四中隊作為第一大隊右第一線，參加了林屯南方高地的攻擊戰，激戰後佔領幾幾莊高地。之後留下1小隊支援第三大隊方面戰鬥，主力作為大隊預備隊進入林屯警備。此日戰鬥中，上等兵久竹強、田槙兵壯2名戰死。

　　另外第四中隊奧下政來的從軍日記記載：

　　我第四中隊也參加了幾幾莊高地攻擊。此戰鬥中久竹君、松本君戰死，池田君負傷。戰場敵軍死屍遍地。在佔領的丘頂修築工事，此地有敵方的碉樓，為混凝土結構，還帶有鐵門。[19]

　　兩者記錄的戰死者姓名不同，核對《官報》，前者正確。4月1日的戰死者中的確也有松本朝二郎一等兵，但不是第四中隊所屬。

　　此外，步兵第十一聯隊步兵砲隊史也有記錄：

　　此戰鬥中第二中隊代理中隊長畑少尉負傷，第一大隊長也腿部負傷。小隊、中隊至大隊本部都進入第一線戰鬥，全力奪取敵重要陣地〔幾幾莊高地〕。佔領同時，受到敵猛烈砲火的集中射擊，死傷者不斷。在砲火掩護下，敵大軍以數千人集團向高地湧

19　石田積，《支那事変に於ける步兵第十一聯隊第四中隊誌》，頁29、80。

來，如雲若霞，使人望而生畏。來大陸之後，第一次見到此類人海戰術的攻擊，且此部隊十分勇敢，前仆後繼越過戰友屍體，如潮水般湧來，山頂展開了白刃戰的死鬥。天助我也，最終敵軍留下多數死屍退散。……戰鬥後，第四中隊在現地進入守備，我第二中隊前進到蘭陵鎮。2日0時，又從蘭陵鎮出發，向南方蕭汪前進。[20]

此段不僅描寫了幾幾莊高地的血戰，並留下了戰鬥時步兵砲射擊要圖。從圖中內容分析，不僅左翼隊、右翼隊一部（步兵第二十一聯隊）奪取蘭陵鎮後也參加了高地攻擊（要圖中左、右翼隊標誌相反）。高地頂有堅固的碉堡，並受到來自西方蘭陵鎮方向「有力援軍」（89D）的協助。

坂本支隊4月1日的戰鬥紀錄，可見右翼隊（步兵第二十一聯隊）從李莊沿公路攻擊前進，克蘭陵鎮，戰鬥進行較為順利，並以一部支援左翼隊。左翼隊（步兵第十一聯隊）從林屯向幾幾莊高地攻擊，佔領高地後遭到敵大部隊的反覆逆襲，戰鬥十分激烈，直至午後5時才終於完成對高地佔領，指揮者第一大隊長沖少佐在戰鬥中腿部負傷退陣。

20　松岡嚴，《iA隊の記錄追補錄：步兵第十一連隊》，頁151。

圖 8-2　步兵第十一聯隊對 85A 鳳凰山高地的攻擊

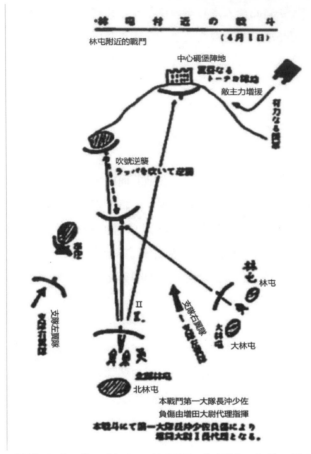

資料來源：松岡巖，《iA 隊の記錄追補錄：步兵第十一連隊》，頁 151。

　　從《官報》統計分析，4 月 1 日戰鬥中，坂本支隊共戰死 32 名。其中騎兵第五聯隊戰死 7 名（金莊戰鬥），步兵第 21 聯隊戰死 8 名（蘭陵鎮攻擊），步兵第 11 聯隊戰死 17 名（幾幾莊高地戰鬥）。4 月 2 日金莊附近戰鬥中，騎兵聯隊戰死 8 名。即坂本支隊在蘭陵

鎮附近 3 日間，共戰死 40 名，從《官報》整理出的戰
死者名單如下（步兵第四十二聯隊竹谷政雄除外），負
傷者不明。

表 8-3　蘭陵鎮附近戰鬥日軍戰死者名單

	姓名	日期	軍階	官報日期	所屬
1	大下忠	1938.03.31	步曹長	1939.04.07	步兵第十一聯隊
2	太尾田肇	1938.03.31	步上	1939.04.07	步兵第十一聯隊
3	南部秀雄	1938.04.01	騎上	1938.11.14	第五騎兵聯隊
4	平野進	1938.04.01	騎伍長	1938.11.14	第五騎兵聯隊
5	藤田竹一	1938.04.01	騎上	1938.11.14	第五騎兵聯隊
6	野津山萬次	1938.04.01	騎軍曹	1938.11.14	第五騎兵聯隊
7	友兼房一	1938.04.01	騎伍長	1938.11.14	第五騎兵聯隊
8	有重順造	1938.04.01	騎伍長	1938.11.14	第五騎兵聯隊
9	增田升	1938.04.01	騎曹長	1938.11.14	第五騎兵聯隊
10	川本數男	1938.04.01	步軍曹	1939.04.07	步兵第十一聯隊
11	川野真諦	1938.04.01	步曹長	1939.04.07	步兵第十一聯隊
12	佃村覺一	1938.04.01	步上	1939.04.07	步兵第十一聯隊
13	谷角市	1938.04.01	步上	1939.04.07	步兵第十一聯隊
14	廣瀨勝三	1938.04.01	步上	1939.04.07	步兵第十一聯隊
15	久竹強	1938.04.01	步伍長	1939.04.07	步兵第十一聯隊
16	橋詰要	1938.04.01	步上	1939.04.07	步兵第十一聯隊
17	山口文九	1938.04.01	步伍長	1939.04.07	步兵第十一聯隊
18	上迫一男	1938.04.01	步伍長	1939.04.07	步兵第十一聯隊
19	松本朝二郎	1938.04.01	步上	1939.04.07	步兵第十一聯隊
20	田真兵壯 *	1938.04.01	步伍長	1939.04.07	步兵第十一聯隊
21	岩本敏三	1938.04.01	步上	1939.04.07	步兵第十一聯隊
22	植田正喜	1938.04.01	步曹長	1939.04.07	步兵第十一聯隊
23	中村貞一	1938.04.01	步上	1939.04.07	步兵第十一聯隊
24	森廣正義	1938.04.01	步上	1938.11.05	步兵第二十一聯隊
25	山根傳造	1938.04.01	步上	1938.11.05	步兵第二十一聯隊
26	藤川忠夫	1938.04.01	步伍長	1938.11.05	步兵第二十一聯隊
27	卞田正雄	1938.04.01	衛伍長	1939.04.21	步兵第二十一聯隊
28	持田房藏	1938.04.01	步伍長	1939.04.21	步兵第二十一聯隊
29	林達	1938.04.01	步上	1939.04.21	步兵第二十一聯隊
30	岩崎正雄	1938.04.01	步上	1939.04.21	步兵第二十一聯隊
31	多久和繁則	1938.04.02	騎伍長	1938.11.14	第五騎兵聯隊／金莊
32	花山一二	1938.04.02	騎上	1938.11.14	第五騎兵聯隊／金莊
33	吉富治郎	1938.04.02	騎軍曹	1938.11.14	第五騎兵聯隊／金莊
34	松田照	1938.04.02	騎伍長	1938.11.14	第五騎兵聯隊／金莊

	姓名	日期	軍階	官報日期	所屬
35	藤岡正雄	1938.04.02	騎少尉	1938.11.14	第五騎兵聯隊／金莊
36	田中哲夫	1938.04.02	騎伍長	1938.11.14	第五騎兵聯隊／金莊
37	中原一郎	1938.04.02	輜上	1938.11.14	第五輜重聯隊
38	宗歲正三	1938.04.02	輜上	1938.11.14	第五輜重聯隊

* 僅田真兵壯為戰傷死，其餘皆是戰死。

資料來源：筆者根據《官報》數據整理。

二、湯軍團的蘭陵鎮阻擊記錄（3 月 31 日 至 4 月 1 日）

　　湯軍團的戰史紀錄則顯示，關麟徵軍按命令 30 日 到達台兒莊北戰場，31 日按計畫剛開始行動後不久， 湯恩伯即接到日軍坂本支隊從臨沂赴台兒莊支援的新情 報。18 時，為阻止坂本支隊南下，湯恩伯決定放棄台 兒莊正面的支援作戰，將主力抽出，轉進蘭陵鎮方面截 擊日軍。命王仲廉：「率全力向敵尾追猛擊絕對不准撤 退或規避，並應取極機動之態勢，向敵弱點隨時猛擊， 如有自由撤退或部隊潰亂者，無論何人，一律以軍法從 事。」同時命關麟徵：「貴軍可以一部牽制敵之正面， 主力以洪山鎮為軸向東北進出敵之側背猛擊之」。[21]

　　按命令內容，蘭陵鎮北台灘公路方面，由王軍擔任 正面阻擊，關軍則進入洪山東北地區（魯坊、南橋鎮） 企圖繞攻坂本支隊側背，阻止其南下。31 日，在蘭陵 鎮北台灘公路進行正面阻擊的部隊，即是湯軍團 4D 及 89D 一部。戰鬥開始地點為愛曲（作字溝及愛曲一帶，

21　中國第二歷史檔案館資料編輯部合編，《台兒莊戰役資料選編》， 頁 102-103。

蘭陵鎮東北8公里）附近，退卻位置為秋湖（小忠村南，蘭陵鎮東北4公里）。

圖8-4　關麟徵軍從台兒莊向蘭陵鎮移動路線及位置圖
　　　　筆者判斷，此圖中52A、85A兩軍行動路線一部
　　　　有誤

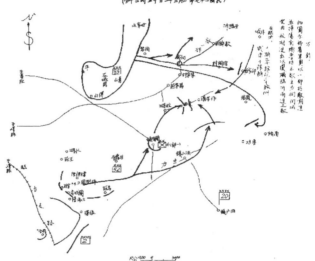

資料來源：國防部史政編譯局，《抗日戰史　徐州會戰3》，插圖48。

4月1日抵抗日軍總攻的戰鬥佈局，可見湯恩伯16時命令：

一、當面之敵約二、三千人刻在蘭陵鎮、洪山鎮、李莊、喬北之線與我第四師激戰中。……二、本軍團以攻擊該敵之目的以一部固守蘭陵鎮、洪山鎮、喬北之線，主力由樂莊、作字溝迂迴於敵側背夾

<u>擊，一舉殲滅之。</u>……四、王軍應以第四師（附野
砲一連）固守蘭陵鎮、洪山鎮、李莊、喬北之線，
並相機出擊協同關軍夾擊當面之敵，第八九師控置
於四戶鎮附近為機動部隊。五、關軍應以主力即刻
由樂莊、作字溝迂迴於敵之側背，猛烈攻擊，一部
控置於鳳落、大古莊、金莊、河灣一帶。[22]

　　即以王仲廉 85A 在洪山、蘭陵鎮一線正面阻擊坂
本支隊南下，關麟徵 52A 主力迂迴作字溝（愛曲附
近），打擊攻擊蘭陵鎮之敵側背。若分析對比前述日軍
戰鬥詳報，可知實際戰鬥並未按此命令部署展開。命令
下達時蘭陵鎮已經陷落，不久，17 時 15 分，日軍左翼
隊（步兵第十一聯隊）也攻略了幾幾莊高地，85A 正面
的蘭陵鎮、洪山鎮西北一線高地到此完全失守，4D、
89D 退向東方洪山鎮一帶，魯坊、南橋北的 52A 主力
（2 個師），也並未繞攻正面之敵側背。由於日軍已南
下佔領了蘭陵鎮、幾幾莊高地，所以即使按命令迂迴作
字溝，也無法打擊敵側背，因成為日軍後方的作字溝已
不見敵影。此時該軍正佈陣於金莊一帶（鳳落、大古
莊、金莊、河灣），全力以赴企圖圍殲坂本支隊的騎兵
聯隊（金莊）及前來的救援隊（步兵第二十一聯隊第一
大隊一部，位置於坊前附近）。關於 4 月 1 日戰鬥結
果，湯軍團戰鬥詳報稱：

22　中國第二歷史檔案館資料編輯部合編，《台兒莊戰役資料選編》，
　　頁 104。

> 昨日由臨沂竄到愛曲、秋湖之敵，經我第四師迎
> 擊，又被我第八十九師側擊潰，竄到蘭陵鎮、洪山
> 鎮、李莊、喬北之線仍與我第四師激戰中。[23]

　　只稱戰鬥未果（仍激戰中），是進是退，文意不明。4月1日的戰鬥中，坂本支隊的攻擊是否就如國軍戰報所寫，被王仲廉軍「擊潰」並「竄」逃蘭陵鎮？從地圖分析，「蘭陵鎮、洪山鎮、李莊、喬北之線」都是初戰地點「愛曲、秋湖」的國軍戰線後方（南方）地名，很明顯坂本支隊不會是被擊潰後「竄到」此地，而是4月1日，日軍從愛曲、秋湖地區追擊退卻的85A，前進到南方蘭陵鎮一線。兩天戰鬥中，湯軍團2個軍的戰鬥兵員損失，遠超出坂本支隊同時期的損失總數。軍團戰鬥詳報記載：

> 我各軍傷亡甚大，計第五十二軍傷亡官兵千三百餘
> 員名，第八十五軍兩師亦傷亡官兵千三百餘員名，
> 敵方之傷亡極為慘重，我方各部俘獲亦多。此役我
> 各部官兵雖與敵血戰兩晝夜……[24]

　　在52A的史料中，也有其部隊4月1日至4日，「在洪山鎮附近之劉莊、房前一帶與由臨城方面竄來之

23　中國第二歷史檔案館資料編輯部合編，《台兒莊戰役資料選編》，頁104。

24　中國第二歷史檔案館資料編輯部合編，《台兒莊戰役資料選編》，頁104。

敵步騎兵……激戰」，出現 1,401 名（其中陣亡490 名）傷亡的紀錄。[25] 可見蘭陵鎮第一戰，湯軍團全體損失 2,600 餘名的數字比較準確。關麟徵部激戰的劉莊、房前一帶，即日軍紀錄中的金莊戰場。

從以上中日兩軍的戰報對比分析可得知，3 月 31 日，湯恩伯從台兒莊戰場撤出，在蘭陵鎮附近共聚集了全軍團 4 個師約 4 萬人，企圖以優勢兵力阻止坂本支隊南下，並將其迅速殲滅後回援台兒莊。但結果卻是 3 月 31 日、4 月 1 日的阻擊戰失敗，蘭陵鎮防線失守，湯軍團主力退到洪山鎮以東。坂本支隊佔領蘭陵鎮後，休整約半天，步兵第十一聯隊於 4 月 2 日 0 時，步兵第二十一聯隊於晨 6 時，前後離開蘭陵鎮，沿西迦河向南方運河線（台兒莊東）前進。

第三節　東戰場戰略佈局及形勢推移（4月3日至7日）

一、坂本支隊南下和東戰場戰局概觀

4 月 2 日，坂本支隊主力分為左、右兩翼隊，前後進入台兒莊東部戰場，並攻擊佔領賀莊、蒲汪、辛莊、五窯路（五岔路）一線，準備 3 日對南方大運河東北的西黃石山、胡山、禹王山一線敵主陣地的攻擊。最終目的應是攻破湯軍團山地防線後，居高臨下阻擊 4 公

25　關麟徵軍記錄在金莊附近戰鬥中（4 月 1 日至 4 日），下屬 2 個師共傷亡 1,401 名（內陣亡 490 名），〈八年血債（十四）〉，《蔣中正總統文物》，國史館藏：002-090200-00038-067。

里西南隴海鐵路趙台支線（趙墩至台兒莊南站），威脅台兒莊守軍側背。[26]。

據步兵第二十一聯隊岸本清之日記，右翼隊「2日6時出發。……7時30分進入江蘇省邳縣地域。午後1時20分到達小莊待機。」[27]小莊為今日邢樓鎮附近地名，在五岔路北東2公里、火石埠北東5公里處，是步兵第二十一聯隊最初的聯隊本部所在地。

台兒莊東部戰場，西起陶溝河，北至堡子，東至西迦河，南至大運河線一帶，位置於大運河北，現行政規劃屬江蘇省邳縣。按《浜田聯隊史》記述，4月2日晚10時，曾擔任蘭陵鎮主攻的第二大隊佔領辛莊、五窯路（五岔路），準備3日對南方火石埠敵陣地的攻擊。2日16時40分，坂本支隊本部進駐蒲汪，並下達戰鬥命令（節錄）：

一、敵在東莊、楊莊、胡山一線佔領陣地。

二、支隊以現態勢準備攻擊。

三、右縱隊作為右翼隊〔步兵第二十一聯隊第三大隊〕，今夜進出到五窯路、辛莊一線做好攻擊準備。

四、長野部隊〔步兵第十一聯隊〕附左縱隊前衛為

26　此戰略意圖為筆者按地理位置判斷推測。日軍各種紀錄中並不見指示坂本支隊渡河作戰的任何部署。推測若佔領禹王山、胡山敵陣地後，台兒莊守軍能自行瓦解，該部不會越過運河線作戰。

27　岸本清之編著，《浜田聯隊秘史》，頁189。

左翼隊，進出到蕭汪一線做好攻擊準備。[28]

圖8-5　4月3日東戰場中日兩軍對陣態勢圖

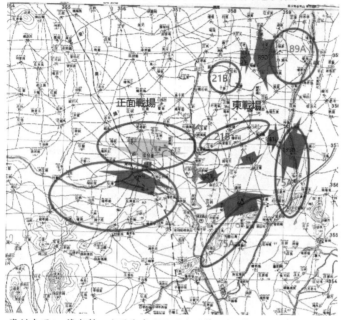

資料來源：筆者製，底圖為中研院近史所藏1/10萬軍用地圖。

　　步兵第十一聯隊步兵砲隊戰史記載，該部4月2日
0時從蘭陵鎮出發，向蕭汪前進。支隊命令：「步兵第
十一聯隊為左翼，攻擊當面之敵向蕭汪一線前進。敵
在東莊、胡山一線佔領陣地中。」[29]該隊另一戰史資料
稱，4月2日0時從蘭陵鎮出發，13時30分接敵戰鬥，
傍晚前佔領蕭汪、辛莊。佔領村落周圍有水濠，入口僅

28　步二一会，《浜田聯隊史》（浜田：步二一会，1973），頁209。
29　松岡巖，《iA隊の記録追補録：步兵第十一連隊》，頁151。

一處，易守難攻，並附有如下略圖。[30]

圖 8-6　步兵第十聯隊方面配置要圖

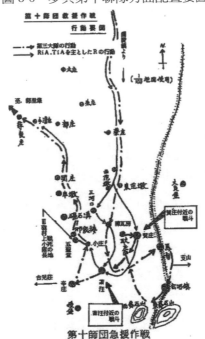

資料來源：松岡巖，《iA 隊の記録追補録：步兵第十一連隊》，頁96。

　　2日南下進入東戰場時，坂本支隊也遇到守敵抵抗。《官報》記錄步兵第十一聯隊方面出現 14 名戰死者（包括 3 名負傷日期不明的戰傷死），步兵第二十一聯隊記錄了 2 名戰死者。具體戰鬥地點並未提及，但從國軍方面的兵力部署分析，主要應是步兵第十一聯隊左翼隊在進入蒲汪、賀莊前，與先到 75A 139D 戰鬥的損

30　松岡巖，《iA 隊の記録追補録：步兵第十一連隊》，頁 96。

失。該軍是以周碞 6D（中央軍系）、黃光華 139D（商震晉軍系）為中心新組建的部隊（原 6D 師長周碞擔任軍長），前日剛配屬給湯軍團指揮。139D 早於日軍到達（2 日），立即從岔河鎮、馬甸進入蒲汪、賀莊一帶佔領陣地，並與後到的步兵第十一聯隊發生村落爭奪戰鬥，失利後退回馬甸。步兵第十一聯隊的 14 名戰死者，即發生在蒲汪附近的村落爭奪戰中。

坂本支隊分為左、右兩翼，右翼以步兵第二十一聯隊兩大隊為基幹，4 月 3 日起，向南方古梁王城、禹王山方向展開攻擊，左翼以步兵第十一聯隊兩大隊為基幹，4 月 3 日後向東南方胡山、西黃石山敵陣地展開攻擊。一部警戒東方西迦河一線馬甸、岔河鎮附近敵主力的來襲。旅團本部位置於左翼，計畫攻陷敵陣後，威脅台兒莊守軍（孫連仲部）右側背。

在 75A 的抵抗反擊下，日軍左、右兩翼攻擊都沒有取得預定效果，被阻擋在敵主要陣地數公里前方。4 月 4 日後，由於 85A 89D 從大、小良壁出擊坂本支隊側背，為確保支隊後方安全，坂本支隊長被迫將右翼步兵第二十一聯隊主力抽出，轉進至後方堡子一帶對抗 89D 的攻擊。為此，左翼步兵第十一聯隊，不僅要防禦東方、東北方之 139D 來襲。還要抽兵支援步兵第二十一聯隊火石埠方面的空缺。如此，坂本支隊的「攻擊戰」實際上僅持續 1 天，4 日後即轉入全面對峙、防禦的被動狀態。此後直至 4 月 7 日夜撤退，東戰場的戰鬥中心，從南線（火石埠、賀莊）轉到南、北兩線（北線堡子、大顧珊），從進攻轉為防守。

此時的台兒莊東戰場戰鬥，除 4 月 7 日與瀨谷支隊進行的「一擊作戰」外，主要的激戰地點有如下三處：一、步兵第二十一聯隊的火石埠高地攻擊及防守（前線西側），二、步兵第十一聯隊的賀莊防守戰（前線東側），三、步兵第二十一聯隊的大顧珊攻防（後方北側）。以下分別按日軍與國軍的兩方戰鬥詳報，來對比還原此三處戰鬥。

二、湯軍團的行動部署

4 月 2 日，坐鎮四戶鎮（小良壁東 7 公里）的湯恩伯，發現日軍主力已南下台兒莊，午後急令關麟徵、王仲廉（戰報記為 1 日午後（東申），應是 2 日午後（冬申）之訛）：

> 據報蘭陵、洪山一帶之敵主力已向該地西南與犯台敵主力會合，刻正向岔河鎮地區企圖南竄，已令第八十九師由小良壁迂迴敵之側背，至王軍第四師洪山一帶陣地應由關軍本冬晚接替完畢，並負責肅清該處殘敵以掩護王軍之右側背。[31]

即 4 月 2 日下午，將軍團（嫡系）主力的一部（89D）南調至台兒莊東戰場北部小良壁，打擊坂本支隊側背。關麟徵 52A 繼續佈防在蘭陵鎮，洪山鎮一帶

31　中國第二歷史檔案館資料編輯部合編，《台兒莊戰役資料選編》，頁 105。

「殲滅殘敵」（騎兵第五聯隊），[32] 並警戒戰場後方。
湯恩伯未緊急將軍團主力全部南調的理由，在李宗仁又
將新增援到達的補充兵員（約3萬餘）也交給湯恩伯指
揮，此日（2日）已陸續進入運河線一帶戰場。此補充
使湯軍團由原來的2個軍4個師4萬餘人，一舉擴大到
3個軍7個師約73,000人，兵力綽綽有餘。新增加的
主力為 75A 139D、75A 6D、13D，另有砲兵第四團、
333B 等。其中主力 75A 的2個師，2日從岔河鎮進入
台兒莊東戰場正面，與南下的坂本支隊進入戰鬥，堵
住了蘭陵鎮附近因湯軍團南下遲緩所造成的運河線主
陣地缺口。

關於第五戰區在台兒莊東方部署重兵的作戰意圖，
可見《第二十軍團魯南會戰戰役戰鬥詳報》：

2日20時，第五戰區李宗仁司令長官下令：

> 本戰區以迅速合圍聚殲之目的，決於明（三）日開
> 始全線總攻保持重點於湯軍團之右翼將敵包圍於台
> 莊北側地區而殲滅之。湯軍團以一部消滅洪山鎮北
> 方之敵，以主力於明（三）日保持東北正面向台莊
> 附近敵之左側背攻擊，逐次向左旋回，務在台莊左
> 側地區將敵捕捉殲滅……[33]

---

32 稱「敵三山部隊由向城南竄在蘭陵、鳳落、田陽一帶有激戰」，
　　中國第二歷史檔案館資料編輯部合編，《台兒莊戰役資料選編》，
　　頁 105。

33 中國第二歷史檔案館資料編輯部合編，《台兒莊戰役資料選編》，
　　頁 107。

　　此電為李宗仁的大戰略部署，也稱第一次總攻命令。可判斷此時李意圖以可機動作戰的湯軍團右翼（關麟徵軍）[34] 為反攻主力，殲滅蘭陵鎮附近坂本支隊後，從蘭陵鎮（即東北正面）向台兒莊進出後左旋回，向南攻擊瀨谷支隊側背。湯恩伯奉命後，2 日 20 時，部署了如下攻擊計畫細節，一部修正，改變了李宗仁的命令內容：

1. 75A 6D、139D 附砲兵第四團歸關麟徵指揮，3 日拂曉由岔河鎮向耿莊、鳳凰橋、三河口、邢家樓方面攻擊，進出楊莊、關莊、譚莊之線。
2. 85A 89D 從東戰場北線大、小良壁，向鷺墩、蔡莊、朱莊攻擊前進，並掩護 75A 右側背。
3. 52A 於 2 日晚接替 85A 4D 陣地之守備，並繼續肅清蘭陵鎮、洪山鎮一帶之殘敵。
4. 333B 為總預備隊，控置於四戶鎮軍團部附近。[35]

　　相比之下，可見李宗仁和湯恩伯的意圖之別。李宗仁意在動用蘭陵鎮的關麟徵 52A（25D、2D）從東北方進入台兒莊正面戰場（此經路無敵阻擋），而湯恩伯卻意圖動用與坂本支隊作戰中的東戰場 3 個師（139D、6D、89D），在擊破坂本支隊後，從東方攻入台兒莊

34　從軍團本部四戶鎮方向判斷，東戰場右翼（北）是關軍 52A，中間是王仲廉 89D，左翼（南）是周碞 75A。

35　中國第二歷史檔案館資料編輯部合編，《台兒莊戰役資料選編》，頁 106。

北部。以上 3 個師，都配置於戰場東部西迦河一線，大、小良壁（計畫）部署的是 85A 89D，從岔河鎮出擊的是 75A 6D、139D。從湯恩伯命令文中的前進地點（岔河鎮、大良壁），和路線規定（邢家樓、朱莊）等，都明顯可見湯恩伯從東方攻入台兒莊正面的企圖。

湯恩伯命令的最大特徵，是不動用主力關麟徵部參加反擊。在命令中，關麟徵 52A 的任務僅僅是「肅清洪山鎮附近之<u>敵主力</u>」。如筆者之前考證所示，此時蘭陵鎮、洪山鎮一帶並無敵主力存在，4 月 2 日，除北方 15 公里向城守備隊（步兵第二十一聯隊第一大隊）外，在關麟徵軍控制內，所謂的「敵主力」僅是金莊被圍之敵（騎兵第五聯隊）和救援隊共約 500 人。雖然無法得知湯恩伯為何不調用軍團嫡系主力，[36] 按李宗仁命令從蘭陵鎮進行反擊，但可判斷，此保存實力的消極作戰是導致蔣中正 5 日動怒的主要原因之一。

4 月 3 日，湯恩伯有在東戰場抵抗坂本支隊南進的意圖，卻不見反攻台兒莊正面（西戰場）的部署準備，且抵抗敵軍南下的任務主要也交由新到的周碞 75A（一部由關麟徵指揮）。在原嫡系的 4 個師中，僅 89D 被遲投入作戰。由於 89D 也在受命（2 日午後）之後延遲行動，4 日才進入日軍後方大顧珊附近戰場，所以 4 月 3 日敵方（坂本支隊）總攻戰中，從東方、南方抵抗，阻止坂本支隊主力前進的僅有周碞 75A 的 2 個師。

36　4 月 1 日前，軍團主力指直系的 2 個軍（52A、85A）4 個師。2 日軍團增強後，52A 的 25D、2D，被留在蘭陵鎮後方，損失較大的 4D 進入休整，僅 89D 被遲到投入大良壁一線。

在日軍總攻中，黃光華 139D 從東方岔河鎮出擊坂本支隊側面（耿莊、鳳凰橋、三河口、邢家樓），張珙6D 在南方西黃石山、胡山、古梁王城一帶陣地抵抗日軍正面攻擊。據張珙師長 3 日夜報告：

> 該師於江日〔3日〕到達東西黃石村附近，展開於戴莊〔岔河鎮西南 3 公里〕、李家圩〔火石埠南 2公里，此地又稱古梁王城〕之線，攻擊蕭汪、辛莊之敵，並將該敵擊潰向辛莊、火石埠退去。[37]

周喦軍長 4 日 20 時對蔣委員長報告：

> 甲：本軍於江日開始對賀莊、蕭汪、後堡、劉莊〔均在岔河鎮西北地區〕之敵攻擊。
> 乙：139 師進完至賀莊、耿莊附近。
> 丙：六師將前後堡〔浦〕、六莊佔領，進至蕭汪、辛莊之線。斃敵頗多，我亦傷亡 150 餘名。[38]

3 日午後 2 時，黃光華對商震（139D 原屬商震 32A）報告：

> 我李旅長兆英江晨五時許，指揮第 726 團及 724 之

37　中國第二歷史檔案館資料編輯部合編，《台兒莊戰役資料選編》，頁 107。

38　〈八年血債（十四）〉，《蔣中正總統文物》，國史館藏：002-090200-00038-065。

兩營向佔領賀莊、高家樓、耿莊一帶之敵開始攻
擊,迄現在止斃敵甚多,敵仍頑抗固守。我亦傷亡
官長十餘員,士兵百餘人。砲四團(欠一營)歸職
指揮,正集中火力向賀莊砲擊。周軍長率第六師全
部今早十時到達,擬即展開於戴琴、互鍋山之線,
今午後四時開始向蒲汪、五岔路攻擊。721 及補一
團由孫旅長定超指揮在岔河鎮、互胡山、鍋山之
線佔領陣地,擬俟張師攻擊前進後即向右移協同
攻擊……。[39]

以上可見 4 月 3 日,在台兒莊東戰場與坂本支隊交
戰的周碞 75A 狀況。黃光華 139D 在 2 日先到,配屬砲
兵第四團一部,凌晨開始從東方(西迦河一線馬甸)對
佔領賀莊、高家樓、耿莊之敵展開攻擊(側擊),6D
在 3 日上午 10 時到達,立即進入運河北山地一線陣地
防禦。坂本支隊攻擊佔領的火石埠、蒲汪一帶,都在
6D 正面。

在 75A 6D 正面阻擊、139D 側擊的抵抗下,經 3
日竟日激戰,坂本支隊的攻勢在佔領賀莊、火石埠高地
兩處被國軍阻止,戰線進入僵持階段。由於 89D 此日
還未到達戰場,在此狀況下,湯軍團各部無力按李宗仁
反攻命令,向台兒莊方向(西方)出擊。這也是湯恩伯
部署的弱點。若從東方反攻,進出台兒莊的先決條件是

---

39 〈八年血債(十二)〉,《蔣中正總統文物》,國史館藏:002-
090200-00036-278。

必須擊破坂本支隊的防禦線，否則不可能從東方進入台
兒莊戰場正面。由於湯軍團各部都採用了以防禦為主的
消極戰術，[40] 直至戰役結束後也未能達到進出目的。

89D 在 3 日晚到達大、小良壁，插入坂本支隊側背，
4 日晨控制了大顧珊附近一線。張雪中師的背後出擊，
確實牽制了坂本支隊正面的攻擊能力。4 日後，東戰場
形成了南、北兩部，步兵第二十一聯隊主力，集中到北
線堡子附近防禦側背之敵，與南線的賀莊、蒲汪、火石
埠拉開距離約 10 餘公里遠。

在東戰場獲得主動權後，湯恩伯於 5 日 8 時再次
下達全面反擊（又稱第二次總攻）命令：

> 周軍應以一部鞏固岔河鎮東南、西南一帶高地之據
> 點，主力繼續向蕭汪、東莊、台兒莊攻擊前進。王
> 軍（附第六六五團，欠第四師）應向低石橋、燕子
> 景、岔路山，劉家湖繼續攻擊前進。關軍（附騎兵
> 四團）應以有力之一部鞏固洪山鎮、蘭陵鎮、向城
> 一帶之據點，主力即刻開始經甘露寺、腰里徐、向
> 泥溝、北洛之線攻擊前進。周軍與王軍之戰鬥地境
> 為馬甸、賀莊、耿莊、陳瓦房、邢家樓、五聖堂、
> 馬家窯、台兒莊之線，線上屬周軍，王軍與關軍戰
> 鬥地境為小良壁、朱莊、尋家莊、張樓、南洛之線，

---

40 軍事委員會軍令部第一廳第四處，《抗戰參考叢書：台兒莊殲滅
　　戰》稱：「4 月 4 日，6D 在蕭汪東莊，139D 在賀莊，與敵相持，
　　兩師本日僅使用兵力半數，無大進展……」，頁 43。

線上屬王軍。[41]

與湯本人 3 日的攻擊命令相比，此次接受了李宗仁督飭，[42] 將關麟徵 52A 也從東北方投入反攻作戰，此讓步應和蔣中正對湯軍團行動的不滿有關。湯恩伯將周碞 75A、王仲廉 85A、關麟徵 52A 各部，分為南 75A、中 85A、北 52A 三段，沿西迦河向西（台兒莊方向）展開，預定由東戰場向台兒莊方向攻擊前進。其中可能性最大的，是前進方向無敵軍存在的北線（蘭陵鎮至底閣一帶）關麟徵 52A 的行動。

在命令下達後，5 日正午 12 時，蔣中正發電怒斥湯恩伯作戰指揮無能。見委座動怒，李宗仁急忙於 6 日 15 時，再次嚴命督飭湯軍團各部按 5 日 8 時命令立即開始攻擊前進，並嚴格規定了行動期限：

限於明虞〔7〕日拂曉前關軍到達南洛、劉家湖之線，王軍到達邵莊、滄浪廟之線，周軍到達廟邊趙村之線，爾後協同孫集團猛烈夾擊，迫敵於台莊附近運河北岸一舉而殲滅之。[43]

---

41 中國第二歷史檔案館資料編輯部合編，《台兒莊戰役資料選編》，頁 107-108。

42 李宗仁 4 月 5 日致軍令部電報中稱「已令關軍迅速將蘭陵鎮東北地區殘敵殲滅，即向甘露寺、柿樹園、泥溝攻擊前進前進」，中國第二歷史檔案館資料編輯部合編，《台兒莊戰役資料選編》，頁 159。

43 中國第二歷史檔案館資料編輯部合編，《台兒莊戰役資料選編》，頁 110。

此為第三次總攻命令，限時必到達的以上諸地名，都在台兒莊正面戰場，可見蔣中正、李宗仁6日至7日計畫在台兒莊正面與日軍決戰的決心。第三次反攻的部署和命令，即之後所謂「台兒莊大捷」反攻的史料證據之一。儘管此命令並沒有被實現。

圖 8-7　東西戰場位置關係要圖

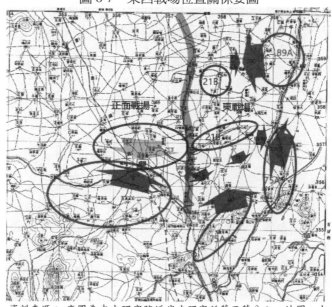

資料來源：　底圖為中央研究院近代史研究所藏五萬分之一地圖，由筆者加工。

此時，在東戰場作戰的坂本支隊約 5,000 人馬，東、南、北三面受兵力佔絕對優勢之敵包圍壓迫，可以說處於萬分危機之下，蔣中正、李宗仁催促湯軍團立即反攻台兒莊的理由也在於此。可是湯軍團兵力雖居優勢，攻擊作戰卻十分謹慎，不僅6日未能按命令進入

台兒莊正面戰場，直至 7 日台兒莊正面戰場瀨谷支隊已自主撤出後，手下的 3 個軍 7 萬餘人，也未能突破坂本支隊的陣地進出到台兒莊正面的指定位置。[44] 此事實即 4 月 6 日夜，「台兒莊大捷」（日軍自主撤退）之功，被處於守勢的孫連仲部「獨攬」的理由。

第四節　東翼步兵第十一聯隊蒲汪、賀莊附近的戰鬥

以下是東戰場的幾個代表性戰鬥。

4 月 3 日，坂本支隊左翼主力位置於蒲汪，奉命向南方大運河線附近的胡山、西黃石山敵陣地展開攻擊，一部攻入東北方賀莊，警戒東方西迦河馬甸（店）之敵。此時湯軍團本部設在東方四戶鎮。蒲汪東 2.5 公里的岔河鎮，是湯軍團前線兵力、物資的集結中心。大量兵員、武器等先被運到此地後，沿西迦河（南北向）及黃石山、胡山、禹王山一線（東北西南向）輸送展開。步兵第十一聯隊主力所在的蒲汪及村東北方賀莊，離國軍集結地的岔河、馬甸一帶僅 3 公里，可目視國軍車輛部隊的行動。3 日戰鬥開始後，此前沿村落一直受到來自馬甸、岔河鎮一帶 139D 的側面攻擊。

44　僅 6 日午前，行進方向無敵阻擋的關麟徵 52A 先頭部隊，到達正面戰場東側馬莊、張樓一帶，即被從此地北上預定參加 7 日一擊作戰的步兵第六十三聯隊中川大隊擊退，後撤回出發地底閣。

一、日軍的戰鬥紀錄

關於此戰鬥，《步兵第十一聯隊史》記載：

4月3日晝間，第一大隊一度佔領敵賀莊據點。入夜後遭到敵大部隊逆襲，眾敵將村落寨牆土壁破壞後，從缺口部大量湧入村內，在各處放火。由於村內道路狹窄，交通不便，我軍各部間聯絡困難，戰鬥中指揮系統出現混亂，多處陣地被入村之敵軍攻陷，一部民房亦被敵方佔領。夜間對敵掃蕩作戰遲遲不得進展，在村內形成敵我雙方對峙狀態。

4月4日，聯隊正面戰場敵方攻勢仍十分猛烈，可望見敵方數十台卡車卷起沙塵，滿載兵員，接二連三到達前線補充。敵方火砲也在充裕的砲彈補給下，終日集中砲擊不斷。我方只能借戰壕掩蔽，不久戰壕也在敵猛烈砲擊下不斷坍塌。賀莊村內，兩軍依然繼續著拼死的攻防。[45]

砲兵隊廣瀨榮手記：

我部一到蕭汪，即與敵大部隊遭遇。敵從左右、正面展開射擊，砲彈集中於我砲隊放列的麥田內，其射擊之激烈程度，使人擔憂我攻擊前進部隊是否會遭到全滅。此時敵方火砲若使用榴彈，定會出現重大損失。向第一大隊佔領的賀莊方向移動中，敵槍

45　鯉十一会，《步兵第十一聯隊史》，頁295。

彈落下如雨。入村後，又吃驚目睹到村內友軍多數
死傷之慘景。〔入睡中〕在「敵逆襲警報」呼號中
驚起，見敵趁我睡眠中像潮水般湧入村內，並在村
內各地放火。村內道路狹窄，在我輕機槍射擊封鎖
下，敵後續部隊被完全阻止。我方以民宅為要塞步
步前進，經手榴彈接近戰，最終奪回寨牆，敵遺棄
屍體多數撤退。至 4 日晨，寨內殘敵仍在繼續投彈，
直到最後一名中尉用手槍、手榴彈壯烈戰死為止。
此夜襲之敵作戰十分頑勇，與我軍相比毫無遜色。[46]

按速射砲中隊的同史料，4 月 4 日，該隊第一小隊
配屬給第一大隊，從蕭汪進入賀莊東陣地，協助第一大
隊向馬甸方向之敵攻擊。第二小隊在戴莊、胡山、楊
莊、後堡（浦）一線展開，對左、右兩方向之敵進行砲
擊。聯隊砲（每一聯隊有 1 個 94 式 37mm 速射砲中隊，
1 個 41 式 75mm 山砲聯隊砲中隊）配屬給第三、第一
大隊使用，擔任從胡山至賀莊廣域的戰鬥支援。由於地
域過於廣大，彈藥極為不足，只能進行部分對當面之敵
有效果的應急射擊，以圖節約彈藥。

4 月 5 日，……敵見機反覆逆襲，而我軍則無力攻
擊，進入全面防守。敵方不斷增員，換防補充新戰
力，我部所在賀莊村內遭敵砲火集中射擊，此日村
內落下敵山砲彈、迫擊砲彈達 300 發以上。由於敵

---

46 松岡巖，《iA 隊の記錄追補錄：步兵第十一連隊》，頁 152。

挖壕接近寨牆，我砲隊全體於 23 時撤出賀莊，轉
移到西南 3 公里的小莊（第三大隊處）集結。[47]

圖 8-8　步兵第十一聯隊砲隊的砲擊位置圖

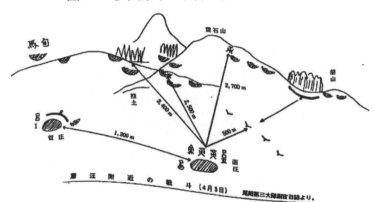

資料來源：松岡巖，《iA 隊の記録追補録：步兵第十一連隊》，頁
152。

　　以上幾種紀錄雖不全面，但基本上可瞭解步兵第
十一聯隊的兵力部署，和各部隊的行動概況。3 日後，
步兵第十一聯隊本部及坂本支隊旅團本部設營於陳瓦
房村，第一大隊位於蕭（蒲）汪，第三大隊位置於辛
（新）莊。此日第一大隊對東方之敵展開攻擊，佔領敵
據點賀莊後，警戒西迦河一線馬甸子、岔河鎮方面之
敵。第三大隊則向東南方西黃石山、南方胡山一帶敵陣
地展開攻擊，但前進受阻，一直被敵密集砲火阻止在麥
田內，未取得攻擊效果。3 日夜，139D 逆襲賀莊，攻

47　松岡巖，《iA 隊の記録追補録：步兵第十一連隊》，頁 153。

入村內，並發生激烈爭奪的巷戰。直至 4 日上午，始將堅守在村內民宅之敵驅逐。

4 日，第三大隊方面繼續向南方敵陣地展開攻擊，但在各處之敵反擊下戰線不得進展，進入對峙僵局階段。5 日接師團轉進命令後，坂本支隊各部連夜部署，6 日後開始收縮戰線，集結兵力，7 日夜向北方突圍，撤出台兒莊東部戰場。按戰鬥內容分析，數日戰鬥中，步兵第十一聯隊方面並未取得預定攻擊戰果（佔領運河線敵主陣地）。被記述最多最激烈的戰鬥，是 3 日夜至 4 日凌晨保衛賀莊的防禦戰。

二、國軍方面的史料對比

周碞於 4 月 5 日 20 時，向武昌蔣委員長報告：

> 本軍江〔3〕日起向敵攻擊。由馬甸、戴莊、坭〔李〕家圩之線進展至賀莊、耿莊、蕭汪、前後汪〔浦〕、劉莊一帶。敵據碉樓頑抗，賀莊、蕭汪反覆衝殺，得而復失。六師左翼對劉莊攻擊地爭奪戰尤為激烈，現仍繼續激戰中。約計六師傷亡三百餘，王〔黃〕師傷亡六百餘，敵傷亡亦甚重。[48]

6D 在東戰場前線與坂本支隊對戰兩天後，4 月 5 日在李宗仁的反擊命令中，被指令作為南線反擊主力，

---

48 〈八年血債（十四）〉，《蔣中正總統文物》，國史館藏：002-090200-00038-066。

與 85A、52A 一起出擊台兒莊正面戰場。命令云：

> 周軍應以一部鞏固岔河鎮東南、西南一帶高地之據
> 點，主力繼續向蕭汪、東莊、台兒莊攻擊前進。……
> 與王軍之戰鬥地境為馬甸、賀莊、耿莊、陳瓦房、
> 邢家樓、五聖堂、馬家窯、台兒莊之線。[49]

　　五聖堂、邢家樓等都是東戰場地名，馬家窯在現在
的地圖中已不存在。按當時的軍用地圖，位置於五聖堂
西南陶溝河邊，是進入台兒莊正面戰場的入口。周軍在
4 月 6 日（國軍反攻之日）戰鬥中，是否越過陶溝河攻
入台兒莊正面？可知其部與孫連仲部黃樵松 27D 曾有
聯絡，27D 方面也有派隊（2 個連步兵）接應的行動，
但實際上並未能實現。戰鬥詳報中記錄的該部最西戰鬥
地點為東莊（火石埠北方 1.5 公里），[50] 可見並未到達
馬家窯，或渡過陶溝河。

　　關於 139D 攻擊賀莊的戰鬥，3 日午後 2 時，黃光
華師長對商震的報告，可參考本章第三節。139D 在 3 日
晚上的戰鬥，不僅是賀莊，附近高家樓、耿莊、陳瓦房
等村也是攻擊對象，還用兵一部支援 6D 方面戰鬥。可
判明攻入敵賀莊據點的部隊是其師 724R、726R，雖頑
強作戰，但未能完成佔領。3 日晚上曾一度攻入賀莊寨

49　中國第二歷史檔案館資料編輯部合編，《台兒莊戰役資料選編》，
　　頁 108。

50　中國第二歷史檔案館資料編輯部合編，《台兒莊戰役資料選編》，
　　頁 112。

牆內，在步兵第十一聯隊 1 個大隊步兵的反擊下，4 日
上午退出。之後 139D 至 5 日仍與日軍在此地攻防，僅
持在陳瓦房、鳳凰橋一帶。由於數日間戰鬥損失過重，
5 日 724R、726R 受命與 717R 及補充第一團換防。4 月
6 日，在李宗仁嚴令（第三次總攻命令）之下，台兒莊
東戰場的湯軍團開始全面反擊，目的是進出到西方台兒
莊正面。但從戰鬥詳報記述分析，6D 的戰鬥地點均未
脫離東戰場。最後佔領的東莊，也位於陶溝河東，離台
兒莊城尚有 5.5 公里，即周碞 75A 在 6 日奮戰終日，最
終也未能越過雷池一步。[51]

　　此外，139D 還記下了 6 日夜，進擊台兒莊方向的
挺進部隊（724R 的 2 個連）在途中受阻返回一事。此
2 個連也應是奉李宗仁嚴令，反攻台兒莊的湯軍團部隊
之一，本應與 6D 一起經馬家窰向台兒莊城一帶（滄浪
廟、園上等地）出擊。由於此日東戰場戰事仍處於僵
局，前進途中必經的火石埠、五岔路一帶道路還在坂本
支隊控制之下，所以並未能按命令進入台兒莊正面。從
139D 全體僅派出 2 個連兵力出擊台兒莊一點判斷，陷
在東戰場泥淖中的湯軍團各部，僅能顧及眼前與坂本支
隊的攻防，並未認真執行 4 月 6 日李宗仁的反攻命令。

51　中國第二歷史檔案館資料編輯部合編，《台兒莊戰役資料選編》，
　　頁 112、115。

第五節　西翼步兵第二十一聯隊方面的戰鬥過程

一、火石埠高地的攻防

位於戰場西翼的步兵第二十一聯隊，是離台兒莊正面戰場最近的部隊。4月2日至3日聯隊本部所在地小莊，隔陶溝河濕地，距離台兒莊寨城僅8公里。但其任務並不是援助台兒莊方面作戰，而是向南方運河線附近禹王山、古梁王城（李圩村西）一帶敵陣地攻擊，打擊並威脅台兒莊之敵側背。火石埠是國軍禹王山、古梁王城陣地前方的一個突出陣地，形狀如在平地中隆起的獨立岩丘（現在實測高度僅約7公尺），與東南方向3至4公里處敵胡山及鍋山主陣地（標高50至100公尺）、南方李圩村附近的古梁王城陣地對峙。高地南北狹長，延伸1.3公里，是國軍前沿陣地中的重要據點。步兵第二十一聯隊第三大隊3日佔領火石埠高地後，在此地遭到張珙6D反覆逆襲，一直被釘在此地不得進展。5日後在國軍攻擊下進入守勢，至7日夜撤退前，也未能再前進一步，但也未放棄陣地。《浜田聯隊史》記載：

> 4月3日，第三大隊擔任攻擊火石埠任務，第十中隊作為尖兵中隊從五窯路〔五岔路〕出發，在火石埠北方1公里處發現敵陣地，立即開始攻擊。之後中隊作為大隊右翼，猛攻高地，一舉將其佔領。中隊長命藤川分隊堅守高地南端。一度退卻之敵並不甘心，反覆實施逆襲，在我反擊下每每遭到重大損失

退散。[52]

第十中隊在此地堅守到 5 日。午後接到聯隊的轉進命令，與第九中隊換防後，後退到聯隊本部所在地堡子（火石埠北 14 公里，坂本支隊最北線，現在的思田莊），被投入北線方面戰鬥。在火石埠 3 天戰鬥，該中隊共戰死 1 名，戰傷 17 名。第三大隊其他方面也出現不少傷亡，代理大隊長西山大尉負傷，機槍小隊長荒木准尉戰死。戰鬥結果稱「敵遺棄將校以下屍體約 150 具，向台兒莊方向退去」[53]

4 月 5 日，聯隊主力轉進到北線堡子村後，為補缺，步兵第十一聯隊派出第四中隊前來支援火石埠戰鬥。第四中隊 5 日後有關火石埠戰鬥的紀錄如下：

此丘陵地是戰略上的重要據點，若失守會對友軍造成重大威脅，所以本隊受命絕對死守。而敵方也企圖拼命奪回，集中砲火不間斷的射擊，使我方不能從壕中探頭。機槍隊馬匹數頭被栓繫在附近，眼見被敵方機槍掃射成千瘡百孔，也不能出壕營救。此時我陣地也遭到敵砲彈直擊，眼見壕內上梶、佐佐木 2 名一等兵被砲彈直擊後騰空即死之慘狀。在敵反覆逆襲下彈藥用盡，撤出前各步槍僅剩彈 5 發，機槍彈僅剩百發。由於接到轉進命令，我隊 7 日早

52　步二一会，《浜田聯隊史》，頁 204。
53　步二一会，《浜田聯隊史》，頁 205。

下山歸隊。第四中隊在火石埠 2 天間，共戰死大田清、上梶春夫、荒井信行，佐佐木直記 4 名。[54]

第四中隊奧下政來的從軍日記寫道：

> 4 月 6 日，……敵砲彈在陣地中下雨般落下。敵企圖反攻奪回此高地。此時陣地內僅有步兵第二十一聯隊的 1 中隊和我中隊，附機槍 1 小隊。我陣地後方，也有被友軍第十師團〔瀨谷支隊〕趕到此地的敵敗殘兵 600 餘。[55]

「被友軍第十師團趕到此地的敵敗殘兵 600 餘」，指的是 3 日被瀨谷支隊城外掃蕩擊潰後，退到東戰場的黃樵松 27D 殘部。可知，日軍在火石埠的部隊，最初是步兵第二十一聯隊第三大隊，4 日聯隊主力北上堡子後，除留下一部（第九中隊）在地堅守外，也得到步兵第十一聯隊第四中隊的支援，最後撤出的也是步兵第十一聯隊第四中隊。坂本支隊在 3 日佔領火石埠後不久轉入守勢，直至 7 日撤退之前，並未能繼續前進一步。對火石埠戰鬥，國軍方面未見詳細記述。僅周喦在 4 月 7 日晚間 8 時的報告中提到此地名，可確認在此地曾發生過激戰：

---

54 石田積，《支那事変に於ける步兵第十一聯隊第四中隊誌》，頁 30-31。

55 石田積，《支那事変に於ける步兵第十一聯隊第四中隊誌》，頁 81。

砲兵第四團以主力在西黃石山、戴莊、鵝鴨城間，以一部在岔河鎮附近佔領陣地，以火力指向賀莊、蕭汪、辛莊、火石埠、耿莊、五窯路、東莊各點。……第六師兩度攻佔辛莊，反覆爭奪火石埠南之高地亦得失數次，因受五窯路東莊之敵側擊，仍在包圍中。是役第六師傷亡官兵五百餘員名……。[56]

二、堡子、大顧珊附近的戰鬥

步兵第二十一聯隊的另一個戰場，是東戰場北線的堡子附近一帶，此地屬於坂本支隊攻擊方向的後方，最初未配備部隊防守。由於從蘭陵鎮南下的湯軍團89D，4月4日以後從大、小良壁插入坂本支隊側背，為阻止此敵對支隊的側背威脅，步兵第二十一聯隊奉命於4日向北方轉進，進出到堡子一帶，與89D在堡子附近的郁莊、大顧珊（現名大塯村）一帶，進行了數日間的殊死攻防。5日後，由於支隊接到師團轉進命令，堡子附近的後方（北線）戰場，在確保轉進（撤退）要路之點變得更為重要。4日後，南線（運河線）坂本支隊各隊的攻擊均進入對峙僵局，之後的激戰多發生在堡子附近。步兵第二十一聯隊和89D雙雙損失最大的戰鬥，即發生在附近的大顧珊。此戰國軍方面動員了大量火砲（砲兵第七團），死於砲擊的日軍士兵也為數不少。

據《浜田聯隊史》中第十中隊長新田准尉手記

---

56 中國第二歷史檔案館資料編輯部合編，《台兒莊戰役資料選編》，頁116。

（節錄）：

> 5 日，在堡子附近的聯隊主力受到進出之敵對我側
> 背的威脅，聯隊長計畫抽出火石埠第三大隊一部，
> 與第二大隊一起擊退側背之敵，但由於火石埠戰場
> 敵我短兵相接，第十中隊脫離戰場困難，遂僅靠第
> 二大隊兵力，先行〔進入堡子附近〕展開攻擊。此
> 時敵主力逐次北上，一部已進入大顧珊，郁莊。第
> 十中隊稍遲於 5 日 16 時到達堡子，立即被命令佔
> 領平灘〔堡子北方〕附近的沙山高地。
> 6 日拂曉，敵大部隊企圖攻佔堡子，在砲火掩護下
> 先佔領了村東方的譚莊，人數約 1 大隊。聯隊長立
> 即命令獨立機槍中隊與第五、第八中隊各 1 小隊在
> 聯隊砲協力下對此敵展開攻擊。敵遺棄屍體 70、
> 重機槍 2 挺、步槍多數潰退。此刻，平灘西方及北
> 方也有 600 餘敵接近到第十中隊正面的沙山，並構
> 築陣地。第十中隊受命攻擊此敵，6 日正午，戰鬥
> 在平灘村北墳地一帶展開。左翼有第十二中隊一部
> 協力。由於第四中隊藤川分隊尚未歸隊，中隊戰力
> 僅 30 餘名。[57]

　　第十中隊以僅 30 餘名兵員，於 6 日夜對沙山敵陣
地展開夜襲，趁其不備一舉完成佔領，之後在沙山陣地
進入警備。7 日拂曉後，敵開始積極向日軍陣地攻擊前

57　步二一会，《浜田聯隊史》，頁 206。

進，並侵入附近朱莊、黃淵等地，設在東范墩的敵榴彈
砲，也向堡子、大顧珊日軍陣地猛烈射擊。日軍人員、
馬匹遭敵砲擊均受到相當大損失。

圖 8-9　4 月 4 日以後的東戰場對戰位置圖

資料來源：　中央研究院近代史研究所藏五萬分之一地圖，由筆者加工。

《浜田聯隊秘史》寫道，4 月 3 日（聯隊本部）上
午 5 時 30 分從小莊出發經五窯路（五岔路），午後 5 時
到達邢家樓。4 日午後 2 時 30 分再從邢家樓出發，3 時
50 分進駐堡子村。四周村落都充滿敵兵，可清楚望見
出入的敵兵身影。日間攻擊中佔領附近一村，入夜之後
被十數倍之敵包圍，與鄰近友軍聯絡困難。

4 月 5 日 14 時 50 分，聯隊本部從堡子出發，以決
死之準備奔赴大顧珊村。途中遭到敵重機槍，山

砲側射，死傷者不斷，前進十分困難。15 時 40 分
總算進入大顧珊。但地形分析中發現此村突出於敵
陣中，不適合做為聯隊本部。遂利用薄暮掩護，19
時再次返回堡子。[58]

關於大顧珊村的激戰，湯軍團留下了詳細記載，但
日軍均未曾提及。從零星資料中可判斷作戰的是步兵第
二十一聯隊第二大隊第六、第七中隊。實際可用於作戰
的兵力稀少，稱戰力僅有「步槍 3 個小隊」。戰鬥時間
為 4 月 5 日至 7 日共 3 天，損失統計為戰死 26 名，負
傷 110 名，是步兵第二十一聯隊在台兒莊東戰場作戰中
損失最大的一次戰鬥（其次為火石埠戰鬥，戰死 11 名，
負傷 43 名）。[59]

三、國軍戰史中的大顧珊激戰

湯軍團的戰鬥詳報，並未提及周嵒 75A 在賀莊、
火石埠方面的戰鬥細節，卻詳細描寫了 4 日至 7 日，嫡
系 85A 89D 方面的戰鬥，特別是大顧珊之爭奪，所佔
篇幅極多，也帶有許多渲染色彩。以下是湯軍團戰鬥詳
報節錄：

4 月 4 日，……我第八十五軍王軍長親臨大小崗子
附近，督率第八十九師到大良壁附近部署向鶯墩、

58　《浜田聯隊秘史》，頁 190。

59　《浜田聯隊秘史》，頁 186、191。

> 大顧珊之攻擊準備。該師以五三三團攻擊溝徐、蔡
> 莊、朱灘、大顧珊，五三四團攻擊鷺墩、餓虎橋、
> 譚莊之線，以二六五旅為預備隊。前線各團自晨三
> 時許開始攻擊，激戰時餘，溝徐、朱灘即為五三三
> 團相繼克復。同時續攻蔡莊及大顧珊，復以二六五
> 旅之五三〇團一部由青墩迂迴至大顧珊之側背，協
> 同五三三團之攻擊。蔡莊之敵約二、三百人，經我
> 猛擊，不支遂敗潰，而大顧珊敵異常頑強，死守不
> 去。經我三面夾攻，敵始不支，狼狽逃潰。[60]

按此紀錄，4 日僅半天之間，89D 即「連克七寨」佔領了溝徐、蔡莊、朱灘、大顧珊、鷺墩、餓虎橋、譚莊等地。又稱兩天的血戰，「我第五十二、第八十五兩軍官兵之傷亡約在兩千數百員名」，取得「作戰以來之空前勝利」。

關於 5 日至 6 日大顧珊戰鬥的紀錄則是，5 日 9 時許，敵來援軍步騎千餘、砲 4 門反攻，665R 大顧珊一帶陣地往復爭奪至為激烈。89D 派 529R 馳援，該團因傷亡慘重不支，蔡莊、大顧珊再陷敵手。89D 再飭 529R、530R 反擊，529R 在羅芳珪團長督戰下奪回譚莊，但第三營營長葉支榮身負重傷，全營傷亡幾達三分之二。530R 大顧珊反擊失敗，「因該村之敵千餘猛烈火力頑抗，雖由該團數度衝進村圍，然均壯烈犧牲未獲戰果，戰至

60　中國第二歷史檔案館資料編輯部合編，《台兒莊戰役資料選編》，頁 111。

中夜仍成對峙狀態」。6 日，530R「4 時許衝入大顧珊附近之圍砦，正準備實施巷戰之際，敵忽然向我逆襲，彼此反覆衝殺，激烈異常」，530R 第三營營長黃鼎壯烈殉國，未能攻下大顧珊，復再經 10 餘次之衝殺，敵仍頑抗，遂成對峙局面。7 日，89D 仍於大顧珊、朱莊、郁莊一帶與敵激戰。師長張雪中親自督飭 529R 在砲兵第七團 2 個連支援下再興攻擊，羅芳珪團長及李友於團附督戰中先後陣亡。「敵雖依然頑拒，但為我砲第四、第八連之集中火力發砲千餘，房屋盡毀」。後增加 530R 協同圍攻，戰至 7 日 10 時始將該村克復，計敵約步騎 2,000 餘，除少數逃潰外，無論人馬悉報殲滅。530R 第二營營長童亞於是役陣亡，官兵死傷甚多，在清掃戰場之際俘獲文件及戰利品極多。[61]

可見 4 日至 7 日經 3 天激戰後，89D 在付出 1 名團長、1 名團附及 2 名營長犧牲的等重大代價後，7 日上午 10 時，最終攻克了大顧珊。此勝利（佔領大顧珊）和日軍 7 日的撤退準備（日間開始集結部隊）是否有關，則無法得知。

對照分析日軍史料，89D 在 4 日凌晨 3 時開戰，僅半天之間「連克七寨」，佔領溝徐、蔡莊、朱灘、大顧珊、鸞墩、餓虎橋、譚莊等地。此內容真假與否存疑。

4 日是步兵第二十一聯隊第二大隊剛剛北上堡子之日，兵力 2 個中隊，午後始到達該地，所以 89D「午前

---

61 中國第二歷史檔案館資料編輯部合編，《台兒莊戰役資料選編》，頁 112-114。

3時」展開攻擊時，此一帶不會有日軍部隊。「連克七寨」報告，應是先到達此地之後，不戰而勝的佔領。之後片野聯隊長得知側背危急後，才於4日午後急令第二大隊和火石埠第三大隊抽出一部北援。堡子附近的激戰，應開始於日軍到達後的4日午後至夜間，前所述的午前戰果紀錄並不可信。主要戰鬥，按日軍史料紀錄，都發生在步兵第二十一聯隊主力到達後的5日至7日的3天之間。其中大顧珊爭奪戰，也應發生在4日夜間或5日凌晨以後。所以，戰報記載的5日9時「蔡莊、大顧珊，再陷敵手」的記載並不是「再」陷，而是日軍到達，展開攻擊後的「初」陷。

另須提及，89D極力渲染大顧珊血戰的理由，是企圖解釋該部為何不遵命向台兒莊方面進擊。如前所述，4月6日，是該師受嚴令反攻進入台兒莊正面戰場之日。若按李宗仁命令，該部也不應該在大顧珊，指定到達位置為台兒莊正面戰場的「低石橋、燕子景、岔路口、劉家湖」，並「繼續攻擊前進」。[62] 但實際結果，終日激戰未能脫離東戰場，也未能攻陷大顧珊。和75A同樣，此日都未能按命令內容行動。可以說，李宗仁嚴令（第三次總攻命令）的6日台兒莊正面戰場的反攻計畫，對損失慘重、疲憊不堪的孫連仲部來說是力不從心，無力可為。對穩步前進的湯軍團來說，也不過是急於求成的一紙空談。

---

62 中國第二歷史檔案館資料編輯部合編，《台兒莊戰役資料選編》，頁 108。

　　殊不知湯軍團在東戰場苦戰之際，武漢方面的「大捷」宣傳攻勢已提前開始，「外線部隊」湯軍團6日白天已攻入台兒莊正面並殲敵3,000的戰果，也在媒體中傳播開來（截止於6日17時的戰況報導）。[63] 之後第三廳廳長郭沫若導演的此大捷鬧劇應如何收場？由於殲敵的主角（湯軍團）不在，最後一縷希望只能寄託於敵軍登場自戕了。

　　瀨谷支隊6日夜從台兒莊正面戰場的隱密撤退，適時演出了這一戲劇性角色。使束手無策的李宗仁、湯恩伯，及已誇下大捷海口的郭沫若、陳誠，最終擺脫了這個最尷尬的場面。[64]

第六節　坂本支隊的撤退準備

　　4月5日14時，坂本支隊長在部隊攻擊受阻，轉入全線守勢之後，突然接到師團參謀部下達的「板參甲第二〇七號」沂州轉進命令。師團為何在尚未取得任何作戰效果之時下達轉進命令？戰史叢書《支那事変陸軍作戰2》稱「當時通信狀態不良，第五師團長判斷坂本支隊作戰順利進展中」，即「推測坂本支隊已完成了作戰任務」。[65]

63　《申報》（漢口），1938年4月7日。

64　戰役後湯恩伯與孫連仲並肩，5月9日獲青天白日勳章，表彰了孫連仲6日夜「反擊予敵重創」，湯恩伯在東戰場「側擊敵軍果敢攻擊」的功績。國史館藏：001-035100-00064-018。

65　防衛庁防衛研修所戰史室編，《支那事変陸軍作戰2（昭和十四年九月まで）》，頁37。此文稱反轉命令下達於4月4日，但沒

　　然而不僅如此，還有一個重要原因是，4日，扼守運輸線的向城守備隊（步兵第二十一聯隊第一大隊）在向城（蘭陵鎮北東7公里），5日，留守臨沂的步兵第四十二聯隊第三大隊在朱陳（臨沂南方羅店附近），雙雙被國軍（向城被湯軍團13D，朱陳被張自忠軍180D）以重兵包圍，陷入危機。此時第五師團在山東南部已沒有任何可機動的救援部隊。此為師團參謀部令坂本支隊主力（台兒莊東戰場，4個大隊步兵）儘快結束戰鬥，在返回沂州途中實施救援的理由（參考本書第九章、第十章）。

　　支隊長接到命令後，立即開始部署各隊脫離戰場的轉進計畫。南線步兵第十一聯隊方面，長野祐一郎聯隊長受命後，5日連夜著手轉進準備，命第一線各部隊立即收縮，整理戰線。各下級部隊於6日晨開始收縮兵力，逐步到達指示地點集結：

1. 聯隊本部、第一大隊主力向陳瓦房村（賀莊西）集結。
2. 第四、第九、第十二中隊、聯隊砲中隊、速射砲中隊、第三大隊砲小隊向辛莊（蕭汪西方）集結。
3. 第十一中隊警戒蕭汪，第七中隊位置於三河口（陳瓦房西北）警戒。[66]

有任何原始資料佐證此說，筆者認為是5日之訛。
66　鯉十一会，《步兵第十一聯隊史》，頁295。

　　戰鬥並不會因為日軍的轉進準備停止。4 月 6 日和
7 日白天，步兵第十一聯隊共記錄了 17 名戰死者。說
明此轉進準備期間，也與敵方有過激烈的戰鬥。從前
述李宗仁的反擊命令可知，6 日也是湯軍團各部被嚴令
（第三次總攻命令）向台兒莊正面進出的反擊之日。湯
軍團雖未能按計畫實施，但東戰場的戰鬥卻在繼續中，
並且益加勇猛。特別是敵方在南線火石埠、北線大顧珊
附近猛烈攻擊，給坂本支隊的轉進準備帶來不少困難。
據步兵第十一聯隊第四中隊鳴滝芳雄資料，此時第一大
隊人員短缺，可使用兵員第一中隊僅 80 名，第二中隊
50 名，第三中隊 60 名，第四中隊約 120 名。可見經過
數日激戰，步兵第十一聯隊的戰鬥力極度不足。

　　轉進決定之後，位置於唯一退路方向的東戰場北
部，步兵第二十一聯隊於堡子附近的防禦線變得更加重
要。與 89D 爭奪大顧珊的激戰正打得不可開交，不料
此時，一直停留在蘭陵鎮一帶警戒後方的關麟徵 52A
2D、25D，受李宗仁督飭也開始從東北方向台兒莊前
進，進出到東西戰場北方交界的底閣、楊樓附近，一部
並進入台兒莊正面戰場的張樓（後被擊敗退回）。關軍
雖未達到進入台兒莊正面戰場目的，卻遮斷了坂本支隊
的後退方向。

　　在湯軍團的全面攻勢和三面包圍之下，為確保北方
退路，坂本支隊步兵第二十一聯隊主力在大顧珊激戰同
時，還必須抽出兵力與瀨谷支隊協同實施 4 月 7 日從南
北兩方，夾擊關麟徵部 52A 的「一擊」作戰（計畫動
用約 3 個大隊步兵，但實際投入戰鬥的僅瀨谷支隊 2 個

大隊），使得兵力短缺的坂本支隊手頭更加拮据。

　　4月7日，東戰場的最後一場戰鬥，在友軍瀨谷支隊已撤出台兒莊，坂本支隊四面被圍的危機狀態下開始。湯軍團方面受昨夜孫連仲部「反攻大捷」的輿論鼓譟，一時士氣沖天，頑強抵抗著來自北方楊樓的瀨谷支隊步兵六十三聯隊的南下攻擊。激戰終日，使日軍兩支隊南北匯合之企圖遭到挫折。瀨谷支隊在攻擊失敗後，7日夜間再次隱密中脫離戰場撤退。台兒莊戰役的最後一戰，在東戰場以日軍的失敗告終。由於退路未能打通，結果台兒莊東戰場待援的坂本支隊約5,000人，在敵陣中被完全孤立（四面被圍），不得已冒險於夜間，在湯軍團各部的重圍中開始了決死的單獨轉進，8日晨到達目的地紅瓦屋屯。此時，日軍大本營已發起徐州會戰，台兒莊戰役（第一期）至此告一段落。

　　以上為國軍主力湯軍團在東戰場作戰8日的全部過程。重要的是必須從戰略面瞭解，東戰場的戰鬥若不取得成功，國軍無法也無力進入戰略反攻。結果在東戰場戰鬥未成功的條件下出現了所謂「台兒莊大捷」的理由，是國軍方面的擴大宣傳，和瀨谷支隊的自主撤退。

第九章　日軍台兒莊撤退之經緯

　　本章主要澄清 1938 年 4 月 6 日至 7 日，日軍的台
兒莊撤退和第五戰區的戰略反攻之間，並沒有因果關
聯。國軍所謂的反攻，現在只留有紙上命令，沒有具體
反擊、追擊戰鬥的實態。即瀨谷、坂本兩支隊的戰場撤
退，並不是被國軍擊潰後的敗退，而是有計畫的自主行
為。且在時間序列上，日軍的撤退行動在先，而國軍所
謂的「反擊、大捷」紀錄居後。撤退中，兩支隊按計畫
安全撤退，並沒有經歷戰鬥，也沒有出現實質性損失。
日軍撤退的原因有二：一是外部原因，即逐步明瞭的國
軍戰略上大包圍的優勢戰局，和局部（台兒莊防禦面）
的有效頑強抵抗，使日軍了解不可能在短期內攻克台兒
莊，若不迅速撤退，將被數十倍優勢之敵全面包圍。二
是內部原因，即日軍上級機關，在不了解前線戰況之
時，下達缺乏合理性的坂本支隊「反轉沂州」命令。其
僅對坂本支隊一方下達的脫離戰場命令和該支隊的撤退
準備行動，造成了前線瀨谷、坂本兩支隊間的相互猜
疑，破壞了戰鬥協力體制，最終被瀨谷支隊長利用為對
抗上級命令，實施戰場自主脫離的藉口。

第一節　有關「大捷」爭論的焦點

　　關於「台兒莊大捷」的真相，從當時擔任宣傳負責人郭沫若的口中也可得知，「事實是敵人從台兒莊一帶做了戰略撤退，以便做全面性的進攻，而我們的『軍師』們卻把它誇大起來，真真正正地做了『擴大宣傳』」。此宣傳開始於 1938 年 4 月 6 日日軍從台兒莊撤退前，唯一的大捷證據是 4 月 6 日 15 時，司令長官李宗仁下達的第三次全面總攻命令（未執行）。

　　宣傳開始時，台兒莊兩個戰場的戰鬥還在進行，瀨谷支隊也尚未撤退。政治部第三廳僅根據李宗仁的反攻命令，便提前報導了「截止於 6 日 17 時」，包括湯軍團（外線部隊）在內國軍全體反擊戰鬥的「大捷」成果。內容包括台兒莊正東、東北及正北一帶村落之敵主力，被國軍包圍猛攻，至 6 日晚，計內線各軍殲敵逾千餘，外線各軍殲敵達 3,000，2 天 1 夜之間，共殲敵達 4,000 餘人，俘虜無算，為開抗戰以來未有之勝利。[1] 此處的「內線各軍」殲敵千人，擬定的是正面戰場的孫連仲部，「外線各軍」殲敵 3,000，擬定的是攻入正面戰場的湯軍團戰績。可是如前所述，實際上在 6 日的戰鬥中，湯軍團根本未能按計畫到達台兒莊正面反擊，故而 6 日的反擊戰並未實施。此宣傳內容後來之所以未露出馬腳，並和 7 日白天的「台兒莊大捷」報導連成一體的理由，如郭沫若所寫「事實是敵人從台兒莊一帶做了戰略撤

1　《申報》漢口，1938 年 4 月 7 日。

退」。即發生在 6 日夜間的瀨谷支隊自主撤退，使第三廳的「擴大宣傳」內容，部分變成了「事實」。

日軍作戰失利後撤出台兒莊，是一個不可否認的事實，但另一面，國軍的「反攻」也並不存在。迄今所知的反擊戰果都是宣傳數字，內容並不真實，也沒有任何歷史證據。

本書第一章曾經介紹，日本敗戰後因反戰意識的高漲，史學界也囫圇吞棗，不經核實地部分接受了舊「敵國」的台兒莊大捷宣傳。為此，1960 年代以後，曾發生學者和舊軍人之間對「台兒莊作戰敗北」見解的爭論。舊軍人提出了各種戰鬥詳報等證據，使主張敗北論的學者東京大學教授林茂、筑波大學教授臼井勝美，不得不承認錯誤，修改了著作中的內容。[2]

在今日，中、日戰史研究仍存在有關台兒莊之戰的兩種對立見解。一是台海兩岸的既有見解，即國軍的反擊致使日軍全面敗退的「台兒莊大捷論」。二是日方經由自己的戰史資料研究，作出的結論，即台兒莊撤退是遵循上層命令，為救援臨沂方面戰鬥的「反轉」（轉進）行為，撤退途中並沒有出現損失。

本章及第十章即是對引起此歷史爭論的雙方史料、證據等進行對比考證。重點放在對日軍瀨谷支隊、坂本支隊的撤退原因和撤退情形的釐清：一、日軍的台兒莊撤退，是否為有計畫準備的軍事行動。二、撤退的實態

2　姜克實，〈日本軍の戰史記錄と台兒庄敗北論〉，《岡山大学文学部紀要》，第 63 卷（2015）。

到底是在敵方反擊之下的潰敗，還是有秩序、有組織的脫離戰場行動。使用的史料，是台兒莊敗北論爭中也出現過的瀨谷支隊台兒莊戰鬥詳報，及詳細記錄撤退前後各部隊之間通信以及行動經緯的《台児莊反転関係電報綴》。通過對原始資料的分析，還原兩位支隊長對各種上級命令的反應、行動部署、戰鬥過程及兩者間發生的不信任與猜疑等事實，以解開日軍台兒莊撤退之真相。

《台児莊反転関係電報綴》是防衛省防衛研究所戰史室收藏的貴重資料，共 25 件。內容是瀨谷、坂本兩支隊間，或與上級師團、軍之間的電報往來。由於戰場紀錄的字跡潦草不清，解讀困難，至今幾乎沒有學者利用。連後來的資料編輯者，都搞不清電報內容的編排順序。筆者在研究過程中，對此資料進行了全面詳細解讀，使其成為澄清日軍撤退內幕的一手決定性史料。

圖 9-1 　《台児莊反転関係電報綴》

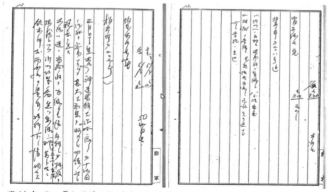

資料來源：「台児莊反転関係電報綴（支那事變）　昭和 13 年 4 月 1 日～13 年 5 月 15 日（1）」，4 月 5 日對坂本支隊下達的反轉命令，JACAR: C11111465800，頁 256。

第二節　反轉沂州命令的背景

　　坂本支隊主力（步兵 5 個大隊、砲兵 2 個大隊，約 6,000 人）3 月 29 日夜奉命中止攻擊臨沂，赴台兒莊戰場支援。經 3 月 31 日、4 月 1 日與湯恩伯軍團主力在蘭陵鎮附近的初戰後，4 月 2 日南下進入台兒莊東部地區戰場，3 日展開對運河線國軍主陣地的攻擊。在此戰場的國軍是湯軍團主力約 73,000 人，兵員、武器均佔絕對優勢。為此，坂本支隊的攻擊任務僅持續了 1 天（4 月 3 日），即轉入全面對峙防禦態勢，至撤退前一直陷於國軍三面包圍的苦戰中，且其周圍形勢在敵方的壓迫包圍下日益險惡。儘管如此，上級的第五師團參謀部不瞭解戰場事態，誤認為坂本支隊作戰順利進行，[3] 於 4 月 5 日午後 2 時，下達了轉進命令：

> 3 月 30 日以來，貴支隊神速果敢之作戰行動取得甚大效果，使第十師團方面壓力得以緩解。本部對此功績深表敬意。望支隊在迅速擊滅當面之敵後，反轉沂州方面作戰，一路掃蕩殘敵先向朱陳方向前進，到達朱陳後，鈴木、中村兩部隊將復歸進入貴官指揮下。[4]〔鈴木、中村部隊為臨沂留守部隊〕

3　防衛庁防衛研修所戦史室編，《支那事変陸軍作戦 2（昭和十四年九月まで）》，頁 37。

4　「板参甲第二〇七号」，「台児荘反転関係電報綴（支那事変）昭和 13 年 4 月 1 日～13 年 5 月 15 日（1）」，JACAR: C1111 1465800，頁 256。

此電即是至今可掌握，最早敦促坂本支隊長反轉沂州作戰的師團命令，並非有細節的部署，而是一個今後行動的指示方針。具體的反轉時間、行動部署等，都委託給坂本支隊長自行決定。值得注意的是，此撤退指示發生在坂本支隊正式退出戰場（所謂國軍反擊的台兒莊大捷）的前 54 小時。即可確認日軍的撤退（轉進）指示，早於國軍的台兒莊「反擊」行動。

由於坂本支隊的沂州攻略任務並沒有完成，所以救援台兒莊後返回沂州作戰，也是赴援台兒莊作戰計畫中的既定環節。如 4 月 2 日，坂本支隊剛進入台兒莊東戰場當天，第二軍參謀長給第五師團參謀長的電報指示中即有如下意見：

> 軍方意見認為，坂本支隊與瀨谷支隊協力，佔領、攻克台兒莊及其東南方運河線及禹王山附近後，根據戰況應指導該支隊返回沂州作戰。[5]

所以該支隊剛進入戰鬥不久，上級已開始計畫該部反轉沂州的行動。4 月 4 日 15 時 45 分，第五師團參謀長對坂本支隊長發信（板參甲第二〇八號）要求立即報告「支隊從現在地及向沂州方面反轉的可能時間，及掌握 2SA、LPW 的時刻」。[6] 2SA 是部隊代號，指此時

5　「台兒莊反轉關係電報綴（支那事變）　昭和 13 年 4 月 1 日～13 年 5 月 15 日（1）」，JACAR: C11111465800，頁 245。

6　「台兒莊反轉關係電報綴（支那事變）　昭和 13 年 4 月 1 日～13 年 5 月 15 日（1）」，JACAR: C11111465800，頁 251。

配屬給瀨谷支隊使用中的野戰重砲兵第二聯隊一部（1
個大隊砲兵及聯隊段列（彈藥隊）半部，4 年式 15 榴
12 門），LPW 是獨立輕裝甲車中隊的代號，此時前線
僅有的 2 個中隊（第十中隊 3 月 27 日到達台兒莊，第
十二中隊 3 月 30 日到達台兒莊），都配屬給瀨谷支隊
長指揮。可見軍方此時（4 月 4 日）已承認將部分瀨谷
支隊方面的重武器（野戰重砲兵 1 個大隊、裝甲車 1 個
中隊），轉屬給坂本支隊繼續攻擊臨沂城時使用，計畫
在坂本支隊反轉時一同返回沂州。此段電報內容，即是
詢問部隊反轉可能時機，及重武器可轉屬的時間。

　　由此可見第五師團從東部戰場戰鬥剛開始不久的
4 月 4 日，已在部署其部反轉之後的行動。所以 5 日 14
時，師團發出的反轉指示（命令）並不是一個偶然決
定，而是既定方針。問題在軍方、師團方面都過分樂觀
地估計坂本支隊的戰鬥成效，在不適合的時刻下達了命
令。4 月 5 日，第五師團參謀長對坂本支隊長傳達反轉
命令後約 2 小時，16 時 20 分對上級第二軍發出「板參
乙第三三七號」電報，報告了對坂本支隊作出的反轉指
示內容：

　　坂本支隊在迅速擊滅當面之敵後，計畫經向城、朱
　　陳反轉沂州。一路掃蕩殘敵，後復歸沂州攻略。[7]

7　「板參乙第三三七号」，「台児莊反転関係電報綴（支那事変）
　　昭和 13 年 4 月 1 日～ 13 年 5 月 15 日（1）」，JACAR: C1111
　　1465800，頁 247。

　　師團為什麼沒有確認實際戰果，就催促坂本支隊反轉沂州？除了完成攻陷臨沂城的原使命之外，還有一個重要目的，即命令中的歸途中掃蕩「向城、朱陳」之敵。向城位於臨沂西南，臨沂、蘭陵鎮、台兒莊道路中間，是此時坂本支隊後方補給線上的重要據點，由步兵第二十一聯隊第一大隊守備。4日，該地被湯軍團關麟徵 52A 25D 包圍。朱陳則在臨沂城南羅莊附近，張自忠 59A 後方。攻入此地的步兵第四十二聯隊第三大隊，5 日也被張自忠 180D 包圍。坂本支隊的戰鬥力共步兵 6 個大隊，除用於台兒莊東戰場的 4 個大隊外，雙雙已無任何可以出動救援的機動兵力，所以只能抽調台兒莊作戰部隊（坂本支隊）解圍。

　　向城被圍，意味著坂本支隊的後方補給線被敵方截斷，直接影響到台兒莊附近戰鬥的物資補充。4 月 4 日以後，台兒莊作戰中坂本支隊的糧秣、彈藥補給斷絕，只能臨時借助第十師團瀨谷支隊方面的物資補給站接濟。況且向城內的被圍者中，還有 246 名急待回送臨沂治療的傷兵，可見救援向城任務之緊迫。另一處發生危機的朱陳，位置於臨沂南羅莊附近，也是用兵要地。坂本支隊南下後，在義堂集監視臨沂之敵的步兵第四十二聯隊鈴木茂一郎第三大隊一部，為了作攻擊臨沂準備，4 月 5 日奉命佔領此地。佔領雖然成功，卻立即被從臨沂來援之 180D 包圍。此狀況之後持續了 2 週以上，直至 4 月 20 日，沂州戰鬥結束（攻略）後才被步兵第

四十二聯隊第二大隊救出。[8] 如此，4月4日以後新出
現向城、朱陳兩地的危機，也是第五師團敦促坂本支隊
反轉沂州的重要理由。

第三節　坂本支隊的反轉準備與「一擊作戰」計畫

　　4月5日的命令中，師團方面僅要求坂本支隊迅速
反轉沂州，但並沒有指定具體開始時間，曖昧地規定反
轉行動開始於「迅速將當面之敵擊滅之後」。即取得戰
鬥勝利，是反轉開始的前提，而具體部署，交給坂本支
隊長自行判斷。坂本支隊長正與兵力佔絕對優勢的湯軍
團主力苦戰中，當然希望儘早脫離這煉獄般的戰場，見
師團命令後如魚得水，立即開始準備撤退計畫。問題在
撤退之前，必須解決兩大難題，一個是取得被規定為反
轉前提的戰果。從戰鬥實況看，此時豈止將敵擊滅，相
反自己面臨被敵擊滅的危機。另一個是從戰略上，如何
向友軍瀨谷支隊敷衍交代。儘管是上級命令，若不交代
處理，僅自己一方逃之夭夭，會影響到台兒莊戰場全局
形勢的逆轉，對並肩作戰的瀨谷支隊來說，是一種背信
行為。

　　坂本支隊長接到反轉電報後，為回答師團的反轉部
署詢問，坂本順少將5日20時40分，向師團參謀長

8　朱陳之戰的詳細情況，可參考岩川順一，《実録・万里の長城攻防
　　秘話》（東京：近代文芸社，1995），頁114-119。

發出「坂參甲第二〇八號返」電：

一、關於反轉沂州時間，預定在擊滅當面之敵後，
暫定 8 日前後出發。

二、關於 SA、LPW 部隊的轉屬，已與瀨谷支隊方
面聯繫，還未收到回音。推測翌 6 日內可轉屬
完畢。[9]

之後 21 時 37 分，發佈「坂作報第二四二號」，向
下級部隊通知了師團反轉命令和初步行動計畫。步兵第
二十一聯隊接到的命令內容為：

一、支隊受命將反轉沂州。

二、支隊預定於明 6 日日沒後開始行動，從低石橋
附近渡河後向潘墜、楊家廟方向前進，於三佛
樓附近集結兵力後向沂州反轉。

三、片野部隊受命後，立即進行反轉準備，關於行
動細節，將向貴隊命令受取者當面傳達。[10]

以上可見坂本支隊長在 4 月 5 日 14 時接到反轉命
令後，立即開始了準備。對坂本支隊來說，反轉計畫是

---

9 「坂參甲第二〇八号返」，「台兒莊反転関係電報綴（支那事
変）　昭和 13 年 4 月 1 日～ 13 年 5 月 15 日（1）」，JACAR：
C11111465800，頁 255。

10 「坂作報第二四二号」，「台兒莊反転関係電報綴（支那事
変）　昭和 13 年 4 月 1 日～ 13 年 5 月 15 日（1）」，JACAR：
C11111465800，頁 253。

在未達到「擊滅當面之敵」的前提下部署的。此時，
借上級的「沂州轉進」命令，達成撤出台兒莊戰場之
目的，才是與優勢之敵苦戰中的坂本支隊長之本意。5
日 20 時 30 分，坂本支隊長將該支隊即將反轉沂州的情
報，經「坂作報第二四四號」電報通知給瀨谷支隊長。

> 一、支隊受命反轉沂州繼續攻略戰任務。<u>預計明 6
> 日日沒後開始行動</u>，7 日拂曉前在三佛樓附近
> 集結兵力。
> 二、LPW 及 2SA 的轉屬，望 7 日晨在楊家廟實行。
> 請提前做好準備。
> 三、明 6 日向貴司令部派出連絡者接洽此件。[11]

對瀨谷支隊長來說，軍、師團上級對坂本支隊下達
「反轉」命令，並決定抽出部分重武器轉屬坂本支隊之
舉，無疑是晴天霹靂。在台兒莊攻略任務完成之前，友
軍對敵主力（湯軍團）的牽制，和野戰重砲等重火器，
都是不可缺少的。可是攻略未果之前，上級卻命令將協
力部隊和重火器一部撤出戰場。為何作出如此荒唐的決
定？瀨谷支隊長難以理解。接到坂本支隊通知後，瀨谷
遲遲不回應的理由，考慮也是一種無聲的抗議。經過深
思苦慮後，瀨谷支隊長下定決心，若要走則一起走，不

---

11 「坂作報第二四四号」，「台兒莊反轉関係電報綴（支那事
　　變） 昭和 13 年 4 月 1 日～13 年 5 月 15 日（1）」，JACAR：
　　C11111465800，頁 252。「坂作報第二四二号」發送時間標為 21
　　時 37 分，「坂作報第二四四号」發送時間標為 20 時 30 分，作
　　成順序不會有錯，惟無法得知為何發電時間顛倒。

管上級是否同意，否則會導致支隊全軍覆沒的危機。

接到通知後，瀨谷支隊長完全失去了指揮攻擊台兒莊戰鬥的意志。此夜，在坂本支隊部署反轉的同時，瀨谷支隊長也連夜隱祕作出將部隊同時撤出台兒莊的計畫。時間選定在坂本支隊通知反轉預定時間的6日晚。為何祕密部署？因為瀨谷支隊並沒有得到任何來自上級的轉進、撤退許可。在此不利的狀況下以什麼藉口撤退？瀨谷支隊長決定利用上級對坂本支隊長的命令，即撤退前實施的「將當面之敵擊滅」的作戰計畫。

「將當面之敵擊滅」是第五師團參謀部提示的沂州反轉前提，對象是與坂本支隊交戰中前線部隊。但若要成功，對坂本支隊來說，僅靠自己的實力很難實現。因為正面作戰對手，是總人數12倍於己的國軍主力湯軍團。所以坂本支隊長決定借助友軍瀨谷支隊的戰力，一起完成這個目標。若能打開敵方包圍，殺出一條撤退血路，事後的報告中也可稱之為「擊滅了當面之敵」。繼第一封通知友軍反轉決定的電報後，5日21時35分，坂本支隊長又發出「坂作報第二四五號」電報，將自己做出的「將當面之敵擊滅」的作戰計畫（以下稱「一擊作戰」），也照會給瀨谷支隊長，希望得到支持，完成這撤出戰場前的最後一戰。

一、敵方逐次增加兵力向支隊後方的老宅、朱莊、丁灘、常溝、沙江凹、尋家莊附近迂迴包抄。其兵力至少在1個師以上。

二、本支隊雖奉命反轉沂州，但也決意撤退前給此

敵予致命一擊。關於此戰，乞貴支隊從楊家廟
東北側方向出擊包圍我敵陣之後背，本支隊同
時與貴支隊呼應，協力猛擊此敵並求殲滅之。
有關此計畫可否，乞立即回音。[12]

　　即借兩支隊協力的「一擊（夾擊）作戰」，來達成
「擊滅當面之敵」的撤退條件。作戰地點選擇在支隊後
方楊家廟東北一帶，可以認定也是為了確保安全的撤退
通路。楊家廟位置於台兒莊正面戰場後方，是瀨谷支隊
的本部所在地，坂本支隊的戰場（東戰場）隔陶溝河和
附近濕地，位於楊家廟東南方，最近處僅數公里。兩支
隊合作的一擊作戰若取得成功，坂本支隊不僅可以擺脫
退路之敵安全撤離戰場，在楊家廟附近掌握（交接）轉
屬重武器部隊也變得更加容易，所以此計畫對坂本支隊
來說是一個有多重意義的重要決定。
　　具體行動分為兩步，第一步是先將東戰場北部堡子
附近的片野部隊（步兵第二十一聯隊）留在戰場原地作
後方掩護，支隊主力（步兵第十一聯隊及後勤、支隊本
部）於6日日落後撤出南部戰場，渡河後通過瀨谷支隊
所在的正面戰場到達其後方的三佛樓（又稱三付樓，楊
家廟西北1公里）附近集結，在此地掌握預定轉屬的輕
裝甲車中隊和野戰重砲兵第二聯隊。第二步是翌（7）
日實施擊滅當面之敵的「一擊作戰」。計畫瀨谷支隊由

12　「坂作報第二四五号」，「台児荘反転関係電報綴（支那事
　　変）　昭和13年4月1日～13年5月15日（1）」，JACAR：
　　C11111465800，頁254。

楊樓、底閣附近（三佛樓東北 8 公里）向東南，片野部隊從現地（堡子、郁莊、沙江凹）向西北，經兩面夾擊將坂本支隊北方之敵擊滅後（兩隊會合），8 日坂本支隊全體離開三佛樓、楊家廟，反轉沂州。

　　以上為 4 月 5 日午後，坂本支隊長接到反轉沂州命令後，連夜作出的行動部署。借友軍之力完成反轉前提（將當面之敵擊破），並在友軍掩護下安全撤離戰場，是坂本支隊長部署「一擊作戰」計畫的主旨。此時坂本支隊所在的東戰場形勢，比瀨谷支隊正面戰場要險惡得多，瀨谷支隊方面屬於主動攻擊（孫集團軍）態勢，而坂本支隊處於防守（湯軍團）。瀨谷支隊所在西戰場的城外之敵（孫連仲的台兒莊外圍作戰部隊），已被支隊主力於城外掃蕩一空，此時運河北岸已無敵影。而東戰場坂本支隊的 5,000 人馬，卻被湯軍團 89D 從東，139D、6D 從南，52A 從北三面包圍，此為坂本支隊在轉進計畫中急切想得到瀨谷支隊協助的理由。

　　參考師團作戰情報，可知接到轉進命令的 4 月 5 日 15 時，坂本支隊南線（步兵第十一聯隊）位置於火石埠（台兒莊東方 6 公里）、五聖堂（火石埠北方 4 公里）附近，北線（步兵第二十一聯隊）在崔家圩（五聖堂北 3 公里）、堡子、郁莊附近。[13] 按湯軍團的戰鬥詳報，此時在坂本支隊西北方底閣、楊樓（轉進退路）附近展開的是關麟徵軍張耀明 25D，在東方與步兵第二十一聯隊作戰的是王仲廉軍張雪中 89D，在東南方、南方與步

13　JACAR: C11111035000，頁 1064。

兵第十一聯隊對陣的是周嵒軍黃光華 139D、張珙 6D。
即反轉之前的坂本支隊，唯一安全的方向，是與瀨谷支
隊隔河相接的西方。此為坂本支隊將 6 日夜的反轉路
線，設定在瀨谷支隊正面戰場的理由。

圖 9-2　4 月 1 日至 8 日湯軍團全體台兒莊東戰場配置
　　　　要圖

資料來源：《抗日戰史　徐州會戰 3》，插圖 49。

第四節　瀨谷支隊長的反應

　　放棄對台兒莊城攻擊，將目標轉向協助坂本支隊的
「一擊作戰」，主力藉此機會與坂本支隊一起撤出台兒
莊戰場（即轉進到戰場後方），是瀨谷支隊長的打算。
在台兒莊經過兩週苦戰，當初強悍無比的瀨谷支隊早已
面目全非。對城牆高達 10 公尺，有 8 公尺寬護城水濠
的津浦線重鎮滕縣，支隊僅使用了 2 個大隊步兵，2 天
之內即輕而易舉地攻陷。而同一部隊，在此牆壁僅高
2 公尺[14] 的台兒莊小寨前，經過兩週猛攻仍未能取得勝
利。3 月 24 日攻城開始後，大規模的攻擊戰已前後實
施了 5 次，各種新銳武器，包括新型火砲、戰車、裝甲
車、火焰噴射器等都先後投入戰場，慘烈無比的苦戰使
前線將兵蒙受了巨大犧牲，可是台兒莊內的敵陣仍巍然
不動屹立在日軍火線之前。

　　實際上，瀨谷啟是有自知之明的指揮官，完成台兒
莊外圍清掃後 4 月 4 日的總攻，對他來說，已成為一個
選擇進退的轉折點。在部署最後一次攻擊的同時，瀨谷
已開始向西方棗台公路運動兵力，為的是確保退路，
防止敵方的戰略包圍。4 月 4 日的總攻失敗後，瀨谷明
白早已疲憊不堪的手下部隊，在現有條件下不管怎樣努
力，也不可能取得巷戰勝利，最終攻克台兒莊城。且觀
看戰局，即使拼死拿下台兒莊城，在兵力懸殊，敵軍已

14　台兒莊寨牆（磚造土芯），高 1.8 公尺，頂部寬 0.7 公尺，加下
　　部夯土地基，共高約 3 公尺。碉樓高 4.5 公尺，外壕寬 2 至 3 公尺。
　　步兵第 63 聯隊史編纂委員，《步兵第六十三聯隊史》，頁 386。

形成四面包圍狀態下，也不可能繼續堅守。從戰略上講，當初佔領並鞏固台兒莊、韓莊間大運河沿線的作戰任務，在敵軍主力 30 餘師到達後，也已失去了實際意義。可以說 4 月 4 日以後，瀨谷支隊長已無心戀戰，開始思考早日從這個噩夢般的戰場脫離之法。撤退行動的最大障礙，不是來自敵方，而來自強硬又無知的上級軍參謀部和師團參謀部。

5 日入夜後，瀨谷支隊長徹夜部署綿密的撤退計畫，與坂本支隊協力的 7 日「一擊作戰」，在此計畫中成為撤退行動的藉口。瀨谷對師團上級的報告中稱：

> 鑒於坂本支隊方面的狀況，本支隊眼下決定暫時中止對台兒莊方面的攻擊，將主力用於協助坂本支隊方面戰鬥，從右翼攻擊其隊當面之敵，爭取將其殲滅。[15]

從瀨谷支隊長在實戰部署中僅動用約三分之一兵力參加一擊作戰的結果看，一擊作戰只不過是一個藉口，目的是借此機會將部隊全體撤離台兒莊前線。為了不洩露自己的「撤退」計畫，瀨谷啟僅將「一擊」作戰的一面通知坂本支隊長及師團上級。撤退計畫制定於 5 日徹夜進行，對內對外完全保密，不僅軍、師團上級被蒙在鼓裡，甚至沒有通知一起作戰的坂本支隊長。步兵第十聯隊和步兵第六十三聯隊長得知支隊長撤退部署的時

15　「磯情第 80 号（3 月 29 日）～磯情第 99 号（4 月 15 日）（2）」，JACAR: C11111035100，頁 1068。

間，是 6 日 15 時 30 分命令正式下達後，即撤退行動開始 4 小時前。

　　6 日撤退當天，亦是國軍計畫中的全面反攻（第三次總攻）之日。由於湯軍團根本並未能按命令進入台兒莊正面，此日的激戰仍停留在東戰場，而正面戰場不見敵影，各處一片平靜（只有車站附近插花廟和頓莊閘附近與 30D 有小規模摩擦）。凌晨 3 時，瀨谷支隊長向步兵第六十三聯隊下達「作命二七八號」，命該聯隊中川廉第一大隊（城外作戰部隊）向台兒莊北方潘墜前進集結。7 時，又命該大隊集結完畢後，「經河灣攻擊馬莊方向之敵，之後向平灘－常溝一線前進，與坂本支隊協力作戰，掩護本支隊左側」。[16]

　　5 日，完成城外掃蕩的步兵第十聯隊 2 個大隊，已奉命集結於台兒莊西北棗台公路的南洛，確保向嶧縣方向的撤退道路（但下級部隊並不知道支隊長部署的企圖）。6 日上午，瀨谷支隊長又將剩下的掃蕩部隊（步兵第六十三聯隊第一大隊）也向戰場東北方運動。此部署有雙重目的，一是應坂本支隊長要求，參加 7 日預定兩支隊協力的「一擊作戰」，從西北方攻擊包圍坂本支隊後方之敵（關麟徵部 25D），另此部署還有在右翼掩護瀨谷支隊全體撤退的企圖。

　　坂本支隊長構思的「一擊作戰」，此時還處在計畫調整階段（後為了不使瀨谷支隊過於困窘，主動推遲了

16　「戰闘經過の概要　臨城及嶧県附近に於ける前進準備、棗莊の守備、台兒庄附近の攻撃（7）」，JACAR: C11111253800，頁 1077-1078。

6日夜撤退計畫），而連夜做好撤退部署的瀨谷支隊長已迫不急待，6日凌晨主動先開始調動參戰部隊。8時55分，步兵第六十三聯隊第一大隊主力出發北上後，瀨谷向坂本支隊長發出「瀨谷第九三號」電報，通知支隊參加一擊作戰的準備狀況：

> 一、迂迴到貴支隊背後，攻擊朱莊、老宅、常溝之敵的本支隊一部，已於午前7時開始北上。
> 二、貴支隊的沂州方面轉進時間，與當支隊的作戰行動有密切關連，……預定何時開始轉進，請急速通知我部。
> 三、2SA可於本日午後轉交貴支隊指揮。[17]

從內容判斷，6日8時55分，瀨谷支隊還未接到坂本支隊長7日開始一擊作戰、8日實施「沂州反轉」的新通知，以為坂本支隊仍按5日的通知，於6日夜晚開始行動，所以將自己部隊撤退也部署在同一時間。兩部同時開始撤退（轉進）行動，是為了減少一方被孤立的風險。電文中友軍「預定何時開始轉進，請急速通知我部」的內容，也是對同時撤退計畫的最後確認。6日夜的轉進計畫已蓄勢待發，一旦命令下達，是不能輕易撤回的，更何況這是只有自己知道的祕密。可是坂本支隊長並沒有覺察到瀨谷支隊的撤退企圖，也沒有明確回

17　「瀨谷第九三号」，「台児莊反転関係電報綴（支那事変）　昭和13年4月1日～13年5月15日（1）」，JACAR：C11111465800，頁257。

答自己預定轉進的時間。理由是此日坂本支隊方面的東戰場，正承受著湯軍團全面反攻的巨大壓力。由於戰鬥激烈，準備困難，又顧慮到瀨谷支隊長的窘境，暫時推遲了撤退時間。6 日 9 時 10 分，坂本支隊長發出「坂報電第一一一號」，向瀨谷支隊長通知了如下變動：

> 從貴隊的戰況判斷，本支隊決定在現地繼續展開攻擊，為此取消 7 日晨在楊家廟會合，掌握 SAB〔SA〕的原計畫，請將 12 LPWS 火速派往五聖堂方面。[18]

　　6 日晨東戰場戰鬥激烈無比（湯恩伯軍團企圖進出西戰場的全面反攻），近接混戰中，下級部隊很難按計畫進行集結準備。先將配屬轉換預定的輕裝甲車第十二中隊「火速派往五聖堂」的請求目的，也是企圖借新兵器抵抗周碞軍的攻擊，擺脫前線危機。五聖堂在火石埠北方，是鄰接瀨谷支隊戰鬥境界的地名，也是張珙 6D 企圖攻入台兒莊正面戰場的必經途徑。先不提計畫中的一擊（反擊）作戰，此時的坂本支隊在湯軍團重圍之下，連脫離戰場的準備都有困難。

　　比較起來，瀨谷方面的對手孫連仲集團軍已被完全壓制在台兒莊城內一角及大運河南岸，湯軍團的反擊（李宗仁此日嚴令湯軍團攻入台兒莊正面）也未波及到台兒莊正面，所以瀨谷支隊可從容地準備撤退。6 日 7

18　「坂報電第一一一号」，「台兒莊反転関係電報綴（支那事變）　昭和 13 年 4 月 1 日～13 年 5 月 15 日（1）」，JACAR：C11111465800，頁 262。

時，瀨谷支隊長通過「瀨支作命第七七號」，向部下傳達了兩條命令：

1. 步兵第十聯隊集結於南洛（台兒莊北西 8 公里）、魚鱗待機。
2. 步兵第三十九聯隊第一大隊（1 個中隊，前來支援的新戰力）佔領泥溝西側高地及獐山附近制高點。[19]

　　目的很明顯，都是警戒西方之敵，確保退卻道路安全。只是此時，部下還不知道夜裡即將全面撤出戰場的消息。做好部署後，瀨谷支隊長命令各部隊向楊家廟本部派出聯絡將校受命，於 6 日 15 時 30 分，以面對面「口述筆記」（此形式為最重要命令的傳達方法），傳達了各隊集結、撤退的詳細部署。各隊聯絡將校歸隊後，按計畫在隱蔽中緊急準備，日落後 8 時，開始撤退行動。

　　值得注意的是，下令前，瀨谷支隊長嚴守祕密，不僅沒有對部下洩露撤退計畫，連傳達命令前 30 分，到達瀨谷支隊本部的坂本支隊聯絡將校都未予通知，此舉是之後激怒坂本支隊長的理由之一。

---

19 「戰鬥經過の概要　臨城及嶧県附近に於ける前進準備、棗荘の守備、台児庄附近の攻擊（7）」，JACAR: C11111253800，頁 1079。

第五節　坂本支隊推遲反轉的理由

　　瀨谷啟支隊長在祕密部署撤出台兒莊同時，坂本順支隊長不了解瀨谷的本意是尋找撤退理由，反而受到友軍積極協力作戰的刺激，「擊滅當面之敵」戰意也逐漸高漲。理由有二，一是 4 月 6 日，由於湯恩伯奉李宗仁嚴令開始反攻，敵方強化了包圍攻擊，東戰場形勢更加緊迫。為了全支隊安全撤出，必須將當面之敵，特別是要將該支隊預定後退方向（西北側）之敵（關麟徵 25D）先行擊破。坂本支隊不僅在台兒莊東戰場陷入三面被圍之境，由於後方向城被敵包圍，補給路被切斷，「從五日起不得不從第十師團方面接濟彈藥、糧秣的補充」。一擊作戰的成功，同時也是確保自己後退（轉進）安全的必要行動。二是上級第五師團和第二軍接二連三，催促首先必須完成「擊滅當面之敵」的強硬命令。6 日 10 時 13 分，在濟南第二軍參謀長鈴木率道少將向義堂集（臨沂西北）第五師團參謀長櫻田武大佐發電，出示了第二軍對坂本支隊「反轉沂州」的附加條件：「軍方對坂參乙第三三七電的決心大有同感，台兒莊東北的狀況改變，還有待坂本支隊的繼續努力。」[20]

　　「坂參乙第三三七電」是 4 月 5 日午後，坂本支隊長決定「反轉沂州」的回告。以上第二軍方面的回答，雖認同了坂本支隊反轉沂州決定，但同時強調撤退前應

20　「台兒莊反轉關係電報綴（支那事變）　昭和 13 年 4 月 1 日〜13 年 5 月 15 日（1）」，JACAR: C11111465800，頁 248。

努力改變「台兒莊東北方面的狀況」。即成功完成「將
當面之敵擊滅」的一擊作戰。期待該支隊「反轉」開始
前擊破敵主力一部（關麟徵 25D）的戰果。為了不使此
曖昧的電報造成第五師團方面誤解，17 時，第二軍小
沼治夫參謀又致電通知，作了如下補充說明：

> 軍的意圖為坂本支隊應在完成擊滅當面之敵任務後
> 反轉沂州。所以希望坂本支隊在明 7 日繼續展開現
> 地攻擊。右依命轉達。[21]

以上軍命，意在指示坂本支隊暫緩轉進，先集中兵
力努力取得「一擊作戰」成果。6 日午後 3 時，第五師
團參謀部承旨對坂本支隊長也下達指示，要求撤退前，
先積極實施完成攻擊作戰：

> 關於貴支隊沂州方面轉進之件，「坂參甲第二〇七
> 號」雖已督促，其後又接新報，發現敵在台兒莊北
> 側地區有與我決戰企圖。希望支隊借此良機與瀨谷
> 支隊協力，將從東方企圖接近我之敵完全擊滅，再
> 掃蕩殘敵，經向城向沂州方面實施轉進。[22]

內容也是「反轉」之前，先與瀨谷支隊合作完成對

---

21 「台児荘反転関係電報綴（支那事変）　昭和 13 年 4 月 1 日～
　　13 年 5 月 15 日（1）」，JACAR: C11111465800，頁 250。
22 「台児荘反転関係電報綴（支那事変）　昭和 13 年 4 月 1 日～
　　13 年 5 月 15 日（1）」，JACAR: C11111465800，頁 260。

東方接近之敵「一擊作戰」的督促。此「東方企圖接近我之敵」，指的即是東戰場的湯軍團主力（25D），可見遠在濟南和義堂集的軍、師團上級（參謀部），並不明瞭坂本支隊所面臨的危機，更不知道坂本支隊部署的「一擊作戰」的目的，其實是保障自己安全撤退。

　　另據「軍電第八百號」，第五師團參謀長自4月5日夜以來，按第二軍的作戰意圖，對坂本支隊長曾發過3次電報，指導其一擊作戰方針。[23] 在上級軍命的再三要求下，儘管處於苦戰狀態，坂本支隊長也不得不先優先安排一擊作戰部署，推遲了轉進時間。6日白天，派聯絡官與瀨谷支隊接洽的目的，即在調整協同下一步的新作戰部署。

　　可見有關「一擊作戰的目的」，各單位之間一直存在著明顯的誤解。能知曉一擊作戰真正目的者，只有在現場苦戰的兩個支隊長。當然在安全撤出之前，不能將真正目的向上級透漏，特別是在沒有軍命下準備撤退的瀨谷支隊長。由於兩支隊間調整不周，4月6日18時以後，瀨谷支隊不得已按原計畫首先開始戰場撤退行動。此時，也隱祕行蹤，沒有向友軍發出通知。20時20分，坂本支隊長在不知瀨谷支隊已開始後退的情況下，向第五師團參謀長及瀨谷支隊長發出如下電報：

　　一、台兒莊之敵依然頑強抵抗之中，瀨谷支隊至今

23　「第2部・第3章・第1節　作戰機密の一部（昭和13年1月－5月　青島問題及台兒莊附近の戰鬥）」，JACAR：C11110923500，頁480。

僅完成城內掃蕩面積的三分之二。

二、本支隊在火石埠、辛莊、蕭汪、賀莊、蔡莊、
大顧珊、郁莊一帶對敵 6D、139D、111D 實
施攻擊中。但彈藥缺乏，攻擊不能如意進展。
又發現老宅、朱莊、丁灘、常溝、馬莊附近又
出現新敵 1 師正企圖迂迴包圍。

三、基於此狀況，本支隊決定全力與瀨谷支隊協力
實施一擊作戰，擊破包圍我背後之敵為眼下最
優先之急務。為此，<u>預定將反轉沂州行動拖延
至 10 日以後</u>。

四、LPW、SA 至今還未能實現交接。[24]

即為完成上級反覆催促的一擊作戰任務，不得不再
次將「反轉」時間推遲到 10 日以後。此電顯出坂本支
隊長留在原地繼續作戰的決心。對於苦戰中的坂本支隊
來說，要完成擊破當面之敵的「一擊作戰」任務，尚存
作戰潛力的瀨谷支隊十分重要。為了消除昨日以來，支
隊反轉沂州部署給瀨谷支隊長造成的疑念，調整兩支隊
間的協力作戰，坂本支隊長約 1 小時後（6 日 21 時 10
分），又向瀨谷支隊長發出「坂作報第二五七號」（瀨
谷第九三號返）電，企圖安慰瀨谷少將，使其放棄對友
軍方面背信的疑念。

24　「台児莊反転関係電報綴（支那事変）　昭和 13 年 4 月 1 日～
13 年 5 月 15 日（1）」，JACAR: C11111465800，頁 261。

一、支隊將與貴支隊一致協力作戰，<u>在未完成擊滅
當面之敵任務前，絕不會擅自反轉沂州</u>。

二、本件師團參謀長也有過明確指示。[25]

　　此電報是對瀨谷8時電報「瀨谷第九三號」：「貴
支隊預定何時開始轉進，請急速通知我部」的返電。顯
示了自己在困難下，絕不會先自行撤出，背叛拋棄友軍
的仗義之情。哪知道此時，瀨谷支隊早已先行一步隱祕
中開始了撤退行動。此電發出時（6日2110），瀨谷支
隊（除已在楊樓就位，準備一擊作戰的步兵第六十三聯
隊第一大隊）正從台兒莊戰場全面撤退中。下面是瀨谷
支隊長對坂本支隊長6日夜（時刻不明）發出的電報殘
文，從內容判斷，是接到坂本電報通知後，於撤退途中
對坂本支隊長新計畫的回覆。

一、切望貴支隊英勇奮戰武運長久。

二、雖本支隊已進行了<u>部分戰線整理</u>，仍希望貴支
隊極力堅守現在戰線，並能派出有力之一部向
北方（常溝附近）展開攻勢。

三、本支隊將於明（7）日拂曉，全力攻擊貴隊左
側背的包圍線之敵，希望貴支隊能排除萬難，
策應我部的攻擊作戰 。[26]

25　「台兒莊反轉関係電報綴（支那事変）　昭和13年4月1日～
　　13年5月15日（1）」，JACAR: C11111465800，頁258。

26　「台兒莊反轉関係電報綴（支那事変）　昭和13年4月1日～
　　13年5月15日（1）」，JACAR: C11111465800，頁259。

此處，瀨谷支隊長首次暗示該支隊已開始後退（曖昧地稱「戰線整理」），希望坂本支隊不要動搖，按計畫派出有力一部策應７日天明後的「一擊作戰」。

由於瀨谷支隊所在的正面戰場沒有敵人干擾，６日午後，該支隊得以從容地部署全隊轉進。參加一擊作戰的先頭部隊（步兵第六十三聯隊第一大隊），６日晨出發，白天在途中張樓擊退企圖進入正面戰場的關麟徵軍一部後，傍晚佔領了關麟徵軍反攻前線的楊樓，進入次日一擊作戰的攻擊位置。６日晚支隊主力撤退中，計畫參加一擊作戰的一部（步兵第六十三聯隊第三大隊、師團野砲兵１個大隊），也與主力分別行動，經夜間行軍，７日上午進入楊樓附近的作戰位置。如此，６日夜間，瀨谷支隊長順利實施了支隊全體的戰場撤退和一擊作戰準備，此時最擔心的是被蒙在鼓裡的坂本支隊長的反應。上述電報的目的，即是安慰坂本支隊長，在得知瀨谷支隊撤退消息後，不要動搖驚慌，能按計畫協助一擊作戰的進行。

第六節　坂本支隊長的怒火

４月７日天明後，台兒莊城內及北側廣大戰場中，已不見瀨谷支隊的身影。坂本支隊西方的台兒莊正面戰場被完全開放。正午後，在北洛一線停止的孫連仲大批部隊，也開始奉命尾隨瀨谷支隊的撤退北上，在泥溝南方一線，與停止中的瀨谷支隊形成對峙。瀨谷支隊的突然消失和台兒莊正面戰場的開放，對坂本支隊長來說，

宛如晴天霹靂，動搖之餘，內心泛起對友軍背信行為的
萬丈怒火。其心境從晨6時致瀨谷支隊長「坂作報第
二六一號」電內容中可窺見一斑。

> 一、台兒莊方面之敵正北進中，大有攻擊我支隊左
> 側之懼。關於此件〔瀨谷支隊的撤退行動〕請
> 貴支隊立即回答，判斷、決定退卻之理由及意
> 圖所在。
>
> 二、請通知貴支隊主力的〔一擊作戰〕攻擊部署概要。
>
> 三、請立即告知本支隊背後連絡點所在，特別請明確
> 指示物資補給地點位置。[27]

　　瀨谷支隊的撤退導致孫連仲部進出正面戰場，對坂
本支隊西側造成新的威脅。本來就難以抵擋的三面包圍
變為四面合圍（雖然西方孫連仲部，並沒有向東出擊坂
本支隊的意圖）。又因為瀨谷支隊的撤退，此間借用的
瀨谷支隊補給點發生變動，也造成新的補給困難。

　　為何瀨谷支隊在不通知友軍的情況下擅自撤退，讓
出西方戰場？此前曾表示積極協力一擊作戰的瀨谷啟，
心懷何種鬼胎？預定今晨開始的一擊作戰，是否能按計
畫實行？此時，坂本支隊長苦於理解友軍行蹤的真意，
突發事端使坂本支隊長已無心繼續指揮協同「一擊作
戰」。如何確保自身安全地脫離戰場，成為眼下最緊要

27　「台兒莊反轉關係電報綴（支那事變）　昭和13年4月1日～
　　13年5月15日（1）」，JACAR: C11111465800，頁264。

的課題。坂本動搖不定的心情，可在 7 日 8 時 20 分對
瀨谷支隊長發出的「坂作報第二四六號」中窺見：

一、台兒莊北側地區的開放，使本支隊西方出現新
　　危機，由於此方面所急需新的防禦掩護，原定
　　攻擊劉莊、老莊、朱莊、丁灘、常溝、平灘、
　　沙江凹、黃莊之敵的任務，請貴支隊單獨承擔。
二、本支隊預定今夜，經五聖堂、疆在溝、關莊、
　　堡子、郁莊、常溝、楊樓、馬莊向昫連屯方向
　　後退，集結兵力後開始沂州反轉。
以上決定乞貴支隊方面出示意見，至急返電。[28]

由於瀨谷支隊的擅自撤退，坂本支隊方面發生了對
西方（台兒莊方向）之敵警戒的新需求，所以已無力實
施一擊作戰計畫中對北側之敵的進攻。此方面作戰，請
瀨谷支隊單獨承擔，即可理解為放棄「協力夾擊」北方
之敵的原計畫。一面，對四面被圍失去退路的坂本支隊
來說，通過「一擊作戰」來消滅北側之敵，亦是打通退
路的唯一有效方法。所以坂本支隊長把最後的希望，寄
託在友軍的攻擊行動中，望瀨谷支隊能儘快擊破北方之
敵來援。11 時 30 分，做好對友軍到來的接應準備後，
坂本支隊長對瀨谷少將又發出電報：

28　「台兒莊反轉關係電報綴（支那事變）　昭和 13 年 4 月 1 日～
　　13 年 5 月 15 日（1）」，JACAR: C11111465800，頁 263。

一、請立即告知計畫佔領常溝的貴支隊步兵第六
十三聯隊現在位置。片野部隊〔坂本支隊步兵
第二十一聯隊〕現已佔領郁莊、平灘，極力與
友軍〔步兵第六十三聯隊〕聯絡中，但至今不
見音信。

二、支隊決定通過平灘、尋家莊、馬莊附近，……向
紅瓦屋屯後退，請貴支隊出示對此方案意見。[29]

可見為了安全撤退，坂本支隊長希望與瀨谷支隊儘
快合流，借助其力掩護後退，把主力的撤退路線通知友
軍的意圖也在於此。雖心中萬分怒火，可在現實面，實
施一擊作戰的瀨谷支隊，又是唯一可依賴的救命稻草。
問題在瀨谷支隊作戰的結果並不理想，從地圖上看，位
置於郁莊、平灘、大顧珊附近的坂本支隊步兵第二十一
聯隊（步兵 2 個大隊），與在底閣、楊樓一線向南攻擊
的瀨谷支隊步兵第六十三聯隊（步兵 2 個大隊、砲兵 1
個大隊）之間，直線距離達 7 公里之遠。北線（瀨谷支
隊方面）有關麟徵軍主力（25D、2D）的頑強抵抗，南
線（坂本支隊方面）大顧珊附近接連 3 天與 89D 的激
戰仍在持續中。被包圍的坂本支隊，此時根本不具備向
北方之敵攻擊的能力。此局面使一擊作戰的南北夾擊計
畫，變為瀨谷支隊由北方單獨攻擊的獨角戲。在強敵的
頑強抵抗下，要達成兩支隊合流目的萬分困難。為了預

---

29 「台兒莊反轉關係電報綴（支那事變） 昭和 13 年 4 月 1 日～
13 年 5 月 15 日（1）」，JACAR: C11111465800，頁 265。

防「一擊作戰」失敗，造成無法打開北方通路的局面，
12 時，坂本支隊長又對瀨谷發出「坂作報第二六七
號」，提示通過台兒莊正面戰場東部，沿陶溝河向北撤
退的新計畫路線，並且希望得到瀨谷支隊方面協助：

> 為警戒西方台兒莊方面之敵，8 日拂曉前確保低石
> 橋西北方約 1 公里的黃莊及其西方 2 公里的張樓及
> 西北側小集〔對我部撤退來說〕是絕對必要之件，
> 希望能給予協助。[30]

此電文中出現的低石橋、黃莊、張樓、小集都是台
兒莊正面戰場東側的地名，屬於東、西戰場交界處的敵
方警戒薄弱地域。可見坂本支隊為預防萬一，制定了從
台兒莊正面邊界迂迴撤出的替代方案。只是此案的成敗
條件，也必須依賴瀨谷支隊的掩護支援。如此，7 日的
一擊作戰中，坂本支隊長頻繁與瀨谷支隊聯絡的目的，
僅僅是為了確保自己部隊夜間撤退的安全。瀨谷支隊長
是否接到此通信內容不明（現有史料不見瀨谷支隊的
覆電）。

以上可見由於瀨谷支隊的先行撤退，原「擊滅當面
之敵」包圍的「一擊作戰」，變為確保坂本支隊退路的
突圍作戰。原定南北夾擊的計畫，也因為坂本支隊的困
境，變為瀨谷支隊的一方出擊。此時坂本支隊的命運，

---

30 「台兒莊反轉關係電報綴（支那事變） 昭和 13 年 4 月 1 日～
13 年 5 月 15 日（1）」，JACAR: C11111465800，頁 266。

被寄託到友軍瀨谷支隊攻擊的成敗上。

實際上，7日的一擊作戰中，瀨谷支隊步兵第六十三聯隊的攻擊能力已明顯下降。在關麟徵軍25D的頑強抵抗下，該部全力攻擊整日也未能取得有效進展，日暮後終於放棄戰鬥撤出戰場，「一擊作戰」宣告失敗，使坂本支隊企圖借助友軍之力撤離戰場的計畫化為泡影。在四面楚歌的困境之中，遠在濟南的第二軍參謀部，好像對戰局的危急狀況毫不瞭解一樣，接二連三向第五師團參謀長發出指示，以圖制止坂本支隊的反轉（撤退）行動。

對於上級無知荒唐的作戰指揮，連下級第五師團都忍無可忍，7日17時30分，第五師團長無視軍參謀部指示，獨自做出如下撤退命令：

> 右電〔第二軍的指示〕內容不知是否存在某種誤解。有關反轉時期，命貴支隊按前電坂參甲第三〇一號趣旨，立即開始行動。請百般注意，絕不能功虧一簣。[31]

此電報是來自師團的正式撤退命令。由於一擊作戰失敗，台兒莊北方一帶空地早已充滿國軍追擊部隊。作戰結果不僅未能擊破坂本支隊北方之敵，作為替代方案的西方（台兒莊方向的黃莊、張樓、小集撤退預定路

---

31 「台兒莊反轉關係電報綴（支那事變）　昭和13年4月1日～13年5月15日（1）」，JACAR: C11111465800，頁267。

線）也沒有確保。在四面受敵的危機中，7日日落後，坂本支隊全體在湯軍團大部隊的縫隙中開始了決死的單獨轉進。棄路避村，利用暗夜掩護，最終成功地脫離了這個惡夢般的戰場。

保障支隊安全離脫的並不是友軍瀨谷支隊，而是消極作戰的湯軍團。入夜後湯軍團已察覺到坂本支隊的撤退企圖，並派兵跟蹤，只是怕出現新損失，沒有積極組織進行夜間的圍擊戰。經一夜艱苦跋涉，8日晨，坂本支隊按照預定計畫，在紅瓦屋屯附近集結完畢，撤退中損失輕微。

8日，日軍大本營批准的徐州會戰開始，戰略形勢發生新變化。借國軍主力雲集台兒莊之虛攻打徐州，成為新一輪會戰的目標。此時擔任牽制台兒莊附近國軍主力南下的第二軍，下令第五師團坂本支隊暫由第十師團指揮。[32] 至此「沂州反轉」計畫中止，坂本、瀨谷兩支隊一起被投入對第五戰區國軍主力（約30個師）的牽制作戰中。在配屬轉換之前，板垣征四郎師團長對坂本順支隊長發出以下電報，犒勞其轉進台兒莊之後經歷過的種種苦難。

一、師團衷心感謝貴支隊連日連夜的艱苦奮戰。
二、貴支隊及瀨谷支隊在供給不接的惡劣條件下，能克服種種困難，以寡兵與集結於台兒莊東北

32　「第2章　9月1日以降作戦経過の概要（8）」，JACAR: C111 10927600，頁1289。

方地區的敵主力正面作戰，並能果敢發起攻擊
之舉實為可敬可貴。瀨谷支隊主力此刻正從泥
溝方面向蘭陵鎮攻擊前進中，此一兩日間將是
次期作戰的關鍵時刻，希望貴支隊也能繼續排
除萬難，鼓足士氣對敵展開新的攻擊，取得最
終勝利。關於何時反轉沂州之件，請貴下寬
心，一意遵循現上級指揮完成殲敵使命。關於
貴部整頓及彈藥補給之件，已妥善委託第十師
團及第二軍方面注意協力代管。[33]

於千鈞一髮之際轉危為安的坂本支隊長，雖受到師
團長鼓勵，但仍不能按捺心中怒火，4月9日，在有關
反轉過程的報告書中，爆發了對友軍瀨谷支隊背信棄義
的憤慨。

坂本支隊長的憤怒有三：一、為了協同「一擊作
戰」，坂本支隊危機中主動推遲反轉計畫，而瀨谷支隊
卻沒有通知友軍，先行撤退泥溝。二、為此，支隊陷入
敵四面包圍，被迫在無掩護條件下，7日夜晚冒險強行
突圍。三、6日白天曾派遣兩組連絡官赴瀨谷支隊，但
也未得到該支隊將於本夜撤退的任何通報。[34]特別是對
第一和第三點，坂本認為是瀨谷支隊長的背信行為。

以上是按第一級作戰機密史料《台兒莊反轉関係電

---

33 「台児莊反転関係電報綴（支那事変）　昭和13年4月1日～
13年5月15日（1）」，JACAR: C11111465800，頁268。

34 「台児莊反転関係電報綴（支那事変）　昭和13年4月1日～
13年5月15日（1）」，JACAR: C11111465800，頁271-272。

報綴》內容復原的日軍從台兒莊撤退內情。可看到：
一、不管作戰處於何等不利狀態，軍、師團上級（作戰
參謀）始終一貫強迫下級部隊不斷攻擊，禁止撤退的強
硬姿態。二、由於前線部隊過度疲憊，作戰困難導致瀨
谷支隊長的信心喪失，及如何違命撤退的狡猾心算。
三、坂本支隊長於苦戰下儘早撤離戰場的個人願望，和
同時不忍將友軍單獨拋棄的義氣人情，及發現自己被友
軍背叛時的沖天怒火等，可讀出其中微妙的人情與心理
變化，頗富戲劇性。

第七節 4月7日「一擊作戰」的失敗

　　4月7日清晨，台兒莊戰場的最後一戰，在瀨谷、
坂本兩支隊間相互猜疑反目，及國軍反擊已獲全面勝利
的宣傳聲中開始。此日，坂本支隊的南線（蒲汪、辛
莊、火石埠一帶）步兵第十一聯隊，在國軍猛攻之下，
一邊抵抗，一邊逐步撤出戰場，集結部隊，為夜間的反
轉作準備。北線警戒後方的步兵第二十一聯隊，本擬是
向北方（關麟徵軍方向）進攻，參加一擊作戰的部隊。
可是由於對峙的89D開始猛烈反擊，各陣地一直處於
惡戰苦鬥狀態，被分割孤立在沙江凹、平灘、郁莊、大
顧珊附近。5日開始的大顧珊附近激戰仍在進行中（國
軍稱10時攻克），又加上需警戒瀨谷支隊撤退後空出
的西方戰場，焦頭爛額的坂本支隊長根本抽不出攻擊作
戰部隊。所以，計畫中7日的南北夾擊，實際上成為瀨

谷支隊（步兵第六十三聯隊主力）單獨向南方敵陣地縱
深攻擊的獨角戲。瀨谷支隊攻擊的成功與否，成為左右
「一擊作戰」成敗的關鍵。

　　另外，瀨谷支隊長投入一擊作戰的部隊，也並不是
損失較少，銳氣尚存的步兵第十聯隊主力。為了確保撤
退安全，支隊長將精銳部隊優先使用於撤退掩護。投入
一擊作戰的，是已在台兒莊戰鬥遭到較大消耗的步兵第
六十三聯隊的 2 個大隊，包括曾在台兒莊城西北角攻擊
戰中失敗撤退，已產生心理恐懼的第三大隊。以此部疲
憊不堪的兵力，向此日在「台兒莊大捷」宣傳鼓舞下戰
意陡起的湯軍團主力挑戰，絕不像昨日戰鬥（前述第一
大隊追逐關麟徵軍北上楊樓的戰鬥）那樣簡單。

　　如前所述，4 月 6 日拂曉，瀨谷支隊長撤退前，為
了準備「一擊作戰」，先將負責城外掃蕩與警戒的步兵
第六十三聯隊第一大隊從台兒莊東側撤出，令其沿陶溝
河西岸向台兒莊北方行動。目的是先確保台兒莊東北部
的楊樓，為 7 日的「一擊作戰」做準備。此時底閣、楊
樓一帶在先到的關麟徵軍 25D 控制之下，是關軍奉命
向台兒莊正面戰場進出的前線據點。第一大隊以第三中
隊為尖兵，6 日晨向北挺近，[35] 於張樓、小集、柿樹園
將關麟徵派出的總攻預備部隊擊退，最終佔領楊樓（台
兒莊東北方約15 公里），進入次日攻擊準備。楊樓失
守後，關麟徵部隊退到約 1.5 公里北方的底閣鎮，及西

---

35 「6　楊樓附近戰鬥詳報（第6号）自4月4日至4月7日」，
　　JACAR: C11111571500，頁 1181、1187。

方晁村、南方陶墩一帶陣地。

圖 9-3　步兵第六十三聯隊第一大隊底閣、楊樓附近戰鬥
　　　　要圖
　　　　可見該部 6 日白天從張樓一路追擊關麟徵軍北
　　　　上，傍晚佔領楊樓

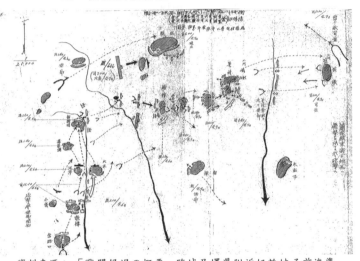

資料來源：「戰鬥經過の概要　臨城及嶧県附近に於ける前進準
　　　　　備、棗莊の守備、台児庄附近の攻擊（4）」，JACAR：
　　　　　C11111253500，頁983。

　　4 月 6 日日落後，瀨谷支隊開始了從台兒莊戰場的
隱蔽撤退。按事先部署，其中參加「一擊作戰」的部隊
主力（步兵第六十三聯隊本部第三大隊、砲兵 1 個大
隊）與支隊分別行動，在潘墜集結後向北方楊樓前進，
7 日 10 時 40 分到達楊樓西端無名部落（此時昨晚先到
的第一大隊已開始攻擊）。準備完後，11 時 20 分開始
攻擊前進。[36]

―――――――――――――
36　「戰鬥經過の概要　底閣、楊樓附近の攻擊」，JACAR：

　　參加一擊作戰的部隊，為步兵 2 個大隊及獨立機關槍第十大隊 1 個中隊、野砲兵第十聯隊約半部，總人數 2,518 名，馬 882 匹。[37] 福榮真平聯隊長親自擔任指揮，攻擊目標設定為敵 110D（實為 89D）師部所在地朱莊（楊樓東南 7 公里處）。先到的第一大隊為右第一線，第三大隊擔任左第一線。第三大隊展開隊形向敵陣地接近途中，發現楊樓北方底閣鎮周圍敵密集陣地群後，以第十二中隊為先頭轉向攻擊底閣。偵查報告敵陣地分佈於底閣附近 6 個村落周圍，兵力總數約 400 名。

　　敵方的抵抗十分頑強，擔任攻擊的第十二中隊，在敵前 600 至 700 公尺附近開始遭到敵陣地機關槍、重迫擊砲的集中射擊，第一線推進到敵前 300 至 400 公尺線附近時，攻擊逐漸受阻，我方死傷不斷發生，攻擊前進速度遲滯。為此，聯隊長 1345，將預備隊第九中隊也投入底閣方面戰鬥。

　　1450，第三大隊突入 6 村中的 a、b 村陣地，之後又佔領了 c 村。但之後進展極為困難。在 e 村展開的攻擊中，固守同村之敵得到從 a、b 村撤退下來的殘部支援，抵抗益加頑勇，且從東北方飛來的敵重迫擊砲彈，不斷地在我方陣地落下，攻擊前進全面受阻。在代理中隊長指揮下，將兵一同雖拼死攻擊，但戰線毫無進展。戰鬥中，代理中隊長、小隊

37　根據「步六三戰詳第一四号附表其十七」算出，JACAR: C1111 1253900，頁 1131。

長等相繼死傷，攻擊線擴展到敵前約 100 公尺一線時日落，雙方進入對峙局面。天黑之後，守備 c、d 至 e 各村之敵，不間斷地對我進行夜間盲射。[38]

如此，7 日在底閣方面第三大隊的戰鬥，因未能攻陷敵陣，戰鬥在天黑後被迫停止。戰鬥詳報記述，在底閣陣地交戰之敵為 25D，具有堅固的防禦陣地，並受到多數重迫擊砲掩護。雖人數不多，但成功地阻止了日軍 1 個大隊步兵的攻擊。另外，右第一線第一大隊的攻擊也沒能順利開展，戰鬥詳報寫道：

此日，第一大隊奉命先佔領晃村、大莊子、老宅之後，攻擊敵方指揮部朱莊。戰鬥開始後，第一大隊在野砲兵大隊的砲擊掩護下，8 時 30 分將楊樓東側無名村落攻略，進出到村東端一線後繼續前進，13 時 30 分，開始對晃村之敵展開攻擊。各隊冒著敵方火力網逐次排除敵頑強抵抗步步前進。奮戰結果，於 17 時 20 分進出到晃村東端一線，之後停止攻擊待命。[39]

---

38 「戦闘経過の概要　底閣、楊楼附近の攻撃」，JACAR: C1111
　　1253900，頁 1119-1121。

39 「戦闘経過の概要　底閣、楊楼附近の攻撃」，JACAR: C1111
　　1253900，頁 1122。

圖 9-4　4 月 7 日楊樓附近戰鬥（一擊作戰）要圖

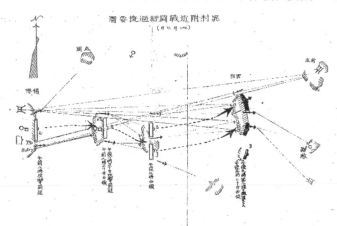

資料來源：「6　楊樓附近戰鬥詳報（第 6 号）自 4 月 4 日至 4 月 7 日」，
JACAR: C11111571500，頁 1235。

　　可見經一整天戰鬥，第一大隊也僅佔領了前進方向約 1 公里外的晁村。從佔領晁村、大莊子、老宅、朱莊的原計畫內容看，任務完成度不足四分之一。按第一大隊的戰鬥詳報，17 時，中川大隊長曾下達「中作命第七十一號」，令部隊迅速攻擊前面之敵，向大莊子（晁村南南東 3.8 公里）方面前進，[40] 但由於天色已暗，之後命令被取消。理由是聯隊長 17 時 30 分下達的轉進（撤退）命令。

　　總之，此日瀨谷支隊在各處的攻擊，都十分緩慢艱苦。完全不見滕縣、臨城追擊戰時勢如破竹的銳氣。關於「本戰鬥成績」，第一大隊在報告中自讚：「大隊以

40　「6　楊樓附近戰鬥詳報（第 6 号）自 4 月 4 日至 4 月 7 日」，
JACAR: C11111571500，頁 1214-1215。

迅速果敢的追擊作戰，擊破粉碎各處之敵抵抗，楔入敵陣，……完成了掩護友軍側背之任務」。[41] 實際上若查對作戰計畫和作戰要圖，可見聯隊右第一線的攻擊，僅只前進了一步（佔領晃村），之後和第三大隊相同，被敵方抵抗阻止。從地圖上確認，從攻擊開始的楊樓附近，至攻擊停止線的晃村東側，第一大隊整日戰鬥僅前進了約 1,000 公尺，[42] 遠遠沒能到達佔領縱深 7 公里外敵指揮部朱莊，以及與坂本支隊會合的目的。

圖 9-5　4 月 7 日瀨谷支隊撤退後在東戰場被孤立的坂本支隊四周狀況（筆者製）

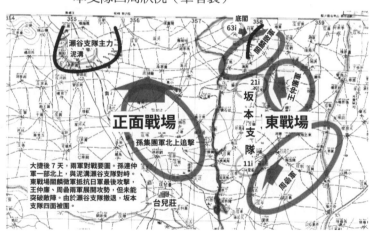

4 月 7 日瀨谷支隊約 2,500 人的台兒莊最後一次作戰，左、右兩翼的攻擊，都在第一線陣地前被國軍成功

41 「6　楊樓附近戰鬥詳報（第 6 号）自 4 月 4 日至 4 月 7 日」，JACAR: C11111571500，頁 1228。

42 「6　楊樓附近戰鬥詳報（第 6 号）自 4 月 4 日至 4 月 7 日」，JACAR: C11111571500，頁 1235，及現在地圖的比較。

阻止，縱深僅推進 1 公里。此時附近不僅有敵 2 個師級司令部（朱莊 89D、陶墩 25D），周圍附近的大莊子、劉莊、侯宅、黃墩等村落中也都充滿準備迎擊作戰的敵密集部隊。午後 3 時 30 分，更發現東北方向也出現「敵約 2 師」（情報不準確），正在接近中。對此敵大集團的行動，瀨谷支隊沒有任何阻止方法，只能命令後方楊樓陣地砲兵進行擾亂射擊。[43]

在瀨谷支隊攻擊受阻時，南方堡子、郁莊、平灘附近待援的坂本支隊長早已迫不及待，11 時 30 分發電詢問，極力想和瀨谷支隊的攻擊部隊取得聯絡：

一、預定佔領常溝的步兵第六十三聯隊人員現在位置在何處，請至急告知。

二、片野部隊現在位於郁莊、平灘正極力與其部連絡中，但至今未見貴部隊蹤影。

殊不知此時瀨谷支隊的攻擊已被敵方抵抗有效阻止。從地圖上可知瀨谷支隊的攻擊位置，與片野部隊（步兵第二十一聯隊）待命接應的郁莊、平灘之間，距離足有 8 公里遠。午後，冒死穿過敵砲火封鎖線前來接洽的坂本支隊步兵第二十一聯隊的連絡員，終於到達步兵第六十三聯隊本部，並傳達了坂本支隊長的要求：

---

43 「戰鬪經過の概要　底閣、楊樓附近の攻擊」，JACAR: C1111 1253900，頁 1122。

步兵第二十一聯隊正午前後進出到郁莊西南方一線，望貴隊盡可能急速擊破常溝或尋家莊附近之敵，與本支隊取得聯絡，最遲也要在日沒之前到達。[44]

日落前兩軍會合的目的，無疑是為了保障夜間坂本支隊戰場撤退的安全。可是此時，瀨谷支隊的 2 個大隊步兵，已被國軍牢牢釘死在底閣、晁村一線，沒有任何方法和能力回應坂本支隊長的請求。傍晚，瀨谷支隊方面的攻擊被迫停止，一擊作戰失敗。兩支隊奮戰終日都未能達到「擊破當面之敵」的目標。

此日進行出色抵抗的敵軍，究竟是哪部國軍？湯軍團戰史《第三方面軍抗戰紀實》稱：

敵寇於六日晚雖已開始崩潰，然其後衛戰抵抗極烈，企圖藉此掩護主力脫逃。本軍團的第五二軍在底閣、楊樓，八五軍在前後黃淵、關莊、車墩、朱莊、郁莊一帶，澈底擊破了敵寇有計畫的後衛抵抗以後，才得跟蹤敵主力作強烈的追擊戰。[45]

關於戰鬥細節，湯軍團《台兒莊戰役戰鬥詳報》7 日稱：

我關軍主力於底閣、楊樓一帶自昨晚以來與敵徹夜反

---

44 「戰鬥経過の概要　底閣、楊樓附近の攻撃」，JACAR: C1111 1253900，頁 1123。

45 苟吉堂，《中國陸軍第三方面軍抗戰紀實》，頁 74。

覆肉搏爭奪至烈，敵我傷亡慘重。旋於本晨將敵擊
潰，後乃向甘露寺、葡萄店、劉厚一帶猛烈追擊⋯⋯。
我王軍第八十九師張師長以日夜攻圍大顧珊無效，
乃親督第五二九團作周密部署，並以配屬該師之砲
七團第四、第八連集中火力作殲滅射，以協助其攻
擊。⋯⋯敵雖依然頑抗，但為我砲第四第八連之集
中火力發砲千餘，房屋盡毀。⋯⋯戰至本日 10 時
始將該村克復，計敵約步騎兩千餘，除少數逃潰
外，無論人馬悉報殲滅。⋯⋯頑敵既破，又強烈開
始追擊。[46]

此日在底閣、楊樓（一擊作戰北線）附近與瀨谷支
隊作戰的是張耀明 25D，位於朱莊、大顧珊一帶（一擊
作戰南線）與坂本支隊步兵第二十一聯隊作戰的是張雪
中 89D。4 月 8 日 9 時，湯恩伯致蔣的密電，也提到 4
月 7 日在台兒莊東戰場與日軍的最後一次作戰。但攻防
的主體、追擊戰內容描述並不準確。

當面之敵，昨虞〔7〕日經我關、王兩軍猛烈攻擊，
不能脫離戰場，故於底閣、楊樓、陶墩、底〔低〕
石橋一帶，負隅頑抗，與關、王兩軍肉搏不下十餘
次，關、王兩軍士氣極旺，斃敵甚多，王軍並獲山
砲兩門，輕機槍三十餘挺，步槍約百餘枝，輜重甚

---

46 中國第二歷史檔案館資料編輯部合編，《台兒莊戰役資料選編》，
頁 114。

多，馬二、三十匹。關軍俘獲甚多，正在清查中。
迫至黃昏時，敵因受創過巨，勢成崩潰，紛向嶧縣
方向退卻。我王軍跟蹤追擊，刻已到達柿樹園、蘭
成店附近，敵一部仍節節頑抗，已令該軍迅向嶧縣
東南地區挺進，關軍廿五師尾敵窮追，第二師已由
倪家堂向馬山、雙山、九山截擊。周軍已令其開至
楊樓、底閣一帶，掃除戰場。謹聞，職湯恩伯叩。[47]

坂本支隊中 7 日未參加「一擊作戰」的南線步兵第
十一聯隊 2 個大隊，撤退準備中，也與奉總反攻命令前
來的周喦 75A 發生激戰。從湯軍團戰報內容看，周喦
軍的戰鬥並不順利。在步兵第十一聯隊的最後抵抗之
下，未能奪取其一處陣地，反而出現大量死傷。

第一三九師曾攻擊迫近至賀莊、耿莊西南之高家樓
圍牆前，卒因敵憑碉頑抗，致未得手。第六師兩度
攻佔辛莊，反覆爭奪火石埠南之高地亦得失數次，
因受五窯路東莊之敵側擊，仍在包圍中。是役第六
師傷亡官兵五百餘員名，第一三九師傷亡官兵十餘
員名。[48]

4 月 7 日發生在台兒莊戰場東北部底閣、楊樓附近

47　中國第二歷史檔案館編，《抗日戰爭正面戰場》（南京：鳳凰出
　　版，2005），上卷，頁 681。
48　中國第二歷史檔案館資料編輯部合編，《台兒莊戰役資料選編》，
　　頁 116。

的日軍最後一次攻擊戰中，北線步兵第六十三聯隊主力
2 個大隊步兵及配屬砲兵，激戰一整日也未能突破湯軍
團 25D 防線，在付出戰死 28 名、負傷 94 名的代價後，
日暮前停止攻擊，[49] 這個失敗同時意味著敵方反擊的危
險。為此，入夜後步兵第六十三聯隊的撤退，和昨晚從
台兒莊的撤退相同，不得不再次選擇夜間隱祕行動。

17 時 50 分，福榮聯隊長下達「步六三作命第二百
八十一號」轉進命令：

> 中川少佐指揮下的部隊〔第一大隊〕，於日沒後隱
> 密脫離戰場向後返柿樹園前進，集結後向官莊方向
> 轉進。第三大隊於午後 10 時隱密脫離戰場，經腰
> 里徐向官莊方向前進。[50]

參加「一擊作戰」的部隊，前 6 日晚從台兒莊隱密
撤出時，攜帶了不少需要後送治療的負傷者，7 日一擊
作戰中又新增加了 28 具屍體和 94 名新傷員。將戰場處
的傷員和近 900 匹軍馬、1 個大隊以上砲兵和大量的輜
重車輛等，隱密安全地撤退向後方，絕不是輕而易舉的
行動。步兵第六十三聯隊戰鬥詳報稱：

> 當時第一線部隊中出現多數死傷者，為了後送，除

---

49 「戰闘経過の概要　底閣、楊楼附近の攻擊」，JACAR: C1111
1253900，頁 1131。

50 「戰闘経過の概要　底閣、楊楼附近の攻擊」，JACAR: C1111
1253900，頁 1124-1125。

向支隊長要求派遣自動貨車〔卡車〕外，第一線部隊也在第一中隊的協力下，各自急造擔架將戰死傷者運到後方村落〔底閣西南側集團村落〕後向衛生隊所在位置集中。由於運輸手段不足，聯隊本部及大隊的大行李車輛，不得不廢棄若干積載物資，優先運載戰死傷者。結果，向支隊要求的自動貨車未能到來。午後 9 時 30 分，終於在轉進預定時間前將死傷者收容完畢，做好了出發準備。……

敵方似乎專注防禦，一心提防我方的夜襲。……並沒有對我方行蹤積極偵察，搜索。結果似乎未察覺到我方脫離戰場的行動。在底閣北方晝間直接攻擊我方之敵 200 至 300 名，及已進出到離我後方不遠處的敵多數兵力，也都未採取任何積極行動來妨害我方撤退。[51]

此日福榮聯隊的戰場脫離，也借助國軍以守為主，不主動攻擊的戰法，順利地完成撤退任務。關於此日戰鬥中給予敵方的損害（戰果），由於百般不順，日軍的記述十分低調。聯隊戰鬥詳報稱第三大隊底閣方面戰鬥中，敵遺棄屍體目擊約 20 具；第一大隊晁莊方面戰鬥敵死亡數字不詳。[52]

7 日一擊作戰的失敗，不僅造成自身脫離戰場的困

---

51 「戰鬥経過の概要　底閣、楊樓附近の攻擊」，JACAR: C1111
　　1253900，頁 1126、1128。

52 「戰鬥経過の概要　底閣、楊樓附近の攻擊」，JACAR: C1111
　　1253900，頁 1127-1128。

難，更重要的是未能為四面被圍的友軍坂本支隊確保撤退通路。7 日夜坂本支隊的單獨轉進（後退），面臨著比前日瀨谷支隊的撤離更為嚴峻的局面。

第十章　日軍台兒莊撤退 的實情

　　台兒莊之戰的「大捷」，狹義上主要指的是國軍4月6日夜至7日凌晨「反擊戰」中的勝利。國軍對日軍的反攻和追擊，是否真的存在？日軍在撤退過程中是否出現過重大損失？事實真相是瀨谷支隊6日晚間從台兒莊戰場的撤退井然有序，並沒有出現損失。7日夜坂本支隊的東戰場撤退，雖然四周環境比前日瀨谷支隊要險惡得多，但由於湯軍團未進行積極的追擊堵截，結果坂本支隊撤退時也損失甚微。本章利用日軍作戰檔案史料，對瀨谷、坂本兩支隊於6日夜及7日夜，先後從台兒莊西、東兩戰場的撤退過程進行詳細考證。

第一節　瀨谷支隊主力的泥溝轉進

　　瀨谷支隊長傳達撤退指令「瀨支作命第七八號」的時間，是4月6日15時30分。因是重要命令，由各部派出聯絡將校，親赴支隊本部楊家廟當面受領（口述筆記）。在楊家廟受命之後，16時30分，步兵第十聯隊方面的聯隊副官中西熊太少佐，攜命令書返回聯隊本部所在地南洛。命令書節錄如下：

　　二、支隊將於本日日落後全力向北方轉進。並用兵

　　　　　　一部打擊對坂本支隊左側背形成威脅之敵。

　　三、步兵第十聯隊第一大隊於日落後從南洛附近出
　　　　發，途中殲滅道路上阻礙之敵，佔領白山西方
　　　　高地，掩護支隊左側安全。

　　四、步兵第三十九聯隊第一大隊長指揮的部隊（步
　　　　兵約 2 個中隊、機關槍 3 個小隊、大隊砲 1 個
　　　　小隊），驅逐佔領獐山高地之敵後，進出到同
　　　　地東北方的郭莊，佔領村落，掩護支隊右側的
　　　　安全。[1]

　　白山、獐山都是撤退目的地泥溝西方、西北方的高
地，可居高臨下瞰制泥溝鎮和通往嶧縣的道路，屬於戰
略要地。瀨谷支隊長使用了轉進部隊主力近半數兵力
（此時除赴楊樓參加一擊作戰的步兵第六十三聯隊外，
瀨谷支隊主力共有步兵 3 個大隊，包括受損嚴重、撤出
台兒莊城內的步兵六十三聯隊第二大隊）進佔泥溝西方
山地，目標是確保轉進目的地泥溝鎮附近的安全。

　　按命令，瀨谷支隊的撤退路線，分為西側和東側兩
路，支隊主力沿西側棗台公路先向泥溝、嶧縣方向後
退，之後計畫通過泥溝西北獐山與白山間道路，向嶧縣
方向北進。此撤退行動中，攻擊力較強的步兵第十聯隊
在西側退路搜索驅逐敵軍，掩護主力撤退。受命後，赤
柴聯隊長 17 時 5 分下達「赤作命第四五號」，令第一

1　「第 2　戰鬪經過の概要（2）」，JACAR: C11111171900，頁
　　1789。

大隊日落後從南洛附近出發，驅逐前進方向之敵，佔領
白山（嶧縣西南約 2 公里）東西高地一線，掩護支隊左
側。同時，通知守備台兒莊東側運河線黃林莊（台兒莊
東南東 2 公里）的第一中隊，和守備西側運河線頓莊閘
（台兒莊西 9 公里）的第八中隊撤出陣地，準備撤退，
並命令攻擊插花廟（台兒莊城西、南洛南方 6 公里處）
的第二大隊第七中隊也停止戰鬥，全體向南洛集結。[2]
關於撤退過程，聯隊戰鬥詳報中描述：

> 受命後第一、第七、第八中隊，等待日落後趁暗夜
> 隱密地撤出戰鬥地點，各隊密切配合，從容地將
> 死傷者全員運出，在近接之敵監視下未損一卒，於
> 午後 11 時成功地在南洛集結完畢……。之後，部
> 隊按聯隊本部、軍旗中隊、通信班、第二大隊、第
> 三機關槍中隊、步兵砲中隊、速射砲中隊、戰車中
> 隊、衛生隊、第二大隊小行李、聯隊本部大行李、
> 第二大隊大行李、第七中隊、第一中隊的順序組成
> 行軍序列，24 時從南洛出發，無聲無息地向北方
> 偏西的泥溝鎮〔北西約 7 公里〕開始前進。……途
> 中馬銜人默無聲息，後背映照著台兒莊方向的熊熊
> 火焰。戰場方向一片寂靜，只隱約聽見來自遠方的
> 犬吠，像是在為我方的撤退暗自送行。四周硝煙已
> 熄，長空星斗燦爛，夜風吹拂著出征將士的臉頰。

2　「第 2　戰闘経過の概要（2）」，JACAR: C11111171900，頁
　　1794。

回首一週間〔步兵第十聯隊於 3 月 30 日進入台兒莊戰場〕曾東奔西走的戰場，無人不感慨萬千。行進到歡堆〔泥溝南方約 4 公里〕附近時，突然受到殘餘敵敗兵的盲射，護衛隊立即展開應急對射，將敵驅逐。此小遭遇戰雖給部隊帶來一絲不安，但各隊仍井然有序地保持行進隊形前進。途中除一時與同行野戰重砲隊出現交叉行進的混亂外，沒有遇到任何障礙，聯隊於 7 日午前 4 時 30 分到達泥溝東北側鮑家莊。部隊在此處停止，進入大休。[3]

以上為步兵第十聯隊與支隊主力在 6 日夜一起撤出台兒莊戰場的紀錄。分為各部撤出第一線戰鬥地點集結南洛（日落後至 24 時，各部移動距離 6 至 10 公里），和集結完後全體撤離戰場（24 時至 4 時 30 分）的兩階段。從南洛出發，向北實際僅退卻 7 公里，途中除了遭遇一次敵小部隊射擊外，並沒有發生戰鬥，也沒有敵軍追隨。台兒莊戰場除了火焰外（步兵第六十三聯隊撤退時在劉家湖和城內兩處放火，燒毀部分殘留物資），並沒有槍響，四周一片寂靜。步兵第十聯隊按計畫編隊，有秩序地撤離戰場，沒有任何損失記載。從記錄者感慨、遺憾的心情分析，撤退行動並沒有影響到該部的士氣。此點，到達泥溝之後 8 日的獐山、白山「高皇廟附近戰鬥」中可見一斑。

3　「第 2　戰鬪経過の概要（2）」，JACAR: C11111171900，頁1796-1797。

第二節　步兵第十聯隊的高皇廟
附近戰鬥

　　4 月 7 日天明後 6 時 30 分，赤柴聯隊長於泥溝北方鮑莊接到支隊長「瀨支作命七九」號命令，未經充分睡眠（僅休息 2 小時），立即將部隊再次投入新一輪攻擊。目的是阻止此時已前進到獐山附近，企圖形成包圍的張軫 110D。按命令，第六中隊和步兵第六十三聯隊第五中隊進入鐵道線東側，警戒已接近東方賈房、蘭城店一帶之敵（孫連仲部的追擊部隊 30D，午後奉李宗仁命令跟蹤到達），聯隊主力則於郝莊附近集結，準備迎擊從白山西方到達之敵。[4]

　　從西方迂迴到達的敵部隊，為孫連仲指揮的 110D 1 個旅（110D 原屬湯軍團建制，此時臨時配屬給孫連仲指揮，擔任從萬里閘至韓莊的運河線防衛），5 日奉李宗仁全面反攻命令，從西方運河線迂迴到獐山附近，企圖截斷瀨谷支隊的退路。關於包圍泥溝之舉，坂本支隊撤退後，8 日從東戰場前進到達的湯軍團 6D 戰況報告稱：

　　　6D 佔領泥溝，一部〔由〕南田營向北田營之敵攻擊，主力向獐山 150 高地之敵攻擊，以策應 110D 之作戰。白山頭、金陵寺、羅山口、張莊、朱莊、

4　參照 7 時下達「赤作第四十六號」聯隊命令內容，「第 2　戰鬥經過の概要（2）」，JACAR: C11111171900，頁 1797-1798。

南莊、250 高地為 110D 所佔領，刻正與獐山方面
之敵激戰中。刻命 6D、110D 努力攻擊，以收夾擊
之效。[5]

從電報（9 日 9 時）內容分析，國軍企圖利用從台
兒莊東戰場追擊到達（泥溝南田營）的湯軍團 6D，奉
孫連仲命令北上泥溝的 30D，及從西方迂迴到達（白
山）的 110D，東西夾擊獐山高地之敵（步兵第十聯
隊）。威脅瀨谷支隊主力的轉進。關於戰鬥結果，8 日
13 時（按步兵第十聯隊戰報，此刻對峙準備中，攻擊
尚未開始），李宗仁等致蔣中正密電稱：「由泥溝、獐
山、趙村企圖圍攻我師之敵，一度衝入白山之腹，被我部
肉搏猛衝擊退，敵我傷亡均重」。9 日 13 時又電稱：
「據張師長軫九時報告：昨晚在高皇廟、劉村之線敵人
向該師反擊，經拒止後，今晨發現該敵已向嶧縣方面撤
退。」[6] 報告內容曖昧，特別是對戰鬥結果的勝敗與損
失表現不明。8 日國軍 3 個師（東 6D、30D 一部，西
110D）夾擊獐山之敵（步兵第十聯隊）的戰鬥，到底
結果如何？

據步兵第十聯隊的戰鬥詳報紀錄，4 月 7 日晨瀨谷
支隊到達泥溝之後，為了抵禦白山方向 110D 的威脅，
令步兵第十聯隊第一大隊（左側掩護部隊）佔領獐山高

5　梁壽笙關於第五戰區魯南各部戰況密電，中國第二歷史檔案館
　　編，《中華民國史檔案資料彙編》，第五輯第二編軍事（二），
　　頁 598。

6　王曉華、戚厚傑主編，《抗日戰爭正面戰場檔案全紀錄》，上，
　　頁 682-683。

地做好攻擊準備，第二大隊和砲兵隊截斷敵退路。為了指揮此反擊作戰，聯隊本部於 7 日夜進出到泥溝北 4 公里的吳寺。攻擊部署於 8 日白天開始，此時正值台兒莊方向敵追擊部隊主力陸續到達泥溝附近，企圖形成包圍之際。前述國軍戰報中出現的周喦軍 6D（泥溝南田營），和孫連仲部 30D 也是其中一部，企圖與 110D 協力，形成東西夾擊。但對步兵第十聯隊來說，真正形成威脅的僅為佔領高地有強固陣地之 110D。為了不使作戰部隊被絕對優勢之敵包圍，8 日白天作戰開始前，瀨谷支隊長發出「瀨谷第四十九號」電報，指示由於有必要警戒從台兒莊方面到達之敵（指 6D、30D），白山附近我攻擊戰必須速戰速決。[7]

聯隊於 4 月 8 日 11 時 50 分展開攻擊隊形進入戰鬥準備，15 時 15 分，在野砲兵的協力射擊掩護下，開始攻擊前進。

> 15 時 30 分，全線部隊踴躍展開攻擊，敵方亦用捷克機槍、迫擊砲頑強抵抗。敵方在佔領的寺院、岩洞內設置許多自動火器，射擊威猛無比。我方企圖用野砲將其摧毀，但砲擊效果不佳。敵方的槍彈、迫擊砲彈，接二連三在聯隊本部附近落下，我傳令兵中亦出現死傷。迫擊砲彈甚至僅在距離聯隊軍旗位置 20 公尺處炸裂。

7　「第 2　戰闘経過の概要（2）」，JACAR: C11111171900，頁 1802。

由於戰鬥進入僵局，瀨谷支隊長開始不安。16 時 45 分發「瀨谷第八十二號」電報催促：

白山附近對敵攻擊作戰，必須在日落前完結。當夜須按計畫前進到丁家壩、亂溝、黃家莊、李莊（嶧縣東南約 8 公里）一帶宿營。

一時進入僵局的戰鬥，日暮前1730 後發生逆轉，日軍方面攻擊急速展開。

第八中隊在我方砲兵集中射擊的漫天硝煙中猛然突入頑敵之堅固陣地，展開激烈的手榴彈接近戰，不久將敵火力點一舉佔領。……午後 5 時 50 分，第一中隊突入佔領山頂，鞏固陣地後繼續向北方擴張戰果。……敵約 500 名，從金陵寺（高地西南約 2 公里）開始後退，我第一線重火器一起對撤退之敵展開猛射。殘敵如將棋牌一個個倒下，不久陷入全線潰亂狀態，我將士目擊此狀，忘記了連日以來的疲勞，一起拍手叫好。[8]

8　「第 2　戰闘経過の概要（2）」，JACAR: C11111171900，頁 1806、1810。

圖 10-1　4 月 8 日瀨谷支隊撤退後第一戰──高皇廟
　　　　　附近戰鬥

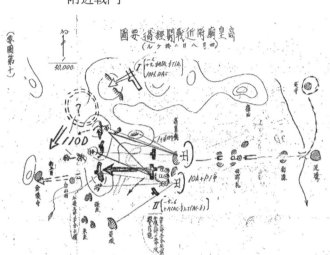

資料來源：「第 2　戰鬥経過の概要（2）」，JACAR:C11111171900，
　　　　　頁 1813。

　　第十聯隊打掃戰場時，從敵遺棄屍體中判明「此敵
為第百十師三二八旅六五六團，死亡數為第二營長以下
至少不下 400 名」，步兵第十聯隊損失統計為「我戰死
3、負傷 7 名」。筆者核對《官報》統計，在高皇廟戰
鬥中戰死者可確定有角野英雄（二機）、吉田晃（聯隊
本部）、加納秀夫（一中）、大西品太郎（二中）共 4
名。[9] 對比之下國軍陣亡 400，可謂是 3 月 30 日步兵第
十聯隊進入台兒莊戰場後取得的最大一次勝利。[10]

9　河本恒男編，《赤柴毛利部隊写真集》，頁 110-126。

10　共經歷六次戰鬥，戰果（參考）共記錄敵遺棄屍體 750 具，
　　「附圖第 1 ～第 8　臺兒庄附近戰鬥経過要図他」，JACAR:
　　C11111172500，頁 1838。

從運河線迂迴到達的 110D，原是湯軍團麾下 13A
的精銳部隊，攻擊精神旺盛。3 月 25 日曾從側面協助
棗嶧反擊渡河攻擊韓莊，並一度佔領車站。但大捷宣傳
的餘韻未落，在白山戰鬥即遭到屈辱的慘敗。可見撤出
台兒莊後的瀨谷支隊步兵第十聯隊，仍保持著高度銳
氣。清掃戰場之後，步兵第十聯隊於 21 時從高皇廟西
出發，23 時到達丁家壩附近集結。[11] 國軍第二集團軍
的戰鬥詳報，之後也隱晦地承認了這次發生在「台兒莊
大捷」之後的失利。

> 110D 預先佔領獐山、天柱山等要點，堵擊退卻之
> 敵，被嶧縣南下之敵攻擊退至金陵寺一帶。……因
> 我軍追擊部隊被敵掩護隊拒止，至戰場所獲效果甚
> 小。……敵之掩護隊於任務完成了後，已向嶧縣東
> 北高地撤退。[12]

軍令部第一廳第四處編寫的《台兒莊殲滅戰》更直
言不諱地稱：

> 張軫師在獐山與敵激戰，敵以全力猛攻，獐山張師
> 傷亡甚大，獐山、天柱山及 155 高地均被敵佔領。

---

11 「第 2 　戰闘経過の概要（2）」，JACAR: C11111171900，頁
　　1812。

12 中國第二歷史檔案館資料編輯部合編，《台兒莊戰役資料選編》，
　　頁 12-13。

張師退守 250 高地及白山西金陵寺一帶陣地。[13]

戰鬥指揮者，師長張軫在回憶錄中也稱：

午後六時前，敵以兩營兵力向我白山左翼山頭猛烈
進攻……守白山山頭的鮑汝銳營長帶全營由山腰向
下反衝鋒，展開了激烈的肉搏戰，遂將敵人擊退，
我鮑營長亦壯烈犧牲，柏得福營長亦負重傷，官兵
共傷亡 900 餘人。是夜我轉移至金陵寺、望仙山一
線陣地。[14]

雖沒承認被日軍擊潰的事實，但有兵員大量損失和
部隊「轉移」的描述，也可佐證日軍記錄斃敵不下 400
名之數為事實。陣亡者鮑汝銳，即日軍打掃戰場時發現
的「三二八旅六五六團」第二營營長。

另外奉命協助此戰鬥攻擊獐山、天柱山的孫連仲部
30D 89B 178R 也稱因「敵居高臨下頑強抵抗，我因眾寡
懸殊仰攻不易，乃於 10 日〔9 日之訛〕拂曉前仍撤退
原陣地。是役斃敵 20 餘名，我方傷亡 60 餘名。」[15]

13 軍事委員會軍令部第一廳第四處，《抗戰參考叢書：台兒莊殲滅
戰》，頁 69。

14 中國人民政治協商會議全國委員會文史資料研究委員會，《徐州
會戰：原國民黨將領抗日戰爭親歷記》（北京：中國文史出版社，
1985），頁 239。

15 中國第二歷史檔案館資料編輯部合編，《台兒莊戰役資料選編》，
頁 51-52。

表 10-2　步兵第十聯隊進入台兒莊後的各次戰鬥

日期	戰鬥名稱	敵軍部隊	敵軍兵力	敵軍遺棄屍體
3月30日	閻家口	30D 88B、89B 5D 14B 6D 18B	約 1,000	300（根據追擊 100）
3月31日	郝莊	張自忠軍	約 1,000	50
4月1日	低石橋	27D 80B 159R	約 500	100
4月2日	邊莊	27D 80B	約 1,000	250
4月3日	黃林莊	27D	約 600	150
3月31日 至4月6日	頓莊閘	30D	約 1,000	150

資料來源：《步兵第十聯隊史》，頁 586。

　　以上戰鬥結果證明，從台兒莊撤出的日軍，不僅組
織完整，亦保留著強韌的戰鬥能力，特別是擔當此作戰
的步兵第十聯隊。

圖 10-3　步兵第十聯隊進入台兒莊後的行動軌跡
　　　　　敵情紀錄有誤，25D 為 31D 之訛

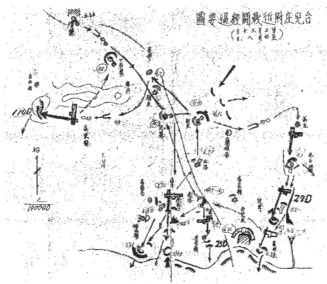

資料來源：JACAR: C11111172500，頁 1837。

第三節　步兵第六十三聯隊的撤退過程

　　步兵第六十三聯隊，除去 6 日晨先向楊樓出發的第一大隊，撤退時還有 2 個大隊步兵（第二、第三），分別在城內和城外西北角一帶擔任攻堅戰和城外警戒。6 日晚從城內撤出的部隊，即是該聯隊第二大隊，擔任第一線攻堅作戰已達兩週之久，未曾換防，是日軍在台兒莊戰場損失最嚴重的部隊。兩岸戰史中出現的台兒莊大捷國軍反擊、殲滅戰中虛擬的對象，多指此部。如遺留在城內戰場的數百具日軍屍體，或最後被反擊部隊封鎖在城內，百餘人集體投火自盡的描述等。[16] 第二大隊在 3 月 24 日、27 日的兩次攻堅戰和持續了 10 天以上的城內巷戰攻防中，確實出現了大量死傷。但 6 日晚從城內撤出時是否有重大損失？見以下史料考證。

　　6 日 15 時 30 分下達的轉進命令「瀨支作命第七八號」，對步兵第六十三聯隊行動的指示內容如下：

　　步兵第六十三聯隊長日落後立即召集聯隊預備隊 1 中隊，速射砲、聯隊砲及在三里莊第三大隊半部，並行指揮野砲兵第十聯隊本部及野砲兵第一大隊（欠 1 個中隊），向中川大隊方面〔台兒莊東北 16 公里處楊樓〕轉進。〔到達楊樓後〕指揮中川大隊及野砲兵第二大隊 2 個中隊向朱莊之敵展開攻

16　《台兒莊戰役資料選編》，頁 42、76。

擊，在救援坂本支隊步兵第二十一聯隊戰鬥成功之後，與該聯隊協力作戰，將餓虎橋附近之敵擊破。台兒莊城內作戰諸隊，在步兵第六十三聯隊第二大隊長指揮下，於日落後迅速集合向北方轉進，到達泥溝集結。[17]

可見步兵第六十三聯隊分為兩部，主力（以第三大隊為基幹）及配屬砲兵（1個大隊）向台兒莊東北部楊樓前進，計畫與此日晨先行出發的中川第一大隊會合，在福榮聯隊長指揮下，7日開始「一擊作戰」。城內部隊（第二大隊為基幹）則計畫日暮後退出戰線，經劉家湖至南洛，與支隊主力會合後，沿棗台公路向泥溝方向撤退。

第一、第三大隊繼續戰鬥，第二大隊撤退泥溝的理由，是因為其部在兩週間的攻城戰鬥中已消耗殆盡，暫時不具備繼續作戰能力。遵照支隊命令內容，16時45分，步兵第六十三聯隊福榮真平聯隊長，在裴莊（台兒莊城東北角附近）東南無名村落的聯隊本部，部署了轉進時的行動細節：

> 台兒莊城內部隊日落開始隱密準備，最遲於午後8時頃開始脫離戰線……掩護2SA〔野戰重砲兵〕主力一同向泥溝方向前進，在該地集結。特別要注意

17　「戰鬥經過の概要　臨城及嶧縣附近に於ける前進準備、棗莊の守備、台兒庄附近の攻擊（7）」，JACAR: C11111253800，頁1082-1083。

戰線脫離行動中，先佯裝進攻，防止敵察覺我撤退
企圖。兵器、彈藥、材料等物資自力搬運困難時，
可使用若干聯隊小行李的馬匹助力。
第三大隊……日沒後留下第一線步兵 1 小隊、機關
槍 1 小隊，主力午後八時頃撤現現位置，掩護在劉
家湖的聯隊大小行李向潘墜方向集結。撤退行動中
暗號口令為「岡山、廣島」。[18]

　　據戰鬥詳報稱，撤退前台兒莊城內及城外劉家湖
等地，堆積著大量彈藥、糧秣，若全部帶走，缺乏運
輸手段，因為兩週的戰鬥中，輜重車輛和馬匹也出現
過損失。為克服此困難，上級命令各部隊之間互相通
融，合理分配利用現有馬匹優先運輸傷員，「不得已
的情況下，可將部分堆積物資在撤退前焚毀」。特別
是囤積在城內的彈藥，若全部帶走有相當大的風險。
為督導彈藥的安全焚毀，擔當槍械管理的工兵曹長及
下士官 1 名，被派遣到城內第二大隊位置待命。[19]

　　各部隊按聯隊長命令，為防止敵方察覺，天黑後才
在隱蔽中開始行動。在夜間敵方火力盲目射擊的槍砲聲
掩護下，將帶不走的物資、彈藥等聚集到一處，從城內
撤出同時放火點燃，以掩護部隊安全撤退。第一線的 2

18　「戰鬥經過の概要　臨城及嶧縣附近に於ける前進準備、棗莊の
　　守備、台兒庄附近の攻擊（7）」，JACAR: C11111253800，頁
　　1086-1087。

19　「戰鬥經過の概要　臨城及嶧縣附近に於ける前進準備、棗莊の
　　守備、台兒庄附近の攻擊（7）」，JACAR: C11111253800，頁
　　1088。

個大隊，午後 8 時撤出最前線陣地，其餘各隊也按命令指示，逐次脫離戰場。此時台兒莊城內的國軍，似乎察覺到日軍有撤退企圖，不停地展開射擊。午後 8 時頃，在城內及劉家湖的彈藥及糧秣等燃燒的火焰中，聯隊全體撤出戰場。

從此內容分析，第一線步兵第六十三聯隊的撤退，也是按命令、有組織、有順序地施行。戰鬥詳報記錄，此時被焚毀的物資數量為小行李（彈藥）輜重車 20 輛分（約 3,600 公斤），大行李（糧秣為中心）輜重車 6 輛分（約 1,000 公斤）。單位是陸軍標準的運輸手段 39 式輜重車（挽馬一匹為動力，單車積載量 180 公斤），合計重量不足 5 噸，大部分是囤積的槍砲彈（小行李），少量為糧秣（大行李）。

與步兵第十聯隊相同，步兵第六十三聯隊的戰鬥詳報中也留下了對此撤退的遺憾：

> 聯隊長奉命進入台兒莊後，指揮諸隊努力奮戰攻城達一旬，期間付出眾多犧牲，……每日可聞戰友倒斃疆場之悲報。將兵一同逐步推進戰線前進，在曙光即將來臨之際，因情況變化，忍痛放棄此血染之土，被迫脫離戰場。其苦對天難訴，遺恨長久不息。

按戰鬥詳報，撤退行動按命令順利進行。

> 敵方未能察覺我隱密脫離行動，諸隊基本上未受到敵方妨礙，悄悄脫離出戰場。僅台兒莊城內部隊在

　　逐次通過東北門撤出城外之際，遭到不停息的敵輕重機槍及迫擊砲射擊，出現若干死傷。[20]

　　城內第二大隊在撤出通過東北門（唯一出口）時，遭到敵方封鎖城門的定點盲射，出現若干損失。其他城外部隊，大都安全撤退，如城外西北部第三大隊第十中隊士兵村上常雄寫道：

　　4月6日午後7時10分，按前記聯隊命令，我第十中隊也撤離了最前線。從第一線撤退，絕不是輕而易舉之事，若被察覺，敵方會立即追擊。特別是此時兩方戰線相距僅約300公尺遠對峙中，所以行動前十分不安。但當晚的撤退卻十分順利。似乎敵方經10餘日戰鬥已過度疲勞，此時停止了射擊。我方被指示只要前線之敵不開火，絕不主動還擊。見我方陣地無動靜，敵方也許放心去睡覺了。如此，全部隊從台兒莊戰場安全撤出。[21]

　　第三大隊（城外警戒部隊）的撤退，並沒有被敵方察覺。該大隊之後在潘墜集結，是與聯隊主力一起赴楊樓參加一擊作戰的部隊。

20　「戰鬪經過の概要　臨城及嶧縣附近に於ける前進準備、棗莊の守備、台兒庄附近の攻擊（7）」，JACAR: C11111253800，頁1089-1090。

21　元松江步兵第63連隊第十中隊戰友会，《支那事変の想出》（島根：支那事変元松江步兵第六十三聯隊第十中隊戰友会，1972），頁66。

　　與從南洛出發的步兵第十聯隊「未損一卒」紀錄內容對比，在台兒莊城內外第一線與敵交錯對峙的步兵第六十三聯隊，撤退時廢棄燒毀了約5噸的彈藥、糧秣。城內部隊（第二大隊）通過東北城門出城時，也出現「若干死傷」。但基本上是按計畫、有步驟的隱蔽、自主撤退，與國軍宣傳的追擊、圍殲潰退之敵的描寫截然不同。

　　6日夜瀨谷支隊從台兒莊的戰場撤退，日軍和國軍的紀錄有很大的差別，一稱安全撤退，一稱反攻大捷。到底誰是誰非？判斷內容真偽的方法很簡單，即遵循「敵情、戰損自報原則」（筆者提倡的研究方法），調查核實日軍的戰損統計。日軍方面戰死者都有實名紀錄，並可以準確地判斷死亡的時間地點。按政府《官報》公佈的死亡者名單分析，4月6日，步兵第十聯隊在戰鬥中僅記錄2名死亡。一為第七中隊步兵伍長（追晉官階）長田喜義，[22]可確定白天戰死於插花廟附近戰鬥。[23]另一為第十二中隊（韓莊守備隊）步兵伍長小板信義，戰死於韓莊北方多義溝。可斷定都和晚間的台兒莊撤退無關，證明步兵第十聯隊戰鬥詳報所稱6日晚撤退時「未損一卒」是一個事實。

　　步兵第六十三聯隊戰鬥詳報記錄的「若干死傷」究竟實數有多少？按聯隊史附錄的戰沒者名簿，再對照

22　河本恒男編，《赤柴毛利部隊写真集》，頁119、125。

23　步兵第十聯隊4月5日至6日間共戰死8名（《官報》），戰鬥詳報記錄戰死6名，戰傷21名，「第2　戰鬥経過の概要（2）」，JACAR: C11111171900，頁1782。

《官報》公佈數據，可確認 4 月 6 日整日步兵第六十三
聯隊在台兒莊戰場共出現 7 名戰死者。

表 10-4　步兵第六十三聯隊台兒莊戰場戰死者名單
　　　　（4 月 6 日）

姓氏	軍階	出身地	死亡地
三島源市	步伍	八束郡宍道	台兒莊
石原德市	步伍	能義郡島田	台兒莊
瀨田重男	步上	能義郡安田	台兒莊
岩田德夫	步上	仁多郡龜嵩	台兒莊
法橋長次郎	步少尉	大原郡斐伊	台兒莊
村岡清	步伍	東伯郡上淺津	台兒莊
西村三二	步上	西伯郡福萬	台兒莊

資料來源：「戰沒者名簿」，河本恒男編，《赤柴毛利部隊写真集》，
　　　　　頁 125-126。筆者整理。

此 7 名是該聯隊整天戰鬥的死亡總數。包括白天在
城內戰鬥，或午後火葬屍體、搬運物資時遭到敵砲擊的
死亡者。包括向楊樓攻擊前進的第一大隊和在城西北警
戒中的第三大隊的死亡者。特別是 6 日晨北上楊樓的中
川第一大隊，途中與湯軍團主力在張樓、小集、河灣、
柿樹園、楊樓附近曾發生多次戰鬥，出現部分戰死傷。
所以 6 日戰死的 7 名中，絕大多數應是第一大隊赴楊樓
途中，與湯軍團主力戰鬥中的損失。6 日湯軍團戰鬥詳
報也稱「關軍正挺進至河灣、大莊、張樓附近，該軍於
馬莊、馮家湖一帶與該敵血戰通宵，戰況至為慘烈，斃
敵甚眾，俘獲亦多」。[24] 雖有明顯誇張，但此戰斃敵數
名也是有可能的。

24　中國第二歷史檔案館資料編輯部合編，《台兒莊戰役資料選編》，
　　頁 112。

另外關於城內第五中隊損失，防衛省戰史資料中有該中隊單獨的台兒莊戰鬥戰死傷者名簿。4 月 6 日中隊共戰死 1 名，負傷 7 名。其中記錄死亡者為「大西一男」，19 時戰死於「右肩砲創」，其他 5 名於 17 時，負傷於敵「砲創」。[25]考慮 17 時的負傷，出在撤退前的準備行動中。19 時肩部受砲創死亡的大西一男，應是撤離城門時的死亡者。即至少可判定有 1 名死於撤退行動中。筆者曾在聯隊史戰沒者名簿和《官報》中核對過，但並沒有發現「大西一男」的存在，判斷為筆誤。正名應是同隊同日戰死的西村三二上等兵，鳥取縣西伯郡出身。[26]以上史料證實了聯隊史記載的「若干死傷」者中 1 名戰死者的存在，是否還有其他戰死傷者，現有的史料中不能確定。從終日戰鬥各方面戰場戰死者總數僅為 7 名之數看，晚間撤退中的「若干死傷」應不會超過數名，戰死者推測僅西村三二上等兵 1 名。

以上為在台兒莊最前線與中國軍作戰的步兵第六十三聯隊撤退前後的情況。

第四節　4 月 7 日夜坂本支隊脫離戰場的過程考證

迄今兩岸戰史研究中，幾乎無人瞭解坂本支隊晚於

25　「步兵第六十三聯隊第五中隊　戰（病）死傷者名簿」，JACAR: C11111266700。

26　步兵第六十三聯隊史編纂委員，《步兵第六十三聯隊史》，頁 776。

瀨谷支隊 1 天，7 日夜從台兒莊東戰場撤退之事實。7
日白天的瀨谷、坂本支隊協同的「一擊作戰」，實際目
的是接應坂本支隊突圍撤出戰場。但戰鬥沒有達到兩支
隊南北合流目的，以日軍的攻擊失敗告終。所以 7 日夜
坂本支隊的撤退行動，從周圍形勢看，比前日瀨谷支隊
要困難得多。

　　有關坂本支隊撤出戰場的細節，由於步兵第二十一
聯隊、步兵第十一聯隊都沒有留下戰鬥詳報，所以該支
隊的白天戰鬥，和夜間脫離戰場的情況不甚清楚。幸運
的是，下級部隊和個人留下了不少相關戰鬥紀錄，從中
也可瞭解戰場撤退行動的片段。坂本支隊的戰場，南線
（步兵第十一聯隊的蒲汪、辛莊、火石埠、賀莊、陳瓦
房附近戰場）和北線（步兵第二十一聯隊的堡子、大顧
珊、郁莊、平灘附近戰場）距離約 10 公里。

　　北線步兵第二十一聯隊（片野部隊）的撤退情況，
據第十中隊藤川上等兵的手記，7 日 16 時，堅守在堡
子附近砂山高地的第十中隊，接到片野聯隊長的如下撤
退命令（節錄）：

一、瀨谷支隊現正全力向賀莊方面接近，對我左翼
　　之敵攻擊中。

二、本支隊奉命撤出現在位置，向沂州方向攻擊
　　轉進。

三、按支隊命令聯隊將於本日日落後開始出發準
　　備，夜 11 時撤出第一線向平灘集結，之後向
　　沂州方向轉進。

四、第十中隊留在現位置掩護聯隊主力轉進準備，
　　夜 11 時到平灘集結歸隊。

五、暗號口令為「廣島、岡山」。

我中隊的戰鬥兵員僅剩下約 30 餘名，被賦予夜間
掩護聯隊主力撤退任務。如何能完成此困難任務，
受命後我感到十分不安。……在極度的緊張和不安
中……我中隊間斷不停地進行盲目射擊，用火力吸
引牽制敵方注意力。終於熬到了預定歸隊時間，各
哨位人員在微光暗號指示下集合，最終平安地返回
聯隊集結地平灘。……夜間撤退中，中隊又作為後
衛隊在聯隊最尾部警戒前進。敵軍一直緊跟著我尾
部追隨，但並沒有積極展開攻勢。只見敵方的曳光
彈拖著長長的尾巴從我方上空擦過，途中各村落都
可見焚村的火光，這是敵軍常用的火攻戰術。部隊
在村落間迂迴，默默行進，終於擺脫尾追之敵。4
月 8 日 3 時 30 分，到達腰里徐。[27] 在此我聯隊進
行了約 1 小時的大休。[28]

　　此為《步兵第二十一聯隊史》中的一段內容，前半
的撤退命令書應是保留下來的史料，後半部是藤川上等
兵個人的回憶或手記，描寫的是第十中隊掩護聯隊主力
撤出戰場的行動。此時在堡子（聯隊本部所在地）附近
的岸本清之（聯隊本部文書），也留下了紀錄。根據岸

27　此地位置在聯隊最終集結地紅瓦屋屯東方數公里處。
28　步二一会，《浜田聯隊史》，頁 208。

本記載，支隊轉進命令於 16 時下達到聯隊，22 時開始隱祕撤退。

> 22 時，為了整理戰線再興攻擊，我隊奉命隱密的從堡子撤出，開始了轉進。敵方似乎察覺到我方的撤退，在我前進縱隊的前後左右村落附近，連接發射多數紅、藍色的信號彈。撤退前，我們將輜重車的大行李（糧秣、個人物品等一般物資）隱藏掩埋在村落附近，將負傷人員捆綁在輜重車行李架上，一路避開道路，在村莊間的田地中穿插行進，以擺脫與敵方的接觸。緊張的行軍中，無暇去關注那些在顛簸中痛苦呻吟的傷員，只能默默地為其安全祈禱……。行進中最注意的只是保持距離，絕不能脫隊。此緊張的夜行軍一直持續到天明。[29]

另外，按《步兵第十一聯隊史》記載，在南線蒲汪附近（賀莊、邢家樓、辛莊）的坂本支隊長野聯隊（步兵第十一聯隊 2 個大隊），7 日 15 時，接到撤離戰場向嶧縣北方地區轉進的命令，各隊 19 時脫離前線戰場，19 時 50 分，先在邢家樓（蒲汪北東 3 公里）集結後，22 時 30 分向目的地紅瓦屋屯（邢家樓北東 18 公里）出發前進。行軍序列為聯隊本部、第一大隊、速射砲中隊、聯隊砲中隊、第三大隊。「夜間行進中極力避開主要道路，以星座為座標方向，在麥田、濕地中艱苦行進。

29　岸本清之，《濱田聯隊秘史》，頁 190-191。

此行軍對有馬匹的部隊來說，比步兵更加艱難。」[30]

　　另外也有比較輕鬆的記憶，擔任聯隊本部警衛的第三中隊，「聯隊本部一起於 22 時 30 分組成行軍序列開始前進，中隊行進井然有序，士氣旺盛，沒有脫隊者。途中，因前方砲兵聯隊迷失方向，在後方跟進的我聯隊也走了不少冤枉路，為此實行大迂迴修正路線，到達一山村進行了大休整。之後繼續行進，平安到達目的地紅瓦屋屯。」[31]

　　此敘述中看不到絲毫撤退轉進時的緊張氣氛，細查該中隊行動紀錄，可知第三中隊一直擔任聯隊本部的警備任務，從 1 日蘭陵初戰至 7 日撤退轉進，期間沒有經歷過任何戰鬥。中隊全員也一直為「曹長以下63名」，戰鬥期間的負傷者僅 1 名，為受到敵砲彈片負傷的上等兵澤田豐重。[32] 可見根據戰鬥的經歷，前線、後方和損失程度的不同，各隊的士氣、戰場撤退時的心情也各有不一。

　　比起集結後聯隊全體的轉進（22 時 30 分以後），之前從第一線脫離戰場，向集結地（邢家樓）的撤退似乎更加困難。傍晚，從蒲汪撤出的第三大隊，也是從第一線的撤離中出現戰死紀錄：

30　鯉十一会，《步兵第十一聯隊史》，頁 298。

31　「陣中日誌　昭和 13 年度　步兵第 11 連隊第 3 中隊（2）」，JACAR: C11111177700，頁 911。

32　「陣中日誌　昭和 13 年度　步兵第 11 連隊第 3 中隊（2）」，JACAR: C11111177700，頁 903-911。期間 1 名負傷，1 名歸隊，所以中隊人數 63 名未變。

大隊撤出戰場後，留在掩護部隊最後方的，是擔任回收大隊和聯隊本部間電話線的聯隊通信班下紺軍曹以下 5 名。在接到撤退許可時，大隊主力早已不見蹤影。通信班被孤立在敵軍包圍的戰場中，留下的只有通向大隊本部的電話線。此時若與敵軍遭遇，或被敵切短斷電話線，後果不堪設想。天色已接近日暮，下紺軍曹拔刀持槍在前方帶路，通信兵拼死地轉動掛在胸前的捲線機……奮鬥 2 小時，終於追到大隊尾部。

在蒲汪陣地的第三大隊砲小隊長村上哲二準尉，白天戰鬥中大腿負傷（貫通槍創），在部隊緊急撤出蒲汪陣地時落伍。見到此狀，寺木正春上等兵主動留下照顧，背負著村上小隊長，於暮色中拼死追趕前方部隊，最終消失在暗夜裡。翌朝聯隊到達嶧縣時，已不見此二人身影。[33]

松岡巖在《iA 隊の記録追補録：步兵第十一連隊》中，記錄此二人最終被確定為死亡，[34] 並在略圖中標注了戰死（脫隊）地點，[35] 位置在集結地點邢家樓的南方，應失蹤於部隊集結前，蒲汪至邢家樓間約 3 公里的路途中。《官報》的數據也可證實此二人死亡，但日期被寫為 8 日，最終確定為失蹤後的戰死。另外，步兵第十一聯隊在 8 日共記錄有 4 名戰死者，包括村上、寺木

33　鯉十一会，《步兵第十一聯隊史》，頁 298。

34　松岡巖，《iA 隊の記録追補録：步兵第十一連隊》，頁 154。

35　松岡巖，《iA 隊の記録追補録：步兵第十一連隊》，頁 96。

在內。由於 8 日白天該聯隊並無戰鬥紀錄，所以可能都是在夜間（凌晨）撤退途中死亡，但未留下任何證據。

　　另一個有證據的負傷事例，也是在聯隊集結出發前。步兵第十一聯隊第一大隊步兵砲小隊，人員 53 名，馬 24 匹，於 4 月 1 日在林屯（蘭陵附近）進入戰鬥後，合計共有士兵 4 名負傷。4 月 7 日夜撤退中記錄「午後 8 時古本軍曹負傷，支那馬 2 頭戰死」，[36] 從時間看，此負傷是集結前脫離前線時的損失。

圖 10-5　　4 月 7 日日軍台兒莊東戰場最後一戰（一擊作戰）及夜間撤退示意圖（筆者製）

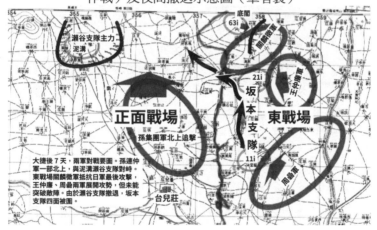

　　《iA 隊の記録追補録：步兵第十一連隊》中也有較詳細的撤退描述：

<hr>

36　「陣中日誌　自昭和 12 年 7 月 27 日至昭和 13 年 12 月 31 日步兵第 11 連隊第 1 大隊砲小隊（7）」，JACAR: C11111179100，頁 1530-1541。負傷種類為頭部貫通傷，後入院，未死亡。

4月6日，昨夜以來，各部開始隱密集結部隊，整理戰線。現在的配置狀況為：

本部、第一大隊主力位置於陳瓦房。

第九、第四、第十二中隊及聯隊砲、速射砲、大隊砲、大行李各部位置於辛莊。

第十一中隊位置於蕭汪。

第七中隊於三河口。

9時20分馬甸方向之敵砲擊聯隊本部，坂口敏夫受砲創戰死。辛莊附近松島少尉6時戰死。車馬向後方2,500公尺處旅團本部位置後退。[37]

可知為了準備轉進，6日晨，步兵第十一聯隊已開始縮小、整理戰線。部隊主要集結地為聯隊本部位置的陳瓦房，和砲隊、行李隊等車輛部隊所在的辛莊。此日聯隊自主放棄了激戰地賀莊，在南方第一線的蒲汪、北方的三河口也僅留下1個中隊監視兵。

7日撤退部署如下：第三大隊為掩護部隊。主力入夜後，以前衛、本部、第一大隊、速射砲、聯隊砲、後衛的序列向北前進。以北極星為方位，沿小路，避開沼澤地，或渡河迂迴前進。砲兵隊行動無比艱難，特別是通過沼澤地時，步兵砲4個分隊協力一致，連拖帶拉，人馬一同向前。

37　松崗巖，《iA隊の記録追補録：步兵第十一連隊》，頁154。

　　支隊全體的撤退行動中，步兵第十一聯隊第四中隊奉命擔任後方掩護，作為收容隊，與步兵砲小隊（2門）在聯隊最尾端行進。「行進中兩翼遭到敵方重火器盲射，後方亦有跟蹤。受到威脅時，即用步兵砲零距離射擊擊退追兵，至3時，後退了約20公里。」

　　從以上可知，戰場南線坂本支隊主力各部，於日暮前後撤出第一線戰場，一度在邢家樓集結部隊後，22時30分，組成行軍序列開始向北方轉進。由於道路附近村落都被敵大部隊佔領，所以支隊全體避開道路、村落，以北極星定位輾轉向前。按日軍作戰要圖的標誌，推測22時30分，支隊主力（步兵第十一聯隊）從邢家樓北上到達郁莊，與步兵第二十一聯隊主力合流後，繞開北方湯軍團主力的陣地向西北前進。通過尋（荀）家莊、陶溝河進入西戰場的小集附近繼續北上，至柿樹園後西折，通過腰里徐，最終到達集結地紅瓦屋屯。

　　湯軍團此時已掌握了坂本支隊的撤退動向，但並沒有主動追擊，僅僅有部分部隊跟蹤前進，盲射騷擾。從各種紀錄中都可看到，對坂本支隊來說，撤退中最大的困難，並不是敵軍的威脅，而是為了退避所選擇的路途險惡。紅瓦屋屯離集結出發地邢家樓直線距離僅約18公里，而部隊跋涉時間卻長達10小時，可見行軍路途的輾轉艱難。多種紀錄中都沒有一處提到夜間與敵方的戰鬥接觸，所以撤退途中沒有發生過戰鬥應為事實。綜合這些紀錄，可知撤退時有一部分大行李被埋藏或銷毀，人員也出現數名死傷（以上紀錄中可確認死亡2名，負傷1名，其餘不詳）。

　　根據《官報》的分析，7 日整天，步兵第二十一聯隊
出現 9 名戰死者，師團砲兵 1 名，獨立機關槍第六大隊
1 名，8 日戰死 1 名。步兵第十一聯隊 7 白天戰死藤田
三磨準尉以下 8 名，8 日戰死村上哲二少尉以下 4 名。

表 10-6　1938 年 4 月 8 日坂本支隊戰死者

姓名	死亡日期	軍階	種類	番號	合祀日期	官報刊登日期
村上哲二	4 月 8 日	步少尉	戰死	步兵第十一聯隊	1940 年 4 月	1939 年 4 月 11 日
兒玉幸一	4 月 8 日	步上	戰死	步兵第十一聯隊	1941 年 3 月	1939 年 4 月 11 日
小林壽一	4 月 8 日	步上	戰死	步兵第十一聯隊	1941 年 3 月	1939 年 4 月 11 日
寺木正春	4 月 8 日	步伍	戰死	步兵第十一聯隊	1941 年 3 月	1940 年 12 月 16 日
矢田佐九郎	4 月 8 日	步上	戰死	步兵第二十一聯隊	1940 年 9 月	1939 年 4 月 21 日

資料來源：根據《官報》分析整理。

　　7 日白天的戰鬥損失，與撤退並無直接關聯。記錄
中的死亡者 9 名，可判斷出現在白天的激戰中。而表
10-6 記錄 8 日死亡的 4 名，部分應是夜間（8 日凌晨）
撤退中的失蹤者。若如此計算，坂本支隊撤退中的損失
（死亡者），最多不會超過以上名單中的 5 名，比起 7
日白天戰鬥的損失要小得多，也遠低於坂本支隊在台兒
莊附近 8 天戰鬥每日死亡的平均數 24 名。[38]

38　按《官報》紀錄分析，坂本支隊在台兒莊戰場的 8 天內戰死總數
　　為 188 名。

第五節　小結

　　以上有關日軍瀨谷、坂本兩支隊 6 日及 7 日夜，從
台兒莊兩個戰場撤退的考證，可說明以下幾個事實：

1. 兩支隊的戰場撤退，都是事先有計畫的自主行為。
   並不是在國軍反擊下的潰退。

2. 撤退時各部隊保持著行軍隊列，途中損失輕微（1 名
   死於砲創，數名落伍失蹤）。

3. 瀨谷支隊在隱密撤退完成前，國軍（孫連仲部）並未
   察覺。而坂本支隊撤退行動雖被敵方（湯軍團）發
   現，但行進中僅受到妨礙，沒有遭到攻擊與堵截。

4. 撤退之後，日軍各部仍保持著相當的戰鬥能力，並
   被立即投入戰場。

　　以上結果，可再次佐證日軍撤退中，並沒有發生過
迄今所宣傳的國軍反攻追擊及大量殲敵的事實。

第十一章　國軍台兒莊 「反攻」實情

　　本章利用國軍檔案的台兒莊反攻部署、命令與日軍檔案的戰鬥過程內容對比，指出李宗仁 4 月 6 日發佈的第三次台兒莊總攻命令，不過是為使蔣中正息怒的紙上談兵操作。計畫中規定的都是當時作戰狀態下，各部不可能到達的目標，而實際結果也如此。即 6 日，被視作反攻主力的湯軍團，沒有一部能按命令前進到台兒莊正面戰場的指定位置，此結果導致 6 日李宗仁第三次總攻計畫無法施行。李宗仁、湯恩伯的失敗，本應成為蔣中正再次動怒的誘因，但之後瀨谷支隊在正面戰場突然消失，和軍事委員會政治部第三廳廳長郭沫若主導的擴大宣傳巧合，最終成功地演出了國軍反攻並獲大捷的歷史劇。

第一節　台兒莊大捷的通說檢證

　　現在兩岸戰史中所有的研究與宣傳，都稱 1938 年 4 月 6 日台兒莊大捷的最後勝利，是第五戰區國軍全面反攻的結果。即按照戰區司令長官李宗仁 6 日命令，孫連仲第二集團軍（左翼兵團）和湯恩伯第二十軍團（右翼兵團）對日軍開始全面反攻，結果日軍被擊退，狼狽撤出台兒莊，國軍乘勝追擊，在追擊戰中獲得巨大戰

果。此反攻與大捷的描寫千篇一律，出現在各種歷史紀錄中。作為樣本例證，下面僅引用一個比較嚴謹，忠實按檔案史料編寫的國軍戰史叢書《抗日戰史　徐州會戰3》中的記載，為孫集團軍的行動紀錄。

4月5日，在國軍各部逐漸增強，包圍攻擊下，台兒莊附近之敵「已呈動搖狀態」。第二集團軍基於當前狀況，遂限各部隊於6日至8日的3天內，協同友軍殲滅台兒莊之敵。6日10時，第二十軍團已進入台兒莊東北部底閣、常溝、大顧珊一線，為呼應該軍團攻擊，孫連仲遂於12時下達反擊命令。

十八時，我以有力一部，分為數組，向東莊、李莊、門溝、陶溝橋、滄浪廟、圍上之敵襲擊，因出敵不意，向其猛攻，敵倉惶應戰，傷亡甚多。寨內之敵，擬由西北門增援，被我擊退，我乃乘機克復西北門，寨外之敵，亦大部向北潰退，二十三時，我已佔領陶溝橋互圍上之線，同時，我主力部隊跟蹤到達，復乘勢向邵家莊、劉家湖攻擊，另一部已進入台兒莊寨內，協同寨內守兵掃蕩殘敵。

四月七日二時許，邵家莊、劉家湖、陳家堂殘餘之敵，毀砲焚車，遺屍多具，向嶧縣方向潰去；此時台兒莊寨內殘敵，猶作困獸鬥，不斷反攻，經我包圍搏擊，無法逃逸，乃燒燬彈藥、房屋、投火自殺，致一時寨內煙焰彌漫，火光燭天，彈藥爆發，聲震天地，我軍趁勢掃蕩，至四時，將殘敵大部殲滅，

俘獲武器裝具物品甚夥。[1]

查對戰史檔案，可知道此段內容根據孫連仲第二集團軍，和轄下「第三十一師戰鬥詳報」內容所編寫，依照原史料，並沒有加入編纂者的發揮。內容有如下幾個要點：

1. 計畫性的反擊，行動按 6 日 12 時第二集團軍（台兒莊方面守軍）的攻擊命令部署實施。

2. 記錄了攻擊的實際情形，即 18 時前線部隊攻擊開始，23 時主力參入，到達後佔領城外圍敵陣地（陶溝橋至園上之線）。7 日凌晨 2 時，攻佔劉家湖（步兵第六十三聯隊本部），敵倉惶撤退，並掃蕩殲滅了城內殘敵，4 時結束戰鬥。

3. 記錄了反攻戰果，即敵向北潰退，追擊戰中殲敵、繳獲甚多。

4. 沒有記錄湯軍團的反攻行動。[2]

以上內容為迄今有關台兒莊大捷的基本證據，通用於兩岸的歷史紀錄和文藝作品、教育內容及政治宣傳之中。但遺憾的是，此內容只是國軍的自我主張，是對外宣傳，存在對事實的曲解。

從前章筆者對日軍方面各種戰鬥詳報、《台兒莊反転関係電報綴》等史料的考證結果可知：

1　國防部史政編譯局，《抗日戰史　徐州會戰3》，頁156。

2　同書僅記錄了湯軍團7日，在底閣、楊樓附近（東戰場）與日軍激戰，但沒有記錄該部參加台兒莊方面的反擊，國防部史政編譯局，《抗日戰史　徐州會戰3》，頁145。

1. 日軍的台兒莊撤退，是有計畫有秩序的自主撤退。
2. 日軍的戰鬥詳報中，並沒有 6 日夜國軍攻擊、追擊的戰鬥紀錄。
3. 6 日夜，台兒莊方面瀨谷支隊的撤退為隱密轉進行動，孫連仲各部基本未察覺日軍的撤退動向，更沒有攻擊、追擊的作戰。
4. 撤退中瀨谷支隊近萬人馬幾乎未出現損失，僅自主銷毀了近 5 公噸的彈藥、糧秣等物資（參考第九章）。

　　最關鍵的問題，是中國方面的戰史（除檔案資料外），幾乎都忽視了所謂反擊戰當時（6 日至 7 日）兩個主角的存在，即發生在台兒莊東部戰場的坂本支隊與湯軍團的戰鬥。不知道日軍是分為兩部，於 6 日、7 日兩夜分別撤退的事實。[3] 以上描寫的僅是台兒莊正面孫連仲集團軍的行動。

　　「反攻大捷」的戰鬥結束時（被認為 7 日凌晨），坂本支隊還未開始撤退，最後的戰鬥（瀨谷、坂本兩支隊的協同作戰，本研究稱為「一擊作戰」）還在準備中。

　　為何「大捷」戰鬥中的功臣只是孫連仲部？國軍主力的湯恩伯軍團此時在何處？這些都是在討論台兒莊大捷之前，首先需要澄清的問題，也是解密大捷戰鬥之所

3　幾乎所有的綜合戰史書籍，如國防部史政編譯局，《抗日戰史徐州會戰 3》，大陸方面韓信夫，《鏖兵台兒莊》、林治波，《台兒莊大戰》等，均描寫反擊結束於 7 日凌晨，未記述坂本支隊 7 日還在東戰場作戰和 7 日夜間撤退的事實。然而原始檔案中卻都有部分觸及，如湯軍團的戰鬥詳報，明確記錄了 7 日白天的東戰場激戰，和坂本支隊的晚間撤退（中國第二歷史檔案館資料編輯部合編，《台兒莊戰役資料選編》，頁 112-116）。由於對檔案史料的研究不足，導致此段重要內容鮮有人提起。

以不存在的關鍵。

其次，孫連仲部隊的各種反擊紀錄中，實際上也遺留著許多反攻與大捷不存在的線索。對比日軍檔案，會看到孫集團軍記錄的反攻、殲敵作戰的時間，晚於日軍的自主撤退。由於瀨谷支隊於 6 日晚 21 時前後已基本全部撤出戰場（日軍檔案紀錄），故而孫連仲部各戰鬥詳報中出現的 6 日 23 時主力出動，至 7 日天明前在城內外各地的戰鬥殲敵，實際上不存在，因為此時戰場上並沒有敵人。

為何虛構內容進入了正統的歷史記載？筆者認為，是台兒莊大捷之後被宣傳化、教育化的結果。戰略上，由於日軍主動放棄台兒莊撤退，國軍的確取得了最終勝利。但之後出於鼓舞民心的宣傳目的，掩蓋了日軍自行撤退的一面，最終使歷史虛構變成了「事實」。本應還原歷史真相的大多數研究者，受政治影響也專心於渲染大捷，描寫英雄事蹟，不僅未參考研究日軍的作戰檔案，也沒有對中國現有的戰史檔案內容進行仔細分析和史料批判。湯軍團在 7 日的行動，戰鬥詳報有明確記載。此日該部仍在台兒莊東戰場與敵軍（坂本之隊）繼續戰鬥，但今日幾乎所有的戰史書籍都忽視了這個內容。其結果，絕大多數研究（論文與專書）都認為湯軍團也參加了 6 日夜的反擊，日軍的坂本支隊，也於 6 日夜同瀨谷支隊一起被國軍的反攻擊敗後，潰退出台兒莊戰場。

本書第九章、第十章，按日軍的戰史檔案，考證分析了瀨谷、坂本兩支隊先後從台兒莊撤退的經過和實

際情形。以下再利用第一級戰史檔案，從另一層面考查，對比 5 日至 7 日間，中、日兩軍的戰鬥狀況，還原國軍方面所稱「反攻、大捷」的由來和實情。

第二節　台兒莊東戰場的形成和湯軍團戰鬥概要

臨沂方面的第五師團坂本支隊，是南部山東剿滅作戰中，從膠濟線濰縣南下，企圖攻克臨沂後與瀨谷支隊夾擊山東南部之敵，並會合於嶧縣的部隊。為了援助作戰，3 月 29 日由臨沂赴台兒莊，途中在向城（台兒莊東北 40 公里）留下步兵第二十一聯隊第一大隊守備，實際進入台兒莊東部戰場的兵力為 4 個大隊步兵（步兵第十一聯隊、步兵第二十一聯隊各 2 個大隊），近 2 個大隊砲兵，總數約 5,000 餘人（不包括向城守備隊）。對比下，3 月 31 日後進入蘭陵鎮一帶企圖阻止日軍增援台兒莊的湯軍團（本部位於四戶鎮），4 月 1 日又新增 75A 等部後，擁有步兵 7 個師、1 個旅、騎兵 1 個師、騎兵、砲兵各 1 團，共計約官兵 72,278 人，[4] 約為坂本支隊人數的 12 倍多。

坂本支隊 3 月 31 日前進到達蘭陵鎮（台兒莊東北約 25 公里）北方林屯（蘭陵鎮北 8 公里）時，與前來堵截的湯軍團 4D、89D 一部遭遇，進入戰鬥。翌日突破湯軍團蘭陵鎮一線的阻擊南下，4 月 2 日午後進入岔

4　國防部史政編譯局，《抗日戰史　徐州會戰3》，頁 146。

河鎮東方的蒲汪、辛莊一線，4月3日向南方大運河的西黃石山、胡山、禹王山、古梁王城一線75A守備陣地發起攻擊，開闢了台兒莊戰役東部戰場（國軍戰報稱棗台支路，即台濰公路的一段）。坂本支隊的作戰目的，是向台兒莊東南方的黃石山、禹王山、古梁王城一帶攻擊，企圖擊破此處之敵，威脅台兒莊守軍側背，並與瀨谷支隊南北呼應。但此舉被人數、武器方面都處於絕對優勢的湯軍團7萬大軍阻止。結果進入台兒莊東戰場的坂本支隊，並未能按計畫突破敵陣，向大運河線前進一步，4日後遭到周碞75A的抵抗，被阻擋在陣地前蒲汪、火石埠一線，進入對峙。4日後從蘭陵鎮方向南下的85A 89D，也從西迦河東岸大、小良壁向西展開攻擊，楔入坂本支隊後方，迫使坂本支隊將主力一部（步兵二十一聯隊主力）轉進於後方堡子，鞏固側背，使本來就戰力薄弱的東戰場日軍又被分割為南北兩線（北線步兵第二十一聯隊、南線步兵第十一聯隊）。

但湯恩伯的指揮過於謹慎，以守為攻，戰線遲遲不得進展。5日在蔣中正怒斥和李宗仁嚴令下，在蘭陵鎮附近待命中的關麟徵52A開始向台兒莊東北（底閣鎮、楊樓附近）移動部隊，準備由此反攻進出台兒莊北方。此出擊堵住了坂本支隊撤退之路，使支隊主力5,000餘人，在東戰場陷入湯軍團的北（關麟徵52A）、東（王仲廉85A）、南（周碞75A）三面包圍，僅西部隔濕地與瀨谷支隊接壤，進入自身難保的守勢。

湯軍團雖在兵力和武器上佔絕對優勢，卻未能像開闢此戰場時的判斷，迅速解決戰鬥後返回台兒莊，7萬

餘大軍（由於兵浮於事，三分之一以上並未投入戰鬥）
反而被坂本支隊拖住，在台兒莊東戰場陷入不可自拔的
泥淖。[5] 第五戰區主力部隊遲遲不能西進台兒莊正面，
造成孫連仲部的防禦危機。此東戰場的僵局對峙狀態，
一直持續到台兒莊正面戰場孫連仲部「反攻、大捷」結
束後的 8 日。

第三節　蔣中正拍案而起

　　手握重兵的湯軍團在台兒莊東戰場遲遲不動，終於
激怒了委員長蔣中正。為了打贏此戰，蔣向台兒莊戰場
集調了大批兵員、物資、武器裝備，總兵力最終達 30
個師以上，面對 16,000 名日軍，卻遲遲不能取得預想
的殲敵戰果。不僅如此，由於湯恩伯指揮失誤和作戰小
心謹慎，反而引發了台兒莊正面的守備危機。4 月 5 日
正午，怒不可遏的蔣中正，訓斥李宗仁、湯恩伯：

　　　台兒莊附近會戰，我以十師之眾對師半之敵，歷時
　　　旬餘未獲戰果。該軍團居敵側背，態勢尤為有利，
　　　攻擊竟不湊效，其將何以自解？急應嚴督所部於
　　　六、七兩日奮勉圖功殲滅此敵。[6]

5　戰局進展不順的原因，主要來自湯軍團的消極謹慎指揮作戰，手頭
　　兵力近半未投入戰鬥，前線部隊也以守為主，不敢展開積極攻擊。

6　王曉華、戚厚傑主編，《抗日戰爭正面戰場檔案全紀錄》，上，
　　頁 675。

　　蔣中正譴責湯恩伯軍團的畏縮不前，也含有對李宗仁袒護湯軍團，督飭部下不周的不滿。見蔣中正動怒，李宗仁不得不在沒有切實把握，也沒有合理作戰部署的狀況下，強令部下開始反擊作戰。部署完後的 6 日 9 時，回呈蔣中正「已嚴令並督飭各部隊於最短期間殲滅台兒莊附近之敵矣」。[7]

　　李宗仁於 6 日下達的反攻（第三次總攻）命令，即是今日所稱取得台兒莊大捷反擊作戰命令的原型。內容可分為兩部分，一是對湯軍團的訓斥嚴命，令其部隊立即解決東部戰場戰鬥後進出台兒莊正面，與孫連仲部協力形成反攻之勢。二是對孫連仲第二集團軍的指示，令其部等待湯軍團到來之後，配合作戰一起夾擊，反攻台兒莊正面戰場之敵（瀨谷支隊）。

　　總攻命令內容，可見 6 日 15 時，李宗仁對湯軍團關麟徵 52A、周碞 75A、王仲廉 85A 下達的電令：

> 一、當面之敵經我連日包圍攻擊，受創甚巨，兼之增援已斷，糧彈俱窮……。二、各軍師仍應遵照本部 05.08 參戰電令向當面之敵繼續攻擊前進，並限於明虞日〔7 日〕拂曉前關軍到達南洛、劉家湖之線，王軍到達邵莊、滄浪廟之線，周軍到達廟邊趙村之線，爾後協同孫集團猛烈夾擊，迫敵於台莊附近運河北岸一舉而殲滅之。[8]

7　王曉華、戚厚傑主編，《抗日戰爭正面戰場檔案全紀錄》，上，頁 677。

8　中國第二歷史檔案館資料編輯部合編，《台兒莊戰役資料選編》，

對孫連仲部命令內容：

> 著廿七師派隊於本（6）日晚8時，向孟莊、斐〔裝〕
> 莊、圍上地區進出，協同湯軍之作戰。三十師應集
> 結有力部隊，同時向南北洛進擊，協同作戰。卅一
> 師應同時向三里莊以南之敵出擊，並台兒莊寨內之
> 敵包圍而肅清之。[9]

　　限令湯軍團各部於7日拂曉前，從東戰場進出到陶
溝河西台兒莊正面，與孫集團軍協力反擊。從對孫連仲
部的命令中，可見反擊時間又有提前，即湯軍團到達台
兒莊正面戰場與第二集團軍協同作戰的開始時間，從7
日拂曉前又提前到6日晚8時至12時。

　　命令白紙黑字，稱其是國軍台兒莊戰鬥的總反攻命
令也未嘗不可，但應先分析李宗仁命令的意圖和反攻計
畫實施的可能性。此命令是一個全線部隊的全面反擊計
畫，承擔反攻任務的主角是湯軍團。可是被拖在東部戰
場已整整5天的湯軍團，能否在受命後5小時內（發
令時間為15時，開始攻擊時間為20時）擊破、殲滅
東部戰場的坂本支隊，並進出台兒莊正面？這是判斷反
攻計畫是否能實現的關鍵。僅從大軍團移動的物理層面
來看，即使完全除去與坂本支隊作戰的困難要素，單純

頁110。

9　此為受李宗仁命令後，孫連仲對部下下達的命令文，時間應在6
　日15時之後，中國第二歷史檔案館資料編輯部合編，《台兒莊
　戰役資料選編》，頁12。

移動部隊，5 小時以內湯軍團各部也不可能全面進入到台兒莊正面戰場的指定位置，並於晚 8 時之前做好攻擊準備。何況若想進入指定位置，還會遇到坂本和瀨谷支隊的雙重阻擊。

若稍加分析，不難看出李宗仁反擊命令部署中的致命缺陷。筆者認為，此命令部署，並不是一個可實現的反攻計畫，而是李宗仁回報給蔣中正看的演技，目的是先讓委座息怒，即已遵命安排 6 日至 7 日反攻，迅速對部下，特別是湯軍團進行了嚴厲督飭、命令。至於計畫是否可行，之後如何實施，是否能實現，李宗仁並沒有把握，也沒有任何細節部署，甚至完全不瞭解處於苦戰中的前線各部具體作戰狀況。而接到嚴令的湯軍團各部，也知道命令內容不合理，所以舉動潦草敷衍，並未認真執行。

結果也是如此，儘管有蔣中正的怒斥，和李宗仁的嚴令，湯軍團之後也未能從東部戰場前進一步。不僅 6 日晚在東戰場未能打開局面，7 日由於日軍的轉進計畫，帶來瀨谷、坂本兩支隊一部在東戰場的南北夾擊作戰（一擊作戰），更使湯軍團忙於應付，完全失去了向正面戰場前進的可能性。湯軍團若不能進入台兒莊正面，意味著反攻作戰也無從開始。

第四節 4 月 7 日的戰鬥和坂本支隊的撤退

可是事後，戰局突然發生了戲劇性逆轉。瀨谷支隊

於 6 日晚主動隱祕撤出戰場，造成台兒莊正面強敵瞬間消失，戰場空空如也。出現了處於守勢的孫連仲部，事後（敵撤退後）也可單獨前進、開展收復失地的新局面。此兵不血刃收復戰場結果，終於使李宗仁的反攻命令部分變為事實。稱之為「部分變為事實」的理由，是因為所謂的「反攻、大捷」只有收復失地之舉，卻沒有攻擊、殲敵之實情。瀨谷支隊實際上也並沒有撤退太遠，從集結出發地南洛僅前進約 4.5 公里，即停止在泥溝一帶進入待命狀態。

李宗仁得知台兒莊正面戰場之敵退卻後，為了擴張戰果，翌（7）日 12 時，又下達了追擊命令：

一、台莊附近經我孫、湯兩軍擊潰之敵現向嶧縣方面逃竄中。

二、湯軍以一部肅清戰場，以主力由台棗支路（不含）以東……向嶧縣追擊前進。

三、孫軍指揮張軫師由台棗支路（含）向嶧縣追擊前進。

四、曹福林軍應於嶧縣以北地區截擊敵人勿使竄逃。

五、敵如退據嶧縣城，孫、湯兩軍各以一部佔領嶧縣東、西兩方高地，主力協同擊滅城外敵之野戰軍後圍攻嶧城。[10]

---

10 中國第二歷史檔案館資料編輯部合編，《台兒莊戰役資料選編》，頁 113。

可以說 7 日正午的命令，才是根據敵情變化做出可能實現的反擊部署，但也未能兌現。因為下達此令時，瀨谷支隊主力（正面戰場部隊）早已於 8 小時前，到達轉進集結的泥溝（晨 4 時 30 分）停止，不再繼續後退。而在東戰場，下此令時，坂本支隊還未開始撤退，瀨谷支隊一部和坂本支隊正與湯軍團主力在東戰場進行最後的殊死決鬥。坂本支隊若不後退（或被殲滅），湯軍團就也無法沿著台棗支路（即陶溝河）以東，向嶧縣追擊前進。

一面，此時的外部形勢，確實有助於國軍的反攻。7 日，雖然前夜台兒莊戰場並未發生任何戰鬥，但國軍在台兒莊大捷的消息，早已提前由郭沫若的政治部第三廳推進的「第二期抗戰擴大宣傳週」[11] 報導，傳遍全國各地。稱外線湯軍團已攻入台兒莊正面，並在反擊中殲敵 3,000。實際上，此類宣傳內容之前也層出不窮。命令郭沫若展開宣傳攻勢的政治部部長陳誠，同樣曾於 4 月 4 日在戰況公開介紹中稱：

〔台兒莊〕經我數次攻擊，於四月二日以前，將敵完全殲滅，餘部向北退去，莊內之敵，完全肅清。[12]

---

11 「第二期抗戰擴大宣傳週」期間為 4 月 7 日至 13 日，內容為「編制並印發各項宣傳品，徵集稿件在各大報編行特刊，……請陳部長等每晚播音演講，……舉行火炬遊行及遊行大會。」其材料選中的即是發生在 6 日夜的所謂台兒莊大捷。〈抗戰初期軍事委員會政治部第三廳工作報告〉，《民國檔案》，2021 年第 2 期，頁 6。並參考蔡震，〈從文獻史料看郭沫若主政三廳始末〉，《新文學史料》，2012 年第 3 期，頁 78。

12 陳誠 4 月 4 日在對外記者招待會的談話，《申報》（漢口），

此為對「第一次總攻」命令的配合宣傳，只不過當時戰果未能兌現。可見日軍的自行撤退，終於使 4 月 6 日提前做出的宣傳內容，在 7 日後兌現，並且湊巧在投入萬元資金的「擴大宣傳週」內，取得巨大宣傳效果。值得注意的是，前面大捷報導的依據，是台兒莊正東、東北及正北一帶外線作戰國軍主力的反擊，無疑是指在東戰場作戰的湯軍團。殲敵戰果 4,000 人中的 3,000，也被擬為湯軍團的戰績，孫集團軍在劇本中僅僅是從內線接應的配角。問題在湯軍團是否按照宣傳劇本演出，從東方、東北、正北出擊到達台兒莊正面戰場，並獲大捷？這是判斷大捷存在真偽的關鍵。從之後的劇情發展看，主角與配角，正與此宣傳內容相反。

瀨谷支隊撤出戰場後，單獨收復失地的孫連仲部，一舉變成演出「台兒莊大捷」的英雄人物。孫為了迎合武漢的「宣傳週」，開放了已收復的激戰地，整日接應來自各地（包括海外）的記者團、慰問團。而被視為反攻主力的湯軍團，不僅未能參加反擊，在大捷早已告功的 7 日，仍陷在台兒莊東部戰場的泥淖中，拼死抵抗著瀨谷、坂本支隊的最後一次進攻。

在國軍「全線大捷」媒體宣傳的鼓譟之下，可以說 4 月 7 日湯軍團的防禦戰還打得比較順利。經整天的激戰，成功地阻擋了北線瀨谷支隊（步兵六十三聯隊）的攻擊，打破了瀨谷、坂本兩支隊在東戰場南北合流的企圖，並使敵方兩支隊共付出了戰死總數 54 名的代

1938 年 4 月 6 日。

價。[13] 但戰局面仍處於陣地防守，並沒有形成反攻態勢或追擊的局面（參考本書第八章、第九章），直至日暮後步兵第六十三聯隊停止攻擊，夜間坂本支隊主動撤離戰場。7 日入夜後，「一擊作戰」失敗的瀨谷支隊（步兵第六十三聯隊一部）退出戰鬥，隱祕脫離戰場。四面受圍的坂本支隊在失去友軍掩護的狀態下，也自力開始轉進，撤離了台兒莊東戰場，於 8 日晨到達預定集結地紅瓦屋屯（泥溝東 6 公里）。

如以上所述，湯軍團 7 萬大軍，戰役中幾乎自始至終，未能出現在台兒莊正面戰場，也沒有參加台兒莊正面的所謂「反攻、追擊」，此為國內各種戰史的台兒莊大捷紀錄中，僅有對孫連仲第二集團軍描寫的理由。而孫連仲部的反擊、追擊戰鬥是否真的存在？是否像李宗仁報告，取得戰鬥的「大捷」？

> 左翼兵團 06.20 起繼續猛烈攻擊台兒莊附近之敵，激戰至 07.10 始完全擊破之。其主力向嶧縣退走，一部向東北方向潰退，遺棄死傷者約四、五千人……我奪獲戰車、飛機及彈藥、輜重甚多。[14]

13　根據《官報》數據分析，步兵第六十三聯隊為 30 名，步兵第十一聯隊為 9 名，步兵第二十一聯隊為 11 名，配屬部隊 4 名。

14　〈八年血債（十六）〉，《蔣中正總統文物》，國史館藏：002-090200-00040-078。

第五節　正面戰場孫連仲部「反攻戰鬥」實情

　　國軍如何進行反擊？先分析孫連仲第二集團軍戰鬥詳報中 4 月 6 日夜的記載：

1. 廿七師精選襲擊隊 2 連，於 18 時分向紀莊、王莊進攻，到達滄汪〔浪〕廟、園上、東莊、李莊、陶溝橋等處，向敵猛攻，敵倉惶應戰，稍行抵抗即向北撤退。至 23 時，即將各村莊佔領。我大部遂即跟進，復向前後劉〔家〕橋、劉家湖之敵進擊，敵汽車、騾馬、輜重等紛紛北退，狀極狼狽。我又當將各村佔領。

2. 19 時，園上敵之彈藥庫經我重砲擊中爆炸，火光燭滅，敵兵紛亂四逃，我 31D 吳〔團〕即乘機於城西北角向園上進攻，即將該莊佔領。

3. 同時城內之敵極感恐慌，約有一小隊由北門向園上增援，我禹營乘機逆襲，並將西北門佔領。

4. 23 時，31D 乜旅率隊入城，協同王旅肅清城內之敵，時該旅一部已將東門佔領，城內之敵均潛匿不動，我各部即搜捕肅清之。

5. 各部夜襲均有進展，敵全部動搖，我官兵更形奮勇，於此轟動中外之台莊大會戰，我已得最後勝利之基礎矣。

6. 台莊之敵被我肅清後，各部即向北推進，與敵

保持接觸。[15]

　　國軍戰史叢書《抗日戰史　徐州會戰 3》也有類似記載，出處應來自以上戰鬥詳報內容。可看到 6 日 18 時，被認為是孫連仲部的小部隊局部開始反擊時間。從記載的 2 個連、禹營、吳團等部隊名可以得知，出現在戰場的並不是孫集團軍主力，而幾乎都是在戰線與敵對峙，監視敵方行動的偵查部隊或第一線部隊，人數也不會多。直至夜 23 時以後，才見有新的「乜旅入城」等大部隊參戰描寫。

　　可以認為，23 時以前行動的都是為了接應湯軍團的嚮導，或在前線觀察敵動向的第一線部隊。與其說是反擊，不如說在前線監視偵查、待命，23 時以後出現在城內外等地的才是受命「反擊、追擊」的主力部隊。各種殲敵與收復失地的記述，也幾乎都出現在深夜或 7 日凌晨。完成城外劉家湖（原步兵第六十三聯隊本部、砲兵本部所在地）掃蕩，和全體戰鬥結束時間記載為 7 日凌晨 4 時。即記述中，所有反擊中的大型、重要戰鬥都開始於 6 日夜 23 時後，結束於 7 日凌晨 4 時前。

　　更令人不解的是，最初被稱發起反擊行動，並收復滄浪廟、園上、陶溝橋等城東方重要失地的部隊，竟是 27D 襲擊隊 2 個連。試想，湯軍團 7 萬重兵，苦戰 8 日未能越雷池一步，僅出動 2 個連步兵的孫集團軍，如何

15　中國第二歷史檔案館資料編輯部合編，《台兒莊戰役資料選編》，頁 12。

能反擊日軍主力並達到目的？若細讀「第二十七師戰鬥詳報」，可知實際上此部署（出動 2 個連）並不是反攻，而是為了策應湯軍團主力（張珙 6D）到達的嚮導。所謂的反擊，推測也只是對敵方陣地的偵查。此處戰場（滄浪廟、園上等地），最終湯軍團的 6D 並沒有出現。

「第二十七師戰鬥詳報」稱，黃樵松師長 4 月 6 日 15 時，接到集團軍總司令孫連仲下達的反攻命令，承旨於 16 時，在板坂埠（石拉南 4 公里）司令部下達作戰命令，背景是關麟徵 52A 已到達張樓，預定今晚 8 時至 12 時由北、東兩面向敵攻擊。27D「為策應友軍擴張戰果計」，6 日晚由 2 個旅各派小部隊 1 個連分 3 組襲擊敵人，79B 襲擊連以紀莊為基點向南襲擊，80B 襲擊連以王莊為基點，與第六師切實聯絡。[16]

派出 2 個連部隊的任務是「策應友軍擴張戰果」，可見反攻主角是湯軍團周碞 75A 6D。由於 6D 並未能按計畫到達，所以這 2 個連收復失地之舉即使存在，也只會發生在日軍撤出戰場之後。關於戰鬥過程，該師記述與集團軍戰報基本一樣，即 18 時前進接敵，23 時經戰鬥，將以上各村莊「先後佔領」。稱能如此輕易取勝的理由，是接近時敵「已全部搖動，紛紛向嶧縣方向潰退」，攻擊下「敵稍行抵抗即分向嶧縣方向撤退」。[17]

---

16 中國第二歷史檔案館資料編輯部合編，《台兒莊戰役資料選編》，頁 75。

17 中國第二歷史檔案館資料編輯部合編，《台兒莊戰役資料選編》，頁 75-76。

按日軍戰鬥詳報，各隊撤出戰鬥位置，向南洛集結的時間是 20 時前後。24 時是瀨谷支隊全體從南洛、潘墜出發的時間。即 23 時，主力已在集結地出發待命，8 公里外的台兒莊戰場上已不會再有敵影。

命令中須要注意的一點是反攻計畫中的前提，「我關軍已到達張樓，今晚 8 時至 12 時，由北、東兩面向敵攻擊」。另一路周喦軍 6D，也將要從台兒莊東方戰場進出滄浪廟、園上等地。在此前提之下，孫連仲 27D 才選派出 2 個連前往接應。即「反擊戰」開始的條件，是湯軍團到達正面戰場與否。

關軍已經到達的「張樓」，今日稱張樓村，位於瀨谷支隊本部楊家廟東 2.5 公里處，台兒莊城北約 9 公里。而周喦部 6D 預計到達的地區，都是台兒莊城 2 公里內的日軍攻城作戰基地（滄浪廟為步兵第六十三聯隊前線指揮所）。派出 2 個連接應的 27D，被瀨谷支隊 4 月 1 日至 3 日的城外圍掃蕩驅逐之前，在滄浪廟、園上一帶曾有多數抵抗據點。前述被稱 2 個連 6 日夜收復的「李莊、陶溝橋」，曾是 27D 的師部、旅部所在地。熟悉地理環境與敵情，是 27D 受命派出 2 個連作嚮導的理由。但事實是在 6 日晚「反擊」開始時刻，湯軍團並未有一兵一卒按計畫到達此地。

湯軍團關麟徵 52A，6 日白天曾經到達張樓，日軍有在張樓與其部戰鬥的紀錄，湯軍團戰鬥詳報中亦有如下記載：

關軍正挺進至河灣、大莊、張樓附近，該軍於馬

莊、馮家湖一帶與該敵血戰通宵，戰況至為慘烈，
斃敵甚眾俘獲亦多。[18]

即關軍一部 6 日白天到達過張樓是事實，但與敵經
「通宵血戰」（事實上為白天一戰即潰）後放棄了張
樓，經馬莊、馮家湖，又退回東戰場北部底閣一帶。湯
軍團戰鬥詳報有意避諱戰鬥結果，但孫集團軍的戰鬥詳
報卻無此顧慮：

4 月 6 日情況如左：

1. 10 時得悉我關軍先頭已到劉莊，周軍已到東莊，
   正分別向台莊推進中。

2. 敵軍主力本日下午向關軍右翼反攻，在底閣、
   張樓一帶激戰。

3. 17 時關軍由岔路口轉向棗莊北進。[19]

不難看出從底閣、楊樓出發向南方台兒莊推進的關
軍一部，6 日上午已到達劉莊（張樓東方地名），但在
日軍主力（步兵第六十三聯隊第一大隊）反擊下，一路
向北（棗莊）退卻，最終反擊的後方陣地楊樓也失守，
又退回到出發地底閣鎮（楊樓北 1 公里）。

是哪支敵軍部隊使關麟徵軍面對了此「血戰通宵，

18　中國第二歷史檔案館資料編輯部合編，《台兒莊戰役資料選編》，
　　頁 112。

19　中國第二歷史檔案館資料編輯部合編，《台兒莊戰役資料選編》，
　　頁 11。

戰況至為慘烈」的戰鬥？對照步兵第六十三聯隊第一大隊戰鬥詳報，可以瞭解 6 日晨，為了準備 7 日計畫中的「一擊作戰」，第一大隊（欠第一、第四中隊，配屬聯隊砲小隊，共 580 名，82 匹馬）[20] 奉支隊長命令清晨從孟莊出發，經裴莊向北方潘墜、岔路口前進，上午 8 時路經張樓時與關軍一部約 200 名遭遇（稱敵軍為 25D 146R），尖兵第三中隊與機關槍小隊 8 時 30 分展開攻擊，9 時 30 分佔領張樓，後追擊潰敵前進。在小集又發現敵 200，正與坂本支隊 1 個小隊對峙中。11 時 50 分將其擊潰後，敵復向北潰退。中川大隊緊追不捨，以第二中隊為尖兵，14 時 20 分佔領大莊，15 時佔領柿樹園，迫使「約 500 餘敵步騎混合部隊向東北楊樓方向潰走」。大隊 17 時 20 分又向東方楊樓攻擊前進，17 時 57 分將楊樓佔領，[21] 完成了「一擊作戰」攻擊準備。

此即是第二十軍團戰鬥詳報「關軍由岔路口轉向棗莊北進」之真相。第一大隊第二中隊，更留下與關麟徵軍作戰的詳細附圖（圖 11-1），該中隊為第一大隊的主力之一，張樓、小集戰鬥時為預備隊，柿樹園、楊樓攻擊是為尖兵部隊。4 月 6 日與關麟徵軍戰鬥中，戰死上等兵石原德市 1 名，負傷犬山上等兵等共 5 名。[22]

20　「6　楊樓附近戰鬥詳報（第 6 号）自 4 月 4 日至 4 月 7 日」，JACAR: C11111571500，頁 1236。

21　「6　楊樓附近戰鬥詳報（第 6 号）自 4 月 4 日至 4 月 7 日」，JACAR: C11111571500，頁 1185-1203。

22　「陣中日誌　昭和 13 年 4 月分　步兵第 63 連隊第 2 中隊（1）」，JACAR: C11111257500，頁 973、983。

圖 11-1　4 月 6 日白天步兵第六十三聯隊第一大隊北上楊樓途中與關麟徵軍交戰

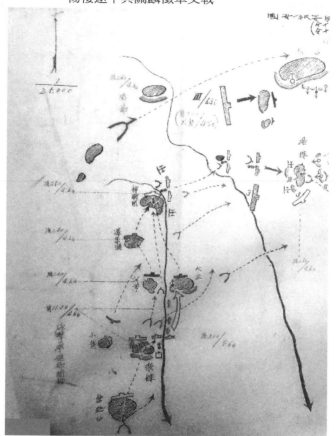

資料來源：「陣中日誌　昭和 13 年 4 月分　步兵第 63 連隊第 2 中隊（1）」，JACAR：C11111257500，頁 983

　　所以 6 日晚國軍所謂的全面反攻開始時，關麟徵軍並未有兵員留在張樓、岔路口、劉莊附近的台兒莊正面戰場，當然無從實施反擊。且從此日敗給僅約 580 人的中川大隊來看，派至張樓的部隊也不會是主力。筆者考慮關麟徵此時也沒有認真實施李宗仁的「第三次總攻」

之意，僅派出一隊試探敷衍，觀望其他友軍是否也能按命令抵達，恐蒙受孤軍深入之風險。另外計畫 6 日晚到達台兒莊附近滄浪廟、園上與 27D 接應隊 2 個連會合的周碞 6D，同樣受到坂本支隊步兵第十一聯隊的頑強抵抗，未能越過陶溝河進入台兒莊正面。湯軍團戰鬥詳報云：

> 我第七十五軍周軍所部第六師向蕭汪、辛莊之敵，我一三九師向賀莊、耿莊、陳瓦房之敵猛烈進攻，均極奮勇，兩師先後佔領火石埠、辛莊，其一部並將東莊佔領，在此血戰甚久，雙方傷亡均大，敵連日經我圍攻受傷甚巨。本日我各軍處處圍攻節節進迫，敵甚呈恐慌。[23]

描寫各部在 6 日中極其奮勇，向敵猛攻的一面。但結果如何？是否擊破敵防線，按反攻命令進出到台兒莊附近滄浪廟、園上？文章並無提及。從戰鬥紀錄分析，6D 並未脫離東戰場，最後佔領的「東莊」，也位於陶溝河東，離台兒莊城尚有 5.5 公里遠。即周碞軍奮戰終日，也未能完成命令，越過雷池（陶溝河）一步，使孫集團軍派出的接應部隊 2 個連在河西空等一日。

此外周碞軍的黃光華 139D 也提到 6 日夜，曾奉命派往台兒莊方向的挺進部隊，即 724R 的 2 個連，在途中受阻返回一事。此 2 個連應是奉李宗仁嚴令，為參加

23　《台兒莊戰役資料選編》，頁 112。

反攻台兒莊派出的部隊。從 139D 全師僅派出 2 個連兵力協力出擊，判斷 139D 也是在走過場敷衍，並未認真執行 6 日的反擊命令。以上可知，雖身戴嚴令，湯軍團各部並無意認真執行，沒有按李宗仁命令開始大規模反擊行動。6 日各部雖記錄戰鬥十分激烈，但地點均未脫離東戰場，也沒有一支部隊在所謂反攻（第三次總攻）開始的 6 日 20 時，進入台兒莊正面的指定位置。即結果是命令中的國軍全面反攻，此日又沒有得到兌現。

　　所以筆者認為，6 日午後李宗仁下達的反攻嚴命，是沒有準確掌握敵我情報，和作出切實反擊部署的紙上談兵，目的是討好蔣中正，並表現已遵命行動，並無過失。此不切實際的肆意指揮，早已被下級部隊看透，所以也僅是在表面上敷衍。現狀之下，不管是陷入東戰場泥淖的右翼外線湯軍團，或處於守勢的左翼內線孫集團軍，都不可能按計畫於 6 日 20 時開始協力反擊。運動戰的主力部隊湯軍團若不動，處於城郭堅守的孫集團軍也不可能開始行動，因為該部沒有反擊實力。從受命後 27D 僅派出 2 個連前往策應的部署情況，也能看出孫連仲各部手頭兵力拮据的困境。

　　27D 區區 2 個連一舉收復多數失地，之後孫連仲主力各部又出動，掃蕩台兒莊城，奪取劉家湖的戰鬥紀錄等，難道都是虛構？如前述孫集團軍在湯軍團不在的條件下，單獨取得大捷的原因，是瀨谷支隊於 4 月 6 日夜開始的自主撤退。此敵方的戰略轉進，使李宗仁下達的不切實反攻計畫變為現實。雖未有實際戰鬥內容，但卻出現了收復失地的結果。6 日夜 23 時後，由於偵查部

隊確認台兒莊正面的敵軍已不存在，所以雖然湯軍團並未按命令到達，孫連仲部也有了自行收復失地的可能。

　　瀨谷支隊按計畫分兩方向撤出，支隊本部和台兒莊城內受損嚴重的步兵第六十三聯隊第二大隊，與步兵第十聯隊各部、野戰重砲兵部隊等，入夜後撤出戰場前往南洛（台兒莊北西 8 公里）集結。在各部集結完後，24 時按行軍序列，在步兵第十聯隊掩護下沿棗台公路向泥溝方向後退，翌日 4 時 30 分在泥溝鎮附近集結完畢。

　　另一部是步兵第六十三聯隊第三大隊及師團砲兵 1 個大隊約 1,500 名，在福榮真平聯隊長指揮下，同樣於日暮後撤出陣地，在潘墜（台兒莊北 5 公里）集結。7 日 1 時 20 分，沿陶溝河西側道路，經張樓、小集、河灣、柿樹園向楊樓前進。從撤退部署看，行動分為各作戰部隊的戰場脫離與集結，和集結後本隊出發行進兩步。前者集結時間長達 5 小時，與後者的部隊行進時間幾乎相同，可見各部隊的戰場脫離處理都比較從容。推測晚 20 時至 21 時前後，包括城內、園上、裴莊、孟莊等前線陣地，和劉家湖、楊家廟等後方基地的部隊已撤退（先後到達集結地南洛、潘墜），剩下的只是零星人員和殿後部隊。步兵第六十三聯隊戰鬥詳報記錄，該部於 18 時開始行動，經準備後，第一線（城內）部隊 20 時撤出戰線，同時在城內及劉家湖兩處焚火，燒毀了彈藥及糧秣約 5 噸。之後收尾部隊於滄浪廟西側道路集合，待負責指揮燒毀彈藥的槍械工兵下士官一行返回後，21 時 30 分從滄浪廟出發，23 時 40 分到達潘墜。全體部隊集結完畢後，7 日 1 時 20 分出發，向楊樓方

向北進。[24]

　　從最後的收尾部隊 23 時 40 分到達台兒莊城 5 公里外集結地潘墜的紀錄，也可判斷國軍開始大規模「反擊」時，5 公里外的戰地並無敵軍存在。從雙方戰鬥詳報記載的撤退，與反攻的時間序列相對比，可得知孫連仲部主力的「反攻」，都發生在瀨谷支隊主力撤出戰場之後。

　　筆者推測，此夜黃樵松 27D 的 2 個連進入戰場，在滄浪廟、園上附近偵查待命，準備接應友軍 6D 時，發現敵已撤退，遂向上級報告，之後在友軍未到的情況下先行進入敵陣搜索，此時並不會發生像戰鬥詳報記述「即向敵猛烈襲擊」使「敵倉促應戰」並將其擊潰的戰鬥行為。上報時間應在 21 時 30 分，步兵第六十三聯隊收尾部隊完全離開滄浪廟後。集團軍司令孫連仲確定前線之敵已撤退的情報後，開始組織主力部隊出動，23 時派出的主力部隊（31D 乜子彬旅等）陸續進入城內外各敵陣地，清理戰場，並於 7 日凌晨 4 時，最終收復劉家湖（瀨谷支隊前線指揮所），告功大捷。

　　還有一點，是孫連仲部戰鬥詳報中並沒有對後退之敵進行「追擊」的紀錄。第三十一師戰鬥詳報稱，4 月 7 日正午奉總司令電令，該師集結於韓家寺（運河南方後方地名）附近整理。[25] 第二集團軍戰鬥詳報也稱：

24　「戰鬥經過の概要　臨城及嶧縣附近に於ける前進準備、棗莊の守備、台兒庄附近の攻擊（7）」，JACAR: C11111253800，頁 1089-1090。

25　中國第二歷史檔案館資料編輯部合編，《台兒莊戰役資料選編》，頁 42。

本集團軍 27D 施行戰場內追擊，進至劉家湖、彭家
樓一帶，31D、44Bs 因損失奇重，即在台兒莊附近整
頓。30D 即派一團以上兵力，向南北洛進擊敵人。[26]

　　出現的地名，都在台兒莊戰場範圍內。若戰場無敵
軍，「戰場內追擊」也無實際意義。李宗仁對蔣中正報
告中也稱，孫連仲部（左翼兵團）在收復失地後，主力
「推進至北洛、歡堆之線（台兒莊北 9 公里處）佔領陣
地整理補充」。[27] 以上幾個紀錄的特徵，都是夜間（7
日凌晨 4 時）接收完戰場後，所有部隊都沒有離開台兒
莊戰場向北方推進。最前線停留於北洛一線警戒，主力
則撤回運河南整頓。證明孫連仲並未下令追擊此時停留
在北洛北方（約 4.5 公里）泥溝附近的瀨谷支隊。
　　只有預先佔領獐山、天柱山等要點（泥溝西側山
地），欲堵截退敵的 110D，可以算是唯一有過追擊
（截擊）的部隊。但此部不是奉命於大捷後出動，而是
在之前（4 月 5 日）即開始行動，屬戰略上對敵形成大
包圍圈的威脅部署。日軍撤退前，該部已到達獐山附近
待命。4 月 8 日，該部在白山附近高皇廟與撤退到達的
瀨谷支隊步兵第十聯隊進入戰鬥（攻擊者為日軍），結
果慘敗（參照第十章第二節「步兵第十聯隊的高皇廟
附近戰鬥」）。

26　中國第二歷史檔案館資料編輯部合編，《台兒莊戰役資料選編》，
　　頁 13。
27　〈八年血債（十六）〉，《蔣中正總統文物》，國史館藏：002-
　　090200-00040-078。

　　孫連仲 6 日夜不下令追擊撤退之敵的理由，即沒有攻擊的目標存在。主力收復劉家湖告功時，瀨谷支隊主力已撤退到達泥溝，且該部此時急需整頓，並沒有主動攻擊日軍的實力。真正的追擊發生在 7 日，12 時李宗仁見瀨谷支隊確實撤退後，發出全軍追擊命令。此時，孫連仲才將受損較小的張金照 30D，向戰場北方推進，接近泥溝一帶與瀨谷支隊主力對峙，一部受命協助 110D 攻擊獐山之敵。然而此部行動也十分謹慎，不敢主動展開攻擊。

　　不僅高皇廟附近戰鬥未出力協助，其他部隊也行動消極。據步兵第十聯隊戰鬥詳報，到達泥溝集結後，其部派出第六中隊（約百名）到蘭城店（泥溝東約 6 公里）警戒支隊右翼（東側）。7 日午後，被北上到來約 5,000 名國軍大部隊（奉命追擊到來的 30D）包圍在村內，但 30D 沒有主動攻擊，只對第六中隊進行了圍困。被包圍後，第六中隊 8 日在村內不得行動，夜間才得以自主撤離，行動中也未遭到阻攔。[28] 當事者記錄，主力因故（高皇廟附近戰鬥）不能掩護撤退，所以該中隊決定自主突圍。

　　　受命後中隊 4 月 9 日凌晨 1 時 30 分開始突圍行動，
　　　誰知蒼天助我，白晝圍村之敵已從陣地撤回村落
　　　內，我得以平安迂迴至鐵路線，……6 時 30 分到

---

28 「第 3　戰鬥後彼我形勢の概要」，JACAR:C11111172000，頁1814；「第 4　交戰せし敵の團隊号、將師氏名編制、裝備、素質及戰法」，JACAR:C11111172100，頁 1815。

達大隊本部位置。[29]

從聯隊戰沒者名簿分析，8日白天，可確定第六中隊有難波英雄伍長、秋山為藏上等兵2名戰死，[30]但夜間撤退時並未有傷亡。

有關戰績最突出的城內外反擊戰鬥，國軍戰報中6日夜台兒莊戰場內的紀錄，所謂反攻主力第三十一師戰鬥詳報具體記載了部分戰果數字、戰鬥過程等。

19時30分圍上敵之彈藥庫經我重砲集中爆炸，火光四起，敵兵紛亂四逃，吳團即乘機將圍上佔領，更向裴莊追擊。23時將北門攻佔，築工固守。23時30分，乜旅率隊入城，協同王旅肅清城內之敵，城內之敵均潛匿不動，各部隊搜索推進中。7日1時頃，吳團佔領裴莊，獲裝甲汽車及無數輛重、彈藥，更向邵莊進擊，敵殘留部隊頑抗後被擊退，敵燒毀砲車及裝甲汽車約50餘輛，擊斃戰馬百餘匹，狼狽潰竄。3時頃，韓團進抵劉家湖，敵稍經抵抗即北逃，遺留破壞野砲3門及其他軍用品等。4時，台兒莊完全收復，激戰中僅文昌閣一處，即有敵投火自焚者百餘名。[31]

29　丹原卓見、長井通泰編，《白い星：步兵第十聯隊第二大隊本部支那事変従軍戰記》（岡山：央巧友の会事務所，1973），頁197-198。

30　丹原卓見、長井通泰編，《白い星：步兵第十聯隊第二大隊本部支那事変従軍戰記》，頁512。

31　中國第二歷史檔案館資料編輯部合編，《台兒莊戰役資料選編》，

筆者分析，國軍在日軍撤退後進入並清掃戰場，見到不少敵方遺留的武器、彈藥、物資等殘骸，但並不是經過戰鬥獲得的繳獲品。如 3 月 29 日戰鬥中，在裴莊被砲彈火災焚毀的駐屯軍火砲支援車輛群的殘骸、31 日彭村攻擊中被擊毀的 90 野砲 3 門殘骸等。在何時、何地的損失，日軍戰報記錄都一目瞭然。而國軍為了宣傳大捷，戰鬥詳報中將之前戰鬥的遺棄殘骸也作為 4 月 6 日夜反攻的繳獲品、戰利品，或將日軍撤退前的彈藥物資銷毀處理，描寫為被己方重砲擊中爆炸，將兵不血刃的收復失地誇大為激戰結果等。更有許多無中生有的虛構，主要發生在殲敵、俘虜的數字，如「殘敵自焚投火百餘名」等。

稱戰果紀錄為虛構的理由，不僅來自前述日軍撤退與國軍反攻作戰的時間差，更是因為見不到任何證據。戰地記者拍攝的大量照片資料中，沒有一處切實的證據，日軍多個戰鬥詳報、戰損統計中也不見撤退時與國軍部隊接戰的紀錄，或人馬武器損失的統計。若如宣傳報導所稱，有數千俘虜和上百名自焚者的屍體，或繳獲大量的武器、彈藥。世界一流的中外記者，無數的照相機、攝影機，難道在台兒莊戰場留不下其中的證據？

台兒莊大捷宣傳中反覆出現的戰利品照片（戰車、汽車、牽引車殘骸），多出自 8 日進入戰場的著名戰地攝影記者羅伯特・卡帕（Robert Capa）之手。但本書第四章、第五章已說明，沒有一處和 6 日夜，國軍所謂

頁 41-42。

的反攻有關，全部都是戰鬥期間日軍的損失。例如 3 輛戰車、數輛卡車的殘骸等。戰場上亦不見一具戰死的日軍屍體，且日軍豎立的戰死者墓標，也不到 10 座（另有墓丘總數約 40 餘）。

所以，孫連仲第二集團軍 6 日夜 23 時至 7 日晨 4 時所謂「反攻、追擊」，不過是日軍撤退以後的失地收復。沒有發生戰鬥，也沒有獲得被日軍主動銷毀、遺棄外的戰利品。關於此點，不僅日軍史料，孫連仲第二集團軍的戰鬥詳報都直言不諱，稱「湯軍團之追擊隊，被敵之掩護隊頑強拒止，以故敵之大部隊得以安全撤退」，「戰場收穫甚小」。即承認由於主力湯軍團未能到達，所以「戰場收穫甚小」。若細讀、分析中、日兩軍的原始檔案，很容易發現與今日的大捷宣傳語調完全不同的事實真相。

第六節　「大捷」之後

以上可知，反攻、大捷的真相是日軍的自主撤退，國軍雖有收復失地之舉，但並不存在 6 日夜間的反擊、追擊作戰的事實。

立論要點有三：一是由於第五戰區主力湯軍團未能按命令到達台兒莊正面戰場，所以作為計畫中配角（策應）的孫連仲部，並沒有單獨作戰、主動反擊的能力。二是國軍戰報記錄的反擊時間（6 日夜 23 時至翌 7 日凌晨 4 時），均在日軍記錄的撤退時間（戰場撤出時間在 20 時至 23 時）之後。即反擊的行動，不過是在日軍

撤退後發生的接收失地，戰場清理，或對退卻之敵的監視，並未曾發生過反擊、追擊的戰鬥行為。三是戰史檔案中也不存在所謂 6 日國軍反擊、大捷戰鬥的任何物證和可信數據。如 6 日夜日軍撤退中的傷亡數字（日軍的戰損統計），或國軍方面的殲敵、俘虜，繳獲武器、彈藥的證據等。此日瀨谷支隊撤出戰場的兵員近萬名，撤退中的戰死者僅可確定有步兵第六十三聯隊第二大隊上等兵西村三二上等兵一名。19 時，撤出台兒莊東北門時頸部受到敵盲射砲創而死。

7 日晨的大捷之後，台兒莊的戰局又有了怎樣的發展？未能按命令進出到台兒莊正面的國軍主力湯軍團73,000 人馬，在台兒莊東戰場仍與日軍坂本支隊 5,000 寡兵及從台兒莊撤出的步兵第六十三聯隊主力進行著最後一次血戰。且作戰形態也不是國軍的反擊，而是坂本支隊撤退前，日軍實施的最後一次攻擊（「一擊作戰」，內容見本書第九章）。

7 日最後戰鬥結果，是日軍方面的攻擊受挫。夜晚瀨谷支隊的攻擊部隊（約 2,500 人）和被包圍中的坂本支隊（約 5,000 人）雙雙撤出台兒莊東部戰場，8 日晨集結到泥溝以東一線（此時，徐州會戰已開始）。8 日凌晨敵軍撤退後，在東戰場陷入泥淖 8 個整天的湯軍團，才小心翼翼跟蹤著夜間撤出的坂本支隊，進出到嶧縣東部一帶。8 日的湯軍團戰鬥詳報記載：

> 我全線自昨日將當面之敵擊破，乘敵潰退強行戰場追擊以來，敵仍步步為營，拼死抵抗，我各軍亦節

節近追，不敢稍懈。[32]

　　未提到戰鬥，也沒有記錄殲敵戰果。從此低調的文字中也可看到 7 日夜的湯軍團，並不是乘勝窮追猛進，而是對撤退途中仍「步步為營」之敵「節節近追」，換言而之，就是跟蹤前進，謹慎避免與頑敵再次接戰。以致坂本支隊雖處於極端不利的環境下，在 7 日夜的撤退中也損失輕微。

　　為何不敢大膽追擊？參考戰鬥地圖即可明白，8 日坂本支隊的集結地紅瓦屋屯（今日地圖無此地名，對比舊圖，位置於腰里徐西北、水湖東南），與昨夜戰場邊緣的底閣鎮距離僅 8 公里遠，該村西南 6 公里處，即是瀨谷支隊集結地泥溝。即日軍並沒有潰退，只不過是從第一線退卻了約 10 公里，讓出了台兒莊東西戰場。8 日在泥溝至紅瓦屋屯一線，再次構築抵抗線，此為國軍雖尾隨北上，但不敢輕易發動攻擊的理由。

32　中國第二歷史檔案館資料編輯部合編，《台兒莊戰役資料選編》，頁 116。

第十二章 日軍台兒莊作戰損失狀況考證

　　本章先從方法面論及迄今戰果研究及戰果紀錄的種種問題所在，提出今日可取代戰果紀錄的新科學方法，即按「自報原則」研究自己的戰損，將此結果作為對方的戰果，以避免常見宣傳虛報的不實。並介紹研究日軍戰損資料的幾種方法，和各自的長短之處。有關台兒莊戰役的戰果紀錄，筆者指出過去國軍公佈的殲敵數字，基本上都是沒有證據的宣傳內容。而 1980 年代後，學界公認的台兒莊大捷「殲敵 11,984 名」的說法，也存在著重大缺陷。本章對錯誤之處進行詳細分析，並利用收集到的各種日軍戰損檔案紀錄，與國軍的戰損資料進行對比，從不同角度進行交叉驗證，計算出「台兒莊大戰」（魯南會戰）及狹義的台兒莊戰役中，中日兩軍所有參戰部隊的損失狀況。

第一節　戰果與戰損——研究方法提言

　　今日「台兒莊大戰」在中國大陸的人氣，源自於國軍對日軍作戰的大勝利。但大捷的實際戰果為何？繳獲了多少武器？又斃傷了多少日軍？除了宣傳的數字之外，並沒有任何確實的統計，可以說沒有殲敵數字統

計，才是正規戰史紀錄的特徵。

若讀嚴謹的戰史，如國軍的《抗日戰史》100 卷，或日軍的戰史叢書 101 卷，都可發現其中只有戰損數字記載，並沒有戰果的正式紀錄。因為在戰鬥中，己方的死傷數字容易掌握，而殲敵數字根本沒有方法去正確統計。若不打殲滅戰，自己來清掃全部戰場，如何去計算殲敵數字？

台兒莊戰鬥之後，可以確認殲敵戰果的，僅只有日軍留在城內約 40 餘座墓丘和不到 10 個有文字的墓標，其餘的一切，可以說都是捕風捉影的宣傳數字。沒有就不計算，是國軍戰史紀錄的原則。而共軍抗戰以來所有大小戰鬥卻都留有殲敵數字統計，積攢起來的金字塔，即大學基礎科目的近現代史課本中出現的「在八年全國性抗戰中，中國共產黨領導的……抗日武裝等……消滅日、偽軍 171.4 萬餘，其中日軍 52.7 萬餘人」的「國家見解」。[1] 若利用日本政府的行政檔案紀錄（戰沒者名簿、戰後賠償、補償關係文件等）分析，可發現此閉門造車的數據有很多問題。[2]

必須指出在戰爭中出現的「戰果」統計數字，屬於政治宣傳的範疇，內容也幾乎都不真實。在戰時，此為

1　本書編寫組，《中國近現代史綱要》（臺北：高等教育出版社，2015），頁 166。

2　按日本厚生省的統計數據，1937 年至 1945 年間，日本陸軍在大陸戰場戰死者約 40 萬名，其中 20% 以上死於非戰鬥原因（戰病死、事故死等），戰鬥死亡總數約 32 萬人，此數即是國共兩軍八年抗戰的戰果。其中 80%，應是正面戰場國民黨軍隊的戰功。所以考慮八年抗戰共軍的「斃敵」總數，在 7 萬人以下比較適宜。

一種鼓舞士氣的政治手段。但今日在戰史研究中不分析歷史背景，也不去參考敵方的戰史檔案，僅靠一方的宣資料，或當事者的口述回憶等來佐證戰果紀錄，本身就是錯誤的方法。

不僅是戰果，自己的戰損，在戰爭還在持續時，也是無法公開進行學術研究的。前者的戰果多是宣傳內容，而後者的戰損則屬於不能公佈的機密。科學研究的可能性，都出現在戰後，對立得到和解，敵我兩方相互公佈了戰史檔案之後，此時採用戰史檔案國際對比的新研究方法，始能正確地掌握交戰雙方的戰損數據。即解密的敵國檔案中的戰損數據，才是真實的敵方所稱的「戰果」。以自己的內部戰損數據，作為對方戰果的統計方法，是今日科學研究的唯一手段。不僅數字能趨於準確，更能澄清戰時宣傳機關所製造的虛偽，糾正現存戰史研究記錄方法上的錯誤。

為什麼說戰損數據可靠？因為己方的損失容易統計，對需要此數據的國家機關和戰爭指導部門來說，也絕不允許作假的內容，否則會自欺欺人，影響到今後戰鬥的順利進行。今日，此類戰時機密檔案數據公開，使既有的戰史研究，在對敵方的戰鬥損失和戰略方針、用兵部署等重要層面，都出現新的突破可能。所以今日的戰史研究，絕不能再像過去那樣閉門造車，自家編著自家的榮光史詩，而要充分利用敵國的戰史檔案，進行國際接軌對比研究，以到達真正的「知彼」。

戰史研究如同戰鬥，知己容易知彼難。自己的戰果和敵方的戰略企圖、戰鬥部署、戰力狀況等都屬於知彼

的，即「敵情」範疇，在戰爭中屬於重要的軍事機密。
在保密的壁壘消解後，戰史中的「敵情」部分（知彼）
都應以敵方自己的戰史檔案為準。如同本書所指出的，
台兒莊戰役中日軍沒有攻打徐州的意圖，此為日軍自己
的戰略方針，到底是日軍的檔案紀錄準確？還是國軍的
敵情分析準確？從方法面看一目瞭然。

　　21 世紀的新戰史研究，比起 20 世紀敵對與冷戰時
期的舊戰史研究，可以說已進入國際化、情報公開化的
轉型期，當然方法也絕不能按部就班。筆者所提倡的
「戰損和敵情自報」方法，即是對新戰史研究時代的重
要提言。目的在利用敵方的戰史檔案，達到準確知彼，
以釐正情報閉鎖時代所鑄成的多數錯誤。從本書的研
究考證結果也可看到，許多都是非常重大的錯誤。

　　另外，為了使戰損調查結果更加準確，筆者還建議
在研究中，將重點置於戰死（陣亡）數字的研究。由於
負傷的計數方法不一，計算的重要性不同，戰損統計中
不僅會出現遺失或漏記，數字也很難準確掌握，被宣傳
利用，變為擴張戰果的方法，如今日宣傳、教育中多見
的「消滅、殲滅」一類死傷不分的政治詞彙。

　　對比之下，「死亡」則是不能隨意改變的硬性數
字。所以只要戶籍、軍籍檔案資料健全，戰沒者（包括
各種死亡要因）的數據可以準確統計。8 年的中日全面
戰爭中，日本留下的軍籍、戶籍檔案資料十分豐富完
整，若能充分利用，配合戰史檔案展開研究，各次戰鬥
的戰死者數，都可以計算到個位數，其中不僅有數字，
還有個人資料佐證。由於出現此種研究的新方法，現在

中共方面最關心且進行多年的「戰果」研究，包括本書的「台兒莊大戰」及「平型關大捷」等，已失去按己方宣傳品、回憶錄等捕風捉影拼湊數字的必要。可以說在「戰損自報」的原則下，科學的戰損統計數據和方法，已開始在抗戰史研究領域嶄露頭角，不久必將取代所有既存研究，宣傳中的數字。

第二節　四種損失統計資料的特徵

戰損研究也不是沒有障礙，如今「戰沒者」情報，在日本涉及個人隱私，行政機關一般不會對外公開。若能將日本各縣護國神社的戰沒者名簿（每縣 1 處，其集大成略等於靖國神社的合祀名簿，還包括戰沒者）匯集，做成資料庫對學術研究公開，戰損研究定能出現飛躍的進展。問題在現狀之下並沒有這種可能。但也不是完全沒有研究方法，關於日軍的戰鬥損失，早已有多種其他紀錄存在。如《戰鬥詳報》的戰死傷統計、軍內各上級機關做成的損失統計表、戰後編輯各種部隊史中的「戰沒者名簿」、戰時各地方報刊的鄉土部隊戰死者速報等，都是研究的重要線索。由於有多數來源，還可以進行多方面的相互驗證。

還有一個重要的新方法，是最近開始利用政府《官報》的研究。《官報》逐日公開的軍人死亡公告（陸海軍省「戰地其他死亡者」公告欄），和每年兩次公佈的靖國神社合祀者名單，涵蓋了各日、各部隊、各種原因的死亡者。若經綿密的分析歸納與對比，可以將八年抗

戰初期（至 1940 年）日軍各部隊，歷次戰鬥中的戰死者準確還原。有些懸而未解的戰果數字，在今日也很容易被釐清。比如 1937 年 9 月 25 日，共產黨八路軍的「平型關大捷」當日，可知北支那方面軍在華北各戰場公佈的戰死者數據共 261 人。其中在「平型關大捷」（包括腰站阻擊戰）戰鬥中死亡者共 165 人，姓名、所屬、戰死地點等都一目瞭然，[3] 還可以利用其它資料來多重驗證，相較於過去的公式宣傳、回憶錄，內容、方法和結果面都出現了飛躍性進步。

關於軍人死亡統計，現今存在一、《戰鬥詳報》統計；二、軍上級機關的損失統計；三、政府《官報》數據；四、部隊史的「戰沒者名簿」等各種統計數據。由於各個數據的統計目的不同，統計時間、方法、採樣期間各有所異，所以從「各戰鬥、戰役」損失的角度看，結果不會完全一致，各種數據間經常可見差距。使用時不能僅輕信一種資料，必須掌握各種數據，並瞭解其做成時間、目的和特徵，種類豐富時可以進行交叉驗證，這樣才能得到相對準確的結果。哪一種統計方法最可信？需要先瞭解各種統計資料的特徵。

下面第一期南部山東剿滅作戰（第一期台兒莊戰役）中，第十師團步兵第十聯隊和步兵第六十三聯隊的 4 種統計數字為例，介紹各統計的特徵。

3　參考姜克實，《日軍檔案中出現的平型關大捷》（臺北：元華文創股份有限公司，2018），頁 181-184。

表 12-1　步兵第十聯隊、步兵第六十三聯隊台兒莊第一
　　　　　期戰鬥中戰死者數之文獻紀錄比較（筆者整理）

	戰鬥詳報	第十師團統計	官報統計	聯隊史名簿
步兵 第十聯隊	120	108	123	124
步兵 第六十三聯隊	268	251	279	263
合計	388	359	402	387
做成時期	戰鬥後月餘	1939 年 3 月 24 日	約 1940 年前	戰後行政資料

備註：
1. 步兵第十聯隊戰鬥詳報數字 120 名，是減去 4 月 8 日戰鬥 3 名後
   的結果。原為 123 名。
2. 此表統計範圍為第一期南部山東剿滅作戰期間（3 月 14 日至 4 月
   7 日）。
3. 此表中不包括配屬部隊戰死數據。
4. 步兵第六十三聯隊戰鬥詳報數據，見「步六三戰詳第十四號附表其
   二十一」，JACAR: C11111254400，頁 1155 之表，為減去各配屬
   部隊的實數。

（1）戰鬥詳報的統計數據

　　戰鬥詳報一般做成在戰鬥結束後不久（戰役後的休
整時間），時間最早，準確度高於戰鬥中的損失報告
（電報、速報）。屬於最初的原始數據，出於文件性
質，不會事後修正。最初的統計數據即使不完整，有遺
漏，也會保留下來。因做成時許多結果還未能確定（比
如失蹤者去向未定，戰傷死者還活著），所以戰鬥詳報
記錄的數字一般要低於實際數字（參考上表）。優點是
可排除戰鬥地域、行動之外的死亡者，並有配屬部隊的
戰死傷信息。可以掌握每次具體戰鬥的大致結果，此類
資料由於日本敗戰，大多散逸，保存並不完全。

（2）上級指揮機關的各種統計

　　此類統計的種類數量較多，大陸「台兒莊大捷殲敵
11,984 名」的定論，或筆者提示的日軍戰死傷 14,108

名的數字來源，即是上級軍、方面軍調查的前後兩期
「南部山東剿滅作戰」戰鬥損失統計。特徵是軍內有各
部隊上報匯總的戰死傷基礎資料庫，並不斷修正完善。
有需要時，按目的和所需，利用最新資料取樣統計。由
於不斷修正充實，後來的資料會比先前資料準確，使用
時必須注意統計資料的時間。此類多屬於師團級以上的
大戰役統計，還包括各種配屬部隊的損失，所以容易掌
握戰役全體損失狀況。但也會有一些遺漏錯誤，對不確
定事項（失蹤、負傷致死等）調查若未完結，也不會採
錄。最大的問題，是由於使用目的不同，統計取樣期間
多種多樣，很難分割，達到資料使用者所求的目的。如
本論中最難解的第五師團前後兩期南部山東剿滅作戰中
的戰死傷區分，由於當時做表人沒有分割調查意圖，所
以現在雖有整體數據，卻無法分割前後兩期的結果。

國軍的損失紀錄也有同樣現象，計算湯軍團在第一
期台兒莊戰役中的損失十分困難，因為現存的國軍戰史
檔案中，沒有以 4 月 7 日（台兒莊大捷）為界的分割統
計（湯軍團的損失統計分割期為 4 月 19 日）。

（3）利用《官報》（即政府公告）資料

軍內死亡者公告，由陸海軍省按上報數字，調查確
定後公佈。數據分為兩種形式，一是陸海軍省的「戰地
其他死亡者」公告（每 1 至 2 日公佈 1 次），二是同省
提出的靖國神社合祀名簿（每年春秋 2 次）。基本上都
是經過調查、核實後的數字，個人資料的信賴度很高，
很少有人名、地名和統計錯誤。統計方法是將前線部隊

匯總到管轄死亡者軍籍的聯隊區（或上級師團管區）的死亡者資料，經確認後，由陸海軍省逐次公開。先出者為大宗（戰鬥）容易確定者，後為再調查，續報結果的補遺。由於需要調查核實，所以公佈時間最快也需要半年以上，一般都超過 1 年。此類數據很分散，多為戰鬥、戰役別、部隊別。特徵是有戰死者的死亡日期標記，但無所屬部隊區分，必須經過詳細繁瑣的分析研究（將戰死時間、姓名和出身地等情報等，與部隊的戰鬥詳報、聯隊史等核對）才能確定。由於有特定的排列順序（將校至二等兵，軍屬的上下順序），區分各次戰鬥也不難。靖國神社合祀者名單，是將以上內容按部隊別整理修正後，每年分 2 次上報的綜合名冊。每次約萬人前後，沒有戰死時間標記，但所屬按一定的規則順序排列，經分析可知道是哪個部隊。由於需要合祀前的再調查與核實，其準確度高於死亡公告。進行研究時，若能將兩種資料交叉對比，可信度會更加提高。

此方法雖資料全面，但不一定都是相關戰鬥的戰死者，會包括同一部隊不同的行動、不同的地區，由於別種原因的死亡者。因為統計對象是死亡資料，而不是戰鬥情報，所以《官報》的統計結果，一般都高出實際戰鬥死亡（參照表 12-1）。另外，由於情報分散（「戰地其他死亡者」公告平均每日 1 期）、隱蔽（沒有部隊番號），調查分析、歸納時都需要大量精力、時間和細緻的作業程序，容易出現重複與遺漏等的人為錯誤。還有一處需要特別注意，即戰地死亡者資料公佈截止於 1941 年 1 月，統計截止於 1940 年前，靖國神社合祀名

單公佈截止於 1943 年 9 月。即可以利用的有效數據範圍，僅限於八年抗戰的前 3 年。由於太平洋戰爭日軍對美作戰的大量死亡，紙張供應緊張等原因，進入太平洋戰爭後《官報》中此類公告也隨之消失。

圖 12-2　《官報》中的陸海軍省《戰地其他死亡者》公告欄死亡日期是研究的重要線索。

（4）部隊史附錄的「戰沒者名簿」

此類資料，都是戰後編輯部隊史時，舊軍隊相關人士從戰後國家行政資料中整理出來的名簿。和各地護國神社保存的戰沒者名簿類同，來自於國家、行政單位（掌管遺族年金的部門）、舊聯隊區（師團管區）的軍籍資料、地方政府的戶籍資料等，並不是當事部隊留下的紀錄。若作業嚴謹，此資料最可信。但作成目的同樣是掌握所有死亡者（戰沒者）數據，所以戰病死、事故死、失蹤等死因不確定者也包括在其中（一般會有標

注）。另外，由於沒有統一標準，各部隊史的統計方法
不同，有的便缺乏重要訊息。比如《步兵第六十三聯隊
聯隊史》的戰沒者名簿按出身地區歸納，《步兵第十聯
隊聯隊史》名簿中又沒有死亡地點紀錄（但出現在另一
種資料中），甚至有的名簿還省略了死亡日期等最重要
情報，所以也不是萬能。況且各種部隊史也僅有少數附
錄「戰沒者名簿」，且現在亦被作為個人隱私資料（在
公共圖書館閱覽時不許複製），所以收集使用上也有一
定障礙，研究結果在日本也不能任意將個人資料公開。

圖 12-3　一部分部隊史書籍附錄的「戰沒者名簿」樣本，
　　　　日期與地點情報非常重要

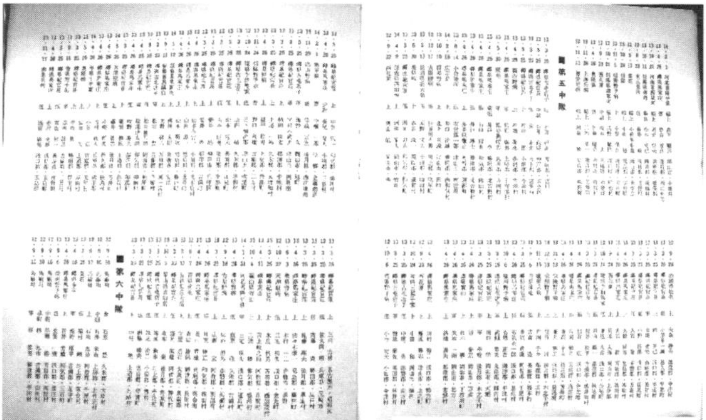

資料來源：岡崎速，《赤柴毛利部隊写真集》，頁116。

　　以上幾種資料數據的特徵，使用時必須掌握，也不
能僅相信單一資料。若能充分利用多種方法，資料交叉
驗證、分析篩選，死亡數字也可趨於準確。

第三節　台兒莊大捷殲敵數字的起源

關於台兒莊大捷的戰果，國軍並沒有自己的統計，有需要時採用的是宣傳中的數字，如李宗仁（第五戰區司令長官）、陳誠（軍委會政治部主任）等國軍高級將領的發言，或郭沫若管理的宣傳單位（政治部第三廳）提供的數據等，而特徵是統稱「殲敵 2 萬人」以上。基礎材料是宣傳單位管理者陳誠於 1938 年 4 月 11日、14 日在香港《華宇日報》〈暢論台兒莊殲敵情況（一）〉中提供的內容，稱「戰場敵死屍五六千具，傷兵約一千五六百具，俘虜一千餘人，火砲七十餘門，戰車四十餘輛，裝甲車七十餘輛，汽車一百餘輛」，[4] 都屬於沒有證據的宣傳。

戰鬥中若不打殲滅戰，不清掃戰場，不可能知道對方的死傷數。而在整個台兒莊附近戰鬥中，國軍將一部之敵全部殲滅的，只有郭里集附近，關麟徵軍 25D 在紀官莊包圍殲滅日軍約 1 小隊共 36 人，此外再無例證。若有也是下級部隊上報的推測，如「我軍傷亡二百餘，敵當倍於我」之類的報告，是上級不會相信，戰史中也不會採用的數字。出於以上原因，正規嚴謹的戰史，一般也從不記錄戰果。中國大陸由於政治和教育（愛國主義）的需要，很多研究者都關心各種「大捷」的具體戰果。但由於沒有任何證據資料，此類研究根本無法科學

4　《第二次中日戰爭各重要戰役史料彙編：台兒莊會戰》（臺北：國史館，1984），頁 113。

地開展，不過是引用當時的宣傳資料或當事者模糊的回憶而已。台兒莊之役的國軍，對此類宣傳數字的主張並不熱衷，特別是在戰史中，沒有證據就不記錄。1964年中華民國國防部史政編譯局出版的戰史叢書《徐州會戰 3》中，並沒有提到過此戰役的殲敵數字。

「台兒莊大戰」殲敵數字研究的新突破，來自舊日軍戰史檔案的公開，即日軍內部的統計。中共與日本建交，出現了學術研究往來的可能後，台兒莊大捷的殲敵數字，透過日軍檔案的公佈逐漸具體化，最終定論的，即本論提及的「殲敵 11,984 人」說。[5] 首見 1980 年代，之後被學界認可並普及，不僅導入台兒莊大戰紀念館的解說文，也成為 1993 年「台兒莊大戰五十五周年國際學術研討會」（戰後有關台兒莊戰役規模最大的研討會）的基調。[6] 此外，中國大陸有代表性的台兒莊大捷研究，如韓信夫的「殲敵萬人左右」說、馬仲廉的「消滅日軍 1 萬餘人」說等[7] 也大致都以「殲敵 11,984 人」為基礎。

現在已成為「定論」的原始資料，係出自於 1975

5　最先提出此資料的是殷廉等著，〈台兒莊戰役概況〉，《天津師大學報》，1983 年 6 期，頁 55。後張憲文編，《中華民國史綱》（鄭州：河南人民出版社，1985），頁 497-500，採用了此數字。殷廉論此時已注意到統計期間和徐州會戰重疊之點，稱台兒莊戰役的死傷約為 8,000 名左右，但此主張之後並沒有引起學界重視。

6　苗楓林主編，《台兒莊大戰和中國抗戰——台兒莊大戰 55 周年國際學術研討會論文集》（濟南：山東大學出版社，1997）。其中頁 13 的劉培平、頁 56 的張玉法（引用他文）、頁 223 的高鳴論文都以這個數字為據。

7　韓信夫，〈台兒莊戰役及其在抗戰中的歷史地位〉，頁 75。馬仲廉，〈台兒莊戰役的幾個問題〉，《抗日戰爭研究》，1998 年 4 期，頁 136。

年日本防衛廳防衛研修所戰史室編著的戰史叢書《支那
事變陸軍作戰 2（昭和十四年九月まで）》，執筆者之
一的伊藤常男，當時是戰史室調查員。伊藤在第二章
〈台兒莊方面の作戰〉，利用日軍檔案詳細考證了此戰
鬥過程。在「1938 年 4 月 7 日坂本支隊撤出台兒莊」一
節的最後，引用了北支那方面軍參謀部第三課所做成第
五師團（2 月 20 日至 5 月 10 日）、第十師團（3 月 14
日至 5 月 12 日）的戰死傷數據調查。[8] 稱「期間中，
第五師團戰死 1,281 名，戰傷 5,478 名，第十師團戰死
1,088 名，戰傷 4,137 名」。「殲敵」11,984 名之說，
即來自此處死傷數字合計。資料並沒有問題，但其實是
錯誤的引用。作為戰史專家的伊藤應該知道此統計數據
期間（2 月 20 日至 5 月 12 日）超越了他所描寫對象（至
4 月 7 日的「台兒莊方面の作戰」＝中國軍所稱的台兒
莊大捷）的範圍，而第五師團和第十師團，在此期間也
並沒有全部參加台兒莊方面的作戰（第五師團坂本支隊
主要戰場在臨沂）。

　　所以此數據作為台兒莊的日軍戰損統計並不適當，
推測伊藤當時沒有精力研究，也沒有收集到截止至於
4 月 7 日的第五、第十師團該處作戰部隊的戰死傷統計
（特別是台兒莊方面的統計），所以不謹慎地「借用」
了這個總數。從文脈分析，其目的是為了駁斥國軍宣傳
單位（軍委會政治部第三廳）的斃傷敵 2 萬人說。意在

8　防衛庁防衛研修所戰史室編，《支那事變陸軍作戰 2（昭和十四
　　年九月まで）》，頁 41。

證明，若參考截止於 5 月 12 日的數據統計，也能證明中國主張的大捷和戰果數字是不成立的。可是這個初衷，並沒有被中國大陸的研究者理解，反而一舉將其變為來自敵方統計數據的台兒莊大捷佐證。

伊藤提供的這個死傷參考統計，很快引起中國大陸研究者的注目。爭相引用，並不加分析解釋地導入截止於 4 月 7 日的「台兒莊大戰」（包括臨沂方面戰鬥）戰果中。並通過對用語的政治潤色（將「死傷」變為「殲滅」、「殲敵」），使其演變為今日學界公認的台兒莊大戰戰果證據。並沒有人確認過資料的來源和調查對象。伊藤引用資料的原件，按該書註腳，來自於防衛研修所藏戰史檔案中的《北支那作戰史要》第 3 章第 4 節「參考諸表」，[9] 原件題名「南部山東剿滅作戰損害調查表」。

按此調查表（圖 12-4）備考可知，是北支那方面軍參謀部第三課為了掌握「南部山東省剿滅作戰」中的損害情況所作的專門統計。之後被日本陸軍大學校內部教材《北支那作戰史要》採用，屬於正式的檔案。但如何選擇和解釋這一統計，卻存在著很多問題。

9　「第 3 章・第 4 節　參考諸表」，JACAR: C11110928200，頁 1425。

圖 12-4　南部山東省剿滅作戰損害調查表

南部山東省剿滅作戰損害調査表

兵團別＼死傷別	戰死	戰傷	計
第五師團	81 一、二八一	151 五、四七八	232 六、七五九
第十師團	34 一、〇八八	129 四、一三七	161 五、二二五
第百十四師團	6 四六	7 一二二	13 一六八
軍直部隊	6 一〇一	15 四三九	21 五四〇
第二軍兵站	一四	三六	五〇
總計	127 二、五三〇	300 一〇、二一二	427 一二、七四二

備考
一、5Dハ自二月二十日至五月十日 10Dハ自四月十四日至五月十二日間ノ事實トス
二、「アラビヤ」數字ハ將校ノ再記ヲ示ス
三、本表外5BSニ戰死二七（內將校二）アリ（膠濟沿線）

徐州會戰損害調査表

兵團別＼死傷別	戰死	戰傷	計
第五師團	6 一一七	12 六一六	18 七三三
第十師團	3 五九	13 二三七	16 二九六
第十四師團	四八	4 一六三	4 二一一
第十六師團	8 二三八	31 一、一一七	39 一、三五五
第百十四師團	二九	5 一三八	5 一六七
混成第三旅團	7 一六五	22 四三七	29 六〇二
混成第十三旅團	7 一五九	17 三七四	24 五三三
酒井支隊	1 八	5 五五	6 六三
平山支隊	一一	三二	四三
軍直部隊	3 四二	7 一二四	10 一六六
總計	35 八七六	116 三、二九三	151 四、一六九

備考
一、「アラビヤ」數字ハ將校ノ再記トス

資料來源：「第 3 章・第 4 節　参考諸表」，JACAR: C11110928200，頁 1425。

第四節　謬誤所在的分析

首先應了解，為什麼引用者從此表中斷章取義，只選擇第五師團和第十師團的死傷數據？此 2 師團下屬的 2 個支隊，無疑是台兒莊作戰的主力，但若不加算表中出現的第一一四師團的 168 名，和軍直部隊的 540 名死傷，亦不能稱為「南部山東省剿滅作戰」統計結果。因為此一作戰並不是第五、第十師團的單獨所為。

這裡表示的「軍直部隊」，是指雖參加作戰，但又不屬於師團管轄，而置於第二軍戰鬥序列之下的臨時配屬部隊。從台兒莊攻略戰的戰鬥序列和統計中，可得知

包括獨立機關槍第六、第十大隊，獨立輕裝甲車第十、十二中隊，野戰重砲兵第二聯隊等，以「配屬」形式參加了「南部山東省剿滅作戰」。另外，還有一部分北支那方面軍的配屬部隊，如支那駐屯軍（此時稱支那駐屯混成旅團）的砲兵、臨時戰車部隊、臨時航空兵團各一部。雖直接參加的人數不多，卻是台兒莊戰役中不可缺少的部分。特別是支那駐屯軍砲兵聯隊的一部和臨時戰車中隊，在第一期南部山東剿滅作戰中發揮了重要的作用（參照圖 12-5）。[10] 各種配屬部隊參加台兒莊附近戰鬥並出現過損失，具體可參考圖 12-5 的統計。

　　另外，圖 12-4 出現的末松茂治第一一四師團，是北支那方面軍直屬的四單位制特設（乙）師團，第二期剿滅作戰中主要擔任後方（既得的佔領地，如曲阜、鄒縣、界河、臨城及津浦線）守備任務。但其中的一部在 4 月 8 日之後接替赴台兒莊前線的第十師團長瀨支隊（長瀨武平步兵第八旅團）擔任濟寧、滕縣、臨城地域及津浦沿線守備。並在「第二期南部山東省剿滅作戰」吃緊時，將下屬的精銳步兵第六十六聯隊，直接投入到前線第十師團長的指揮下。[11] 此部隊雖和截止於 4 月 7 日的第一次南部山東剿滅作戰無關，但從南部山東剿滅作戰（全兩期）的損失統計作表目的上看，卻是不能忽略的一部分。

10　北支那方面軍配屬部隊的死傷，是否被計算在「軍直屬部隊」的數字中並不清楚。從統計作成者為北支那方面軍參謀部第三課來看，推定方面軍配屬部隊的損失已算入其中。

11　「11　第 114 師団状況報告」，JACAR: C11110933200，頁 364-370。

圖 12-5　步兵第六十三聯隊台兒莊攻略戰鬥詳報死傷表（包括各種配屬部隊人員統計）

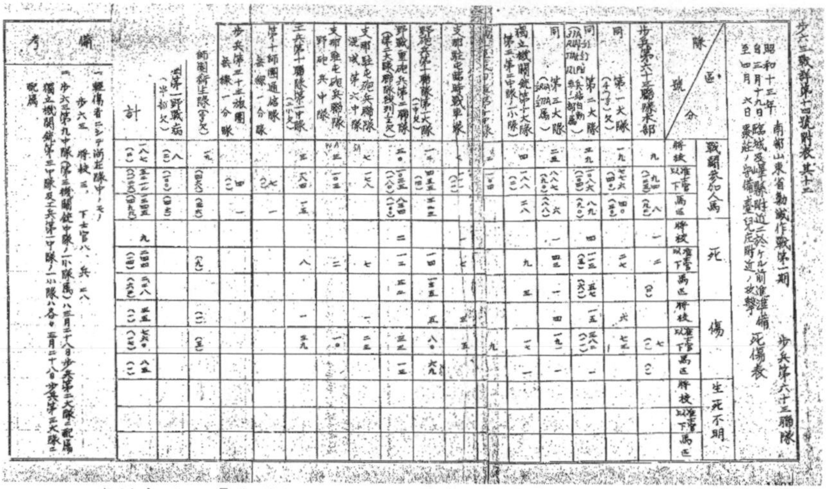

步六三戰詳第十四號附表其十二

昭和十三年自三月十九日至四月六日 南部山東省剿滅作戰第一期 臨城及嶧縣附近ニ於ケル前進準備 棗莊ノ守備臺兒庄附近ノ攻擊 死傷表 步兵第六十三聯隊

資料來源：「戦闘経過の概要　臨城及嶧県附近に於ける前進準備、棗荘の守備、台児庄附近の攻撃（7）」，JACAR: C11111253800，頁1105。

所以，如同圖 12-4 所示，各部死傷數的總計 12,742 名（其中戰死 2,530），才應是南部山東剿滅作戰中各部隊的死傷總數。問題在「南部山東省剿滅作戰損害調查表」，事實上也不是最後的統計，按表格備考欄中解釋，數據的取樣截止於 5 月 12 日（第五師團）和 5 月 14 日（第十師團）。此時，第二期南部山東剿滅作戰還在收尾階段，數據當然不會完整。第二軍下令離開山東省南部戰場的時間為 5 月 15 日，開始行動是 17 日前後。說明此表還在繼續調查中。若擴大調查範圍，我們還可以看到同一調查目的所作出的不同結果：一是 1938 年 5 月 10 日第二軍作出的死傷 11,102 名的概數統

計，[12] 製表者申明「其中一部分並不一定準確」，結果也只是一個「概數」。二是截止到 5 月 14 日第二軍軍醫部的統計，死傷數被合計為 13,209 名，此時已超出方面軍參謀部第三課截止於 5 月 14 日的 12,742 名。

前後不到 1 週，即出現了 3 個結果，截止於 5 月 10 日的統計數據（11,102 名）可認為是最初結果，5 月 14 日截止的統計（本論引用數據：12,742 名）也只是暫定。軍醫部 14 日統計的 13,209 名（其中戰死 2,623 名），應是此期間內統計的最新結果。比較後可知，數天時間內，第十師團追加了 84 名，軍直屬部隊等追加了 383 名。

筆者經過調查，又收集到第二軍 1938 年 7 月中旬後作成的綜合統計表，此表中「南部山東省剿滅作戰」死傷統計又略有增加，總數為 14,108 名。死亡 3,171 名，負傷 10,937 名，包括配屬部隊的戰死 95 名，戰傷 330 名。死亡數字的大幅度上升，是新資料的特徵。[13]

12　「4　第 5、第 10 師団損害調查票（概數）」，JACAR: C1111093 2500，頁 157。

13　此表統計期間區分並不嚴謹，稱南部山東剿滅作戰為 2 月中旬至 4 月中旬，下欄徐州會戰又稱 4 月下旬至 7 月中旬。為何如此分割理由不明。從作戰名判斷，是前後兩期的合計，數字亦接近（此調查表主要目的不是求期間區分數，而是所有戰役中的損失總數）。

圖 12-6 第二軍軍醫部調查速報
此為第三次調查，每次都有增加，資料仍不斷收集中

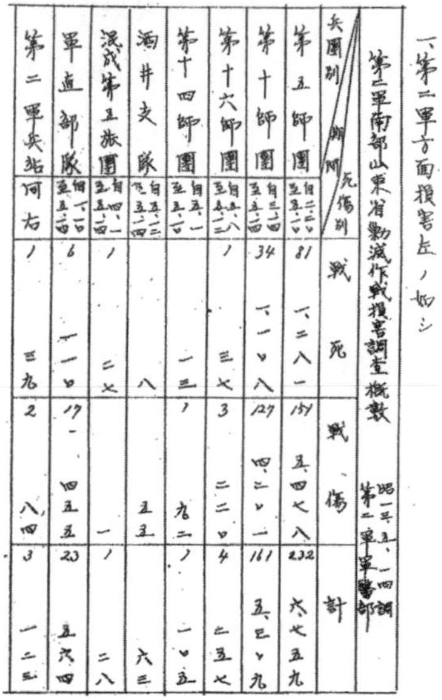
一、第二軍方面損害左ノ如シ

第二軍南部山東省剿滅作戰損害調查概數

昭一三、五、二四調 第二軍軍醫部

兵團別	期間	戰死	戰傷	計
第五師團	自三、二〇 至五、二〇	81 一、二八一	151 五、四七八	232 六、七五九
第十師團	自三、二四 至五、二四	34 一、一〇八	127 四、二〇一	161 五、三〇九
第十六師團	自五、八 至五、二二	1 三七	3 二二〇	4 二五七
第十四師團	自五、一 至五、二〇	一三	1 九二	1 一〇五
酒井支隊	自五、一二 至五、一四	八	五五	六三
混成第五旅團	自四、一 至五、二四	1 二七	一	1 二八
軍直部隊	自一、二〇 至五、二四	6 一一〇	17 四五五	23 五六四
第二軍兵站	同右	1 三九	2 八四	3 一二三

資料來源：「第 2 章　9 月 1 日以降作戦経過の概要（9）」，JACAR: C11110927700，頁1333。

圖 12-7　1938 年 7 月中旬統計的第二軍戰死傷調查表

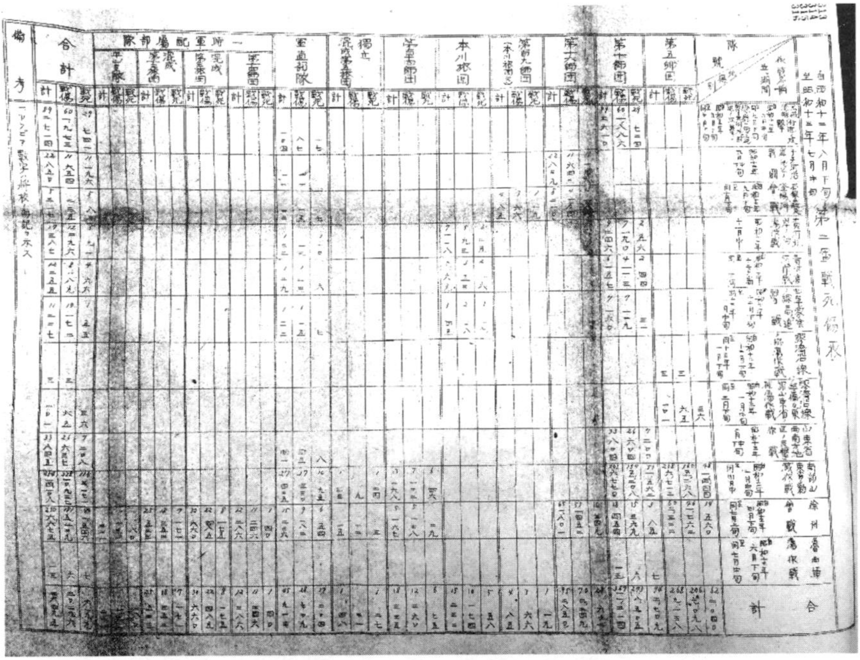

資料來源：「1、附表　第 2 軍戰死傷表　自昭和 12 年 8 月下旬至昭
和 13 年 7 月中旬」，JACAR: C11111014300，頁 314-315。

圖 12-8　第二軍統計南部山東剿滅作戰合計（1938 年
7 月）

	戰死	戰傷	合計
第五師團	1,444	5,268	6,712
第十師團	1,562	5,208	6,770
其他	70	131	201
配屬	95	330	425
合計	3,171	10,937	14,018

　　從以上幾個統計表可看出統計數字的變化趨向，
統計時間越新則數字越多。現在無法得知 14,108 名是
否是最後的數字，筆者未能發現新的統計，但與《官
報》記載的戰死者數字比較（《官報》數字 4,167，前

表 3,171 名）判斷，肯定也不全面。但現階段由於沒有別的數據存在，暫時以 14,108 名為最終統計結果。即若以考察前後兩期南部山東剿滅作戰日軍的損失總人數為目的，至少應追溯到 14,108 名，而不應使用舊數據，並斷章取義地稱為 11,984 名。

第五節　「大捷史觀」導致的失誤

通過以上考察，我們得到比「殲敵 11,984 名」要全面得多的日軍「戰死傷 14,108 名」這個新數據。但若稱其為「台兒莊大戰」的戰果，還有重大缺陷，因為這個數據，並不是中國大陸所關心，包括臨沂方面戰鬥在內的「台兒莊大戰」（第一期南部山東剿滅作戰）專門統計，而是第二軍在前後兩期「南部山東剿滅作戰」中全體參戰人員的傷亡總數。統計截止的時間，是第二軍的 2 個主力師團，結束了山東省境內戰鬥，準備南下徐州前的 5 月 12 日和 14 日。在該期間的後半部分，即 4 月 8 日至 5 月 15 日的 37 日間，並不屬於兩岸現在所認知的「台兒莊大捷」或「台兒莊大戰」的時間範圍。日軍稱「第二期南部山東剿滅作戰」，國軍也稱為「第二期台兒莊戰役」。在此期間的戰鬥，不管是日本還是兩岸學界，一般都被看作是「徐州會戰」的一部分（徐州會戰前期）。

「台兒莊大戰史觀」的特徵，是以國軍的「勝利」、「大捷」來描寫整個作戰過程。出於此目的，其起點被設定為並無關聯的，所謂「成功阻止了日本華中方面軍

北上徐州的池淮阻擊戰」之前，而終結點也必須設定於
日軍在台兒莊敗北撤退的 4 月 7 日。否則不能將「勝
利」連接成一個總體。與此相反，北支那方面軍按戰略
企圖和軍隊區分來統計戰鬥損失，不會把指揮系統不同
的中支那方面軍（2 月 14 日以後改稱中支那派遣軍）
的守備部隊（第十三師團），在淮河地區的掃蕩（即池
淮阻擊戰）算入南部山東剿滅作戰。[14]

　　由於第二軍南下作戰後，至 5 月 15 日前，並沒有
離開南部山東。所以按地域和戰鬥目的劃分，將南部山
東剿滅作戰的全部過程，以徐州會戰的開始（台兒莊的
撤退）為基點劃分為前後兩期。第一期始於第五師團由
濰縣南下的 1938 年 2 月下旬，結束於瀨谷從台兒莊戰
鬥中撤出，日軍大本營下達徐州會戰作戰命令的 4 月 7
日。第二期從瀨谷、坂本支隊集結於嶧縣南部的 4 月 8
日開始，截止於第二軍全體撤離山東南部，轉入徐州戰
場的 5 月 15 日（實際南下開始時間為 5 月 17 日）。

　　在此，4 月 7 日無疑是一個重要的轉折點。之前的
戰略目的是南部山東的地方掃蕩，之後變為協助主力攻
略徐州的牽制、引誘作戰。包括日軍大本營參謀本部和
北支那方面軍，從戰略佈局上都將 4 月 7 日以後的第二
期南部山東剿滅作戰劃歸為徐州會戰的第一階段（徐州

14　在明光、池河方面進行渡河作戰的第十三師團（荻洲部隊），是
　　負責防守津浦鐵路沿線的守備部隊，並沒有北上的任務和命令，
　　參照「中支軍情報記錄送付の件」，JACAR: C04120667000，
　　頁 622；「張八嶺管店附近警備戰鬥詳報　自昭和 12 年 12 月 22
　　日至昭和 13 年 1 月 24 日　步兵第 116 連隊（2）」，JACAR:
　　C11112200800，頁 419。

會戰前期）。但對於第二軍來說，由於作戰地域（山東南部）和對手（國軍第五戰區所屬部隊）未發生變化，所以從連續作戰的意義上，將 2 月下旬至 5 月中旬前後兩期的作戰連結為整個南部山東剿滅作戰總體，損失統計也都是按此總體計算。1938 年 5 月 15 日，第二軍在完成月餘的引誘、牽制作戰任務後，為了參加徐州會戰，「第十師團轉向微山湖方面，渡水挺進」徐州西北，第五師團也「越過大運河一線向南（江蘇省內宿縣）進擊」。[15] 前述 14,108 名的死傷損失，即是第二軍主力結束前後兩期「南部山東剿滅作戰」，撤離山東省之前的最後一次損失統計。

　　到此已經可以明確，「14,108 名」的死傷數據，實際上是 2 月 20 日（第十師團自 3 月 14 日）至 5 月 14 日之間，兩期南部山東省剿滅作戰中，山東省境內日軍（以第二軍為主）全體的損失總數，不僅包括了 4 月 8 日至 5 月 14 日第二期作戰的損失，也包括其他 2 個未參加台兒莊戰役的支隊（在津浦線和膠濟線擔任地方守備的第十師團長瀨支隊、第五師團國崎支隊）損失。對此重要資料不加區別解釋，統稱為截止於 4 月 7 日「台兒莊大捷」，或包括臨沂方面戰鬥的「台兒莊大戰」殲敵戰果的做法，可以說是戰史研究中的重大失誤。之所以說「重大」，是因為南部山東剿滅作戰整體中，第二軍死傷的大半並不是出自於第一期作戰（台兒

15　「第 2 章　9 月 1 日以降作戰経過の概要（9）」，JACAR：C11110927700，頁 1334。

莊大捷、台兒莊大戰）期間，而是出自於第二期（4 月
8 日至 5 月 15 日），即徐州會戰前期的作戰中。

第六節　第二期「南部山東剿滅作戰」實情

　　北支那方面軍參謀部從戰略面也將第二軍的「第二
期南部山東剿滅作戰」規定為徐州會戰前期，此期間日
軍的作戰目標不同於第一期的地方掃蕩，而是協助主力
部隊攻略徐州的伴動作戰。在此新戰略部署中，留在山
東省南部戰場繼續與國軍第五戰區主力作戰的第二軍，
擔任「將敵主力吸引、牽制在韓莊、嶧縣、沂州一線附
近」[16]的任務，以防止第五戰區的主力南下，保證徐州
方面作戰準備順利進行。

　　此時（4 月 7 日前後），為了參加在魯南台兒莊一
帶的作戰，集結在山東省南部的第五戰區部隊，按國軍
統計（至 4 月 15 日），共 13 個軍 26 個師又 3 個旅、
3 個團。[17] 將此多數敵主力部隊全部「吸引滯留」在山
東省南部，對僅有 2 個師團兵力的第二軍來說是一個相
當艱鉅的任務。為了使牽制作戰成功，參戰部隊的陣容
得到進一步增強，增配了第一一四師團的一部（基幹為
1 個步兵聯隊、1 個砲兵聯隊、1 個騎兵大隊）、第二
坦克大隊、第十六師團的一部、第三野戰重砲兵聯隊、

16　「第 2 章　9 月 1 日以降作戰経過の概要（8）」，JACAR: C1111092
　　7600，頁 1291-1292。

17　參考《台兒莊戰役資料選編》，附錄二，頁 342。

第六野戰重砲兵聯隊各一部及 1 個大隊後備步兵。[18] 此外，第二軍也將現有兵力都投入到山東南部戰場。

　　4 月 7 日前在台兒莊、沂州一帶作戰的只有瀨谷、坂本支隊的 4 個步兵聯隊，兵員不足 2 萬人。而第二期戰鬥中第五師團將守備膠濟線的國崎支隊（步兵第九旅團共步兵 4 個大隊為基幹）投入到沂州一線，第十師團也將在濟寧、嘉祥方面擔任地方警備的長瀨支隊（步兵第八旅團，步兵 6 個大隊、砲兵第十六中隊為基幹）也投入到坂本、瀨谷支隊作戰地域之間。為了支援前線作戰，4 月 2 日，北支那方面軍直屬，剛組建的獨立混成第五旅團也加入第二軍的戰鬥序列，接替參戰的國崎支隊擔任膠濟沿線警備。[19]

　　第二期南部山東剿滅作戰約 1 個月餘期間，對第二軍和其他參戰部隊來說，比前期作戰更加艱難。為了完成把敵主力部隊滯留在山東南部的作戰命令，各參戰部隊被迫與在人數、裝備上都具有優勢的國軍主力部隊進行艱苦的周旋。此期間內，日軍曾攻陷久攻不克的沂州城（國崎支隊，4 月 20 日），並佔領了湯恩伯指揮部所在的四戶鎮（坂本支隊，4 月 21 日傍晚），但在國軍頑強的反擊下，戰況難以進展。至 4 月下旬，在沂州一線，國崎支隊與李仙洲、張自忠、龐炳勳等部隊；在台兒莊北部地域，瀨谷、長瀨、坂本支隊與孫連仲、湯恩

---

18 「第 2 章　9 月 1 日以降作戰経過の概要（8）」，JACAR: C11110927600，頁 1291-1292。

19 「1、第 2 軍作戰経過概要　昭和 12 年 8 月下旬～昭和 13 年 7 月中旬（1）」，JACAR: C11111014100，頁 271-272、276-277。

伯、于學忠等部隊形成對峙僵局。戰線一進一退，未能
有任何進展。[20] 以下是《第二軍作戰經過概要》對此時
戰況的描述：

> 我第一線部隊努力對敵進行了反覆的進擊，逐次攻
> 略了敵方有防禦設施的各據點。26 日長瀨支隊奪
> 取了禹王山、胡山一線，坂本支隊在 24 日進駐了
> 南勞〔澇〕溝北方地區，各自打擊了其當面之敵。
> 但此後戰線膠著，進展緩慢。終於，於 4 月 29 日，
> 軍指揮部考慮到今後作戰需要，決定一面保持戰線
> 現狀一面做好準備，伺機尋找轉移向徐州戰場方面
> 的機會[21]。

是此，第二軍在 4 月下旬後停止了大規模攻勢，停
留在原地，一面鞏固既得佔領要地，一面準備向徐州方
向轉移。5 月上旬之後，見時機已成熟，終於自動脫離
山東南部戰場將主力移向徐州方面。此期間的戰鬥頗為
激烈，關於第五師團的損失，由於沒有詳細統計，很難
全面掌握。第十師團從損失統計表中可以看到其下屬
的瀨谷、長瀨兩支隊的 4 個步兵聯隊和師團直屬部隊
死傷總數達 4,699 名（其中死亡 1,145 名）。[22] 超出前

---

20 「中支軍情報記錄送付の件」，JACAR: C04120667300，頁 652-
　　654，及頁 658 要圖。

21 「1、第 2 軍作戰經過概要　昭和 12 年 8 月下旬～昭和 13 年 7 月
　　中旬（1）」，JACAR: C11111014100，頁 279。

22 根據第十師團司令部 1939 年 3 月 24 日「各期戰鬥に於ける死傷
　　表」算出。數字中不包括師團以上的軍、方面軍配屬部隊。「附

期作戰（台兒莊大戰）損失總數（2,085 名）1 倍以上。

　　特別是新投入戰鬥的長瀨支隊 2 個聯隊，在戰鬥中付出了慘重代價。步兵第四十聯隊（鳥取）在這 1 個月餘的戰鬥中（禹王山附近戰鬥）死傷高達 1,853 名（其中死亡 549 名），喪失了聯隊大半的戰鬥力。僅第四十聯隊的戰死數就超出了前期作戰（台兒莊大捷）瀨谷支隊全體的死亡數（429 名）。步兵第三十九聯隊（姬路）的死傷數也多達 1,301 名（其中死亡 244 名）。另外，在台兒莊攻城戰鬥中已經損失慘重的步兵第六十三聯隊（松江），在未得到兵員補充的狀況下，[23] 又死傷了 558 名（其中死亡 141 名）。

表　各期戰鬥に於ける死傷表　自昭和 12 年 8 月 20 日至昭和 14 年 3 月 13 日」，JACAR: C11111031400。

23　根據「派遣輸送概見表」日程，補充兵員到達青島的予定為 4 月 22 日至 23 日，即使路途順利，到南部山東前線的時間，也應該在 4 月底。即主要戰鬥結束之後。「派遣輸送概見表」，JACAR: C04120358900，頁 1041。

表 12-9　第十師團南部山東剿滅作戰兩期戰鬥的損失
比較（不包括配屬部隊損失）

	3月3日至4月7日第一期		4月8日至5月7日第二期		合計
	戰死	戰傷	戰死	戰傷	
第十師團本部		1			1
第八旅團本部				3	3
步兵第三十九聯隊	9	74	244	974	1,301
步兵第四十聯隊	10	42	549	1,254	1,855
第三十三旅團本部			1		1
步兵第十聯隊	108	281	174	703	1,266
步兵第六十三聯隊	251	1,011	141	415	1,818
騎兵第十聯隊			2	25	27
砲兵第十聯隊	28	175	23	101	327
工兵第十聯隊	14	55	3	24	96
輜重兵第十聯隊			4	12	16
通信隊		1		1	2
衛生隊	5	6	4	21	36
野戰醫院		1			1
合計	425	1,647	1,145	3,533	6,750

備註：此表對步兵第十聯隊誤植進行過訂正（第一期與第二期數字相反）

資料來源：　筆者根據司令部「各期戰鬥に於ける死傷表」歸納整理，
「附表　各期戰鬥に於ける死傷表　自昭和12年8月20日
至昭和14年3月13日」，JACAR: C11111031400。

　　還可以從幾個具體實例瞭解第二期南部山東剿滅作
戰中各部隊慘烈的激戰實況。坂本支隊的作戰參謀小沼
治夫於4月28日22時向第二軍、第五師團、第十師團
各參謀長發出的電文中稱：

　　支隊雖努力強化對長山、艾山的攻擊戰鬥，但敵方
砲火熾烈（敵僅設在艾山附近陣地之火砲就有15
榴2門、12榴4門，野砲、山砲15門）我方損傷
重大（剩步槍數約10支的中隊有2，約20支的中
隊有4）。特別是幹部將校損傷嚴重（此電文起案

中又傳來獨立機關槍大隊長戰死，同大隊副官重傷
的報告），所以即使補充要員（初年兵）到達，從
現有狀況看，新組建中隊也十分困難，所以請優先
向戰場派出幹部補充要員。[24]

依照日軍編制定員數據，步兵每中隊滿員時人數
192 名，步槍約 150 支。此紀錄中出現的「剩步槍數約
10 支的中隊有 2，約 20 支的中隊有 4」，說明了在敵
方優勢砲火下，步兵各中隊現存戰力折損大半的事實。
這裡提到的獨立機關槍大隊長戰死，同大隊副官重傷，
經核對為獨立機槍第五大隊長岡崎傳之助中佐戰死，副
官太田政明中尉重傷，4 月 28 日戰鬥中，該部戰死部
隊長以下 10 名，輕重傷 13 名。[25]

第五師團步兵第十一聯隊在攻略四戶鎮的激戰後，
5 月 1 日進行了參戰後首次人員補充。補充總數為 1,439
名，其中第三大隊的補充數為 422 名。步兵甲聯隊的編
制表定員數為 3,747 名（由於戰鬥損失和缺員，一般所
謂「滿員」時，也僅為此數的約 80% 至 90%），兵員
千人的大隊補充數 422 名，說明總損失已半數。同聯隊
第十二中隊（定員 192 名）此日補充了 150 名入伍的初
年兵，佔總數近 80%。資料描述此補充之前，中隊中
已沒有現役兵，剩下的健全者只有預備役、後備役，和

---

24 「台兒莊反轉關係電報綴（支那事變）　昭和 13 年 4 月 1 日～
　　13 年 5 月 15 日（2）」，JACAR: C11111465900，頁 304。

25 〈岡崎中佐ら戰死〉，《朝日新聞》，東京，朝刊 2 面，1938 年
　　5 月 2 日。

在河北正定編入的補充兵等[26]共約50名。[27]

　　在第二期南部山東剿滅作戰中新投入的第五師團步兵第九旅團（國崎支隊），損失數也十分驚人。4月9日，在膠濟鐵路一帶守備的國崎支隊與獨立混成第五旅團交接任務後，組成南下增援部隊，以步兵第四十一、第四十二聯隊為主力，集結於臨沂城外義堂集。4月20日，在付出慘重代價後終於攻克了沂州（臨沂）城，之後沒有絲毫喘息又被投入郯城縣馬頭鎮附近戰鬥。4月28日以後與國軍在北澇溝、南澇溝附近的攻守戰，與禹王山之戰同樣被稱為第二期南部山東剿滅作戰中最慘烈的戰鬥。國軍以堅固的永久型工事構成防禦線，頑強阻止日軍的突擊前進，兩軍在第一線反覆衝殺爭奪。在雙方一進一退的突擊中，國崎支隊受到迄今以來最大的損害。4月30日不得不被迫撤出戰鬥進行「戰線整理」。支隊的《陣中日誌》紀錄：

> 支隊連日奮戰，損耗甚多，特別由於幹部大量減少，使第一線攻擊力顯著減退，已失去攻擊前進能力。加之消耗彈藥亦不能得到滿足補充，支隊進退維谷，只得暫時停留在現地整頓，待援後準備再次組織進攻。[28]

26　按日本1927年頒佈的兵役法規定，現役兵服役2年，現役復員後5年4個月內稱預備兵役，之後10年稱後備兵役。補充兵役指徵兵體檢合格的未服役者，一年兵也稱初年兵，指入伍未滿1年的新兵。

27　〈二階堂正回想〉，鯉十一会，《步兵第十一聯隊史》，頁309。

28　「陣中日誌　自昭和13年4月1日至昭和13年4月30日　步

　　事實上是進入整頓，停止、放棄了當面的作戰任務。據統計，國崎支隊在 4 月 16 日至 20 日的沂州攻城戰中，戰鬥參加者全體 7,607 名，死傷 901 名（其中死亡 144 名），[29] 22 日至 25 日郯城縣及馬頭鎮附近戰鬥中，又死傷 215 名（其中死亡 51 名）。之後 4 月 26 日至 5 月 15 日間在南澇溝、北澇溝附近的戰鬥中，兵員數 9,654 名中，死傷達 1,683 名（其中死亡 454 名），[30] 參戰期間合計死傷總數達 2,799 名（其中死亡 649 名），死傷佔全體人員總數的四分之一以上。僅此一個數字，就超過了第一期南部山東剿滅作戰（台兒莊大捷）中瀨谷支隊的死傷數總和。

　　南、北澇溝激戰的對手，為湯恩伯指揮的國軍第四十六軍董釗第二十八師，董在戰鬥後給軍委的電報中稱：

　　　職師自廿七夜在南北澇溝、劉湖東西之線攻擊捷莊、蘇曹莊、馮家窯一帶地區之敵，⋯⋯連攻五日夜，與敵肉搏數十餘次，我陣地前敵屍遍地約千餘具。我亦傷亡官兵二千六百員名，猶未能將敵整個殲滅實有負鈞座期望之至意。[31]

兵第 9 旅団（3）」，JACAR: C11111138100，頁 409。

29 「沂州附近戰鬥詳報　（第 11 号）自昭和 13 年 4 月 16 日至昭和 13 年 4 月 20 日　步兵第 9 旅団」，JACAR: C11111138300，頁 470。

30 「黄村並北勞溝附近の戰闘及大運河に向ふ追擊戰戰闘詳報（第 13 号）昭和 13 年 4 月 26 日〜昭和 13 年 5 月 15 日（3）」，JACAR: C11111139500，頁 995。

31 〈八年血債（十四）〉，《蔣中正總統文物》，國史館藏：002-

如電文所示，國軍方面在第二期戰鬥中，也付出了極大損失代價。據《抗日戰史 徐州會戰 3》的不完整記載，在 4 月 8 日至 19 日間的「嶧縣東南地區之追擊」，國軍參戰部隊 46,150 人，傷亡失蹤官兵約 7,560 人。另一次 4 月 24 日至 5 月 13 日的「禹王山附近戰鬥」中，第六十軍參戰官兵計 36,161 人，陣亡 13,869 人，傷 4,543 人，失蹤 430 人，[32] 折損過半。從動員兵力數比例和予敵之損害程度看，作戰內容都比第一期的「台兒莊大戰」還要慘烈得多。只因為此戰在戰略區分屬於敗北的徐州會戰一部，且上級有指揮部署的失誤（中敵牽制作戰圈套）。所以除了正統戰史的紀錄外，並沒有過對外宣傳，一般人大都不瞭解這一段歷史的真相。

以上即是 1938 年 4 月 8 日至 5 月 15 日間，第二期南部山東省剿滅作戰的概要。此期間（第二期作戰）第二軍全體的戰死傷數字，遠超出第一期。具體超出多少？下面參考做成於 1939 年 3 月的第十師團數據，可以說是迄今可掌握的最完整資料。

台兒莊附近作戰的主角第十師團，在前後兩期南部山東剿滅作戰中共戰死傷 6,785 名（內戰死 1,574 名），第一期戰死傷 2,086 名（內戰死 429 名），第二期戰死傷 4,699 名（內戰死 1,145 名），倍率為 1：2.2。（第十師團統計與前述第二軍統計有微小差別，稍多出第二軍統計數字）。若僅注目於人們所關心的「殲敵數字」，

090200-00038-141。

32 國防部史政編譯局，《抗日戰史 徐州會戰 3》，頁 165、192。

真正的「大捷」，並不是截止於 4 月 7 日的第一期戰鬥
（台兒莊大戰），而是出現在被大捷史觀遺忘的第二期
作戰中。

第七節　再算第一期南部山東剿滅作戰日軍損失

透過以上考證可知：

1. 按統計結果，前後兩期南部山東剿滅作戰，日軍損失
   總數為 14,108 名（其中戰死 3,171 名）。其中第十師
   團前後兩期作戰的死傷總數為 6,770 名（內戰死 1,562
   名）；第五師團兩期作戰死傷總數為 6,712 名（內戰
   死 1,444 名）。

2. 參考第十師團的統計，還可知該師團在第一期戰鬥中
   損失總數為 2,086 名（內戰死 429 名），[33] 第二期作
   戰中死傷 4,699 名（內戰死 1,145 名）。

問題在第五師團因為沒有留下完整的損失統計，[34]
前、後兩期作戰中死傷區分不明，即兩期合計損失
6,712 名中，無法得知到底有多少出現在前期戰鬥（台
兒莊大戰）中。另外，第二軍統計表中的配屬部隊兩期
損失 425 名的區分亦同樣不明確。此時可以作參考，求
出概數的另一個方法，即是分析政府《官報》紀錄中的

33　第十師團的統計數字，總數超出第二軍統計 15 名。

34　第五師團沒有留下師團級的統計數據，也沒有完整的旅團級（僅
　　有國崎支隊紀錄）、聯隊級戰鬥詳報，下屬 4 個步兵聯隊的部隊
　　史中，也沒有戰沒者名簿附錄。其記錄情報不全的理由，筆者推
　　測和板垣征四郎的戰爭犯罪審判有關（審判前銷毀了相關資料）。

死亡數據。《官報》研究的方法，不僅能網羅幾乎所有
軍人的死亡，還可以判明每人的死亡日期，所以從匯總
的數據中區分前、後期戰鬥死亡者的作業非常容易。但
缺點是僅限定於統計死亡者，不能適用於負傷者統計。

　　此處，筆者省略繁雜的分析程序，僅將協力者 G. J.
氏（不便揭露實名）提供的研究結果出示如下。特此聲
明，數據整體的收集分析、部隊區分作業是 G. J. 氏的
心血，篩選判斷並歸納為一覽表的作業是筆者所為，以
下的南部山東剿滅作戰日軍（第二軍）死亡者一覽表為
此作業結果。第五師團統計期間為 1938 年 2 月 20 日至
5 月 15 日，第十師團統計期間為 3 月 14 日至 5 月 15 日，
數字是兩期戰鬥中日軍全體的死亡（戰死）者。

表 12-10　從《官報》數據中歸納出的南部山東剿滅作戰
　　　　　前後兩期第二軍戰死者數字（筆者整理）[35]

	第一期	第二期	合計
第十師團	475	1,388	1,863
第五師團	766	1,434	2,200
軍配屬	88	149	237
合計	1,329	2,971	4,300

備註：
1. 配屬部隊僅記錄戰史資料中出現的部隊數字。
2. 第一期和第二期的區分時間為 4 月 7 日。
3. 排除所屬不明等有疑義者。
4. 第一期包括師團未參戰部隊數據（步兵第四十、第三十九、第
　 四十二聯隊）。
5. 軍配屬為師團管理外其他部隊總和（獨機、戰車、支屯砲、野重等）。

35　此《官報》數據在統計期間稍超出第二軍統計，統計精準度也超
　　出第二軍統計，所以數字多於本研究中作為基礎資料的第二軍統
　　計表。比如第十師團統計的前期作戰戰死者為 429 名，官報數據
　　為 475 名；後期 1,145 名，官報數據 1,388 名。前者會有遺漏，
　　但後者也多出實際戰場戰鬥死亡。

　　從《官報》的統計，可知南部山東剿滅作戰第一期
（台兒莊大戰期間），坂本、瀨谷支隊及配屬部隊全部
死亡（包括戰死）數為 1,329 名。瀨谷支隊 475 名，坂
本支隊 766 名，配屬部隊 88 名。第二期作戰死亡數為
2,971 名（不包括配屬部隊），為第一期的 2.2 倍。

　　筆者利用官報戰死者資料中的前後兩期作戰戰死者
倍率，推算第五師團前後兩期損失概數（包括負傷），
具體算式如下：《官報》中出現的第五師團兩期作戰
的死亡倍率為 1.87 倍（算式：1,434 名（第二期戰死）
÷766 名（第一期戰死）＝ 1.872）。用第二軍統計的
第五師團損總數 6,712 除以此倍率加 1，可推算出第五
師團前期損失的概數為 2,339 名（算式：6,712÷（1.87
＋ 1）＝ 2,339）。第十師團前期損失數 2,086 名加第五
師團前期損失概數 2,339 名，再加算軍直配屬部隊前期
戰死者 88、負傷者概數 315 名（死亡數的約 3 倍），
大致可推算出第一期南部山東剿滅作戰（台兒莊大戰）
日軍的總損失數為 4,828 名。（算式 2,086 ＋ 2,339 ＋
403 ＝ 4,828）

表 12-11　第一期南部山東剿滅作戰期間官報資料第二軍
　　　　　全體戰死傷人數（包括非參戰的 2 個旅團）

	第一期	第二期	合計
第十師團	475	1,611	2,086
第五師團	766	**1,573**	**2,339**
軍直配屬	88	**315**	**403**
合計	1,329	**3,499**	**4,828**

備註：
1. 粗體字為推算概數。
2. 戰死者數據為截止於 1938 年 5 月 15 日的《官報》數據。
3. 此數字包括山東省境內該期間第二軍所有戰場損失。

　　做表要領以第二軍統計內容為基礎，死亡數部分採
用信賴度更高的《官報》數據，倍率也來自《官報》
分析。此作業方法雖能求出一個概數結果，但存在如下
問題：

1. 作為基礎資料的第二軍 14,108 名的損失統計總數不
   一定完整。筆者認為，應少於實際數。

2. 第二軍和下屬第十師團的統計數據也不能一致。比如
   第十師團自己統計的南部山東剿滅作戰前後期戰死
   總數為 1,574 名，第二軍統計為 1,562 名，而《官報》
   統計為 1,863 名。

3. 按《官報》統計，配屬部隊死亡數僅前期就有 88 名，
   後期為 149 名，合計 237 名，大大超出第二軍前後兩
   期統計數 95 名。此也說明第二軍的統計並不完全，
   由於命令系統、所屬單位不同，特別是對師團以外的
   配屬部隊情況，準確掌握十分困難。

　　基於以上原因，若求嚴謹，筆者建議在統計日軍戰
損時僅以《官報》的死亡數據為準。即稱第一期南部山
東剿滅作戰（台兒莊大戰）期間，日軍第二軍在山東省
境內總死亡數為 1,329 名（《官報》）。若有必要出示
死傷全體數時，可稱在第一期南部山東剿滅作戰期間，
日軍在山東省境內的總死傷數約為 5,000 名，其中戰死
1,329 名，負傷約 3,700 名（概數）。

　　由於新資料的出現和利用研究《官報》的方法，結
果與 2016 年筆者的相同研究 [36] 在數據上有小差異（以

36　〈台児庄戦役における日本軍の死傷者数考証〉，《軍事史学》，

前結論為第一期南部山東剿滅作戰，日軍死傷約 5,100
人），但基本相同。在此需要掌握的要點為，一、所謂
「台兒莊大戰」中的日軍實際死傷數，遠低於現在中國
大陸學界通說的「殲敵 11,984 人」。二、根據最新研
究，日軍在廣義「台兒莊大戰」中的死亡人數為 1,329
名。其中臨沂第五師團方面死亡 766 名，台兒莊第十師
團方面死亡 475 名，軍直配屬部隊全體死亡 88 名。希
望今後讀者引用時，以此內容為準。

第八節　各具體戰場日軍死亡數區分

由於導入了《官報》資料，對各期作戰中，各部
隊、各戰鬥損失的具體區分也變得更容易。為了完善以
上統計的細節，以下是按《官報》資料，對第一期南部
山東剿滅作戰（台兒莊大戰）日軍各部隊死亡人數作出
的分別統計。

一、 第五師團第一期南部山東剿滅作戰死亡人數區分

表 12-12 為第五師團在第一期南部山東剿滅作戰期
間的死亡總數，共 766 名。分為兩階段，第一階段是 2
月 20 日至 3 月 29 日的莒縣、湯頭、臨沂附近戰鬥，期
間死亡數 574 名，第二階段是 3 月 31 日赴援台兒莊之
後在東戰場的戰鬥，至 4 月 7 日，共死亡 192 名。其中

第 52 卷第 3 號（2016 年 12 月），頁 145-160。

步兵第四十一聯隊的 6 名，和步兵第四十二聯隊死亡者中的一部分不屬於此作戰範圍內（此時該部隊為青島附近地方守備隊）。

表 12-12　第五師團（主要為坂本支隊）第一期南部山東
　　　　　剿滅作戰（臨沂、台兒莊）期間戰死者人數

部隊區分	臨沂（2 月 20 日至 3 月 29 日）	台兒莊（3 月 3 日）	合計
步兵第十一聯隊	190	82	272
步兵第二十一聯隊	280	74	354
步兵第四十一聯隊	6	0	6
步兵第四十二聯隊	73	12	85
工兵第五聯隊	11	2	13
砲兵第五聯隊	10	5	15
騎兵第五聯隊	2	14	16
輜重兵第五聯隊	2	2	4
第五師團本部	0	1	1
合計	574	192	766

備註：
1. 此為第五師團全體統計，不包含軍直配屬部隊。
2. 步兵第四十一聯隊全體、步兵第四十二聯隊一部為留守部隊，未參加第一期作戰。
3. 步兵第四十二聯隊台兒莊的 12 名，是此期間內在臨沂南朱陳的戰死者。
4. 歸納自《官報》。
5. 坂本支隊 4 月 7 日夜撤退時，出現 3 名戰死者，由於被計入 4 月 8 日，本表未採錄。

二、 第十師團第一期南部山東剿滅作戰期間死亡人數區分

　　表 12-13 為第十師團南部山東剿滅作戰期間內（3 月 14 日至 4 月 7 日）的全體死亡數統計。其中駐守濟寧的步兵第八旅團（長瀨支隊）下屬步兵第三十九聯隊（2 名），步兵第四十聯隊（9 名），沒有參加台兒莊附近戰鬥。統計也分為兩階段，前階段（3 月 14 日至 22 日）屬於滕縣、臨城、韓莊之役，後階段（3 月 23 日

至4月7日）屬於台兒莊附近戰鬥的範圍。

表 12-13　第十師團（主要為瀨谷支隊）第一期南部山東
　　　　　剿滅作戰期間戰死者人數

部隊區分	滕縣、臨城、韓莊、嶧縣（3月14日至3月22日）	郭里集台兒莊（3月23日至4月7日）	合計
步兵第十聯隊	28	95	123
步兵第三十九聯隊	2	2	4
步兵第四十聯隊	0	7	7
步兵第六十三聯隊	31	248	279
工兵第十聯隊	1	13	14
砲兵第十聯隊	9	24	33
騎兵第十聯隊	0	0	0
輜重兵第十聯隊	2	3	5
其他	1	9	10
合計	74	401	475

備註：
1. 不包括軍直配屬部隊。
2. 包括非參戰部隊 9 名（步兵第三十九聯隊 2 名，步兵第四十聯隊
　 7 名）。
3. 歸納自《官報》。

三、 狹義的「台兒莊戰役」（即台兒莊大捷）日軍戰死者數

　　筆者於本書第一章指出，今日中國大陸流行的「台
兒莊大戰」一語，在當時並不存在。1938 年 4 月，台
兒莊的勝利被稱為「台兒莊大捷、台兒莊大勝、台兒莊
血戰」，等於國軍所稱的「魯南會戰或魯南之役」的一
部分。嚴格地講，台兒莊大捷甚至不包括郭里集附近戰
鬥（3 月 24 日至 28 日）。而現在的「台兒莊大戰」的
範圍定義，從多數使用者的區分來看，包括國軍奮勇善
戰的滕縣、台兒莊、臨沂之役，基本上等於日軍所稱的
第一期南部山東剿滅作戰範圍。前面統計出第五師團和

第十師團第一期南部山東剿滅作戰的戰死者總數 1,346
人（《官報》），可以說是「台兒莊大戰」或「魯南會
戰」，國軍的實際戰果（斃敵總數）。包括 2 月 20 日
至 4 月 7 日間，山東省境內第二軍所有部隊經歷過的所
有戰鬥。

　　最初概念的台兒莊大捷，指的僅是其中一部。即
自 3 月 23 日日軍台兒莊派遣部隊南下後，至 4 月 7 日
夜坂本支隊從台兒莊東戰場撤退期間，台兒莊附近戰鬥
的結果。在此，為求方便，稱其為「狹義」的台兒莊戰
役，或台兒莊附近戰鬥。以下表格，即按此概念分類作
出。統計期間從 3 月 23 日（台兒莊派遣部隊出發）至
4 月 7 日日軍撤退。其中也包括郭里集附近的戰鬥和 3
月 31 日至 4 月 7 日間，坂本支隊來援後在台兒莊東戰
場的戰鬥損失。此種統計法，最接近 1938 年 4 月當時
國軍所稱「台兒莊大捷」的內容。

　　狹義的台兒莊戰役（3 月 23 日至 4 月 7 日），日
軍全體戰死者人數 636 名中包括：1. 郭里集附近戰鬥，
2. 期間內在各野戰病院的戰傷死，3. 期間內韓莊及其他
守備隊的戰死者，4. 各種配屬部隊戰死者，5. 坂本支隊
在台兒莊東戰場（3 月 31 日至 4 月 7 日）的戰死者等。

表 12-14　狹義的台兒莊戰役日軍戰死者數 3 月 23 日至
　　　　　4 月 7 日（《官報》，筆者調查製表）

瀨谷支隊	戰死數	坂本支隊	戰死數	合計
步兵第十聯隊	96	步兵第十一聯隊	82	
步兵第三十九聯隊	2	步兵第二十一聯隊	74	
步兵第六十三聯隊	248	砲兵第五聯隊	5	
工兵第十聯隊	12	騎兵第五聯隊	14	
砲兵第十聯隊	24	其他	5	
騎兵第十聯隊	0			
輜重兵第十聯隊	3			
其他	9			
軍直配屬	54	軍直配屬	8	
合計	448		188	636

　　即被稱為「大捷」的台兒莊附近的戰鬥（3 月 23 日
至 4 月 7 日），與湯軍團、孫集團軍約 12 萬兵力作戰
的日軍瀨谷、坂本支隊 16,000 餘人中，共出現 636 名
戰死者。

　　藉由以上 3 個表中的具體數據，可看到如下幾個
特徵：

1. 第五師團（臨沂方面）的總損失大於第十師團（台
　　兒莊方面），說明第五師團在臨沂方面的作戰，比
　　起第十師團台兒莊方面作戰更為不順利。

2. 第十師團的損失，大多出現在 3 月 23 日台兒莊攻略
　　戰開始之後。之前 1 週間的作戰（包括滕縣攻擊）
　　十分順利，損失微小。

3. 台兒莊東、西兩個戰場的日軍死亡總數（636 名），
　　略等於臨沂戰場方面坂本支隊的死亡數（766 − 188 ＝
　　578 名）。而從總兵力數來說，臨沂戰場國軍人數，
　　僅為台兒莊方面的約一半。

4. 台兒莊攻略戰中，日軍最大損失出現在步兵第六十三

聯隊擔當的攻城戰中。步兵第六十三聯隊損失相對慘重，而步兵第十聯隊在台兒莊作戰與在滕縣作戰中皆損失不大，主要損失出在郭里集附近戰鬥中。

5. 相較之下，可得知佔有國軍大半兵力的湯軍團，在台兒莊附近戰鬥中並無相應的建樹。其兵力總數最大時約達 73,000，戰果合計約斃敵 260 名（郭里集附近戰鬥中斃敵約 70 名，台兒莊東戰場戰鬥中斃敵 188 名），低於孫連仲集團軍的斃敵數 370 名。

　　另外透過本章對第二期作戰的分析還可得知，日軍在兩期南部山東剿滅作戰的前後期損失比率為 1：2.2。即主要損失，並不是出在第一期作戰（台兒莊大戰），而出在第二期作戰（徐州會戰前期，或第二期台兒莊戰役）。而兩期作戰日軍戰損總數，被中國大陸研究者斷章取義，錯誤地使用於第一期台兒莊戰役（台兒莊大捷）的戰果紀錄中。

第九節　國軍方面的損失統計

一、國軍戰史叢書的統計

　　關於台兒莊附近戰鬥的損失統計，國軍的統計種類比起日軍來說要少得多，方法也不甚嚴謹。可知道的僅僅是一個大約的概數，比如中華民國正統戰史叢書《抗日戰史　徐州會戰 3》中，出示的僅是各戰鬥集團的兵員及損失總數，無陣亡、負傷、失蹤之分。

1. 湯恩伯第二十軍團

統計範圍從 3 月 17 日至 4 月 19 日：

> 此次戰鬥，我先後參戰部隊有步兵七個師，一個
> 旅，騎兵一個師，騎砲兵各一團，共計約官兵七二
> 二七八人，馬六八五零匹，傷亡失蹤官兵約二零
> 三四二人，馬一零四七匹，俘獲步槍三七八枝，擲
> 彈筒五具，及裝備物品甚多。[37]

統計截止時間為 4 月 19 日，超越 4 月 7 日第一期
台兒莊戰役結束 12 日。湯軍團其他統計也都截止於 17
日，應是按自己當時的戰略區分所致（此時戰場從嶧
縣東方山地向南移動到邳縣北部的連防山、禹王山一
帶）。所以參戰人員總數內容可取（逐漸增加，4 月 1
日後為 72,278 人），但戰損數字對本研究並無太大價
值，因為數字中包括了第二期台兒莊戰役的重要一段。
從結果可看到，湯軍團整體的損失十分慘重。至 4 月
19 日，已達投入兵員總數的 28%，筆者認為，死傷總
數 20,342 名中，約半數應是第二期戰鬥中的損失。

2. 孫連仲第二集團軍

統計範圍從 3 月 22 日至 4 月 7 日：

> 我參戰部隊，除建制外，增加第一一零師及砲兵第

37　國防部史政編譯局，《抗日戰史　徐州會戰 3》，頁 146。

七團，共計約官兵四六一五零人，馬三二五零匹，
傷亡失蹤官兵約七五六零人，馬二零七匹，俘獲步
機槍二六六枝，山砲二門，戰防砲一門，及裝備物
品甚多。[38]

統計期間與台兒莊附近戰鬥一致。所以台兒莊正面
戰場孫集團軍參戰總數 46,150 人、損失總數 7,560 人，
都是台兒莊之役的可取數字，損失比率為 16%。

3. 關於臨沂附近戰鬥

損失率為 21%，統計範圍自 3 月 20 日至 4 月 20 日：

臨沂附近諸戰鬥，我參戰部隊，先後計有步兵五個
師，一個旅，騎兵師、旅、團各一，及海軍陸戰隊，
魯省保安隊等，合共五七八七五人，傷亡失蹤官
兵計約一一九二一員名，馬六十一匹，俘獲馬十三
匹、步機槍三八九支、山野迫砲四門、擲彈筒九
具，彈藥及被服甚多。[39]

臨沂方面的戰鬥，3 月 29 日以後，由於坂本支隊
赴援台兒莊，臨沂附近僅留下步兵第四十二聯隊 1 個大
隊守備。除了朱陳（臨沂南羅莊附近）方面國軍 180D
對步兵第四十二聯隊第三大隊的圍城戰鬥外，約 20 日

38　國防部史政編譯局，《抗日戰史　徐州會戰 3》，頁 165。
39　國防部史政編譯局，《抗日戰史　徐州會戰 2》，頁 129。

間並無大戰事。以上統計的損失數字中包括了第二期戰鬥中一段激戰部分（國崎支隊臨沂城攻擊戰）。

4. 川軍第二十二集團軍

3 月 14 日至 18 日，在香城、界河、滕縣附近戰鬥的損失：

> 我參戰部隊計四個步兵師，死亡失蹤官兵二四一五員名，馬二十七匹。[40]

內容簡單潦草，可能因川軍訓練素質差，又幾乎全軍潰散，所以兵力總數和損失狀況等，一直沒有可信的統計。滕縣戰後，委員長蔣中正雖督促該部報告傷亡損失，但潰亂之際，統計根本無法進行。唯一的方法，就是在徐州附近北拾屯（川軍的整頓地）收容南逃的殘兵。3 月 23 日僅有概略的收容殘兵數字，代總司令孫震報告云，至 23 日 13 時「四十一軍約收容官兵二千八百餘員名，四十五軍收容約五千餘員名」，[41] 按此數據，集團軍全體 4 個師，此時僅剩 7,800 餘。之後補做的集團軍戰鬥詳報統計中，孫震又籠統地稱「我陣亡官兵 3,000 餘人，負傷官兵 4,000 餘人」，[42] 但此

---

40 國防部史政編譯局，《抗日戰史　徐州會戰 2》，頁 108。

41 〈領袖指示補編（十三）〉，《蔣中正總統文物》，國史館藏：002-090106-00013-020。

42 山東省政協文史資料委員會編，《悲壯之役　記 1938 年滕縣抗日保衛戰》（濟南：山東人民出版社，1992），頁 18。

說並沒有明確的證據。另外，參與滕縣之戰的 2 個師
（122D、124D）補做的戰鬥詳報，不知是否受到宣傳
滕縣保衛戰的政治面影響，雖在檔案中留下了紀錄，但
與孫震的口述出入甚大。

　　《抗日戰史　徐州會戰 2》中採用的數字，是 4 個
師的戰鬥詳報數字集成，雖疑點重重，但有檔案依據，
捨棄孫震的口述，採用戰鬥詳報數字，也可謂是嚴謹的
戰史研究者必然的選擇結果。

表 12-15　魯南會戰東、西兩戰線國軍死傷者統計

	統計期間	總員數	損失總數	來源
川軍 （第二十二 集團軍）	3/14-3/19	4 個師	2,415	《抗日戰史　徐州會戰 2》
湯軍團	3/16-4/19	72,278	20,342	《抗日戰史　徐州會戰 3》
孫集團軍	3/23-4/07	46,150	7,560	《抗日戰史　徐州會戰 3》
臨沂方面	2/20-4/20	57,875	11,921	《抗日戰史　徐州會戰 2》
合計		176,303 又 4 個師	42,238	

備註：
1. 湯軍團統計截止於 4 月 17 日，臨沂方面統計截止於 4 月 20 日。
2. 參考《抗日戰史　徐州會戰 2》、《抗日戰史　徐州會戰 3》但仍
　 有不完全之處。

　　以上為魯南會戰（台兒莊大戰）全體戰場部隊統計
之和，各方面統計數據籠統（無死傷區分），時期區分
也不一致，所以僅能作參考。但範圍涵蓋了台兒莊大戰
全體，可確認魯南之役（台兒莊大戰）中，國軍各戰場
的兵員總數為 176,303 名，再加上川軍的 4 個師。損失
總數合計約 42,238 人，約為日軍總損失數（約 5,000 人）
的 8 倍。

二、各部隊報告的損失資料集成

　　另外還有一種統計方法是收集各部隊的損失報告，很多部隊在台兒莊附近各戰鬥期間或戰鬥後，都不斷地對軍委會（蔣中正）報告損失。此報告以電報形式保存下來，現存放於國史館中。優點是比較具體，很多可區分部隊別的陣亡、負傷、失蹤數字，缺點為幾乎都是初期速報統計，沒有經過核實修正，所以推測統計錯誤相當多。

　　筆者按孫連仲、湯恩伯各次戰鬥對軍委會上報的數字彙集結果如下：

1. 川軍第二十二集團軍，沒有具體數據，所以借用前節戰史《抗日戰史　徐州會戰 2》的統計。

2. 湯恩伯第二十軍團，3 月 16 日至 4 月 17 日間，共陣亡 3,598 名，負傷 6,893 名，失蹤 265 名，損失合計 10,756 名（其中缺 6D、21D 統計）。

3. 孫連仲第二集團軍，3 月 23 日至 4 月 7 日間，共陣亡 3,236 名，負傷 5,417 名，失蹤 924 名，損失合計 9,577 名。

4. 臨沂方面張自忠 59A，至 4 月 5 日，「計傷亡官兵 9,680 員名」，龐炳勳 40A 報告，全體編制定員 13,484 名中，陣亡 1,125 名，負傷 3,077 名，兩部合計死傷共 13,882 名（龐炳勳部陣亡 1,125 名，張自忠部陣亡者無數字）。

　　以上相加，即戰場報告中出現的台兒莊大戰全體國軍損失的概數（初報數字）。川軍 2,415 ＋湯軍團 10,756 ＋孫集團軍 9,577 ＋龐部 4,202 ＋張自忠部 9,680，合計

損失 36,630 名，可知一部分陣亡數為 7,986 名。

表 12-16　魯南會戰（台兒莊大戰）各軍損失數據歸納
（向軍委會匯報數據，筆者搜集整理）

	統計期間	陣亡	負傷	死傷／失蹤	合計	來源
川軍（第二十二集團軍）	3/14-3/19			2,415	2,415	《抗日戰史　徐州會戰2》
湯軍團	3/16-4/17	3,598	6,893	265	10,756	國史館藏：002-089200-00035-137
孫集團軍	3/23-4/07	3,236	5,417	924	9,577	國史館藏：002-090200-00045-145
張自忠軍	3/20-4/05			9,680	9,680	國史館藏：002-090200-00040-281
龐炳勳軍	2/20-3/31	1,125	3,077		4,202	國史館藏：002-089200-00047-288
合計		7,959	15,387	13,284	36,630	

備註：
1. 本表中湯軍團統計截止予 4 月 17 日。
2. 張自忠第五十九軍及川軍統計戰死傷區分不明。

　　此統計方法陣亡數中缺川軍、張自忠部的具體數據，死傷數中又多出湯恩伯部 10 日間數據，所以也只能當做參考概數。筆者推算，第一期魯南之役（台兒莊大戰）國軍陣亡總數約為 11,000 名，負傷數約 22,000 名。與日軍的損失相比，戰死比約 8：1，負傷比約 6：1，雖都是概數，但大致能反映出第一次南部山東剿滅作戰（台兒莊大戰）中日兩軍的損失情況及比率。

　　以下是筆者對國軍各部戰損報告內容整理出的一覽表，可得知部分下級部隊的具體戰死傷數。

表 12-17 台兒莊戰役中（第一期）孫集團軍、湯軍團
　　　　　各部損失狀況

湯軍團台兒莊大戰期間人員損失報告				
台兒莊	亡	傷	失蹤	合計
89D	840	1,359	265	2,464
4D	858	1,623		2,481
25D	921	1,310		2,231
2D	536	1,943		2,479
139D	440	623		1,063
13A 獨騎 R	3	35		38
21D	欠缺數據	欠缺數據	欠缺數據	
13D	欠缺數據	欠缺數據	欠缺數據	
6D	欠缺數據	欠缺數據	欠缺數據	傷亡 700 餘
110D	欠缺數據	欠缺數據	欠缺數據	
合計	3,598	6,893	265	10,756

備註：此表包括滕縣、臨城、韓莊、嶧縣戰鬥，統計範圍超出台兒莊
　　　戰役第一期 10 天。

第二集團軍第一次台兒莊戰役人員損失報告（3 月 22 日至 4 月 7 日）					
	亡	傷	不明	合計	訂正
27D	1,539	1,824	84	3,447	
30D	429	815	99	1,343	
31D	1,059	2,532	650	4,241	
44Bs	209	246	91	546	
合計	3,236	5,417	924	9,675	9,577

備註：
1. 此表內容欠 110D 及部分配屬部隊統計。
2. 仍有遺漏之處。

第十節　戰鬥詳報記錄的瀨谷支隊損失與消耗

　　由於支隊參戰的其他戰力，都以對 2 個步兵聯隊配屬的形式投入，戰鬥總指揮者為步兵聯隊長，所以 2 個聯隊的戰鬥詳報，也同時記錄了各次戰鬥中各配屬部隊的兵力總數及戰損。若能掌握步兵第十聯隊、步兵第

六十三聯隊 2 個戰鬥詳報統計內容，瀨谷支隊全體的兵力及損耗等也可一目瞭然。但戰鬥詳報屬於戰鬥後不久的初期總結，資料遺漏且錯誤較多，從文件性質看，之後也不會訂正，所以雖有各種統計資料，但不會十分完美。特別是在人員的損失，經比較可見，一般都低於其他資料。此為筆者在考證日軍人員損失數據的作業時，沒有利用戰鬥詳報統計的理由。

　　戰鬥詳報的長處，是有其他資料中鮮見的戰鬥結果統計，如繳獲敵方武器，和自己的武器損失、彈藥消耗統計等，雖有部分遺漏，但數字能記錄到個位數，所以價值也不可低估，[43] 在沒有其他可信資料時，其存在更為重要。以下是從 2 個步兵聯隊的戰鬥詳報各號（共 8 號、16 個統計表）中，集計整理出來的各種資料，可瞭解瀨谷支隊在第一期南部山東剿滅作戰全體（3 月 14 日至 4 月 8 日）的戰力總數、軍隊區分、人員損失、武器損失、彈藥消耗。根據「戰損自報」的原則，又可稱是包括「滕縣保衛戰」、「棗嶧反擊戰」和「台兒莊大捷」等諸戰鬥中，國軍主要對手瀨谷支隊的實際戰力，和戰鬥時國軍方面取得的可信戰果。

43　由於配屬部隊經常臨時發生變動（轉屬），損失很難準確統計。有時會被記載遺漏，有時會被前後配屬的部隊重複計算（步兵第十聯隊郭里集，和步兵第六十三聯隊台兒莊的戰鬥詳報中，在兩部分屬的獨立機槍第十大隊報告的總損失，曾被 2 個聯隊戰鬥詳報重複記入）。另外，分開執行任務的韓莊、嶧縣、棗莊守備隊，後方部隊的兵站、輜重、野戰病院的損失等，也不會在聯隊主力所在的戰鬥詳報中出現（如台兒莊的戰鬥詳報不會出現韓莊戰鬥的損失紀錄）。

表 12-18　步兵第六十三聯隊及配屬部隊在第一期南部
山東剿滅作戰參加人員與損失綜合統計

資料來源：「步六三戰詳第十四號附表其二十一」，JACAR: C1111
1254400，頁1155。

一、瀨谷支隊的戰力概況

在台兒莊附近作戰的日軍是第十師團瀨谷支隊主
力，以步兵第三十三旅團為基幹，下轄步兵第十、第六
十三聯隊，配屬師團、軍、方面軍的數個砲兵部隊、獨
立機槍第十大隊、支那駐屯旅團臨時戰車隊、獨立輕裝
甲車第十、第十二中隊等。在台兒莊戰場附近，戰力約
為步兵 5 個大隊、砲兵 3 個大隊、裝甲 3 個中隊。

從各戰鬥詳報可計算出總兵力數約 1 萬人（包括約
20% 非戰鬥員），作戰步兵 3 月 30 日以後最大時為
19 個中隊（5 個大隊弱），主要武器配備如下：

1. 配屬砲兵（約 3 個大隊，共 12 個中隊），46 門火砲
   （不包括聯隊砲兵和韓莊、臨城守備隊的配屬砲兵）。
2. 配屬裝甲部隊（3 個中隊），內有支那駐屯軍臨時
   戰車中隊（方面軍配屬部隊）戰車 7 輛、輕裝甲車

5 輛；獨立輕裝甲車第十、第十二中隊（第二軍配
屬），輕裝甲車 17 × 2 ＝34 輛（此為編制數）。

3. 獨立機關槍第十大隊（第二軍配屬，3 個中隊），92
式重機關槍 8 × 3 ＝24 挺。

4. 步兵聯隊的重武器，2 個聯隊的編制數合計為，41 式
山砲 8 門，94 式速射砲 8 門，92 式步兵砲 12 門，
92 式重機槍 48 挺，11 年式輕機槍 144 挺，89 式重
擲彈筒 144 具。（實際少於此數）

二、參戰人員及損失數

　　參戰人員數字，大致為表中相應戰鬥期間的 2 個聯
隊參戰人數之和。由於此外還有韓莊、臨城、嶧縣守
備隊等非參戰的守備部隊（合計共 1 個大隊步兵約千
人），瀨谷支隊的總人數，大致等於步兵第十聯隊記錄
的參加數＋步兵第六十三聯隊記錄的參加數＋守備隊
1,000 人。例如最後的台兒莊戰鬥期間，步兵第十聯隊
及配屬（2,513 人）＋步兵第六十三聯隊及配屬（6,527
人）＋守備隊 1,000 人＝ 10,040 人。此 10,040 人，即是
瀨谷支隊全體兵員概數。

　　2 個聯隊及配屬部隊的各次戰鬥損失人員的集計結
果，為戰死 470 人，負傷 1,554 人，合計損失 2,031 人
（戰鬥詳報數據）。此數字與第十師團之後在 1939 年
統計的戰死 425 人，負傷 1,647 人（師團統計數據），
和從《官報》分析歸納出的死亡 475 人，都有出入。但
若只取統計中的戰死人數（470、425、475），可認為
三種統計並無太大出入。數字差主要來自統計時間的先

後（越晚越全面），統計範圍（期間）的長短和統計的全面性（配屬部隊情報的完全性）。若擇一，筆者建議採用《官報》數據的 475 名。以下為各部隊，各期間戰鬥統計的一覽，僅供參考。

表 12-19　瀨谷支隊在第一期南部山東剿滅作戰全體期間內的戰死傷統計

步兵第六十三聯隊及配屬部隊戰死傷統計（3 月 14 日至 4 月 8 日）					
期間	參加	戰死	戰傷	合計	戰鬥地點
3 月 14 日	5,065	1	20	21	界河附近
3 月 15 日至 16 日	4,990	2	14	16	滕縣週邊
3 月 17 日至 18 日	5,178	13	55	68	官橋、臨城
3 月 19 日至 4 月 6 日	6,527	267	813	1,080	韓莊、嶧縣及台兒莊週邊
合計		283	902	1,185	

步兵第十聯隊及配屬部隊戰死傷統計（3 月 8 日至 4 月 8 日）					
期間	參加	戰死	戰傷	不明	合計	戰鬥地點
3 月 8 日至 15 日	2,693	4	10		14	界河附近
3 月 15 日至 18 日	3,130	16	130	3	149	滕縣攻略
3 月 24 日至 29 日	4,363	73	68	2	143	郭里集附近
3 月 30 日至 4 月 8 日	2,513	31	194		225	台兒莊週邊
合計		124	402	5	531	

第一期南部山東剿滅作戰瀨谷支隊損失數總計（3 月 8 日至 4 月 8 日）				
	戰死	戰傷	失蹤	合計
步兵第六十三聯隊及配屬總數	346	1,156		1,502
步兵第十聯隊及配屬總數	124	402	5	531
合計	470	1,558	5	2,033

三、武器損失與彈藥消耗

　　台兒莊大捷的宣傳內容，陳誠對外公佈為繳獲「火砲七十餘門，戰車四十餘輛，裝甲車七十餘輛，汽車一百餘輛」。此國軍的反攻、大捷戰果的存在與否，可以藉由瀨谷支隊的武器損失統計數據釐清。按筆者的「戰

損自報」原則，應採用以下來自瀨谷支隊2個步兵聯
隊，8號戰鬥詳報的各種戰損統計集計，包括南下作戰
以來瀨谷支隊的全部損失。

表 12-20　步兵第六十三聯隊、第十聯隊第一期南部山東
　　　　　剿滅作戰的武器損失統計（筆者各號戰鬥詳
　　　　　報統計歸納）

第一期南部山東剿滅作戰中瀨谷支隊兵器損失（3月8日至4月8日）			
	步兵第十聯隊及配屬	步兵第六十三聯隊及配屬	合計
92 式重機槍		2	2
重機槍備用槍身		2	2
11 年式輕機槍	7	13	20
輕機槍備用槍身		7	7
38 式步、騎槍	50	108	158
30 年式槍用刺刀	38	112	150
手槍	12	22	34
4 年式 15 榴		1	1
90 式野砲		2	2
57mm 戰車砲		4	4
94 式速射砲		1	1
89 式重擲彈筒	5	7	12
89 式中戰車		4	4
車載輕機槍		10	10
94 式輕裝甲車		7	7
履帶牽引車		8	8
自動貨車		2	2
其他機動車輛		4	4
步兵彈藥車	1		1
砲兵彈藥車		6	6
39 式輜重車		36	36

備註：其他裝備、零件省略

　　主要損失品為 2 挺重機槍、20 挺輕機槍、158 支步
槍、輕重砲8門（其中4門是戰車裝備砲）、戰車4輛、
輕裝甲車 7 輛，其他機動車 14 輛等，可見與國軍的戰
果報告相差甚遠。車輛和火砲等重武器，何時在何處損
失，戰鬥詳報中都有明確記載。另外戰鬥詳報中對繳獲

的戰利品清單、各戰鬥的彈藥消耗也都有分別記錄。由
於本書採用計數原則是「戰損自報」，所以在此不出示
日軍記錄的繳獲戰利品的數據（儘管是打掃戰場的清點
數字），僅將各戰鬥消耗彈藥數的一覽表呈示如下。

表 12-21 瀨谷支隊第一期南部山東剿滅作戰彈藥消耗
數據（3 月 14 日至 4 月 8 日）

	步兵第六十三聯隊				步兵第十聯隊				合計（發）
	3/14	3/15-16	3/17-18	3/19-4/08	3/14	3/15-18	3/24-29	3/30-4/08	
步槍彈	16,693	27,927	48,087	333,508	13,200	46,791	39,082	161,724	687,012
重機槍彈	26,771	13,789	34,978	268,021	38,200	54,100	17,522	65,080	518,461
手槍彈	16	52	3	665		77	53	65	931
擲彈筒榴彈	146	31	295	2,159	279	709	649	991	5,259
手榴彈	40	10	23	1,355		383	369	409	2,589
92 式步兵砲榴彈	221	8	257	2,685	198	434	306	1,004	5,113
41 式山砲彈	166	10	120	2,169	359	440	189	3,027	6,480
94 式速射砲彈	304	185	292	1,282	252	93	103	808	3,319
戰車砲榴彈				440					440
38 式野砲彈	243	263		6,383					6,889
15 榴重砲彈				3,865					3,865
94 式山砲彈			126						126
91 式破甲彈	30	215	153				50		448
合計（發）	44,630	42,490	84,334	622,532	52,488	103,027	58,323	233,108	1,240,932

備註：
1. 此表根據 2 個步兵聯隊共 8 個彈藥消耗統計表歸納做成，省略了部分不重要的消耗。
2. 其中包括各配屬部隊彈藥消耗。
3. 統計範圍包括界河、滕縣、臨城、韓莊、嶧縣、郭里集、台兒莊所有戰鬥。
4. 按照各號戰鬥詳報統計歸納，有部分數據不全。

以上考證依照中日檔案史料匯總的戰損數據，由於

各種史料的局限，內容並不一定完全準確，但至少可以反映台兒莊戰役兩軍戰鬥損失的基本狀況。原始史料都是兩軍保存的軍隊機密，雖存在統計的疏漏與不周，但不會作假。此戰損數字反過來使用，即可稱為是敵方的戰果，最接近事實，沒有宣傳色彩。其中日軍的戰死數字（第十師團 475 名，第五師團 766 名），已達到接近精準的程度，全部有詳細的個人資料佐證。而國軍由於制度上的缺陷，結果還不理想。

第十三章　台兒莊戰役的戰略評價

作為本書的總結，本章從戰略角度對台兒莊戰役中日兩軍的作戰行動，進行了新的歷史評價，主要指出湯恩伯的指揮過失。國軍對湯恩伯過失的指責，軍委會內部也存在，但之後被大捷的宣傳所淹沒。日軍瀨谷啟支隊長的抗命及戰場撤退，從戰略層面來說是一個正確選擇。極力推卸指導責任的軍部上層後來也默認了此點，所以瀨谷本人雖一時被推作代罪羔羊，之後卻未受到任何軍紀處分。恃功自傲者必敗，大捷後蔣中正也告誡過此點，可是第五戰區司令長官李宗仁等人卻被虛假的宣傳效果沖昏了頭，一心再度企圖與日軍主力決戰魯南（第二期台兒莊戰役），結果中了日軍引誘作戰的圈套，耽誤了徐州保衛戰的準備部署。

第一節　湯軍團在魯南會戰中的功過——讀軍令部第一廳戰鬥總結

本書多次指出湯恩伯第二十軍團在 1938 年 3 月至 4 月魯南之役期間的種種過失。實際上此論並不是筆者獨家見解。若上溯戰史紀錄，可發現會戰期間或會戰之後，已有軍方人士批判。由於台兒莊戰役（第一期）以

國軍的勝利告終，媒體、軍方又進行大量美化宣傳，以致軍方對湯恩伯作戰指揮失誤的種種指責，也被舉國上下的讚美聲所淹沒。之後的戰史，大多也繼承這種湯恩伯將軍的正面形象，以致其過失的一面至今已很少有人提起。

在進行對台兒莊之役的檔案史料考證過程中，筆者發現了一個台兒莊大捷後不久，1938 年 4 月 25 日由軍委會軍令部第一廳第四處羅澤闓處長編寫的台兒莊之役內部總結報告，執筆者多為軍令部第一廳的高級參謀，其中多處出現對湯恩伯戰略指揮的指責，證明當時軍方已經存在對湯軍團的批判，並不是後人所為。

《抗戰參考叢書：台兒莊殲滅戰》當時屬軍方的「極機密」文件。對湯恩伯作戰指揮的內部評價，主要出現在文件「會戰教訓」一節中。批判主旨集中在：一、對湯軍團棗嶧反擊（3 月 24 日至 28 日，現稱郭里集附近戰鬥）戰略地位的評價；二、對湯恩伯將軍團主力轉進蘭陵鎮的評價。以下按順序出示羅澤闓（第四處）、馮衍（第一處）、蔡文治（第二處）3 人的見解，並結合本研究的中日戰史檔案對比考證結果，提出筆者的分析意見。

一、「會戰教訓」

（1）羅澤闓「台兒莊戰鬥之教訓與感想」

羅澤闓是年 35 歲，黃埔六期，軍令部第一廳第四

處少將處長，掌管戰術研究、軍事教育訓練。[1]

1. 對湯軍團棗嶧反擊戰（3 月 24 日至 28 日）的見解

> 湯軍團進出於棗嶧東方，距台莊卅餘公里，雖曾對棗嶧攻擊，而敵仍集中兵力，向台莊猛攻。湯軍團在最初十日內，未能投合戰機，致孫集團損害甚大，而戰局未能迅速解決。[2]

批評湯軍團嶧縣失守（3 月 21 日）後，退避於棗嶧東北山地，一直未南下台兒莊的指揮失誤。並指出李宗仁部署以湯軍團主力為中心的「棗嶧反擊」，並未能起到擊破或牽制敵主力（瀨谷支隊）的效用。日軍瀨谷支隊按計畫南下，結果致使運河線守軍孫連仲部（第二集團軍）在台兒莊孤軍奮戰，損失重大。

2. 對湯軍團 3 月 31 日轉進蘭陵鎮，迎擊坂本支隊部署的批評

> 〔坂本支隊〕以外線反包圍之態勢，對付我之包圍，不失為無辦法中之辦法！雖因我軍機動迅速，應付適宜，致敵之反包圍，並未奏功！但台兒莊之戰鬥，則因此再延長一星期之久。[3]

1　徐友春主編，《民國人物大辭典》（石家莊：河北人民出版社，2007），下，頁 2791。

2　《抗戰參考叢書：台兒莊殲滅戰》，頁 97。

3　《抗戰參考叢書：台兒莊殲滅戰》，頁 95。

此處並未正面否定湯恩伯的蘭陵鎮調兵，稱此調兵之舉收到一定效果（挫敗敵反包圍企圖），但由於分兵過多，結果拖延台兒莊勝利的時間。從文章含義看，雖未加以否定，但意在指責此舉為大材小用，分散在台兒莊正面的攻擊戰力。

3. 對孫連仲部反擊（台兒莊大捷）的見解

> 我孫集團軍以兵力疲憊，亦陷於停頓狀態，後為呼應湯軍團之作戰，組派多數小縱隊，由敵所據各村莊之間隙突入，至奏奇功！[4]

即所謂台兒莊大捷的「反擊」，軍方也承認並不是湯軍團所為，而是早已「兵力疲憊，亦陷於停頓狀態」孫連仲部主動出擊的「奇功」。文章並沒有提到弱兵為何能舉「奇功」，如同本研究考證結果，實際上是因為日軍的自主撤退。

文章還指責「我追擊遲滯」、「敵由台莊退卻，僅到嶧縣為止，而能站住腳步」。[5] 間接地暗示各隊追擊作戰中的消極，並未能給予退卻之敵致命打擊。此部分觸及到軍方上層對「反擊大捷」的另一種戰術認識，即一無主力（湯軍團部）參加反擊，二無全軍奮勇追擊作

4　《抗戰參考叢書：台兒莊殲滅戰》，頁98。
5　《抗戰參考叢書：台兒莊殲滅戰》，頁95。

戰。取得大捷，僅為弱兵（孫連仲集團軍）所建的奇功，實屬偶然，和當時汗牛充棟的反擊戰大捷宣傳報導相比，曲調截然不同。

（2）馮衍「對臨棗台支線戰役經過所見」

馮衍是年 30 歲，黃埔六期，軍令部第一廳第一處少將處長，掌管作戰指導監督事項。[6] 其意見中，有對湯軍團棗嶧反擊和轉進蘭陵整體戰略的尖銳批判：

> 湯軍團之使用，其初係乘孫集團誘敵深入之際，側擊敵人，然湯軍團所指攻擊目標，為嶧棗以北地區，與孫集團距離既遠，未能直接發生影響，遂使台兒莊孫部有獨立支撐之苦，後湯軍團變更部署，……攻擊敵軍側後，直接協力孫集團之作戰，嗣因臨沂之敵，一部竄至向城，乃中途變更決心，抽南進主力內兩師，加入於北面作戰，雖在洪山鎮獲得勝利，然權衡輕重，自應先求主決戰方面勝利為主眼，……亦殊無變更決心之必要，徒以精銳兵力，疲憊於道路之中，使敵坐獲餘裕時間，不克早日擊破，誠屬失策。[7]

關於大捷的追擊戰，與羅澤闓處長同調：

6　〈軍事委員會官員任免（八）〉，《國民政府》，國史館藏：001-032107-00035-063。

7　《抗戰參考叢書：台兒莊殲滅戰》，頁 103。

〔反擊後〕追擊發動過遲，……第六師方面，五日
晚已發現敵有退卻徵候，惜未敢作肯定之判斷…各
部隊均過於重視敵後衛陣地，為少數頑抗之敵所誘
惑，未作放膽之追擊，直至八日始開始追擊，致逸
失時機。[8]

此意見可看作是對湯軍團作戰部署、行動的全盤否
定。一、棗嶧反擊戰，遠離台兒莊，未能緩解敵方對台
兒莊方面之進攻壓力。二、轉進蘭陵鎮之舉，雖奏小功
阻止了坂本支隊前進，但從全體戰局權衡，集結主力
轉進蘭陵屬大材小用，浪費時間兵力，貽誤戰機，總評
價為「誠屬失策」。三、畏敵過度，敵撤退時逸失了反
擊，追擊的戰機。

（3）蔡文治「台兒莊附近會戰所得之教訓」

蔡文治[9]是年 27 歲，黃埔九期的奇才，當年破格
被蔣中正提升軍令部第一廳第二處少將科長。掌管全國
作戰序列編組以及軍隊的調整、遣派等業務。評價中可
見對湯軍團戰略大包圍（外圍運動作戰）行動的見解：

此次湯軍團向嶧縣棗莊之攻擊，即對敵情未能判明
所致，如該軍團不能適時向南夾擊台兒莊之敵，而
仍向嶧縣棗莊攻擊，則其後果，一、敵以小部扼守

8　《抗戰參考叢書：台兒莊殲滅戰》，頁 108。
9　《民國高級將領列傳》，頁 590-591。

嶧縣棗莊據點，牽制我大部兵力。二、敵之主力得
可……迅速擊破台兒莊之孫集團，向徐州進出。
湯軍團向嶧縣棗莊行戰略上之大迂迴，包圍範圍過
大，目標過遠，因敵在戰鬥上較我為優，其據守一
點，即難將其向求心方向壓迫，以達成分進合擊，
收求心作戰之效。……反將兵力分離，授敵以各個
擊破之隙。[10]

批判湯軍團的棗嶧反擊，和轉進蘭陵鎮的外圍運動
作戰（戰略包圍），都是分散兵力之舉，幾乎鑄成大
錯。運動於外圍，不如集中兵力進行小規模戰術包圍，
達到與孫連仲部協力的作戰，實現合擊殲敵目的。

從以上部內的評價，看出對湯軍團的部署與行動
（如棗嶧反擊和轉進蘭陵），否定多於肯定。否定意見
的中心，即指責湯軍團雖掌握絕大多數兵力，卻一直遠
在外圍運動、分散兵力，以致貽誤戰機，未能及時援助
台兒莊正面戰場孫連仲部防禦，引發孫部危機，錯過了
集中兵力殲敵之機會。

可以認為，以上的批判見解，在台兒莊戰役之後的
軍方上層是主流意見，也是湯軍團之後在戰史紀錄中反
覆對此進行辯解的原因。但此軍方的批判，屬內部機
密，並未對外公開，以致鮮為人知。

10　《抗戰參考叢書：台兒莊殲滅戰》，頁 117、119。

二、筆者的綜合分析

由於軍令部內少壯派高級參謀遠離戰場（除羅澤闓曾到戰區督戰），僅依靠下級的戰報內容進行紙上談兵，且上報時戰鬥過程、損失內容等已有不少掩蓋（誇張戰果、隱蔽過失），所以可見評價者多對實際戰況不甚瞭解。比如稱關麟徵 52A 於 3 月 30 日至 31 日台兒莊北部對日軍主力進行包圍戰奏功之見解（事實與報告內容不符），或 4 月 1 日在蘭陵鎮北對坂本支隊截擊作戰成功的認識（實際是初戰失利，又未展開南下追擊）等，都是聽信了湯軍團戰果上報的結果。

以下，筆者將湯軍團戰史檔案與日軍戰史檔案對比、核實後，進行再次評價，避開並糾正湯軍團戰報中的虛偽部分（戰果報告），還原更接近戰鬥實情。

（1）對棗嶧反擊戰的評價

筆者基本同意軍令部 3 位高參對湯軍團外圍運動戰的否定意見，但指出棗嶧反擊牽制敵主力南下台兒莊的戰略部署，並不都是錯誤，若能按計畫順利實施反擊，在棗嶧地區擊破日軍主力，無疑會使台兒莊方面的形勢迅速好轉。

問題一，上司李宗仁的棗嶧反擊部署胃口過大，計畫不當。3 月 14 日瀨谷支隊從鄒縣南下後，湯軍團 85A 在滕縣、臨城、韓莊、嶧縣各處戰鬥中一直處於節節敗退狀態，未獲任何小勝。此時，卻唐突推出全面反擊棗嶧，將瀨谷支隊主力全體殲滅於微山湖東岸的計畫，沒有任何取勝保證，可謂形同兒戲，連蔣中正都搖

頭不已，稱「攻擊令既下，姑試行之。不效，則令撤至嶧縣東北山地待機。」[11] 結果也是如此，棗嶧反擊準備，調兵 3 天，甚至抽動了台兒莊、韓莊的防禦部隊。但初戰（郭里集附近戰鬥）即受挫折，僅 1 天戰鬥即使整個棗嶧反擊的戰略計畫破產。

　　問題二，棗嶧反擊初戰失敗後，湯軍團主力也不是反轉南下，積極救援台兒莊（此時日軍主力已向台兒莊前進），而是繼續向棗嶧北方、東方山地退避（僅派兵 1 個旅，29 日到達台兒莊東方救援）。之後還稱此逃避行為是「旋復屢進屢退，飄忽不定，使敵如墮五里霧中，始終不明我企圖所在」。[12] 此間軍團主力一直退避於向城北方青山、傅山口、石城崗一帶山地，遠離台兒莊約 35 公里。最終主力到達台兒莊北方戰場外圍時是 3 月 30 日午後，至少遲於日軍主力的南下行動 1 天以上。[13] 準備戰鬥時（31 日），先到的瀨谷支隊主力（步兵第十聯隊及砲兵隊）已完成了對城西方外圍的掃蕩，佔領了運河線要地頓莊閘（閻家口、頓莊閘附近戰鬥）。可見湯軍團在棗嶧反擊失利之後也行動遲緩，貽誤援助台兒莊的戰機，增加了孫連仲部的防守困難。

　　問題三，虛報戰績。所謂「棗嶧反擊」部署，在之後戰史紀錄中變為「郭里集附近戰鬥」的背景，是湯軍

11　〈事略稿本―民國二十七年三月〉，《蔣中正總統文物》，國史館藏：002-060100-00126-024。

12　〈前言〉，《抗戰參考叢書：台兒莊殲滅戰》，頁 3。

13　中國第二歷史檔案館資料編輯部合編，《台兒莊戰役資料選編》，頁 101-102。

團作戰的全面失利。但戰鬥詳報的記述，與向上級的報告中，卻遮掩失利的事實，或稱 25 日「當晚可解決」（攻佔棗莊、郭里集），或隱晦之後失利內容。尤其是王仲廉 85A 4D 對棗莊（中興公司礦區）的攻擊，作戰的日軍僅為約 1 個中隊步兵（煤礦守備隊）加 1 隊砲兵，人數僅約 200 餘名（戰死僅 1 名），但戰鬥結果，王軍不僅損失慘重，3 個主要礦區（有圍壁）一個也未能攻下，半日後（25 日午前）放棄攻擊撤出，可見實際作戰內容十分糟糕，但湯軍團的戰報中卻極力掩蓋，稱 3 座碉樓都被攻下，殘餘日軍已被壓迫到中學校內（此學校也在礦區圍壁之外，不屬於主要攻擊目標），即日可解決戰鬥云云。關麟徵部 52A 郭里集附近戰鬥中確實有過小勝，但損失慘重（25D 方面陣亡 271 名，負傷 219 名，2D 未報戰損），結果也未能攻陷郭里集，更未能進軍嶧縣，整個棗嶧反擊的宏偉計畫也在此初戰之地遭到挫折。有關此點，由於受到戰史紀錄的掩飾，至今在台兒莊戰役中，幾乎無人知曉內情。

　　問題四，郭里集附近戰鬥失利後，湯軍團繼續向東方山地退避，遲遲不肯南下台兒莊救援。30 日午後關軍到達台兒莊北方外圍一線後，雖佔領了一些無人村落，但也未主動向日軍發起攻擊，卻虛報「關軍昨（30日）晚開始攻擊，連克馬莊、黃莊、大莊、小集、蘭城店、三佛樓、獐山等處，斃敵千餘」。[14] 核對日軍戰史檔案，可知關軍到後 2 天之間，只有 29 日晚至 30 日白

14　《抗戰參考叢書：台兒莊殲滅戰》，頁 55。

天，先到一部（2D 1 個旅）在台兒莊東北方的楊家廟、
張樓、黃村，與步兵第六十三聯隊第一大隊發生過戰
鬥，31 日到達後的主力僅在台兒莊北方與敵（步兵第
十聯隊第一大隊）遠隔對峙，並未出擊，午後即撤出此
地。所謂「連克村寨十餘處」，指的都是台兒莊北部戰
場外沒有敵佈防的村落，而「斃敵千餘」，對照日軍的
戰損紀錄，也可知完全是一個謊報。

（2）對湯恩伯轉進蘭陵鎮的見解

湯恩伯調兵阻擊坂本支隊南下台兒莊之舉，並沒有
錯，但也沒必要將主力部隊全部調出。且決斷時，湯恩
伯所掌握的南下敵軍（坂本支隊）情報僅為 3,000 餘（實
際約 6,000 名）。先不論此調兵部署的弊害，以 40,000
擊 3,000 的判斷，難免大材小用之貶。若與日軍的戰鬥
紀錄核對，可發現此部署有如下幾個問題：

1. 將進入戰鬥準備的關麟徵軍 2 個師從台兒莊北方全部
   抽出，無疑可稱是背信行為。致使之後日軍能以主力
   掃蕩台兒莊外圍東半部，使一直在此威脅敵側背的
   孫連仲部 27D 孤立無援，遭到重大損失，2 天內失去
   全部陣地，退出運河北岸戰場。

2. 關麟徵軍被抽調到蘭陵鎮東方魯坊、南橋之後，並無
   用武之地。主要戰鬥發生在西方（台濰公路沿線）愛
   曲、秋湖一帶（3 月 31 日至 4 月 1 日）的 85A 正面。
   在蘭陵鎮附近前後 5 天之間，關軍 2 萬餘人，僅經
   歷了小型的金莊戰鬥。敵合計不過 500 人，結果戰
   鬥 3 天，付出重大損失也未能將此敵全殲（日方記錄

戰死 15 名）。

3. 湯恩伯轉進蘭陵的目的，本是企圖以優勢兵力一舉殲滅此敵後，迅速返回台兒莊正面戰場救援，可實際上卻一去不返。截擊戰（4 月 1 日）初戰失利後，坂本支隊主力南下，將戰場擴大至台兒莊東方（東戰場的形成）。湯軍團主力 2 個軍不僅不跟蹤追擊，反稱「肅清殘敵」，在蘭陵鎮附近又停留 1 天（4 月 2 日），貽誤了在台兒莊東戰場（運河線北）夾擊南下坂本支隊的戰機。

4. 坂本支隊主力南下後，以主力扼守敵後方的蘭陵鎮、洪山鎮一帶，已無重大戰略意義。本應迅速向台兒莊方向回援，可是湯恩伯仍將關麟徵軍 2 個師置於此地達 4 天之久，期間內幾乎無所事事。後在蔣中正怒斥下，才令關軍於 5 日後向台兒莊東北方向運動，進入反攻態勢。但實際上關軍也始終未能進入，立足台兒莊正面戰場。

　　總之，3 月 31 日湯恩伯軍團的轉進，和 4 月 1 日的蘭陵鎮阻擊戰，都未取得計畫中的效果。而此期間，正是孫連仲集團軍台兒莊防守的最危急時刻，結果導致孫連仲部城外部隊 27D 慘敗，運河北陣地全部陷落。

（3）對第五戰區兵員調配的見解

1. 4 月 1 日後最需要兵力的並不是湯軍團，而是正面戰場的孫連仲部。1 日再調整後擁有 73,000 兵員的湯軍團，若能充分活用此兵力速戰速決，擊破坂本支隊後救援，反攻台兒莊才有部分意義。然而湯軍團

在 1 日得到大量補充之後（2 日補充完畢），不僅未有過速戰速決的勝利，反而舉動消極，亦遲遲不能解決戰鬥。結果湯軍團 73,000 人的大軍直到戰役結束（8 日），一直深陷在東戰場與坂本支隊寡兵 6,000 人周旋，不僅未能救援孫連仲部危機，最後也未能出現在台兒莊正面，充當「反攻、大捷」主角。

2. 湯軍團作戰對手的日軍坂本支隊，總數僅約 6,000 名，相比下湯軍團所持兵力是其十倍以上。由於人浮於事，很多兵力並未投入戰鬥。從軍團戰報記錄的參戰部隊番號分析，其部下如 2D、25D、13D、333B 等，均未被派上大用場（13D 在 4 月 5 日後被投入戰場，25D 參加的激戰也僅限於 4 月 7 日），4D 也僅經歷了 1 天戰鬥（1 日）即被轉為軍團預備隊。主要承擔對坂本支隊作戰任務的是新到的 75A 6D、139D。軍團嫡系的 89D 遲到兩天參戰，關麟徵部 25D 直到最後一日（6 日）才進入戰場。對比下孫連仲部的台兒莊正面（西戰場），敵方有武器精良（砲兵實力超出坂本支隊一倍）的瀨谷支隊近萬人。而孫連仲部久經苦戰早已兵力枯竭，4 萬人馬損失慘重。從結果看，李宗仁 1 日對湯軍團的重點配兵顯然是一個錯誤決定。

綜觀台兒莊戰役的戰略全局，掌握第五戰區大多數兵力的湯軍團，並未能符合上級期待，起到積極運動殲敵作用。錯誤的形勢判斷，和消極的運兵、作戰行動，不僅貽誤戰機，也給台兒莊正面戰場的防守帶來許多不

該有的損失。澄清此歷史真相,應是今後台兒莊戰役研究的重要課題。

第二節 「反轉」與「敗北」論的評價

一、台兒莊大捷的評價

　　1938 年 4 月,發生在抗日戰爭第五戰區的「台兒莊大捷」,到底應如何進行歷史評價?若僅局限於 3 月 23 日至 4 月 7 日間的第一期台兒莊戰役(台兒莊附近戰鬥),或包括臨沂保衛戰在內的台兒莊大戰(魯南會戰前期),[15] 從戰略角度看無疑是國軍的勝利。是李宗仁指揮第五戰區部隊以絕對優勢兵力進行廣範圍的戰略包圍,及在台兒莊局部戰鬥中頑強抵抗,挫敗日軍攻擊的結果。最終迫使瀨谷支隊放棄台兒莊攻略而撤走,徹底擊敗了日軍控制大運河線的戰略企圖。

　　但若稱之為戰術、戰鬥的「大捷」,筆者認為並不適宜,理由如下:

1. 從本書考證結果可看到,國軍反攻與大量殲敵,事實上並不存在。之所以有「大捷」出現的原因,是日軍瀨谷支隊在國軍沒有意料的情況下,突然進行了自主撤退。日軍退卻後,國軍也未追擊,特別是 7 日夜坂

---

15 指狹義的台兒莊附近戰鬥,即日軍所稱「第一期南部山東剿滅作戰」中的台兒莊攻略戰。戰後,在大捷史觀的影響下,出現用台兒莊大戰、台兒莊戰役等用語取代廣範圍的「魯南會戰」稱呼的傾向。

本支隊的撤退，擁有絕對優勢兵力的湯軍團，雖發現敵軍撤退，仍畏懼應戰，只追不擊，最終讓坂本支隊5千餘人安全退出台兒莊附近東部戰場。

2. 從攻擊與防守的戰術角度看，日軍雖兵力不多，卻能一直處於主動攻擊態勢。而國軍除了初戰即敗的郭里集附近戰鬥（國軍攻擊），和台兒莊東部戰場湯軍團與坂本支隊數日間以 10：1 的相互攻防對峙外，基本上都處於防守。4月之後，第五戰區曾三次下達總攻命令，卻沒有能得到兌現。發生在「大捷」之後，4月7日白天的台兒莊最後一戰（東戰場，為了掩護坂本支隊撤退的「一擊作戰」），主動展開攻擊者仍是瀨谷支隊前日從台兒莊戰場撤出的一部（步兵第六十三聯隊主力）。日軍撤退後4月8日的第一戰（泥溝西方高皇廟附近的戰鬥），同樣也是日軍對追擊到來的國軍主力之一 110D 的主動攻擊（結果日軍大勝）。以 4：1 的第二集團軍（孫連仲）專心於台兒莊周圍的陣地防守，沒有主動反擊的作戰能力。而以 10：1，兵力綽綽有餘的湯軍團，面對坂本支隊 6,000 兵員，同樣行動畏縮，躊躇不前，每每逸失重要戰機。此狀況持續至台兒莊戰役結束後的4月7日夜，最終結果仍然是對撤退之敵追而不擊。沒有攻擊，又何謂大捷？

3. 從第一期台兒莊戰役雙方的戰損紀錄（即對手的戰果）比較，自3月16日滕縣赴援以來至4月7日台兒莊戰役結束，各戰場（包括滕縣、臨城、韓莊、嶧縣、郭里集各戰鬥，不包括臨沂戰場）國軍全體

損失約在 22,000 至 23,000 人，其中陣亡者數字約在 7,000 人左右。[16] 對比之下日軍瀨谷支隊此階段中的戰死者為 475 人，在狹義台兒莊附近戰鬥的戰死者約 636 人。與國軍陣亡數相比，不足十分之一。另外被認作為反擊戰、殲滅戰發生的 4 月 6 日夜或 4 月 7 日夜，由於事實上沒有發生戰鬥，日軍全體在夜間戰場撤退行動中的損失也極其輕微。

今日「台兒莊大捷」的細節與數據，多來自以戰略上的勝利（日軍從台兒莊撤退）為背景的政治宣傳。其內容長期以來，被渴望打敗日本侵略者的民眾所相信，化為抗日戰爭的精神糧食，又經過宣傳以及教育的加工，被刻印於大眾的「記憶」中。但事實如本書各種考證結果所示，與宣傳內容相差甚遠。

二、台兒莊作戰的敗北與徐州會戰的契機

日軍的徐州會戰開始於何時？多年以來，絕大多數的戰史和研究一直把 1938 年以後發生在山東省境內，或安徽省一帶的日軍一系列南北軍事行動，看做企圖南北夾擊徐州，打通津浦線，控制隴海鐵路——即徐州會戰的一環。這個判定最初來自於軍委會的戰略判斷，在第五戰區與軍委會之間的電報中，不乏此種見解。魯南會戰中確保大運河線的戰略目的，也在阻止日軍南下徐州。從長遠的戰略來說，日軍將南下徐州的預想並非錯

---

16 按國軍戰史叢書《抗日戰史 徐州會戰 3》中的統計推算出。具體數字參考第十二章的考證。

誤，但若稱是魯南之役（第一期南部山東剿滅作戰）日軍的戰略方針，卻是一種錯誤解釋，原因來自對敵情判斷不準確。

不可否認當時的日軍戰爭指導部中，曾有過此種戰略構想，[17] 但並不是主流意見，也沒有成為日軍大本營參謀本部的戰略方針。從日軍將包括台兒莊作戰在內的南下作戰總體，命名為「南部山東剿滅作戰」，也可以看出目的僅為一次局部限定的地方掃蕩，不存在攻打徐州的企圖，把戰場南端明確地劃定在山東省境的大運河線。台兒莊鎮，若位置於大運河南岸，也不會發生此著名的攻略戰。此時打通津浦線，南下徐州的戰略計畫（徐州會戰），由於準備不周，時機不成熟，還未進入日軍大本營的議事日程。

徐州會戰，可以明確地說，開始於台兒莊之役之後。大本營下達徐州作戰命令的日期，是 1938 年 4 月 7 日，起因即是日軍從台兒莊的戰略撤退。第五戰區為了在台兒莊一線阻止日軍的攻勢（誤認為日軍將渡河南下徐州），從各地抽調出大批主力部隊參戰，造成國軍主力雲集山東省南部的新戰略佈局。日軍大本營見此變化，決定趁虛攻擊徐州，以挽回在南部山東的失敗，此即為徐州會戰開始的原因。對日軍來說，徐州會戰是為了挽回台兒莊方面的敗北，巧妙地利用戰略佈局變化所開展的新一輪作戰。

17　「第 4 章・第 3 節　第 2 軍の作戦に関する諸事情」，JACAR:
　　C11110928700，頁 1666-1667。

日軍的戰史檔案《北支那作戰史要》中，也記錄陸軍參謀本部內定開始徐州作戰的時間，是台兒莊戰役接近尾聲的 4 月 3 日，正式決定徐州會戰的命令，是 4 月 7 日下達的勅令「大陸命第八十四號」，[18] 正好發佈在國軍的台兒莊「反攻、大捷」當日。此命令規定了第一期南部山東剿滅作戰（第一期台兒莊戰役）的結束和徐州會戰的開始。中國戰史研究中所見的對徐州會戰和台兒莊之役諸戰略面的解釋，核對日軍的戰史檔案，可見內如並不正確。台兒莊之役並不存在保衛徐州的意義，反而誘發了徐州會戰，加速徐州陷落的時間。從此意義上講，將 4 月 7 日的「大捷」定為「台兒莊大戰」終點的歷史區分法，並不能從戰略面解釋台兒莊戰役與徐州會戰的內在關連。

三、「台兒莊大捷」的歷史反省

日軍全面撤退，國軍取得台兒莊防禦戰的最終勝利，是不容否定的事實。然而，所謂的勝者，也有不少應認真反省之處。

一是戰術過於畏敵，缺乏主動的攻擊精神。雖人數數倍於敵，卻自始至終處於守勢，滿足於抵抗與阻止日軍的攻擊前進。尤其應譴責的是擔任外線運動作戰的湯軍團，3 月 31 日至 4 月 7 日，在台兒莊東部戰場作戰中雖戰力處於絕對優勢，卻作戰消極，遲遲不能突破日

---

18 「第 4 章・第 3 節　第 2 軍の作戰に関する諸事情」，JACAR: C11110928700，頁 1671。

軍坂本支隊防線，進出到台兒莊正面戰場實施上級所命令的反攻。直到敵自主撤退前，也未能越過雷池（陶溝河）一步。國軍的反擊、反攻，最終未能按計畫實現的理由，即主力部隊不在。

二是大捷後，第五戰區全體沉醉於勝利宣傳聲中。為了取得更大戰果，企圖利用台兒莊之役在魯南集結的重兵，與日軍（第二軍）主力決戰（第二次台兒莊戰役），此舉正中了日軍「引誘作戰」的圈套，忽視了日軍趁虛奪取徐州的新戰略企圖，最終成為徐州會戰敗北的原因之一。若從戰略面分析，不難發現台兒莊的大捷和徐州會戰的敗北之間，存在著這種勝利者將功自傲，忘乎所以，導致下一步戰略失利的因果關係。由此可見，現今汗牛充棟的台兒莊之役保衛了徐州的說法，實際上並不正確。

三是台兒莊大捷史觀的負面影響。本是宣傳攻勢，除了戰略取勝的意義外，實際戰鬥中並沒有「大捷」、「大量殲敵」。此「大捷」的政治操作，在戰時對團結鼓舞全國民眾的抗戰精神確實有重要的作用。但宣傳內容終究不是歷史事實，在戰爭狀態結束之後，應澄清此事實，使其恢復歷史的本來面貌。但之後的戰史研究，並沒有選擇這一條路。在抗戰宣傳已失去現實意義的現在，仍被作為愛國主義教育的題材繼續加工發酵，最終將虛偽部分記載成歷史。而台兒莊之戰的最基本、最重要的幾個歷史事實，如本書所述：（1）日軍台兒莊攻略戰的戰略意圖，（2）4月6日國軍反擊殲敵的真相，（3）湯軍團在台兒莊戰役中的作為與台兒莊東戰場的

存在和作戰實情，（4）日軍瀨谷、坂本支隊的撤退原因
和撤退實情，（5）台兒莊戰役日軍戰死者人數（大捷的
戰果）等，至今幾乎無人研究，也無人知曉。兩軍留下
的大量戰史檔案無人問津，相反地，「研究成果」卻
汗牛充棟，不是台兒莊大捷之偉大意義、歷史影響之類
的空論，就是經過宣傳美化的國軍英勇殺敵、大獲全勝
的故事。

　　戰史研究的目的難道僅為的是宣傳教育、記錄勝
利？這是在研究台兒莊大捷之前，所有戰史研究者應
首先反省的大問題。

後記

　　筆者所在的岡山大學校址，曾是中日戰爭爆發之際，日軍第十師團步兵第三十三旅團（台兒莊之役的瀨谷支隊）司令部所在地。步兵第十聯隊的舊址，與旅團本部鄰接，位於現在大學的農學部一帶。大學南宿舍的正門，即是當時的聯隊營門，門柱的形紋、步哨的位置今日仍依稀可見。營房南一帶（現地名新野）過去曾是軍官的官舍用地。台兒莊戰鬥時，本書中頻繁登場的聯隊長赤柴八重藏的家屬，即居住在此官舍內。據畢業於早稻田大學的小說家，參加過台兒莊之戰的步兵第十聯隊士兵棟田博談及，每當岡山地方報刊報導前線鄉土聯隊的戰死傷者消息時，聯隊長居住的官舍院內夜間常遭到投石騷擾。[1] 來自於民眾心底的怨恨，與表面上「舉國一致」的戰爭熱，形成了鮮明的寫照。

　　筆者曾在舊營門附近的教官宿舍居住過13年，又擔任大學的日本近代史教育、研究，卻不曾知曉這一段身邊的舊史。直至2013年5月20日，在岡山大學接待中國大陸中央電視臺第七臺「台兒莊1938」攝製組採訪前，準備材料，進行了初步調查，解開至今鮮為人知的台兒莊戰役與岡山軍營的舊緣。筆者所任教的文學

1　棟田博，〈自作‧解題〉、〈台児荘ほか〉（月報）《台児荘：ほか五編》（東京：光人社，1975）。

部，位於師團工兵大隊（戰爭後改稱工兵聯隊）舊址，現在後院內仍保存著大隊本部的紅磚瓦建築（現在為考古學資料室），和西牆界下莫名其妙的磚瓦構築群，調查後得知是爆破訓練時使用的假設敵工事。工兵，也曾是台兒莊內巷戰中的重要戰力之一，進入城內作戰的 1個小隊工兵，也許曾在此地接受過專業訓練。

更令人吃驚的是，調查還發現，中日戰爭和岡山地域有緣分的，不僅是抗戰英雄史中的台兒莊戰役，與八路軍晉察冀第一軍分區「狼牙山五壯士」（1941 年 9月 25 日）作戰的日方主角步兵第一一〇聯隊，也是來自岡山地方的鄉土聯隊（步兵第十聯隊組建的子聯隊，乙師團地方守備部隊）之一。還有與新四軍第三師第十九團第四連作戰，創造出「劉老莊英雄連」傳奇 [2] 的步兵第五十四聯隊 [3] 舊址，也曾在同一營房之內（現教育學部一帶）。

此次採訪與戰史的邂逅，成為筆者研究抗戰史的開端。之後筆者在業餘時間也開始注意收集有關鄉土部隊的戰史資料，包括台兒莊之戰和平型關大捷的日軍戰史檔案，並利用此資料開講鄉土戰史史料解讀的新課程。

2　新四軍第三師第十九團第四連，1943 年 3 月 18 日在江蘇淮陰六塘河的日軍掃蕩作戰中，被步兵第五十四聯隊第三大隊包圍，進入死路。經勸降不受，後日軍第三大隊發起攻擊，第四連全滅。該聯隊記錄此戰鬥中戰死船越大尉等 2 名，清點戰場統計共軍陣亡者為 117 名（遺棄屍體數）。

3　步兵第五十四聯隊是第十七師團時代（1908-1924）的岡山鄉土聯隊，1924 年宇垣軍縮時解散，軍營被第十師團接收。1938 年，該聯隊同第十七師團一起恢復建制，進入華中戰場，也屬於岡山的鄉土聯隊之一。

希望有朝一日，能通過歷史研究者之手，對此類經過教育已被民眾知曉，但未必明瞭真相的歷史大事件，進行一次公允嚴密的學問考證，使其恢復本來面貌。透過「台兒莊 1938」的採訪，筆者清楚地認識到，中國大陸抗戰史領域中最缺乏的，就是來自學界公正地追求真相的研究方法，和可以對單方塑造的歷史形象進行對比檢證的舊敵國戰史檔案資料。

2014 年走訪上海時，筆者有機會曾將最初收集到的部分資料，交給學界大家，前不久進行過平型關大捷考證的華東師大楊奎松教授，建議使用此日方的檔案資料繼續充實。而先生的回答則是：「您也是近代史研究者，又精通日語，具備這樣好的條件，為什麼不自己來研究？」此建議的確刺激了筆者研究戰史的初心，最終於花甲之年，下決心轉向研究抗戰史。

最初選擇的課題，即本書的主題台兒莊。利用日軍檔案資料，開始大規模的系列研究，先對中國大陸關心度較高的平型關大捷、平型關戰役、滕縣保衛戰、台兒莊戰役等，進行了一輪周密考證，後來又開始對抗戰初期，共產黨八路軍一系列抗戰「大捷」的實證研究。有關陽明堡夜襲（129D）、七亙村大捷（129D）、廣陽大捷（115D）、陳莊大捷（120D）、大龍華戰鬥（晉察冀一分區）、雁宿崖、黃土嶺大捷（晉察冀軍區、120D）等戰鬥的考證，都是第二輪研究的產物，完成在 2019 年，筆者從岡山大學退休之前。

　　之後的 2 年，主要著手長城抗戰的研究，[4]告一段落後，再次返回到出發的原點台兒莊，一面翻譯整理舊稿（剛開始時是用日文寫作），一面又開始了對第五戰區主力湯恩伯軍團行動軌跡的新一輪研究。本書中的郭里集之戰，台兒莊東戰場的研究，向城、金莊之役，及國軍反攻實情的考證等章節，都是晚近完成的新內容。

　　如此，有關台兒莊之戰的研究，可以說是筆者研究抗戰史的最初課題。執筆後荏苒十載，若加上數年前完成的滕縣之役研究，文字總數已達 60 萬。是筆者戰史研究中花費精力最大的部分。本書由於紙幅原因，僅僅是研究成果的簡版。今日承蒙民國歷史文化學社的好意，將此研究付梓，深感欣慰。在此謹表衷心之感謝。

2023 年 5 月端午，於眺磐莊書齋

4　姜克實，《長城抗戰日中檔案比較研究》（臺北：民國歷史文化學社，2021）。

附錄一　台兒莊戰役日軍戰鬥序列

北支那方面軍第二軍（西尾壽造中將）

一、3 月 23 日至 4 月 6 日瀨谷支隊戰鬥序列（瀨谷啟
　　少將，約 10,000 人）

A. 步兵第十聯隊（赤柴八重蔵大佐）

- 第一大隊（末永光夫少佐），參戰範圍：郭里集
　支援，台兒莊城外掃蕩

- 第二大隊（加村旭少佐），參戰範圍：沂州支隊
　派遣，郭里集主戰，台兒莊城外掃蕩

- 第三大隊（岡清三郎少佐），韓莊守備隊

- 聯隊砲 2 個中隊（41 式山砲、94 式速射砲各 4
　門），各部作戰協力

B. 步兵第六十三聯隊（福榮真平大佐）

- 第一大隊（中川廉少佐），參戰範圍：韓莊主
　攻，郭里集支援，台兒莊城東側掃蕩，4 月 7 日
　「一擊作戰」主力

- 第二大隊（安永與八中佐），參戰範圍：嶧縣，
　台兒莊主攻及城內巷戰

- 第三大隊（大村省吾中佐），參戰範圍：郭里集
　支援，城西北角攻城主力，「一擊作戰」主力

- 聯隊砲 2 個中隊（41 式山砲、94 式速射砲各 4
　門），各部作戰協力

C. 師團配屬部隊

- 野砲兵第十聯隊（谷口春治中佐）第二、第四
　大隊（24 門野砲），各部作戰協力

- 工兵第十聯隊 1 個中隊，攻城、巷戰協力部隊

D. 軍、方面軍配屬部隊

- 獨立機關槍第十大隊（久保添晴木少佐）（92 式重機槍 24 挺），各部作戰協力

- 獨立輕裝甲車第十中隊（天羽重吉大尉）（94 式輕裝甲車 17 輛），台兒莊城外機動作戰

- 獨立輕裝甲車第十二中隊（久納清之助中尉）（94 式輕裝甲車 17 輛），郭里集戰鬥協力，台兒莊城外機動作戰

- 支那駐屯軍臨時戰車隊（中島俊夫大尉）（89 式中戰車 7 輛、輕裝甲車 5 輛），台兒莊攻城協力

- 支那駐屯軍野戰重砲中隊（內野貞利中尉）（96 式 15 榴 2 門），台兒莊攻城協力

- 支那駐屯軍臨時 90 野砲中隊（河村心市中尉代理），韓莊，台兒莊協助作戰

- 野戰重砲兵第一旅團本部（西村琢磨少將），30 日以後任前線砲兵總指揮

- 野戰重砲兵第二聯隊（木下滋大佐），1 個大隊（4 年式 15 榴 12 門），郭里集，台兒莊作戰支援

二、3 月 31 日至 4 月 7 日坂本支隊戰鬥序列（坂本順少將，約 6,000 人）

A. 步兵第十一聯隊（長野祐一郎大佐）

- 第一大隊（沖作藏少佐），參戰範圍：林屯，賀莊，蒲汪附近戰鬥

- 第三大隊（牟田豐治少佐），參戰範圍：林屯，賀莊，蒲汪附近戰鬥
- 聯隊砲 2 個中隊（41 式山砲、94 式速射砲各 4 門），各部作戰協力

B. 步兵第二十一聯隊（片野定見大佐）

- 第一大隊（迫田廣一大尉），參戰範圍：向城守備隊，金莊救援，向城籠城防衛
- 第二大隊（藤村甚一大尉），參戰範圍：蘭陵鎮，火石埠，大顧珊附近戰鬥
- 第三大隊（西山茂壽大尉），參戰範圍：蘭陵鎮，火石埠，大顧珊附近戰鬥
- 聯隊砲 2 個中隊（41 式山砲、94 式速射砲各 4 門），各部作戰協力。

C. 配屬部隊

- 騎兵第五聯隊主力（杉本一雄大佐），參戰範圍：金莊戰鬥，向城籠城防衛
- 野砲兵第五聯隊（武田馨大佐）第一、第二大隊（欠 1 個中隊）（野砲 20 門），各部隊戰鬥協力
- 工兵第五聯隊第二中隊
- 獨立山砲第三聯隊第二中隊（山砲 6 門）
- 獨立機關槍第六大隊（岡崎傳之助中佐）2 中隊（重機槍 16 挺），各部戰鬥協力

備註：重武器裝備均為建制上配備數量，由於轉用，損壞等，實際不足此數。

國軍第五戰區戰鬥序列

一、第二集團軍（孫連仲，約 45,000 人）

A. 第三十軍（田鎮南）

- 第三十師（張金照），參戰範圍：3 月 29 日開始，台兒莊西方棗台鐵路西黃口、龔莊、榆林、板橋一帶守備；30 日後頓莊閘附近運河線守備，一部入城支援，4 月 7 日奉命北上追擊

- 第三十一師（池峰城），參戰範圍：3 月 22 日至 4 月 6 日；23 日棗嶧反擊協力，24 日後為台兒莊守城部隊，城內巷戰主力；4 月 6 日夜接收、清理戰場

B. 第四十二軍（馮安邦）

- 第二十七師（黃樵松），參戰範圍：3 月 24 日後為台兒莊城東側牽制部隊；3 月 31 日至 4 月 3 日抵抗日軍城外掃蕩時慘敗，撤出戰場；6 日奉命派出輔助部隊兩連接應湯軍團反攻

- 獨立第四十四旅（吳鵬舉），參戰範圍：台兒莊西方運河線守備，3 月 29 日配屬給第三十師指揮

C. 臨時配屬

- 第一一〇師（張軫），參戰範圍：台兒莊西方韓莊地段運河線守備，3 月 25 日奇襲韓莊；4 月 5 日迂迴泥溝西獐山；4 月 8 日白山、金陵寺戰鬥主力

- 砲兵第七團（張廣厚），台兒莊戰役砲兵主力

- 砲兵第十團（德製 15 榴 2 門）

二、第二十軍團（湯恩伯，約 40,000 人，4 月 1 日後約 73,000 人）

A. 第五十二軍（關麟徵）
- 第二師（鄭洞國），參戰範圍：3 月 25 日郭里集西方桃園附近戰鬥；29 日至 30 日一部參加張樓附近戰鬥；4 月 7 日底閣附近待命
- 第二十五師（張耀明），參戰範圍：3 月 25 日棗嶧反擊郭里集附近戰鬥主力；4 月 1 日至 3 日蘭陵鎮金莊附近戰鬥；6 日至 7 日張樓、楊樓、底閣附近戰鬥主力

B. 第八十五軍（王仲廉）
- 第四師（陳大慶），參戰範圍：3 月 19 日嶧縣守備；25 日棗嶧反擊戰棗莊攻擊；31 日至 4 月 1 日蘭陵鎮阻擊戰主力；2 日後擔任預備隊
- 第八十九師（張雪中），參戰範圍：3 月 31 日蘭陵鎮阻擊戰參加；4 月 4 日至 7 日東戰場北線大顧珊附近戰鬥主力

C. 第七十五軍（周嵒，4 月 1 日配屬）
- 第六師（張珙），參戰範圍：4 月 3 日至 7 日東戰場南線守備，蒲汪、火石埠附近戰鬥主力
- 第一三九師（黃光華），參戰範圍：4 月 2 日至 7 日東戰場東側，賀莊、馬甸附近戰鬥主力；4 月 7 日以後擔任向城攻擊、圍城

D. 其他部隊
- 第十三師（吳良琛），4 月 1 日配屬；5 日接替關軍守備，擔任向城攻擊、圍城

- 第三三三旅（王肇治），4月1日配屬，軍團預備隊
- 騎兵第九師（張德順），行動不明
- 第十三軍獨立騎兵團（李長冬），戰場偵查
- 砲兵第四團（孔慶桂），各戰鬥協力

附錄二　台兒莊戰役（第一期南部山東剿滅作戰）關聯年表

3月14日

- 瀨谷支隊從鄒縣開始南下作戰，右縱隊步兵第十聯隊，左縱隊步兵第六十三聯隊，18時攻陷界河鎮。川軍香城、普陽山、界河附近守軍第一二五師、第一二七師向滕縣，臨城方面潰退。

3月15日

- 清晨，步兵第六十三聯隊派出的滕縣偵查部隊，進入北沙河村，屠殺村民（北沙河慘案）。午前瀨谷支隊全體避開滕縣城防，經龍山麓向東方東郭、王廟迂迴前進。

3月16日

- 步兵第十聯隊第一大隊從東方接近滕縣城，發起攻擊突入東關市街。第三大隊午後一部從南關突入外城，與川軍王銘章部（第一二二師）在東關進入巷戰。川軍拼死抵抗，日軍攻城行動受阻。
- 步兵第六十三聯隊迂迴到達滕縣南方南沙河，切斷川軍退路，繳獲從臨城來援的國軍裝甲列車1輛，並在滕縣南時家店、黨山等處擊退湯軍團第八十九師、第四師的滕縣援軍。

3月17日

- 16 時，步兵第十聯隊第三大隊從城牆東南角突入城內，滕縣內指揮系統紊亂，抵抗瞬間瓦解，守軍爭相向西門潰退，王銘章撤退途中在西門外中彈陣亡。日軍控制了城內西南部，但東門附近抵抗入夜後仍在進行中。夜間，第一二二師殘部從滕縣東北城牆撤離。

- 步兵第六十三聯隊追擊隊和配屬輕裝甲車隊等向臨城快速挺近，於官橋、官路口、北倉橋破湯軍團第八十九師抵抗線，17 時佔領臨城。

3月18日

- 步兵第十聯隊掃蕩滕縣城內，殺害大量俘虜、傷兵、平民。

- 步兵第六十三聯隊右追擊隊（第一大隊）從臨城向大運河線韓莊追擊前進，途中在麥穰店、沙溝與關麟徵第二師進入戰鬥。

- 步兵第六十三聯隊左追擊隊（第二大隊）經東崮山戰鬥，向嶧縣追擊湯軍團第八十五軍。

3月19日

- 右追擊隊傍晚到達韓莊北。關麟徵軍第二師夜間撤退到運河南，韓莊陷落。

- 左追擊隊午前到達嶧縣城西，午後繞道南門砲擊，守城第八十五軍第四師第二十三團長陳純一陣亡，嶧縣落城。追擊隊派出第八中隊繼續向棗莊追擊前

進，佔領中興煤礦。

3月20日

- 右追擊隊掃蕩韓莊後進入現地警備，中日兩軍，隔運河砲擊對戰。

3月22日

- 瀨谷支隊主力進駐嶧縣縣城。部署戰役收尾階段行動（佔領台兒莊，派出沂州支隊，偵查蘭陵附近敵情）。
- 孫連仲集團軍各部奉命進入台兒莊運河線附近防禦。李宗仁部署湯軍團主力實施棗嶧反擊，關麟徵第五十二軍從運河線北上。張軫第一一〇師接替關軍，進入運河線防守。

3月23日

- 瀨谷支隊長命台兒莊派遣部隊（以步兵第六十三聯隊第二大隊為基幹的混成部隊）出發，南下佔領台兒莊，鞏固運河線（台兒莊戰役開始）。途中在泥溝與北上參加棗嶧反擊的池峰城第三十一師一部遭遇。戰鬥一日後，第三十一師撤回運河線進入防守。派遣部隊佔領歡堆、北洛，逼近台兒莊。
- 步兵第十聯隊組編沂州支隊（以步兵第十聯隊第二大隊為基幹的混成部隊），做出發準備。

3月24日

- 為支援坂本支隊戰鬥，沂州支隊從臨城出發，第一

　　梯隊夜間在郭里集附近與參加棗嶧反擊的關麟徵第
　　五十二軍遭遇（郭里集附近戰鬥開始）。

- 清晨，台兒莊派遣部隊分兩部從北洛出發，第五中
  隊牽制城東之敵，第二大隊主力（3 個中隊）迂迴
  城東北，17 時發起攻城，入城部隊一部被封鎖於城內
  全滅，第一次攻城失敗。部隊彈藥耗盡，損失慘重。
  大隊長請求支隊增援。

3 月 25 日

- 郭里集方面，參加棗嶧反擊的關麟徵軍，與日軍沂
  州支隊第一梯隊 700 人，在郭里集及附近紀官莊、
  野葛埠等地發生激戰。紀官莊戰鬥中，步兵第十聯
  隊第五中隊 1 小隊全滅。沂州支隊第一梯隊被圍困
  在郭里集寨內陷入苦戰。關麟徵軍第二十五師圍寨
  猛攻 1 日，未克。瀬谷支隊長急調援兵。

- 王仲廉第八十五軍第四師夜襲擊棗莊煤礦，佔領車站
  附近一部，但被守軍 200 餘成功抵擋在礦區牆壁之
  外，久攻不克，午前放棄攻擊，向北方卓山撤退。

- 向郭里集急行救援的沂州支隊第二梯隊，在郭里集
  西方桃園被關麟徵第二師阻截，進入激戰。

- 台兒莊方面，在台兒莊西方牽制敵主力的第五中隊
  和運輸彈藥的黑田行李隊，昨夜以來被第三十一師
  第一八六團圍困在墩上，午前遭到猛烈攻擊。苦戰
  中，正午被增援到達的第十中隊救出。

- 第十中隊到達後，奇襲劉家湖第一八六團指揮部，
  該團幹部死傷多數，全團潰退三里莊。

- 韓莊方面，步兵第十聯隊第三大隊與步兵第六十三聯隊第一大隊換防，擔任韓莊守備隊。當日晚即遭到湯軍團第一一○師的渡河攻擊。守備隊苦戰後將眾敵擊退。

3 月 26 日

- 郭里集方面，瀨谷支隊增援部隊（步兵 2 個大隊）到達郭里集南方待命，湯軍團全體退避不戰，進入棗莊東方，北方山地。
- 台兒莊方面，派遣部隊準備第二次攻城。為支援戰鬥，駐屯軍 96 式 15 榴 2 門，到達台兒莊戰場。
- 瀨谷支隊長派出福榮聯隊長指揮的台兒莊攻略部隊，增援台兒莊。

3 月 27 日

- 福榮聯隊長率領台兒莊攻略部隊（步兵第六十三聯隊主力，1 大隊步兵及部分重武器）進軍台兒莊，傍晚到達，進駐劉家湖。
- 台兒莊派遣部隊清晨開始第二次總攻。從東北角附近突入城內，佔領清真寺、東北門穩固陣地，進入城內巷戰。國軍第三十一師拼死抵抗，兩軍在城內東北一帶進入對峙僵局。
- 支那駐屯軍臨時戰車隊正午到達台兒戰場，奉命攻擊北門，協助第二大隊入城掃蕩。遭守軍戰防砲襲擊全滅。日軍攻勢被制止，台兒莊城防一度安定。

3月28日

- 郭里集方面，瀨谷支隊主力（3個大隊步兵）對北方山地湯軍團發起反擊，追擊。王仲廉軍第四師第十旅抵抗不支，損失慘重。

- 台兒莊方面，福榮聯隊長部署了城內東西夾擊的掃蕩作戰。東方第二大隊方面無明顯進展，西方第三大隊苦戰竟日後，趁夜幕攻入城西北角，佔領城內陣地一處。但入口隨即被守軍封死，入城部隊孤立。

- 城外黃樵松第二十七師牽制部隊善戰，對日軍後方支援部隊攻擊，騷擾頻繁，日軍砲兵陣地受到多處威脅。

3月29日

- 城內東北第二大隊方面戰線膠著，西北角第三大隊入城部隊，也被切斷後路，在城內孤立。此日城內掃蕩毫無進展。

- 孫連仲部加強城外攻勢，第二十七師對日軍砲兵陣地反覆騷擾襲擊。駐屯軍重砲兵中隊段列遭敵砲火攻擊發生火災，多數車輛、物資燒毀。由於城外警備部隊人員稀少，日軍砲兵、後勤各處出現危機。

- 台兒莊方面，瀨谷支隊主力全體南下。尖兵步兵第六十三聯隊第一大隊先行到達，進入城外運動防禦。同時湯軍團台兒莊援軍尖兵也到達台兒莊東北部。兩軍在楊家廟遭遇。關軍第二師第十二團對第一大隊發動夜襲，未果。

3月30日

- 瀨谷支隊主力到達南洛，對鐵路西第三十師守備地域各據點發起全面攻擊，夜第三十師及獨立第四十四旅渡運河退卻，步兵第十聯隊主力佔領控制了城西方運河線北岸，在范口、頓莊閘兩地進入守備。
- 台兒莊方面，步兵第六十三聯隊第二大隊城內掃蕩急速進展，台兒莊城內東半部陷落。第三十一師城外部隊急援莊內，在南北道路一線重新修築工事，穩住戰局。
- 此日第三十一師組織奮勇隊 57 名夜襲城西北角敵陣地，未果。
- 第一大隊與關麟徵軍第二師在張樓、黃莊附近戰鬥 1 日，關軍失利後退回北方馬莊，未能完成對黃樵松第二十七師的救援。

3月31日

- 到達城北方的關麟徵軍主力與步兵第十聯隊第一大隊在泥溝至蘭城店一線對峙，午後湯恩伯得知坂本支隊南下台兒莊後，放棄對台兒莊支援，將軍團全體抽調至蘭陵鎮。
- 來自北方湯軍團威脅消失後，瀨谷支隊長集中主力 3 大隊步兵，部署了對城外圍第二十七師陣地的全面掃蕩。
- 步兵第六十三聯隊第一大隊在潘墜、彭村對第二十七師據點攻擊中進入苦戰，協助戰鬥的駐屯軍 90 野砲中隊在敵砲擊下全滅，攻擊被迫中止。

- 蘭陵鎮北方坂本支隊（5,000 名）到達作字溝、愛曲
  附近，右翼隊（步兵第二十一聯隊）與王仲廉軍第
  四師、第八十九師進入戰鬥，將其部擊退到蘭陵鎮
  北 4 公里小忠村，林屯附近。

4月1日

- 台兒莊方面，瀨谷支隊主力 3 個大隊步兵開始城東
  方外圍掃蕩。步兵第十聯隊克第二十七師據點低石
  橋。步兵第六十三聯隊第一大隊經激戰後克彭村。
- 夜第二十七師孫遇賢營，奉孫連仲命令從東門附近
  潛入城內，但未能達到打擊敵側背，並與友軍第
  三十一師會合目的，隱匿在城東門內附近孤立。
- 從城西北角入城部隊（步兵第六十三聯隊第三大
  隊）數日苦戰不支，放棄城內陣地撤退。
- 蘭陵鎮方面，坂本支隊全體對蘭陵鎮附近王仲廉第
  八十五軍展開總攻，克蘭陵鎮，幾幾莊高地。第四
  師、第八十九師抵抗不支，退向東方洪山鎮。戰鬥
  結束後，坂本支隊 2 日凌晨離開蘭陵鎮，南下台兒
  莊運河線。
- 關麟徵軍凌晨進入蘭陵鎮東魯坊，南橋一線陣地。
  於坂本支隊騎兵第五聯隊一行遭遇，將其圍困於金
  莊。騎兵隊損失慘重。

4月2日

- 台兒莊方面，瀨谷支隊主力繼續城外掃蕩，經激戰，
  步兵第十聯隊克邊莊，步兵第六十三聯隊第一大隊

克孟莊、毛良等敵據點。在日軍猛攻下，第二十七師放棄陣地，開始向陶溝河以東全面撤退。

- 正午，劉莊步兵第十聯隊第七中隊本部遭敵砲襲全滅，幹部多數死傷。

- 蘭陵鎮方面，凌晨坂本支隊南下台兒莊，湯軍團主力停留在蘭陵鎮附近待命。

- 向城守備隊派出救援隊，營救在金莊被圍的騎兵聯隊。

- 此日湯軍團的新配屬部隊陸續到達戰場，總兵力達73,000人。新參戰第七十五軍第一三九師進入岔河鎮附近蒲汪、賀莊一帶，午後與南下到達的坂本支隊左翼隊接戰。坂本支隊進入運河線北蒲汪、辛莊、五岔路一線，準備翌日向運河線敵主陣地展開總攻。

- 20時，李宗仁下令全面反攻（第一次總攻命令），令湯軍團各部擊破坂本支隊，向台兒莊正面戰場進出。

4月3日

- 台兒莊方面，瀨谷支隊繼續城外掃蕩，步兵第十聯隊主力掃蕩城東側之敵，傍晚佔領運河線黃林莊。步兵第六十三聯隊第一大隊佔領東城牆壁，潛伏中的孫遇賢營突圍撤出。第二十七師殘部退向東戰場石拉、古梁王城被友軍收容。為時3天的城外掃蕩結束，瀨谷支隊控制了運河北岸所有外圍戰場。孫連仲部僅剩台兒莊城西半部和北車站附近陣地。守城部隊陷入最大危機。

- 城內巷戰，仍呈膠著狀態。
- 東戰場方面，坂本支隊對運河線敵陣地展開總攻，佔領火石埠、賀莊。國軍第七十五軍第六師進入運河線陣地。協助第一三九師，從東方、南方抵抗坂本支隊攻擊，經戰鬥有效制止了敵方前進。
- 夜間，第一三九師一部夜襲攻入日軍據點賀莊，混戰通宵。4日午前撤出。
- 奉李宗仁反攻命令，湯恩伯命王仲廉第八十五軍從蘭陵鎮南下，關麟徵第五十二軍留守蘭陵。
- 蘭陵鎮附近，金莊騎兵聯隊被營救突圍，晚間返回向城。關麟徵軍追擊到達，翌日午前將向城包圍。

4月4日

- 確保外圍安全後，瀨谷支隊長親自指揮了對台兒莊內最後一次總攻。由於部下怯戰和敵方第三十一師的頑強抵抗，總攻失敗。瀨谷喪失取勝信心。將步兵第十聯隊主力調往南洛，意圖確保後路，防止受敵戰略包圍。
- 東戰場方面，南線膠著，坂本支隊轉入劣勢，在賀莊、火石埠一帶抵抗第七十五軍逆襲。北線方面，王仲廉軍第八十九師從大、小良壁插入坂本支隊後方，形成對敵側背威脅。坂本支隊長急調步兵第二十一聯隊主力北上堡子，與第八十九師在郁莊、大顧珊附近進入戰鬥。此日由於第八十九師加入戰鬥，坂本支隊被湯軍團從南、東、北三面包圍，進入苦戰。

4月5日

- 晨8時，李宗仁第二次下達總攻命令。令湯軍團主力進入台兒莊正面，與孫連仲部協力反擊。奉命後關麟徵第五十二軍離開蘭陵鎮，向底閣、楊樓方向出擊，企圖進入台兒莊正面戰場。

- 東戰場方面，第六師、第一三九師與坂本支隊在南線僵持，第八十九師與坂本支隊在北線大顧珊附近進入激戰。各戰線處於膠著狀態，湯軍團各部均無力向台兒莊正面戰場進出。蔣中正見此狀致電李宗仁，怒斥湯恩伯作戰消極。

- 台兒莊方面，城內巷戰仍僵持中。為防止國軍戰略包圍，瀨谷支隊長向棗台公路方向運兵。晚間，接到坂本支隊將反轉沂州通知後大驚，下決心同時撤兵，連夜著手部署。

4月6日

- 台兒莊方面戰事穩靜，早晨，瀨谷支隊長部署撤退。預定參加一擊作戰部隊尖兵（步兵第六十三聯隊第一大隊）奉命北上楊樓，途中在張樓遭遇，擊敗關麟徵軍反攻部隊後追擊北上，晚間佔領楊樓。關軍失利，退守底閣。

- 見委座動怒，李宗仁15時第三次下令總攻，催促湯軍團立即開始行動，限令各部20時到達台兒莊正面指定戰場。

- 此日，東戰場湯軍團各部極力展開反擊，大顧珊等地發生激戰。但最終均未能突破坂本支隊防線進出台兒莊正面。清晨已到達張樓的關麟徵部也因戰鬥失利被迫退出，致使國軍主力停滯外線東戰場。李宗仁第三次反攻計畫不發。

- 瀨谷支隊長 1530 下達撤退命令。日暮後各隊隱蔽脫離戰線向南洛、潘墜集結。午夜向泥溝、楊樓兩方向順利轉進。

- 瀨谷支隊撤出戰場後，夜 23 時，孫連仲部主力進入無人戰場，漸次接收失地，7 日 4 時收復劉家湖告功大捷，在現地進入整頓。

- 此日，以李宗仁第二次反攻命令（5 日）為前提設想，政治部第三廳提前開始台兒莊大捷宣傳。擬定內、外兩線殲敵 4,000。其中擬湯軍團進入台兒莊正面殲敵 3,000。翌日凌晨，以第三次反攻命令為前提，再次虛擬戰果，稱 6 日夜反擊復殲敵 2,000（實際兩次反擊事實均不存在）。

4月7日

- 昨夜撤出戰場的步兵第六十三聯隊主力上午到達楊樓，與 6 日晚先行到達的第一大隊分別向底閣、晁村關麟徵第二十五師陣地發起攻擊（一擊作戰），企圖打破湯軍團對坂本支隊包圍。戰鬥持續 1 天，在關軍抵抗下攻擊戰果甚微。日暮後撤出戰鬥，一擊作戰失敗。夜間步兵第六十三聯隊主力再次隱祕撤出戰場。

- 坂本支隊長清晨發現瀨谷支隊已撤出台兒莊正面戰場後大驚，喪失戰意。開始收縮部隊，一面抵抗國軍各部的猛擊，一面準備夜間撤退，未有餘裕協助一擊作戰。日暮後在湯軍團包圍網中決死轉進。由於湯軍團避戰不擊，撤退途中損失輕微。
- 此日，日軍大本營下令開始徐州會戰。

4月8日

- 晨，坂本支隊到達目的地泥溝東方紅瓦屋屯，東戰場戰鬥結束。湯軍團尾隨坂本支隊向嶧縣東方進出。
- 泥溝西方高皇廟附近戰鬥，步兵第十聯隊擊敗張軫第一一○師包抄部隊。

民國論叢 14

台兒莊會戰
日中檔案比較研究

A Comparative Study of Japanese and Chinese Archives
on the Battle of Taierzhuang

作　　者	姜克實
總 編 輯	陳新林、呂芳上
執行編輯	林育薇
封面設計	溫心忻
排　　版	溫心忻
助理編輯	林熊毅

出　　版　　開源書局出版有限公司

香港金鐘夏慤道 18 號海富中心
1 座 26 樓 06 室
TEL：+852-35860995

民國歷史文化學社 有限公司

10646 台北市大安區羅斯福路三段
37 號 7 樓之 1
TEL：+886-2-2369-6912
FAX：+886-2-2369-6990

http://www.rchcs.com.tw

初版一刷	2024 年 1 月 31 日
定　　價	新臺幣 780 元
	港　幣 220 元
	美　元 30 元
I S B N	978-626-7370-41-4（精裝）
印　　刷	長達印刷有限公司
	台北市西園路二段 50 巷 4 弄 21 號
	TEL：+886-2-2304-0488

國家圖書館出版品預行編目 (CIP) 資料
台兒莊會戰日中檔案比較研究 = A comparative
study of Japanese and Chinese archives on
the battle of Taierzhuang/ 姜克實著 . -- 初版 .
-- 臺北市 : 民國歷史文化學社有限公司 , 2024.1

面；　公分 . -- (民國論叢 ; 14)

ISBN 978-626-7370-41-4（精裝）

1.CST: 臺兒莊會戰　　2.CST: 中日戰爭

628.546　　　　　　　　　　112018111